한국 한자음의 연구

한국 한자음의 연구

河野六郎 著

李珍昊 譯註

역락

한국의 어떤 대상에 대해 역사적으로 연구하려 할 때에는 항상 중국과 관련된 사항이 문제가 된다. 중국에 대한 연구는 그 자체로 방대한 작업이며 게다가 중국은 살짝 엿보는 정도로는 쉽사리 파악할 수 없기 때문에 한국에 대한 연구는 더욱 더 어려움이 커진다. 그렇지만 피상적으로라도 중국에 관한 지식이 있어야 비로소 한국에 대해서도 이해할 수 있는 것이다.

언어도 마찬가지이다. 한국어라는 언어는 중국어와는 전혀 상이한 계통으로서 그 구조가 완전히 다르다. 그러나 오늘날 한국어를 이루는 매우 큰 요소는 한자어가 차지하고 있다. 말하자면 한자어는 한국어의 상부 구조를 형성하고 있는 것이다. 이러한 한자어를 나타내는 한자는 한국 특유의 음으로 읽히는데 한자음의 실체를 명확히 하는 것은 한국어 음운을 고찰하는 데 중요한 재료가 된다. 또한 한자음의 고찰은 그 자체로도 언어 변화의 다양한 면을 지니고 있어서 매우 흥미롭다.

저자는 한국어를 전공하기로 뜻을 세우기 이전부터 한국 한자음에 많은 흥미가 있었다. 특히 젊은 시절 양(梁)의 고야왕(顧野王)이 편찬한 『玉篇』의 반절을 검토*하면서 한국 한자음을 약간 이용했을 때부터 선배이신 아리사카 히데요(有坂秀世) 씨의 업적에 자극을 받으며 어찌 되었든지 한국 한자음의 구성을 살펴 『切韻』의 체계와 비교하면 어떻게 될지를 한 번 구체적

---

* [역자주] 저자는 이 검토 결과를 동경제대 언어학과 졸업 논문으로 제출했다. 저자는 이 논문에 애착이 많았는지 경성제대 근무를 위해 서울에 있을 때도 원고를 지녔었는데 일본으로 귀국하면서 잃어버린 후 그 행방을 모르다가 故 안병희 교수가 입수하여 1972년 일본 방문길에 저자에게 전달했다고 한다. 이 논문은 『玉篇に現れたる反切の音韻的研究』라는 제목으로 『河野六郎著作集(2)』에 실려 있다.

으로 밝히고 싶다는 바람을 가지고 있었다. 그 결과가 바로 이 논문이다. 물론 이것은 일단 한 번 해 본 대략적인 것일 뿐 그 이상은 아니다.

이 논문은 당시 볼 수 있는 범위 내에서 중요하다고 생각되는 문헌은 웬만큼 이용한 셈이지만 막대한 분량의 경서 언해는 반드시 그 전체를 다루었다고 할 수는 없다. 또한 이 논문에서 인용한 『孝經諺解』와 동일하다고 생각되는 문헌 또한 이후에 다양하게 나와서 그들 문헌을 통한 정정(訂正)이 당연하다고 생각된다. 그러나 이 논문에서 가장 부족한 것은 현대의 한자어에 대한 조사이다. 특히 두 글자 혹은 세 글자가 결합하는 경우의 여러 변화상에 대해서는 차후에 더욱 조사가 필요하다고 본다. 이처럼 이 논문에는 많은 결함이 있지만 고치고 기우는 데 시일이 더 필요하기 때문에 원래 모습 그대로 내기로 했다. 아무튼 차후에 시간의 여유를 봐서 보정(補正)을 했으면 하는 생각은 하고 있다.

이 논문은 1961년 3월 동경대학교에 학위논문으로 제출한 것이다. 제출에 즈음해 핫토리 시로(服部四郎) 교수께 적지 않은 배려를 입었다. 그 후의는 평생 잊을 수 없다. 당시 저자가 처한 상황에서는 그 어떤 일에도 몰두하기 힘들었만 1년 동안 다른 방면에는 도리에 어긋나는 짓을 감히 하면서 좌우지간 한국 한자음에 열중할 수 있었던 것은 전부 핫토리(服部) 교수의 격려 덕분이니 진심으로 감사하지 않을 수 없다. 또한 핫토리(服部) 교수와 함께 이 논문의 심사를 맡아 주셨던 고즈 하루시게(高津春繁) 교수와 오노 시노부(小野忍) 교수께도 깊은 사의를 표하고자 한다.

이 책은 1964년 4월부터 1967년 7월까지 4년에 걸쳐 『朝鮮學報』에 연재한 것을 한 권으로 묶은 것이다. 구체적으로는 『朝鮮學報』 31호(1964년 4월), 32호(1964년 7월), 33호(1964년 10월), 35호(1965년 5월)[이상 본문], 41호(1966년 10월), 42호(1967년 1월), 43호(1967년 5월), 44호(1967년 7월)[이상 자료음운표]*에 실

---

* [역자주] <자료음운표>는 『河野六郎著作集(2)』의 별책으로 간행된 바 있다.

려 있다. 이처럼 긴 시간 동안 많은 귀중한 지면을 할애 받을 수 있었던 것은 조선학회 편집위원 여러분들, 그 중에서도 이마니시 슌조(今西春秋) 씨의 절대적인 호의에 힘입은 바이다. 여기서 깊이 감사의 뜻을 전하는 바이다.

이 책의 간행에 있어 나카무라 다모츠(中村完) 군과 그의 부인이 교정의 번거로움을 맡아 주었다. 특히 나카무라(中村) 부인이 까다로운 자료음운표를 손수 작성하여 건네 준 것은 기대 이상의 기쁨이었다. 두 분께 진심으로 감사 드린다. 또한 이 논문의 기초가 된 자료 수집에는 사카이 겐이치(坂井健一), 우메다 히로유키(梅田博之)·우메다 노리코(梅田規子) 부부의 도움을 받았다. 아울러 감사의 뜻을 표한다. 덧붙여 이 논문은 문부성 과학연구비의 보조에 따른 연구 성과임을 밝혀 둔다.

1968년 1월 12일

고노 로쿠로(河野六郎)

한자음이라는 주제는 연구자들 사이에 어렵기로 정평이 나 있다. 오죽하면 기초적인 공부에만 10년이 걸린다는 말이 있을까 싶다. 그렇지만 국어사 전공자들에게는 피할 수 없는 분야이면서 또한 매력을 지니고 있기도 하다. 한자음 공부를 위해서는 이 분야의 기본 저서를 꼼꼼하게 읽을 필요가 있다. 河野六郎의 『朝鮮漢字音の研究』가 그런 책 중 하나라는 점에는 아무도 부인할 수 없을 것이다. 한국 한자음에 대한 본격적인 연구서로는 처음이라 할 수 있으며 한자음 이외에 모음 추이를 비롯한 국어 음운사 방면에도 많은 참고가 된다.

이 책은 박사학위논문(1961), 『朝鮮學報』의 논문(1964~1967), 단행본(1968), 『河野六郎著作集』(1979)의 수록물이라는 네 가지 형태로 존재한다. 이 중 번역의 대본은 『河野六郎著作集』에 실린 것으로 했다. 여기에는 예전 책에 나온 내용 중 일부를 고치거나 새로 덧붙인 것이 있어 저자의 완성된 생각에 가장 가깝다고 판단했기 때문이다. 그렇지만 1968년에 정식 단행본으로 나온 것도 옆에 두고서 필요할 때마다 둘을 비교하며 번역을 해 나갔다.

내용을 이해하지 못하고 단순히 직역만 해 놓은 부분은 없도록 했다. 때로 본문의 설명이 소략한 곳은 번역자가 이해한 바를 주석 형식으로 덧붙이기도 했다. 이로 인해 저자가 원래 의도한 내용이 아니라 번역자가 이해한 내용을 전달하는 경우가 생길 수도 있지만 번역이 제2의 창작이라고 부르는 이유가 바로 여기에 있다고 보기 때문에 이것이 큰 문제라고 생각하지는 않는다. 물론 이 과정에서 생겼을지 모르는 모든 잘못은 번역자의 책임이다.

번역자와 같이 한자음에 대해 변변한 논문 한 편 쓰지 못한 사람이 이처럼 중요한 책을 번역하게 된 것이 의외라고 할 수도 있지만 어찌 보면 한자음과의 인연이 전혀 없었다고 하기는 어렵다. 번역자는 한국 한자음 연구에 큰 족적을 남기신 이돈주 선생님의 후임으로 전남대에 자리를 잡았다. 선생님의 뒤를 잇게 되면서 한자음 강의를 이어받아야 할지 모른다는 생각에 한자음 공부를 아주 조금씩이라도 계속해 왔다. 특히 작년 말부터 몇몇 책들을 재미있게 읽었는데 그 와중에 이 책을 보게 되었고 결국 역주서를 펴내기에 이르렀다. 비록 이돈주 선생님의 학문과 강의를 잇지는 못했지만 그래도 이런 작은 인연이 있었기에 이 책이 나올 수 있었다. 이돈주 선생님께 대한 죄송한 마음과 하루 빨리 건강이 좋아지시길 바라는 염원을 이 책에 담고 싶다.

번역본의 제목에 불필요한 '의'를 집어넣은 것은 나름대로의 사연이 있다. 표면적으로는 원래 제목에 '-의'로 직역되는 'の'가 있기도 하지만 이보다 근본적인 이유가 있다. 번역자는 이 책을 번역하면서 이 주제에 관한 최근 저서인 伊藤智ゆき 선생님의 『朝鮮漢字音研究』(2007년 간행)도 번역해 보리라 마음 먹었다. 두 책의 제목을 번역본에서 달리 해야겠는데 이 둘은 'の'의 유무에서만 차이가 나기 때문에 딱히 다른 방안이 찾아지지 않았다. 그래서 이번 책에는 '의'를 넣고 다음에 나올지도 모를 책은 '의'를 안 넣어서 구별하기로 결정한 것이다. 과연 후속 작업이 결실을 맺을지 장담하지는 못하겠지만 이렇게 공개적으로 표명을 해야 책임감이 생길 듯하여 밝혀 둔다.

2010년 6월

이 진 호

　참고 사항은 원문에는 없다. 그렇지만 독자들에게 도움이 될 듯하여 이 책에 쓰인 약칭과 많이 나오는 몇몇 표현의 의미를 따로 모아 두었다. 본문에도 나오지만 참고의 편의를 위해 미리 제시해 둔다. 우선 문헌의 약칭 목록은 다음과 같다. 이 이외의 문헌은 모두 원래 제목을 그대로 밝혔다.

약칭	문헌명	약칭	문헌명
孝 經	孝經諺解	訓 蒙	訓蒙字會
千字文	千字文	類 合	新增類合
論 語	論語諺解	書 經	書經諺解
易 經	易經諺解	詩 經	詩經諺解
中 庸	中庸諺解	小 學	小學諺解
華 東	華東正音通釋韻考	三 韻	三韻聲彙
奎 章	奎章全韻	玉 篇	全韻玉篇

　또한 번역 과정에서 일관성을 위해 채택한 표현들이 있다. 이 표현들은 오로지 아래에 제시된 용법으로만 쓰인다.

1. 囲X : X는 숫자. 부록인 <자료음운표>에 나오는 표의 번호를 가리킨다. 가령 '浹(囲89)'의 경우 부록의 89번 표에 나오는 '浹'을 나타낸다.
2. X聲字 : X는 한자(漢字). 성부(聲符)와 의부(義符)로 이루어진 형성자 중 'X'라는 성부를 가진 글자들을 가리킨다. 가령 取聲字는 성부로 '取'를 가지는 '諏, 娵, 掫' 등을 나타낸다.
3. X母字 : X는 36자모 중 하나. 성모가 'X母'인 한자를 가리킨다. 가령 見母字는 초성이 見母인 한자를 나타낸다.
4. X韻字 : X는 운 중의 하나. 한자의 운이 'X'인 한자를 가리킨다. 가령 模韻字는 그 운이 模韻인 한자를 나타낸다.
5. 위첨자 숫자 : 로마자 발음 기호 또는 한자 뒤에 위첨자로 붙은 숫자는 성조를 표시한다. 평성은 1, 상성은 2, 거성은 3, 입성은 0을 사용한다. 가령 'ngiɐt⁰'은 입성임을 뜻한다.
6. [역자주] : 원문에는 없지만 번역자가 참고 삼아 추가한 주석들이다.

01
서 론

    한국어 연구는 한국 문화의 특성에 따라 두 방향으로 고찰할 수 있다. 하나는 한국어의 기저를 이루는 것에 대한 연구요, 다른 하나는 그 기반 위를 덮고 있는 중국어의 영향에 대한 연구이다.

    한국어의 기저를 형성하는 것이 무엇인지는 여전히 판명하지 못하고 있다. 또한 한국어 자체는 결코 균질적이지 않으며 동질적이든지 또는 이질적인 언어들이 여러 번 겹쳐져서 아마도 그것들을 분별해 내는 것이 오늘날에는 이미 불가능할 지경까지 뒤섞여 버렸다. 그렇지만 한국어 속에 매우 강렬하게 각인(刻印)을 남긴 것이 있으니 소위 '알타이어'인데 이는 거의 확실하다고 말해도 좋을지 모르겠다. 다만 이 알타이어 역시 아직 확고한 기반을 얻은 것은 아니어서 학자들 사이에 찬반 양론이 존재하는 상황이기 때문에 한국어학을 갑자기 알타이어학의 일부분으로 확립하기에는 먼 느낌이 있다.

    이를 위해서는 무엇보다도 한국어의 역사적 연구를 강력하면서도 치밀하게 밀고 나가지 않으면 안 되며 다른 한편으로 알타이 제어, 특히 퉁구스 어족과의 과감한 비교 연구가 요구된다. 이러한 연구를 착실하게 수행하려면 중기어 이후의 한국어에 대한 확실한 지식을 토대로 해야 하는 것은 물론이다. 그런데 중기 이전 시기에 한자로 표기했던 단편적인 자료를 이용할 때 당면하는 문제가 바로 한자음의 해명이다. 여기서 전술한 두 번째 연구의 방향이 대두되는 것이다.

물론 한국에 있어서 한자음의 연구는 앞서 말한 비교 연구의 준비 단계로 요구되는 것만은 아니다. 한자음 그 자체로도 중국과의 관련에 있어서 독자적인 연구 영역을 이룬다. 또한 한국 한자음의 역사적 전개 과정에서 한국어 음운사의 변천을 어떤 측면에 반영하고 있다고 말할 수도 있다.

원래 한국은 일본이나 베트남과 마찬가지로 중국의 옛 문화권에 속해 있었으며 지리적으로 인접해 있어 일본보다도 더 중국 문화의 영향을 많이 받았다. 외면적인 문화는 거의 중국 문화가 이식된 것이며 정신 문화역시 오랜 기간 중국 문화의 압도적인 지배 아래 있었다. 과거에 있어서 정통적인 문어는 한문(漢文)이었고 정통적인 문자는 한자(漢字)였다. 그 결과 고유의 언어 속에 많은 한자어가 침투하였으며 어휘의 태반을 차지하고 있다. 이것은 일본어 내에 한자어가 범람하는 것과 비슷하며 어쩌면 그 이상일지 모른다. 이러한 한자어는 원칙적으로 한자로 쓰이고 한국 고유의 한자음으로 읽힌다. 이 한자음이 어떠한 것인지를 서술하는 것이 이 연구의 목적이다.

일본어에 있어서나 한국어에 있어서나 한자어는 말할 것도 없이 중국어로부터 차용한 결과이다. 그런데 일반적으로 말하는 '차용'과는 약간 성격을 달리 한다. 중국어 단어를 직접 차용한 것이 아니고 어디까지나 문자를 매개로 한 차용이기 때문이다. 상고 시대에 일본의 선조들은 말(馬)이라는 동물과 함께 그 명칭인 'ma'를 수입하였고 그 결과 'ウマ(u-ma)'라는 말이 일본어에 쓰이기에 이르렀는데 이것은 직접적인 차용이지 반드시 문자를 매개로 한 차용은 아니다. 또한 '筆(piĕt)'이 한국어에 차용되어 '붇(put)'이라는 말을 만든 것도 원래 의미의 차용이다.[1] 이들은 중국어에서 기원한 단

어인데 이미 일본어 또는 한국어에 수용되어 각각 어휘의 일부가 되어 버렸다.[2]

그런데 '馬'를 'バ(ba)'나 'メ(me)'라고 말하는 것은 어디까지나 한자 '馬'를 음으로 쓰는 경우이다. 또한 '筆'은 한국에서 한자음으로 '필'이라고 한다. 결국 한자어라고 부르는 것은 한자로 표시하는 중국어 단어이고 한자음은 그 한자의 표음 부호이다. 한자음의 이러한 성격은 중요하다. 특히 한자음의 변천을 고찰할 때에는 이러한 성격을 항상 염두에 둘 필요가 있다.

한자음의 전승은 나라마다 각양각색이다. 일본에서는 오음(吳音), 한음(漢音) 또는 당음(唐音)이라고 부르는 바와 같이 여러 가지 전승이 있다. 한국의 경우 고대는 잘 알 수 없지만 적어도 후세에는 한 가지 방식밖에 없다. 일본에서는 각각의 한자음이 저마다의 전통과 기능을 보존해 왔다. 다만 현재는 각각의 전승이 혼연, 융합되어 점차 도태되는 현상을 보이고 있다. 예를 들어 불교 경전의 독송(讀誦)에는 주로 오음(吳音)이 쓰이고 선종(禪宗) 일파에서는 당음(唐音)을 사용한다. 한문 서적을 읽을 때에는 한음(漢音)이 주로 사용된다. 물론 여러 한자음을 섞어 쓰는 것도 종종 허용된다. 가령 『經典釋文』이라는 문헌 이름은 'ケイテンシャクモン(ke-i-ten-sha-ku-mon)'으로 읽힌다.[3] 이처럼 여러 가지 한자음의 전승이 각각 비교적 잘 보존되어 온 것은 일본이 외국 문화를 수용하는 형태적 특징과 일치한다.

그러나 한국에서는 이러한 관용적인 수용이 허락되지 않았다. 한국 한

---

1) [역자주] 중국어에서 '筆'이 입성(入聲)이던 시절에 한국에 차용되어 중세어 시기까지 '붇'으로 남아 있다가 이후 ㄷ-말음 체언의 변화에 휩쓸려 '붓'으로 바뀌었다.
2) [역자주] 중국어로부터 왔다거나 한자의 중국음에서 기원했다는 인식이 사라진 채 각 언어의 어휘 속에 편입되었음을 가리킨다.
3) [역자주] '經典釋文'에서 '典'과 '釋'은 하나의 음만 가진다. 반면 '經'은 'けい(漢音), きょう(吳音), きん(唐音)'의 세 가지 음을, '文'은 'ぶん(漢音), もん(吳音)'의 두 가지 음을 가진다. '經典釋文'의 독법을 보면 '經'은 한음으로 읽고 '文'은 오음으로 읽어서 두 가지 한자음을 섞어 쓰고 있음을 알 수 있다.

자음을 연구할 때, 개개의 한자음이 반드시 동일한 시기의 중국음을 받아들인 것은 아니라서 어떤 것은 오래 되었고 어떤 것은 얼마 되지 않았지만 동일한 한자에 대해 여러 계통의 한자음이 평행적으로 전해지고 있다고 말할 수는 없다. 이 또한 한국의 외국 문화 수용 방식과 관련이 있을 터이다. 베트남에서는 그 언어가 중국어와 같은 유형이기 때문에 한자음이 차용어로서 이식(移植)되었을 가능성이 매우 높다.

한편 한자음의 연구는 이중(二重)의 의미를 지닌다. 하나는 그것이 한자음인 이상 중국어 음운사 사료(史料)로서 중요한 가치를 지닌다는 점이다. 한국, 일본, 베트남 세 나라의 한자음은 그 기원이 매우 오래 되었으며 따라서 중국어의 예전 음운 상황을 반영하고 있다고 생각할 수 있기 때문에 중국어 음운사 연구에 커다란 자료를 제공할 만하다. 그러나 오래 된 중국음을 반영한다고 하더라도 모두 중국어와는 구조를 달리 하는 언어에 전승된 것이기 때문에 각 언어의 음운 구조에 적응한 결과 상당한 변모가 일어났을 것으로 보이거니와 또한 그들 언어 자체의 음운 변화에 따라 다시 바뀌었으리라는 것은 쉽게 예상할 수 있다.

한자음 연구의 또 다른 의미는 각각의 한자음과 그 모태인 중국음과의 비교를 통해 각 언어의 음운사 자료로서 한자음을 역이용할 수 있다는 점이다. 특히 베트남과 같이 언어의 역사적 자료가 부족한 경우에는 한자음이 귀중한 자료가 되어 왔다. Maspero는 베트남의 한자음을 하나의 중요한 자료로 삼아 베트남어 음운사 연구를 시도한 바가 있다.[4] 어쩌면 한국에 대해서도 같은 말을 할 수 있을지 모른다. 일본의 경우 『萬葉集』의 가나(假名)에 사용된 한자의 음운이 고대 일본어 음운의 복원에 중요성을 지닌다는 점은 주지의 사실이다.

---

4) Henri Maspero의 「Etudes sur la phonétique historique de la langue annamite」(『B.E.F.E.O.』 12호, 1912) 참조. [역자주] 'B.E.F.E.O.'는 프랑스 극동학원 잡지를 가리키며 원명은 'Bulletin de l'Ecole Française d'Extrême-Orient'이다.

이 연구는 이러한 두 가지 연구 방향을 기초로 하여 가능한 한 자료를 모으고 이를 정리하는 것을 주요 목적으로 하되, 정리 결과를 중국어 음운 사에 비추어 그 모태를 고찰하고 어떤 결과가 나온다면 다시 그로부터 역 으로 한국어 음운사의 일면을 탐색하고자 한다.

1.1. 한자음의 이식(移植)

중국 문화가 한반도에 침투한 것은 그 유래가 매우 오래 되었다. 은나라 의 현인(賢人)인 기자(箕子)가 주(紂)나라의 폭정을 간언했다가 받아들여지지 않자 난을 피해 요동으로 피신하여 소위 기자 조선을 세웠다고 하는 것은 물론 전설일 뿐이지만 한민족(漢民族)이 중국 본토의 동북부를 개척하자 점 차 육지가 이어진 남만주를 거쳐 한반도 서북부로의 유입을 초래했다. 기 원전 190년 무렵 위만(衛滿)이라는 중국인이 망명을 와서 소위 기자 조선을 멸망시키고 위씨 조선을 세웠다. 이 역시 중국으로부터 온 유민을 토대로 한 것이다.

기원전 108년 한나라 무제(武帝)는 위씨 조선을 무너뜨리고 낙랑(樂浪), 진 번(眞番), 현도(玄菟), 임둔(臨屯)의 사군(四郡)을 설치했다. 이 사군은 여러 곡절 을 거쳐 진번, 임둔의 두 군은 폐지되고 현도군은 위치가 바뀌어 새로 대 방군(帶方郡)이 설치되었으며 마지막까지 남은 낙랑군, 대방군이 서기 313년 에 고구려에 멸망하기까지 약 400년 동안 한반도에는 거대한 한민족(漢民族) 의 식민지가 있었다. 그 물질 문화가 고도로 발달했음은 유물에 의해서도 알 수가 있다. 이러한 중국 문화의 이식이 토착민에게 현저한 영향을 주었 다는 사실은 쉽게 추론할 수 있는데 한민족(漢民族)과 토착민의 현격한 문화 적 차이 탓에 이 시기에 한자음이 확고한 기초를 닦았을지는 심히 의심스 럽다. 왜냐하면 한자음은 분명 문자의 도입과 더불어 들어온 것이며 문자 의 사용은 높은 수준의 정신 문화적 기반을 전제로 하기 때문이다.

한사군(漢四郡) 설치 이전에도 중국의 유민이 끊임없이 작은 집단을 이루며 한반도 내부에 들어왔으리라는 것은 특히 언어적으로 흥미로운 기록에 의해서도 알 수 있다.[5] 이러한 소집단들도 토착민인 한민족(韓民族)에게 중국 문화의 영향을 끼쳤을 터인데 어느새 한민족(韓民族)에게 흡수되어 버렸다. 물론 한자의 영속(永續)적인 사용이 이와 같은 상황에서 뿌리 내렸다고 생각하지는 않는다. 한사군의 설치 그리고 그에 이르기까지 한민족(漢民族)의 이민과 유민에 의해 중국 문화와 접촉한 한반도의 여러 민족이 한자를 사용하기에 다다른 것은 아마도 고구려, 백제, 신라의 삼국이 형성되고 나서부터인 것으로 보인다.

명확한 사실은 알 수 없지만 중국으로부터 정신 문화를 이식 받은 목적 중 하나로 불교의 전래라는 사건을 생각한다면 통설에 의거할 때 고구려는 372년(소수림왕 2)에 불교가 들어왔고 또한 그 무렵 유학과 천문, 의학도 수입되었으며 대학(大學)이 설립되고 율령도 지어졌다고 할 수 있다. 이것이 사실이라면 이러한 문화 이식은 당연히 문자의 사용을 예상하기 때문에 적어도 5세기 중엽에는 한자가 고구려에 알려졌음에 틀림없다.[6] 다만 스에마츠(末松) 박사의 설에 따르면[7] 불교 전승의 전설에는 불분명한 점이 많으며 그 전래 역시 중국의 북방으로부터인지 남방으로부터인지에 대해서는 명확지 않은 형국이다.

백제의 경우에는 불교 전래가 침류왕 원년인 384년에 이루어졌다고 한다. 백제의 지리적 관계상 남조(南朝)와의 교섭이 전개되고 있었으며 남조로부터 전래되었다고 말하고 있다. 그러나 이 또한 스에마츠(末松) 박사에

---

5) 『三國志』 魏志 東夷傳의 辰韓 조항 참고. 또한 졸고인 「古事記に於ける漢字使用」(『古事記大成』 3[言語文字篇], 1957)의 177쪽 참조. [역자주] 이 논문은 1979년 간행된 『河野六郎著作集(3)』에 수록되어 있다.

6) 유명한 호태왕비(好太王碑)는 414년에 세워졌다.

7) 스에마츠 야스카즈(末松保和) 박사가 지은 『新羅史の諸問題』의 209쪽 참조.

의하면 오히려 상당한 의문이 있다. 384년은 시기상조라고 생각되며 5세기 중엽이든지 6세기 초엽이 아닐까 한다.[8]

신라는 고구려, 백제의 두 나라에 비해 중국과 교섭한 것이 다소 늦어서 520년에 율령을 반포하고 528년에 불교가 수입되었다. 국학 체제가 정비된 것은 682년의 일이다. 다만 신라는 중국과 직접 교류하기 이전에도 백제를 통해 중국과 교섭하고 있었다.

이상과 같이 한국에서의 한자 사용은 고구려, 백제, 신라의 삼국 각각이 선후의 차이가 있는데 대략 5세기 내지 6세기에는 어느 정도 본격적으로 시작되었다고 생각할 수 있을 듯하다. 후세의 한자음을 고찰할 때 문제가 되는 것은 신라에 있어서의 한자 도입이다. 왜냐하면 후세의 한국어는 신라어가 발달한 결과이기 때문이다.

1.2. 한국 한자음의 기원

한국에서의 한자 사용의 기원 문제를 한자음이라는 관점에서 통합적으로 고찰한 학설 중에 경청할 만한 것으로는 故 Henry Maspero 교수와 故 아리사카 히데요(有坂秀世) 박사의 학설이 있다. 여기서는 두 학설의 개요를 서술하고 그에 관한 저자의 견해를 덧붙이고자 한다.

1.2.1 Maspero의 학설

Henri Maspero는 그가 지은 「Le dialecte de Thc'ang-ngan sous les T'ang」(『B. E.F.E.O.』 20호, 1920)의 9쪽 각주 1)에서 다음과 같이 서술하고 있다.[9]

---

8) 스에마츠(末松) 박사가 지은 앞의 책, 212쪽 참고.
9) [역자주] 이 논문 제목을 한국어로 옮기면 '唐代 長安의 方言' 정도가 된다. 문선규의 『중국고대음운학』(민음사, 1987)에 따르면 이 논문은 S. H. Schaank가 쓴 「Ancient Chinese Phonetics」(『通報』 1권 8·9호)에 자극을 받고 연구한 결과라고 한다. 한편

한자가 한국으로 도입된 역사, 그리고 무엇보다도 현재의 한자음이 형성된 역사는 거의 알려진 바가 없다.[10] 7세기 말 한반도의 통일을 이룬 것은 신라이며 따라서 그 시기에 한자음이 공식화되었을 가능성이 있다. 과연 한자는 언제 어디로부터 받아들여졌을까?

신라는 521년 중국과 처음 관계를 맺었으며[11] 6세기에는 한자를 사용했음에 틀림없다. 왜냐하면 568년에 진흥왕의 비문(碑文)이 존재하고 있기 때문이다.[12] 그러나 신라는 3세기에 왕조가 세워진 이래로 백제와 관계를 맺어 왔다.[13] 백제는 4세기부터 한자를 알고 있었기에 아마도 한자는 백제를 통해 신라로 전해진 듯하다. 아무튼 빈약한 자료는 신라 한자의 기원이 북방이 아니라 남방임을 알려 준다. 백제가 372년 처음 관계를 맺은 것은 장강(長江) 남쪽에서 316년 세워진 진(晉)나라였다.[14] 백제는 4~5세기에 걸쳐 중국 남쪽의 왕조와 정규적인 관계를 가졌다. 마침내 521년 신라는 백제 사신과 동행한 사신을 통해 양(梁)나라와 처음 통교를 했다.

반면 한반도의 북쪽에서는 서력 기원 무렵 한(漢)나라의 정복을 통해 한자가 도입되었다. 옛 고구려 왕국의 영토였던 만주와 한반도 지역에서 일본인들이 발견한 유물들은 이곳에서의 한자 사용이 결코 소멸하지 않았음을 보여 준다. 그렇지만 고구려는 7세기에 중국에 의해 다시 정복되었기 때문에 한자의 원래 발음이 무엇이었든지 아마 이 시기에는 당나라 시대의 공식 발음을 받아들였을 것이며 그 발음은 대체로 『切韻』의 한자음과 비슷했으리라 본다.

그런데 10세기에 고려라는 이름으로 주도권을 쥐고 신라를 정복한 후 한반도의 통일을 이룬 것이 고구려였다.[15] 우리는 고려가 중국의 발음[16]을 강요했으리라 생각할 수도 있다. 그러나 고려는 실질적으로 아무것도 하지 않았다. 최소한 어떤 문헌도 고려의 왕들이 신라의 전통적인 한자음을 변화시키

고노 로쿠로(河野六郞)가 인용한 부분 중 잘못된 것은 Masspero의 원논문과 대조하여 수정했다.

10) M. Courant이 지은 『Bibliographie coréenne(Ⅰ)』의 도입부 47쪽과 48쪽 참고.
11) 『梁書』 권54의 10장 뒷면 참조.
12) 『海東金石存攷』 1장 앞면 및 『海東金石苑』 권1의 1장 앞면 참조.
13) 『三國史記』 권3의 2장 앞면과 권24의 6장 앞면 참조.
14) 『三國史記』 권24의 6장 앞면 참조.
15) [역자주] 고구려는 이미 멸망했지만 후에 고려라는 이름의 국가로 다시 나타나게 되었다는 의미인 듯하다.
16) [역자주] 중국의 한자음을 가리킨다.

고자 했음을 보여 주지 않는다.[17] 그런 점에서 신라의 옛 한자음을 결정적인 승리로 이끄는 수도 이전 및 서울에의 새로운 왕조 건립이 있었던 14세기까지는 두 개의 한자음이 공존했을 가능성이 있다. 그러므로 어구나 고유 명사의 많은 말들에 신라 음과 고려 음이 함께 보존되어 있었다.

보다시피 한국 한자음의 역사는 단순하지가 않다. 한국은 일본처럼 두 개의 전통적인 한자음이 있었다.[18] 그러나 한국에서는 두 개의 음이 특화되지 않아서 결과적으로 두 발음이 끊임 없이 영향을 주고받았다.[19] 이것이 전부가 아니다. 최소한 15세기부터 한국 한자음을 중국의 관화(官話) 발음에 가깝게 하려는 노력이 있었다. 그리고 18세기 말에 마지막 개혁이 있었다.

요컨대 한국의 한자어는 중세 중국어의 연구에 매우 조심스럽게 이용되어야만 한다. 저자는 일반적으로 현재의 한자음이 약 5세기 중국의 오방언(吳方言)에 기반한 신라의 한자음이라는 점을 인정한다. 그러나 신라의 한자음은 당나라 시대의 북방 방언에서 기원한 고려의 한자음에 영향을 입었다. 특히 예전 발음이 혼란을 야기했을 때 더욱 그러하다.[20] 또한 이 음은 어떤 경우에는 근대의 관화(官話) 발음에도 영향을 받았다.

Maspero의 이 학설은 시사하는 바가 풍부하지만 상상을 제법 섞어 놓은 부분이 있다. Maspero의 생각은 다음과 같이 정리할 수 있을 듯하다.

(1) 신라에는 5세기 무렵 남방의 한자음(吳方音)이 전해졌다는 점
(2ㄱ) 고구려에는 북방의 한자음이 전해졌다는 점
(2ㄴ) 당나라의 고구려 토벌 후에는 당대(唐代)의 한자음이 채택되어 쓰였다는 점
(3) 고려 멸망까지 남방의 한자음(신라 한자음)과 북방 한자음(고구려 한자음)이 공존했다는 점

---

17) 특히 『高麗史』의 '擧選' 부분 참조.
18) [역자주] 일본 한자음은 한음(漢音)과 오음(吳音)이 구분되는데 한국 한자음은 신라계(남방계)와 고려계(북방계)가 있다는 것이다.
19) [역자주] 1장 도입부에도 나오듯이 일본에서의 한음(漢音)과 오음(吳音)은 저마다의 기능이 있지만 한국에서의 북방계 음과 남방계 음은 그렇지 않음으로써 계속 투쟁의 관계에 있었음을 지적하고 있다.
20) 예를 들어 冬韻과의 혼동을 피하기 위해 江韻의 운모를 'oṅ' 대신 'aṅ'으로 사용했다.

(4ㄱ) 그러나 조선 시대에 이르러 신라 한자음(남방 한자음)이 승리를 차지했다는 점
(4ㄴ) 따라서 현대 한자음의 근저는 남방 한자음이라는 점
(5)   다만 북방 한자음의 영향도 남아 있다는 점
(6)   후에는 관화음(官話音)의 영향도 있었다는 점

이상의 여섯 가지 항목 중 (1)과 (2ㄱ)은 역사적인 측면에서 일단 고찰할 수 있다. 신라가 중국의 남방과 밀접한 교섭을 유지했다는 것은 사실이지만 북조(北朝)와의 접촉도 전혀 없지는 않았다. 또한 신라에는 고구려를 통해 북방 문화가 수입되었다. 그러나 전반적으로 볼 때 신라가 남방의 중국 문화에 영향을 받았다는 점은 확실한 듯하다. 특히 선배국(先輩國)이라고 할 수 있는 백제의 존재를 감안할 때 수긍할 수 있다.

다만 신라에 전해진 남방의 한자음이 곧 당시 오방언(吳方言)의 모습 그대로였는지는 명확하지 않다. 그 당시의 중국 남방은 동진(東晉) 이래로 한민족(漢民族)의 문화가 이식되었는데 그러한 이식과 더불어 그 언어는 오방언(吳方言)의 기층 위에 중원(中原)의 한자음이 옮겨졌다. 따라서 남조(南朝)의 전통적인 한자음은 오방언을 기반으로 하는 중원음(江東音)이었던 것이다. 신라의 한자음은 아마도 이러한 이식된 중원음, 즉 강동음(江東音)의 계통이지 않을까 생각된다.21) 물론 이 한자음은 기층을 이룬 오방언의 영향을 받은 것일 터이다. 그런 의미에서 '오방언(吳方言)'이라고 불러도 용인되리라 본다.

(2ㄴ)에서 당대(唐代)의 정통적인 한자음을 채택했다고 한 주장은, 만약 고구려의 고지(故地)에만 국한하여 적용해 본다면 반드시 올바르다고는 할 수 없다. 668년에 있었던 당나라의 고구려 토벌 후 당의 한반도 지배는 오랫동안 이어지지는 않았다. 당나라는 곧바로 한반도를 방기(放棄)했고 675년 신라가 통일하도록 내버려 두었다. 그러므로 한반도의 북부에서 당나라

---

21) 후술할 3.1.의 내용 참조.

한자음을 받아들여 사용했다는 식으로 말하는 것은 생각할 수가 없다.

오히려 삼국 통일 이후 신라가 당의 정식 한자음을 수입했다고 하는 편이 실제에 더 잘 부합한다고 하겠다. 신라는 618년에 당이 건국되기 이전, 즉 521년 양(梁)나라에 입조(入朝)한 이래 진(陳)나라, 수(隋)나라에 조공을 바쳤고 당나라가 흥성하기 시작할 때도 계속 조공을 이어 나가서 846년까지 국교를 유지했다. 최치원과 같이 당나라 조정에서 벼슬을 하며 문필 쪽에서 활동한 인물이 있을 정도로 중국과의 접촉은 당나라와 가장 밀접했다. 따라서 한자음과 같은 것도 바로 이 시대에 이식되기에 매우 좋은 환경이었으리라 생각된다. 물론 신라에 일찍 전해진 남방 계통의 한자음은 이러한 당대(唐代)의 한자음에 강력하게 저항했을 것이다. 그런데 Maspero가 말한 것처럼 잠정적으로 현대 한자음의 근저가 남방 계열의 한자음이었다고 해도[22] 당대음(唐代音), 즉 장안음(長安音)의 강력한 각인(刻印)을 받았으리라는 것은 쉽게 생각할 수 있는 바이다. 그러므로 (5)는 신라 시대의 영향으로 보는 것이 마땅하다.

(3)에서 언급한 남방 한자음과 북방 한자음의 공존설은 가능한 생각이기는 하며 어느 시기, 특히 통일 신라 시대에는 아마 그렇게 말할 수 있을지 모른다. 그러나 조선이 건국될 때까지도 그러한 상황이었다고 말하는 것은 아무런 근거가 없다. 따라서 (4ㄱ)과 같이 조선 시대에 이르러 남방 한자음이 승리를 쟁취했다고 하는 것은 그다지 확실한 증거가 있는 주장은 아니다. (6)의 관화어 영향에 대해서는 후술하는 바와 같이 받아들일 만한 것이 있어서 잘못되지는 않았다.

위에서 인용한 Maspero의 학설은, 한국 한자음이 당대(唐代)의 장안음(長安音)을 반영한다고 단순하게 믿고 있던 Karlgren 씨와는 달리, 한국 한자음은 남방 계열이라고 하여 당대(唐代)의 장안음 자료에서 한국 한자음을 제외해

---

22) (4ㄴ)의 내용 참조.

버리고자 한 데서 나온 것이다. 이는 뒤에서 보는 바와 같이 한국 한자음의 분석과는 오히려 정반대인 셈인데[23] Maspero 씨의 논의도 Karlgren의 직감에는 이르지 못한 결과가 되었다. 그렇지만 역사가로서 한국 한자음의 역사적 배경을 고찰한 점에 있어서는 다른 학설에서 찾아볼 수 없는 장점을 지니고 있다.

1.2.2 有坂秀世 박사의 학설

Maspero의 학설이 외적인 관점, 즉 역사적인 관점과 문화 교섭의 관점에서 한자음의 도입을 고찰한 것이라면 이와 반대로 내적인 관점, 즉 한국 한자음의 구성으로부터 한국 한자음의 모태를 고찰하고자 한 것이 있다. 그것은 아리사카(有坂) 박사의 학설이다. 그의 논문인 「漢字の朝鮮音について」[24]에는 한국 한자음의 송대(宋代) 개봉음(開封音) 학설이 서술되어 있다. 여기에는 경청해야 할 점이 매우 많이 들어있다. 아래에서 요점만 뽑아서 소개하기로 한다.

그는 우선 겸손하게 스스로가 전문가는 아니라고 했다. 그러면서도 다음과 같이 말하고 있다.

> 내가 전문으로 하고 있는 고대 일본어의 음운 상태에 대한 연구에 있어서는 한자음을 참고하지 않을 수 없으며 고대의 한자음을 연구하기 위해서는 한국 한자음을 참고할 수밖에 없다. 한국에서 현재 쓰이는 한자음이 도대체 언제쯤 중국에서 차용된 것인지, 또한 중국의 어느 방언에 기초한 것인지 하는 문제는 우리들에게 있어 중대한 관심사이지 않으면 안 된다.

---

23) [역자주] 잘 알려져 있다시피 고노 로쿠로(河野六郎)는 한국 한자음의 기원을 당대(唐代)의 장안음에서 찾는데 이러한 조사 결과가 Maspero의 주장과는 반대됨을 지적한 것이다.

24) 아리사카 히데요(有坂秀世) 박사의 『國語音韻史の硏究』 295쪽부터 318쪽에 실려 있다. 증보신판은 303쪽부터 326쪽까지이다.

그는 한국 한자음이 수당(隋唐) 이후의 음이라고 하는 미츠타 신조(滿田新造) 박사의 학설25)에 찬성하면서 "한국 한자음은 특히 그 음운의 형태에 있어 전반적인 특징은 일본 한자음과 매우 유사하며 일본 한자음보다 특별히 오래 되었다고 인정해야만 하는 이유는 어디에도 존재하지 않는다"26)라고 말하고 두세 가지 점에 대해서 구체적으로 논의하고 있다. 또한 그 하한선을 고려할 때 한국 한자음은 "전체적으로 볼 때 (중략) 오히려 중고음(中古音)의 범주에 속하는 것이며" 근대 중국음(北音)의 여러 특색은 아직 나타나지 않는다고 하면서 11개 항목을 들어 근대음의 특징이 보이지 않는다는 사실을 논증하였다.27) 그 결과 "그러므로 한국 한자음의 기초가 된 중국 원음(原音)의 연대는 남송(南宋) 이후까지 내리는 것은 불가능하다"라고 말했다.

아무튼 한국 한자음의 기초가 된 중국 원음과 일본 한자음의 기초가 중국 원음은 전체적으로 매우 유사하며 결코 근본적인 차이가 있다고는 생각되지 않는다고 말했다. 그리고 다시 문화사적인 사실에 유념하면서 "한국 한자음이 중국으로부터 수용된 연대를 당대(唐代)에서 찾으려고 하는 것도 결코 근거가 없는 것은 아니다"라고 하여 당대음(唐代音) 학설을 일단 용인하고 있다. 이어서 "그렇기는 하지만 한국 한자음의 기초가 된 중국 원음을 당대(唐代)의 장안(長安) 표준음이라고 생각할 때는 다음과 같은 점에서 모순을 불러일으킨다"라고 한 뒤 아래의 두 가지 사실에 주의를 기울이고 있다.

---

25) 그의 『支那音韻斷』(1915) 참고.
26) [역자주] 본문이라 하더라도 누군가의 논의 중 일부를 그대로 인용한 부분에는 " "를 표시해 두었다. 이하도 마찬가지이다.
27) 구체적인 내용은 아리사카(有坂) 박사가 지은 앞의 논문(증보신판 『國語音韻史の硏究』의 307쪽에서 309쪽까지) 참조.

① 당대(唐代) 중엽 이후의 서북 중국음에서는 초성에 오는 비음인 'm-, n-, ń-, ng-'가 'mb-, nd-, nd́-, ngg-'와 같은 형태로 바뀌었다. 이러한 사실은 일본 한자음 중 한음(漢音)이나 범한(梵漢) 대음(對音) 혹은 한장(漢藏) 대음(對音) 자료를 통해 알 수 있다. "그러나 한국 한자음은 'm, n, ng'28)의 형태이며 청각상 효과에 있어 'mb, nd, nd́, ngg'와는 매우 다르다."

② "慧琳이 지은 『一切經音義』의 반절(反切)에 의거하면 당나라 중엽 무렵 서북의 중국음은 代(隊)韻과 泰韻이 완전히 동일한 음이 되었다. 일본의 한음(漢音)과 티베트인(吐蕃人)의 전승 예가 보여 주는 바 역시 이와 일치한다. 그렇지만 한국 한자음에서는 代韻(의), 隊韻(외), 泰韻(애, 왜)이 서로 구별되고 있다.29)"

"이러한 특색은 주로 당나라 중엽 이후의 문헌을 통해 알 수 있는 바이기 때문에 당 초기에는 아직 나타나지 않았을지도 모른다. 만약 한국 한자음의 도입 연대를 당 초엽까지 끌어올린다면" 여기에 중대한 지장이 초래된다.30) 왜냐하면 한국 한자음은 전술한 바와 같이 근대 중국음의 여러 특징은 충분히 드러나지 않지만 세 가지 점에 있어서 현저한 근세적 특징이 인정되기 때문이다.

① 일본 한자음에서 '斯, 子'는 모두 'シ(shi)'가 되었지만 현대 중국음에서

---

28) 초성에 오는 'ng'는 현대 한자음에서 소실되었다.
29) [역자주] 『東國正韻』에 따르면 '代'는 '뙹(去)'로, '隊'는 '뙹(上, 去), 뙹(去)'로, '泰'는 '탱(去)'로 나온다.
30) [역자주] 위의 두 가지 특징이 당 중엽 이후에 나타나는 것이고 한국 한자음에 그러한 특징이 드러나지 않는다면 한국 한자음의 도입 시기를 더 앞당겨 당 중엽 이전인 초기까지 끌어올려 생각할 수도 있지만 그 역시 문제점이 생긴다는 것을 지적하고 있다.

는 '斯'가 'szŭ', '子'가 'tzŭ'로 되었다. 일본 한자음이 보여 주듯이 이 한자들은 중국에서도 예전에는 '-i'로 끝났다. 이때의 '-i'가 현대음 '-ŭ'로 바뀐 것은 's-' 또는 'ts-'와 같은 초성의 영향 때문으로 당나라 이후의 현상이다. 그러나 한국 한자음에서는 이 한자들의 음이 '亽(斯), 亽(子)'와 같이 '-i'가 아닌 '-ɐ(·)'로 표기되었다. 이러한 '-ɐ'는 이후 '-a'에 합류되어 현대 한국 한자음으로는 '斯'가 '사', '子'가 '자'로 바뀌었다. 요컨대 한국 한자음은 이때의 '-i'가 변화한 후의 상황을 반영하고 있다고 생각된다.

② 다음은 입성(入聲)의 운미(韻尾) '-p, -t, -k'의 문제이다. 이 음들은 현대의 북방 중국음에서는 일반적으로 소실되었다. 당나라 후반기의 서북 중국 방언을 기술한 티베트인(西藏人)의 전사에서는 '-b, -r(d), -g'였는데 이것은 'p, t, k'가 점점 약해져 소실되려고 하는 과도기적 상태를 나타낸다.31) 그런데 "한국 한자음에서는 입성 운미가 '-ㅂ, -ㄹ, -ㄱ'이며 이것은 아마도 앞의 '-b, -r, -g' 단계를 모방한 것인 듯하다. 즉 입성 운미가 점차 약화된 시대의 특색을 보여 주고 있는 것이다."

③ 魚韻은 근세에 있어서 성모의 특징에 따라 분열되었으며 권설음 (cerebral)이 초성일 경우에는 模韻에 합류되었다. 예를 들어 '居(kï¹)'32)의 현대음은 'chü'로서 'ü'를 나타내지만, '疎(şïo¹)'의 현대음은 'shu¹' 또는 'su¹'로서 'u'를 나타내며 模韻의 'u'와 합류되었다. 이러한 특징은 당대(唐代) 이전에는 눈에 띄지 않는다. 그런데 한국 한자음에서는 魚韻이 원래 '-ㅓ' 또는 '-ㅕ'로 표기되며,33) 권설음이 초성인 경우에는 模韻과 동일하게 '-ㅗ'로 표기된다.34)

---

31) 이것은 羅常培의 학설이다.
32) [역자주] 로마자 발음 기호 뒤에 위첨자로 붙은 숫자는 성조를 나타낸다. 1은 평성, 2는 상성, 3은 거성, 0은 입성이다. 원문에는 입성을 4로 나타냈지만 컴퓨터 자판의 사정상 부득이하게 번역문에서는 4 대신 0을 사용하게 되었다.
33) 예 : 居(거), 余(여).
34) 예 : 疎(소), 初(초).

만약 한국 한자음이 당 초기에 수입된 것이라면 위와 같은 "근대적 특징
이 존재하는 사실을 어떻게 설명할 것인가? 그 중에서도 ①과 ③의 특징은
당대(唐代)의 음운사 자료에는 전혀 나타나지 않는다. 특히 일본의 한음(漢音)
과 티베트인(吐蕃人)이 전사한 예는 '明母[m], 泥母[n], 娘母[nˊ], 疑母[ng]'35)의
초성에 대해서는 ①에서 서술한 특징36)을 보이고 있는데도 불구하고 ①에
(중략)37) 대해서는 여전히 예전 형태인 '-i'를 유지하고 있다. 그에 비해 한
국 한자음은 ①에 있어서는 아직 예전 형태인 순수 비음을 보존하지만 ①
에 대해서는 이미 근세 중국음의 운형(韻形)인 'ǚ'의 발생을 보이고 있다. 이
와 같은 모습은 도저히 조화되기 어려운 모순이라고 말하지 않을 수 없다.
요약하자면 한국 한자음의 기초가 된 중국 원음은 당대(唐代)의 장안음과는
별개의 것이다."

"그렇다고 해서 그 연대를 육조(六朝) 이전 시기에서 찾는 것은 한국 한자
음 체계의 전체적 특징이 허용하지 않는다. 특히 ①, ②, ③ 등의 특징과는
심각한 부조화를 이룬다. 한편 그 연대를 남송(南宋) 이후로 내리는 것 역시
이미 서술한 것처럼 불가능하다. 그렇다면 결국 한국 한자음의 도입 연대
는 오대(五代) 또는 송(宋) 초기에서 찾는 것 이외에는 다른 도리가 없다."

여기서 아리사카(有坂) 박사는 외적인 사정으로 눈을 돌려서 "고려의 태
조(太祖)는 한반도를 통일하고 사신을 후진(後晉)에 보내 고조(高祖)의 등극을
경하했으며 그 연호를 사용했다. 이때부터 고려는 대대로 중국 중원의 역
대 왕조를 섬기게 되었다"라고 말한 뒤 1대 왕인 태조(太祖), 4대 왕인 광종
(光宗), 6대 왕인 성종(成宗)이 모두 학문을 좋아하는 군주들이라서 유학이 크
게 발흥한 사건들을 서술하고 있다. 특히 광종이 후주(後周)의 사신 雙冀라

---

35) 한자 옆의 '[ ]'는 저자가 삽입한 것이다.
36) [역자주] 'm-, n-, nˊ-, ng-'가 'mb-, nd-, nˊdˊ-, ngg-'로 나타나는 것을 일컫는다.
37) [역자주] 아리사카 히데요(有坂秀世)의 논문 중 일부를 편집하여 인용했기 때문에
　　중략 표시가 되어 있다.

는 사람을 체류케 하여 한림학사에 임명하고 공거(貢擧)[38]를 맡으라고 명령한 후 시부송(詩賦頌)과 시무책(時務策)을 시험 쳐 진사를 뽑도록 정한 것은 주목할 가치가 있다. "이와 같이 고려 초기는 새로이 중국 문화를 많이 받아들여 각종 제도를 정비한 시대였기 때문에 한국에서 현재 사용되는 한자음 역시 이 시대(10세기)에 중국의 수도였던 변량(汴梁), 즉 개봉(開封) 지방으로부터 가져온 것이라고 생각하는 것은 지극히 온당한 견해이다. 이렇게 가정해 볼 때 모든 문제가 매우 명쾌하게 해결될 수 있는 것이다." 이상과 같이 서술한 후 전술한 여러 특징을 조화시켜 한국 한자음이 송대(宋代)의 개봉음(開封音)을 수입한 것이라는 점을 구체적으로 논증하고 있다.

지금까지 아리사카(有坂) 박사의 학설을 요약하여 소개했다. Maspero처럼 외적인 사정에만 의존한 것이 아니라 전해지고 있는 한국 한자음과 정면으로 맞서 그것이 나타내는 특징을 통해 한국 한자음의 모태를 추구하고자 한 것은 Maspero보다 훨씬 본격적인 논의라고 하겠다. 논증 방법 역시 완전히 정통적인 것으로서 거의 손색이 없다. 그럼에도 불구하고 이 문제는 이것으로 해결된 것은 아니었으며 오히려 박사의 논의를 토대로 하여 모태론이 전개되는 양상이다. 지금 여기서 박사의 학설을 비판하는 것은 너무 성급하다. 박사가 제기한 문제를 고찰하기 위해서는 각각의 구체적인 예들에 대해 논의할 필요가 있는 것이다. 이러한 문제들은 각론을 끝내고 나서 서술하기로 한다. 모태론이란 출발점에 있어서도 고려해야 할 문제이지만 그와 동시에 결론에서도 고찰해야만 하기 때문이다. 그런 까닭에 여기서는 간단하게 이 문제에 관한 저자의 견해를 서술하는 것으로 이 장을 마치고자 한다.[39]

아리사카(有坂) 박사의 정치(精緻)한 논증에도 불구하고 현재 쓰이는 한국

---

38) [역자주] 공거(貢擧)는 인재를 선발하는 제도를 가리키며 이후의 과거 제도에 해당한다.

39) [역자주] 좀 더 자세한 논의는 결론인 6장에서 이루어진다.

한자음의 모태가 송대(宋代) 개봉음(開封音)이라고 단정하여 말하기에는 시기 상조이다. 어쩌면 어느 시대 중국음이라고 하는 식의 고정적 사고는 오히려 무리이며, 전승되는 한국 한자음 중에는 육조(六朝)로부터 근대에 이르기까지 오랜 시기 동안 각 시대의 한자음이 흔적을 남기고 있기에 일률적으로 어느 시기의 중국 원음을 반영한다고는 잘라 말할 수 없는 것이다. 뒤에서 세부적인 부분을 서술할 때 차츰 이해되겠지만 각각의 음운 범주 중에 신구(新舊)의 층이 혼재되어 있는 것이 실제 모습이다. 그렇다고 해서 각 시대의 음이 평균적으로 들어있는 것은 아니고 더 강력하게 작용한 시대와 별로 영향을 미치지 못한 시대가 있다고 본다. 그래서 어쩌면 그 근저의 원형을 이루는 것은 남조(南朝)의 강동음이고 그 위에 가장 강력한 각인을 남긴 것은 당대(唐代)의 장안음(長安音)일지 모른다고 생각한다. 물론 송대(宋代)의 개봉음(開封音)도 꽤 개신(改新)을 가했을 것이며 명대(明代) 북경음의 영향도 생각할 수 있다. 그러나 확실한 사실은 한국 한자음의 체계를 다시금 조사하여 그것이 나타내는 특징을 중국 음운사의 단계와 세밀하게 대조하여 고찰해야지만 비로소 알 수 있다. 그 체계를 고찰하기에 앞서 우선 자료에 대해 개관한다.

02
자 료

　한자음 자료를 논하기에 앞서 한국어 역사를 연구하는 데 쓰이는 자료의 대략적인 시대 구분을 서술하고자 한다. 한국의 문화는 매우 오래 되었으며 중국 문화의 섭취가 일본에 앞섰음에도 불구하고 상당 기간 한자와 한문을 사용하여 기록해 왔기 때문에 자신들의 고유한 문자를 가지게 된 것은 의외로 오래지 않았다. 즉 조선 시대 4대 임금인 세종(世宗)이 1443년에 비로소 소위 한글을 지은 것이 국자(國字)의 효시이다. 따라서 국자를 통한 언어 기록은 이제 500년 정도에 지나지 않은 셈이다. 다만 그 이전에도 스스로의 언어를 한자로 표기하고자 한 것이 전혀 없지는 않았다. 그러나 매우 단편적으로만 전해질 뿐이며 또한 한자 사용이 종종 극도로 복잡하다. 그래서 15세기 이전의 한국어는 매우 불명료하게 알 수밖에 없다. 자료를 가지고 한국어 역사의 시대 구분을 시도하면 다음 쪽 표와 같다.

　여기서 1592년의 일본 침략을 하나의 기준으로 한 것은 이 시기를 경계로 문헌의 소실이 심하고 백성들의 유동도 극심하며 한글 표기에도 어느 정도 차이점이 나타나기 때문이다.

- 고대 한국어 : 한글 창제(1443) 이전
- 중기 한국어 : 한글 창제 이후부터 임진왜란(1592)까지. 즉 15세기 중엽부터 16세기 말엽까지
- 근세 한국어 : 임진왜란부터 현대에 이르기까지. 즉 17세기부터 현대까지 현대어가 성립되는 과정의 시기
- 현대 한국어

이러한 시대 구분은 거의 전적으로 문헌의 전승 방법에 기반한 것으로서 한국어의 변천 그 자체로부터 추론한 것은 아니다. 그렇지만 적어도 중기 한국어라 불리는 단계에 있어서는 그 언어의 역사로부터 보아도 비교적 명확한 하나의 시기를 나타낸다고 말할 수 있다. 이에 반해 고대 한국어로 부르는 시기는 신라, 고려의 두 왕조를 포함하며 시간적으로 매우 긴 시기에 걸쳐 있다. 이 시기를 설정한 이유는 문헌상으로 정돈된 구분을 할 수 없음으로 인해 소위 '한글 이전 시대'로서 일괄하여 고찰했기 때문이다. 이 시기는 전적으로 한자에 의지했으며 한자를 어떻게든 공부하여 한국어를 표기하고자 노력한 시대이다.

2.1 고대 한자음 자료

고대 한국어 자료는 전술한 것처럼 양적으로나 질적으로 불완전한 상태여서 체계적인 모습을 파악하기 곤란하며 한자음의 자료에 있어서도 마찬가지이다. 특히 이 시기의 옛 한자음을 복원하는 것은 후대의 경우처럼 다른 문자로서 표시한 것이 없기 때문에 더욱 더 어려움이 있다.[1] 자료로는 한국어, 특히 후세 한국어로 발달하는 신라어를 한자의 자음(字音)을 빌려

---

1) [역자주] 가령 한글 창제 후에는 한자음을 한자가 아닌 한글로 표기했기 때문에 복원이 비교적 쉽지만 고대에는 그렇지 못함을 지적하고 있다.

적어 놓은 예가 있지만 신라어, 즉 고대 한국어의 모습이 한자로 반영됨으로써 직접적으로는 알 수 없기 때문에 잘못하면 악순환에 빠지기 쉽다. 운이 매우 좋은 경우에는 후세형(後世形)의 앞선 모습을 추정할 수 있으며 그러한 추정형을 한자의 음이 어떻게 표기하고 있는지 볼 수 있지만 대부분의 경우에는 분명치 않다. 이제 두세 개의 구체적인 예를 가지고 그 양상을 살피기로 한다.

신라의 관직명에 '海干'이라는 것이 있다. 이 관직명은 '波珍湌, 破彌干' 등으로도 적혀 있는데[2] '海'라고 하는 단어를 포함하고 있다. '海干'은 한자의 뜻을 취해서 적은 것이며 '波珍'이나 '破珍'은 아마도 '海'를 뜻하는 신라어를 표기한 것을 터이다. 이 관직명의 경우에는 운 좋게도 『日本書紀』의 쥬아이(仲哀) 천황 9년 기사에 '波珍干岐'로 나오며 이것을 'ハトリカムキ (ha-to-ri-ka-mu-ki)'라고 읽는 훈독법이 전해지고 있다. 즉 '波珍'은 'ハトリ (ha-to-ri)'라고 일러 주고 있는 것이다. 따라서 'ハトリ'는 '海'를 뜻하는 것이 된다.

그렇다면 '海'는 후세 한국어에서는 어떻게 부르고 있을까? 현대어로는 '바다(pa-ta)'라고 한다. 그러나 이 단어는 '바닥(pa-tak), 바당(pa-tang)' 등과 어원을 같이 하는 것으로서 원래는 '平面'을 의미했던 듯하다. 그것은 차치하더라도 '바다'는 'ハトリ'의 직계 후예는 아니다. 중기 한국어에는 '바다'와 평행하게 '바룰'이라는 형태가 있었다. 이 단어가 'ハトリ'의 후대형이다. 그리고 'ハトリ'는 틀림없이 '*바둘'을 표기한 것이라고 본다. '*patər[padər] 〉parər' 의 변화는 고대 한국어 시기에 일어난 유성음 't[d]'가 'r'로 바뀌는 음운 변화의 한 예이며 이러한 음운 변화는 다른 데에도 증거가 있다.[3] 또한 '波珍'

---

2) '破彌干'의 '彌'는 '珍'의 이체자인 '珎'에서 잘못된 것으로서 '破珍干'이 올바르다.
3) 후술할 4.2.3.1. 참조. [역자주] 고노 로쿠로(河野六郎)는 이 문제에 대해 별도의 논문도 발표한 바 있다. 자세한 것은 「古代朝鮮語に於ける母音間のㄷの變化」(『朝鮮學報』 21 · 22, 1961)을 참고할 수 있다. 이 논문은 『河野六郎著作集(1)』에 재수록되었다.

또는 '破珍'의 '珍'이 'ter'로 훈독된다는 사실도 다른 데에 증거가 있어 확실하다. 게다가 '海'는 신라 시대의 가요를 전하는 데서도 '海等'으로 적고 있다. '等'은 예전에 'ter'로 읽었다. '海等'에서는 '等'을 가지고 ' *pater'의 후반부인 'ter'을 나타낸 것이다. 그리하여 '波珍'이나 '破珍'은 ' *pater'을 표시하는 것이라는 결론을 얻을 수 있다.

이제 이러한 결론에 기초하여 이번에는 한자음 쪽을 생각해 보기로 한다. 결과적으로 '波' 또는 '破'로 ' *pater'의 첫 음절 'pa'를 표기했다는 사실밖에는 알 수 없다. '波'의 음이 'pa'라는 사실은 중국의 중고음 자료로부터 보아도 무리가 없다.[4] 그런데 후세의 한자음은 '파'로서 초성이 유기음으로 바뀌었다. 이 유기음의 문제에 대해서는 각론에서 상세하게 논의하기로 하고 아무튼 '波=pa'라는 고대 한자음의 존재를 이 예로서 미루어 짐작할 수 있다. '破=pa'의 경우는 정확히 반대가 된다. 중국 중고음으로는 'pʰa³'인 것이다. 후대 한자음은 바르게 '파'로 바뀌었다. 그렇기 때문에 '破=pa'라는 예전 한국 한자음을 인정한다고 하면 고대 한국 한자음에 있어서는 '무기음 : 유기음'의 대립이 없었을 가능성도 생각할 수 있다.

이와 같이 예전 한자음의 복원은 우선 고대 한국어 형태의 복원을 시도하고 거기에 확실한 기초를 두어야 비로소 가능해지는 것이다. 그런데 위의 예처럼 혜택 받은 경우 이외에는 불분명한 것이 많다. 더욱이 위의 예를 통해서 예전 한자음이 반드시 후대 한자음을 통제하는 것은 아니라는 사실도 알게 된다.[5]

이번에는 현재 쓰이는 한자음의 특색이 의외로 오랜 기원을 유지하고 있음을 다음 두 가지 예로써 보이고자 한다.

우선 중국 중고음의 성모에는 'ng-'라는 부류가 있었다. 보통 이것을 疑

---

4) 중고음은 'pâ'이었다.
5) [역자주] 이전 한자음이 후대에 그대로 또는 규칙적으로 전해지지는 않음을 가리킨다.

母라고 부른다. 이 성모는 후대 한국 한자음에서는 영성모(零聲母)로 바뀌었다. 예를 들어 '我'(중고음은 ngâ²)는 '아'6)가 되었다. 이러한 특징은 중국 본토에서 疑母가 소실된 데 기반한 것은 아니며 한자음을 수입했던 한국어 그 자체에 유래한 것이다. 이것을 증명하는 것은 그리 간단한 것은 아니지만 일례로 다음과 같은 사실을 고려할 수 있다.

　신라에 불교가 들어왔을 때 그 전승에 阿道和尙이라는 인물이 나온다.7) 이 사람의 이름은 보통 '阿道(아도)'이다. 그런데 '我道'로도 쓰는 경우가 일부 있어서 8세기 초엽의 신라 사람인 김용행(金用行)이 지은 것으로 '我道和尙碑'가 있었다고 한다. 따라서 '我=阿(아)'는 신라 시대부터의 일이다.8) 더욱이 동일한 사람의 이름이 '阿度'로도 적히는데 924년 최치원이 지은 '鳳巖寺智證大師寂照塔碑'에서 볼 수 있다. 이것은 '道=度(도)'로서, '道'와 같이 중국 원음으로 '-au'인 한자가 한국 한자음에서 '-o'가 된 것 역시 유래가 매우 오래되었음을 알 수 있다.

　다음으로 입성 운미 '-t'가 현재 한국 한자음에서 '-ㄹ'이라는 사실은 이미 기술한 바와 같다. 그러나 어느 시기 무렵부터 이러한 특색을 보이는지는 그다지 명확하지 않다. 다만 다음 예를 통해 꽤 오래 되었음은 알 수 있다.『三國史記』에 기록된 신라의 관직명 중에는 '奈麻'라는 것이 있는데 '奈末'로도 표기된다. 현행 한자음으로 '奈麻'는 '나마', '奈末'은 '나말'이다. 그리고 '奈末'은 진흥왕비(眞興王碑)에서도 확인되는 것이기에 스에마츠(末松) 박사에 따르면 '奈末'이 '奈麻'보다 더 오래되었다고 할 수 있다.9) 이 '나말'은

---

6) [역자주] 이 책에서는 한글을 로마자로 표기할 때 형식적 초성인 'ㅇ'을 '으로 표시하고 있다.
7) 아도(阿道)에 대해서는 스에마츠(末松) 박사가 지은『新羅史の諸問題』의 216쪽 이하를 참조.
8) [역자주] 影母字인 '阿'가 疑母字인 '我'와 함께 쓰인다는 사실을 통해 한국어에서 성모 'ng-'가 일찍부터 사라졌다고 해석하고 있다.
9) 스에마츠(末松) 박사의『新羅史の諸問題』405쪽 참조.

『日本書紀』10)에 '奈麻禮'라고 적혀 있어 이 관직명의 온전한 형태는 '＊na-ma-re' 또는 '＊na-ma-ri'와 같이 불리었던 듯하다. 어떻든지 간에 '奈末'의 '末'이 'mar'로 읽혔으리라는 것은 분명하다.

이처럼 예전 한자음에 대해서는 아무것도 아닌 사실이라도 번거로운 절차를 거치지 않으면 안 된다. 위에 제시한 여러 예들에서도 보았듯이 예전 한자음의 자료는 『三國史記』나 『三國遺史』처럼 신라 시대의 기록을 담고 있는 문헌, 또한 오늘날까지 전해지는 비문(碑文)에 나타난 관직명과 인명, 그리고 지명 등과 같이 단편적인 것에 지나지 않는다. 그런데 그것마저도 각 문헌에 전해지는 명칭을 종합적으로 식별을 해야만 하는 것이다. 다만 신라 시대의 고가요(古歌謠)가 25수 정도 남아 있는데 『三國遺史』에 14수, 『均如傳』에 11수가 전해진다. 이들은 한국어로 읊은 가요를 한자로 기록한 것이다. 이 가요들을 어떻게 해독할지 그 복원에 대해서는 오구라 신페이(小倉進平) 선생을 비롯하여 여러 선배들이 시도한 바 있는데11) 아직도 만족할 만한 수준에는 도달하지 않았다. 이제 그 중 한 예를 가져오기로 한다.

『三國遺事』권2에 보이는 '處容歌'는 아래에 제시한 바와 같다. 해독은 여러 선배들의 학설에 기반하여 저자가 시도한 것으로서 물론 완전하지는 않다. 다만 한자의 사용법이 얼마나 복잡했는지를 보이는 데 유용할 듯하다.12)

---

10) 繼體紀 23년과 欽明紀 5년의 각 조항.
11) 故 오구라 신페이(小倉進平) 선생의 『鄕歌及び吏讀の研究』와 양주동 씨의 『朝鮮古歌研究』 등.
12) 해독문의 ( )는 뜻으로 복원된 것이다. [ ]는 문자상으로는 나타나지 않았지만 보충해야 하는 것이며 { }는 그 반대이다. [역자주] 원래 한글 해독은 제시되지 않았지만 편의를 위해 로마자 전사를 한글로 바꾼 것을 추가한다.

東　京　　　明　期　月　良
　(tong-kyəng)　(pɐr) kɛ[n](tɛ) rai
　동경 붉ᄀᆞᆫ ᄃᆞ래
　　夜　　入 伊 遊行 如 可
　(pam)　(tɯr) i (noni) ta ka
　밤 들이 노니다가
　　入 良 沙 寢　矣 見 昆
　(tɯ) rə-sa (cɛr) tɛi (po) kon
　드러사 줄 더 보곤
　　脚　烏 伊 四　是 良 羅
　(kar) ɐ[r] i (nəih) i rə ra
　갈올이 넿이러라
　二　肹　隱 吾　下 於 叱 古
　(tupɯr) hɯ-n (nai) hai ˙ə-s-ko
　두블흔 내 해엇고
　二　肹　隱 誰　支 下 焉 古
　(tupɯr) hɯ-n (nu) ki hai ˙ən ko?
　두블흔 누기 해언고?
　本　矣 吾　下 是 如 馬 於 隱
　pon-tɛi (nai) hai-˙i-ta mar ˙ə-n
　본더 내 해이다 말언
　奪　叱 良　乙　何 如 爲 理 古
　(˙a) s-[r]a [n]ɐr (˙əsti) hɐ ri ko?
　앗아눌 엇디 ᄒᆞ리고?

음 차(音 借)

(ㄱ) 한자음을 완전하게 이용한 것	伊[˙i], 可[ka], 沙[sa], 昆[kon], 羅[ra], 於[˙ə], 古[ko], 焉[˙ən], 理[ri]
(ㄴ) 한자음의 일부를 이용한 것	肹[hɯ(r)], 隱[(˙ɯ)n], 叱[*s(ɯr)], 乙[(˙ɯ)r]
(ㄷ) 한자음을 비슷하게 빌려온 것	期[*kɐi→kɛn], 下[ha→hai], 良[ryang→ra(i), rə, ˙a]

　이것을 『萬葉集』의 한자 사용과 비교해 보면 그 난이도를 몸소 판명할 수 있을 것이다. 일본의 경우에는 개음절(開音節)을 원칙으로 하기 때문에

한자를 빌려 일본어를 적는 경우에도 비교적 단순하지만 한국어처럼 폐음절(閉音節)을 지닌 경우에는 한자의 사용이 훨씬 복잡하다. 따라서 한자음 자료로 이용할 때에는 세심한 주의가 필요하다.

위에 제시된 가요 중 '遊行如可'의 '如可(-taka)', '見昆'의 '昆(kon)'과 같은 것은 소위 '오쿠리가나(送假名)'이다.[13] 이러한 오쿠리가나(送假名)에 쓰이는 한자는 후대에 吏讀(또는 吏道, 吏吐)로 계승되었다. 이두(吏讀)라는 것은 문서에 사용된 관용 어법으로서 주로 조사나 조동사의 오쿠리가나(送假名)를 표시한다. 이두는 한글이 만들어진 조선 시대에도 오랫동안 문서의 서식에 이용되었다. 이두에 쓰인 조사나 조동사에는 전통이 있어서 이들을 표시하는 한자는 여러 가지 독법이 있다. 그 중에는 꽤 오래된 한자음의 모습도 여기저기서 발견된다. 예를 들어 '弥(彌)'는 '-며'라는 접속어미를 표시할 때 사용되는데 그것은 중국의 중고음 이전 형태를 나타낸다. '彌'는 후대의 한국 한자음으로는 'mi'이고 중국 중고음은 'mᴊiᴇ¹'이다. '-며'는 그 이전 단계의 'mᴊe¹'를 반영하고 있는 것이다.

또한 '-ᄭᅵ지(~까지)'라는 조사를 표시하는 이두에 '己只'가 있는데 '己'는 'kɐ'의 음을 나타내고 있다. '己'는 후대 한국 한자음으로는 '긔'이다. 이 한자의 중고음은 'kᴊei²'로 해석되는데 상고음에서는 '*kïəg'이었다. 이 상고음 '*kïəg'으로부터 중고음 'kᴊei²'로 이행되는 과정에 있는 단계를 '己(kɐ)'가 표시하고 있다. 이와 관련하여 일본의 고음(古音)에서는 '己'가 'kö'(그의 乙類)로 쓰이고 있었는데 한국어의 'ɐ(ㅇ)'는 일본어에 'ö'에 잘 대응한다. 이와 같은 예는 마치 『推古朝遺文』[14]에서 볼 수 있는 옛 한자음에 필적하는 것으로서 어쩌면 초기 신라 시대 옛 한자음의 흔적일지도 모른다.

---

13) [역자주] '오쿠리가나(送假名)'는 한자(漢字) 뒤에 붙는 가나(假名)를 가리킨다. 가령 'ちいさい(작다)'를 '小さい'로 표기할 때 '小'를 제외한 'さい'가 여기에 해당한다.
14) [역자주] 원문에는 '推古期遺文'으로 되어 있는데 '期'는 '朝'의 오자로 보여 고쳐서 제시한다. 이 책은 6세기 말에서 7세기 초에 지었다고 알려지고 있다.

이와 같이 예전 한자음의 해명은 매우 어려운 작업이다. 운이 좋았던 각각의 예를 빼고 나면 체계적인 파악을 가능하게 할 만큼의 예증은 많지 않다. 이 연구에서는 이런 종류의 예전 한자음은 일절 자료로서 이용하지 않는다. 언젠가 기회가 된다면 이들 옛 한자음을 종합적으로 다루어 보고자 한다.

2.2 훈민정음

한 민족이 자신들의 고유한 문자를 가지게 된다는 것은 그 민족에게 있어서는 매우 획기적인 사건이다. 그 문자를 통해 비로소 그 언어는 기록을 지닐 수 있으며 또한 그 언어는 문화를 획득하게 되는 것이다. 한민족(韓民族)이 고유 문자를 가지게 되는 데 의외로 긴 시간을 기다린 것은 문화적으로 중국에 예속될 수밖에 없었기 때문이다. 그런데 조선 시대에 이르러 국력이 충실해짐으로써 그 예속으로부터 탈피하고자 하는 움직임이 나타났다. 표면적으로는 여전히 종래의 사대 정책을 고수하고 있었지만 점차 민족적 자각이 대두하기 시작했다. 그러한 움직임이 가장 현저하게 나타난 것이 국자(國字)의 창제이다.

4대 임금인 세종(世宗)은 조선 왕조의 확고한 기초를 이어받아 국력이 충실해진 시대에 나타난 명군(名君)으로서 많은 주목할 만한 업적을 쌓았다. 문화적으로도 신진 기예(氣銳)의 학자들을 휘하에 불러모아 그 중심으로서 활동했다. 왕 스스로가 국자(國字)의 제작에 임하여 마침내 1443년(세종 25) 12월에 완성하였으며 1448년 가을에 '訓民正音'이라는 이름으로 공포했다. '언문(諺文)'이라는 것은 이 글자의 속칭(俗稱)으로 한자에 견주어 비하한 명칭이다. 한글의 제정 및 그에 대한 연월은 『朝鮮王朝實錄』에 기록되어 있어서 확고부동하다. 그런데 그 연월의 명기에도 불구하고 이 문자가 구체적으로 어떤 과정을 거쳐 성립되었는지는 명확하지가 않다. 그렇지만 이 문자가 만들어지기까지 작용한 요인은 어느 정도 추론해 낼 수 있다.

한글의 창제에 관여했다고 생각되는 여러 가지 요소 중에 외적인 사정을 고찰해 보면 민족적 자각이라는 것이 가장 큰 동기였다고 하겠다. 이것은 1446년(세종 28) 공포된 『訓民正音』의 다음 문구에서도 알 수 있다.

> 나라의 말소리가 중국과 달라 문자와는 서로 통하지 않으므로(國之語音異乎中國 與文字不相流通)

이것은 매우 간단한 문구이지만 중국어와 한국어의 언어적 차이점을 주장하고 있다. 문자라 함은 한자(漢字)를 일컬으며 언어적 차이가 있기 때문에 한자로는 나타내지 못한다고 하는 것이다. 지금은 너무나 당연한 사실이지만 이 말은 매우 대담한 표현이다. 사대주의를 외교의 근본 방침으로 삼던 당시 조선에 있어서는 무슨 일이 있더라도 중국과의 결별은 금기였기 때문이다.

실제로 한글 창제가 발표되자 보수적인 선비들은 맹렬한 반대를 부르짖었다. 세종은 그들과 논쟁하며 마침내 반대자들을 옥에 가두어서 제압하고 국자(國字)의 공포를 단행했다. 한글 창제 후 공포까지 3년이라는 간격이 있는 것은 이러한 정치적 분쟁 때문이다. 세종의 뛰어난 결단은 아들인 세조에게 계승되었지만 오래 지속되지는 못했다. 한자와 한문은 의연히 그 세력을 계속 유지했고 한글은 얼마 안 있어 자취를 감춘 채 거의 부녀자들 사이 또는 계몽적인 용도로만 쓰일 뿐이었다.

주위의 여러 민족들을 보아도 이 무렵에는 이미 문자를 지니고 있던 민족이 많았다. 중국은 물론이고 일본은 일찍부터 가나(假名)을 지었고 거란, 여진은 저마다 오늘날 해독되지 않는 문자를 가졌었다. 또한 몽고는 위구르 문자를 개조한 문자를 사용했으며 게다가 원나라 때는 세조가 티베트 문자에 기반하여 파스파(八思巴) 문자를 만들게 했다. 이와 같은 상황 아래

서 한국만 고유의 문자를 가지지 못했기 때문에 민족적 자각을 더욱 자극
했으리라 생각된다.

한글 창제의 두 번째 동기는 일상의 편리함에 이바지한다는 실용주의이
다. 『訓民正音』에는 앞에서 인용한 문구에 이어 다음과 같은 내용이 나온다.

　　그래서 어리석은 백성이 말하고자 하는 바가 있어도 끝내 그 뜻을 펴지 못
하는 사람이 많았다.(故愚民有所欲言而終不得伸其情者多矣)

즉 문맹인 백성들에게 문자를 알게 하고자 하는 의도가 엿보이는 것이
다. 여기서 주의해야 할 점은 단지 문자의 지식을 백성들에게 제공하는 것
뿐만 아니라 그 문자를 가지고 민의(民意)를 창달(暢達)하게끔 계획했다는 것
을 고려해야 한다는 사실이다. 이러한 민의의 창달은 구체적으로는 소송(訴
訟)과 결부되어 있었던 듯하다.

이제 이러한 동기에서 만들어진 문자는 어떤 것인지, 각 글자의 구성과
체계의 형성에서 이 문자를 지배하고 있으며 이 문자가 의거하고 있는 원
리가 무엇인지를 살필 수가 있다. 그리고 이 문자가 바탕을 삼고 있는 원
리와 관련하여 한자음의 문제가 떠오르게 된다. 그러므로 우선 훈민정음(訓
民正音)에 대해 간략히 서술하기로 한다.

훈민정음은 문자의 명칭이면서 아울러 이 문자를 규정한 조례(條例)도 일
컫는다. 이 조례에는 뒤에 인용하는 간단한 본문 이외에 제자해(制字解), 초
성해(初聲解), 중성해(中聲解), 종성해(終聲解), 합자해(合字解)라는 다섯 개의 해
(解)와 용자례(用字例)라는 하나의 예(例)로 구성된 해설이 딸려 있다.15) 이제
그 본문 전체를 제시하고 해설 부분, 특히 제자해에 의거하여 설명을 덧붙
이기로 한다. 또한 편의를 위해 각 글자에는 로마자를 할당하여 간단한 설

---

15) 졸고인 「新發見の訓民正音に就いて」(『東洋學報』 31권 2호, 1947) 참조. [역자주] 이
　　논문은 『河野六郎著作集(1)』에 수록되었다.

명을 하는데 로마자는 전부 괄호([ ]) 속에 넣었다.16)

　　나라의 말소리가 중국과 달라 문자와는 서로 통하지 않으므로 어리석은 백
성이 말하고자 하는 바가 있어도 끝내 그 뜻을 펴지 못하는 사람이 많았다.
내 이를 위하여 새로 스물 여덟 글자를 만드니 사람들로 하여금 날로 씀에 편
안케 하고자 할 따름이다.(國之語音異乎中國 與文字不相流通 故愚民有所欲言而
終不得伸其情者多矣 予爲此憫然 新制二十八字 欲使人人易習便於日用耳)

<初聲>

　　ㄱ은 아음이니 君17)의 첫소리와 같으며 나란히 쓰면 虯18)의 첫소리와 같
다.(ㄱ[k] 牙音 如君字初發聲 並書 [ㄲ kk] 如虯字初發聲)
　　ㅋ은 아음이니 快19)의 첫소리와 같다.(ㅋ[kʰ] 牙音 如快字初發聲)
　　ㆁ은 아음이니 業20)의 첫소리와 같다.(ㆁ[ng] 牙音 如業字初發聲)
　　ㄷ은 설음이니 斗21)의 첫소리와 같으며 나란히 쓰면 覃22)의 첫소리와 같
다.(ㄷ[t] 舌音 如斗字初發聲 並書 [ㄸ tt] 如覃字初發聲)
　　ㅌ은 설음이니 呑23)의 첫소리와 같다.(ㅌ[tʰ] 舌音 如呑字初發聲)
　　ㄴ은 설음이니 那24)의 첫소리와 같다.(ㄴ[n] 舌音 如那字初發聲)
　　ㅂ은 순음이니 彆25)의 첫소리와 같으며 나란히 쓰면 步26)의 첫소리와 같
다.(ㅂ[p] 脣音 如彆字初發聲 並書 [ㅃ pp] 如步字初發聲)
　　ㅍ은 순음이니 漂27)의 첫소리와 같다.(ㅍ[pʰ] 脣音 如漂字初發聲)

---

16) [역자주] 원문에는 한문만 있고 번역문은 없지만 여기서는 편의상 한국어 해석도
　　제시한다.
17) [역자주] '君'의 음은 『東國正韻』에 '군(平聲)'으로 나온다.
18) [역자주] '虯'의 음은 『東國正韻』에 '뀰(平聲)'로 나온다.
19) [역자주] '快'의 음은 『東國正韻』에 '쾡(去聲)'로 나온다.
20) [역자주] '業'의 음은 『東國正韻』에 '업(入聲)'으로 나온다.
21) [역자주] '斗'의 음은 『東國正韻』에 '듛(上聲)'로 나온다.
22) [역자주] '覃'의 음은 『東國正韻』에 '땀(平聲)'으로 나온다.
23) [역자주] '呑'의 음은 『東國正韻』에 '튼(平聲)'으로 나온다.
24) [역자주] '那'의 음은 『東國正韻』에 '낭(平聲)'로 나온다.
25) [역자주] '彆'의 음은 『東國正韻』에 '볋(入聲)'로 나온다.
26) [역자주] '步'의 음은 『東國正韻』에 '뽕(去聲)'로 나온다.

ㅁ은 순음이니 彌²⁸⁾의 첫소리와 같다.(ㅁ[m] 脣音 如彌字初發聲)

ㅈ은 치음이니 卽²⁹⁾의 첫소리와 같으며 나란히 쓰면 慈³⁰⁾의 첫소리와 같다.(ㅈ[c] 齒音 如卽字初發聲 並書 [ㅉ cc] 如慈字初發聲)

ㅊ은 치음이니 侵³¹⁾의 첫소리와 같다.(ㅊ[ch] 齒音 如侵字初發聲)

ㅅ은 치음이니 戌³²⁾의 첫소리와 같으며 나란히 쓰면 邪³³⁾의 첫소리와 같다.(ㅅ[s] 齒音 如戌字初發聲 並書 [ㅆ ss] 如邪字初發聲)

ㆆ은 후음이니 挹³⁴⁾의 첫소리와 같다.(ㆆ[ʼ] 喉音 如挹字初發聲)

ㅎ은 후음이니 虛³⁵⁾의 첫소리와 같으며 나란히 쓰면 洪³⁶⁾의 첫소리와 같다.(ㅎ[h] 喉音 如虛字初發聲 並書 [ㆅ hh] 如洪字初發聲)

ㅇ은 후음이니 欲³⁷⁾의 첫소리와 같다.(ㅇ[ʼ] 喉音 如欲字初發聲)

ㄹ은 반설음이니 閭³⁸⁾의 첫소리와 같다.(ㄹ[r] 半舌音 如閭字初發聲)

ㅿ은 반치음이니 穰³⁹⁾의 첫소리와 같다.(ㅿ[z] 半齒音 如穰字初發聲)

<中聲>

ㆍ는 呑의 가운뎃소리와 같다.(ㆍ[ʌ] 如呑字中聲)

ㅡ는 卽의 가운뎃소리와 같다.(ㅡ[ɯ] 如卽字中聲)

ㅣ는 侵의 가운뎃소리와 같다.(ㅣ[i] 如侵字中聲)

ㅗ는 洪의 가운뎃소리와 같다.(ㅗ [후에 ㅗ, o] 如洪字中聲)

ㅏ는 覃의 가운뎃소리와 같다.(ㅏ [후에 ㅏ, a] 如覃字中聲)

ㅜ는 君의 가운뎃소리와 같다.(ㅜ [후에 ㅜ, u] 如君字中聲)

ㅓ는 業의 가운뎃소리와 같다.(ㅓ [후에 ㅓ, ə] 如業字中聲)

---

27) [역자주] '漂'의 음은 『東國正韻』에 '푱(平聲)'로 나온다.
28) [역자주] '彌'의 음은 『東國正韻』에 '밍(平聲)'로 나온다.
29) [역자주] '卽'의 음은 『東國正韻』에 '즉(入聲)'으로 나온다.
30) [역자주] '慈'의 음은 『東國正韻』에 '쫑(平聲)'로 나온다.
31) [역자주] '侵'의 음은 『東國正韻』에 '침(平聲)'으로 나온다.
32) [역자주] '戌'의 음은 『東國正韻』에 '슗(入聲)'으로 나온다.
33) [역자주] '邪'의 음은 『東國正韻』에 '썅(平聲)'로 나온다.
34) [역자주] '挹'의 음은 『東國正韻』에 '흡(入聲)'으로 나온다.
35) [역자주] '虛'의 음은 『東國正韻』에 '헝(平聲)'로 나온다.
36) [역자주] '洪'의 음은 『東國正韻』에 '뽕(平聲)'으로 나온다.
37) [역자주] '欲'의 음은 『東國正韻』에 '욕(入聲)'으로 나온다.
38) [역자주] '閭'의 음은 『東國正韻』에 '령(平聲)'으로 나온다.
39) [역자주] '穰'의 음은 『東國正韻』에 '셩(平聲)'으로 나온다.

ㅛ는 欲의 가운뎃소리와 같다.(ㅛ[후에 ㅛ, yo] 如欲字中聲)

ㅑ는 穰의 가운뎃소리와 같다.(ㅑ[후에 ㅑ, ya] 如穰字中聲)

ㅠ는 戌의 가운뎃소리와 같다.(ㅠ[후에 ㅠ, yu] 如戌字中聲)

ㅕ는 彆의 가운뎃소리와 같다.(ㅕ[후에 ㅕ, yə] 如彆字中聲)

<終聲 및 기타>

　나중소리는 첫소리를 다시 사용한다. 'ㅇ'을 순음 아래 이어 쓰면 순경음이
된다. 첫소리를 함께 쓸 때에는 나란히 쓴다. 종성도 동일하다. 'ㆍ, ㅡ, ㅗ, ㅜ,
ㅛ, ㅠ'는 첫소리 아래 붙여 쓰고 'ㅣ, ㅏ, ㅓ, ㅑ, ㅕ'는 첫소리 오른쪽에 붙여
쓴다. 무릇 글자는 반드시 합쳐서 소리를 이룬다. 글자의 왼쪽에 한 점을 더하
면 거성, 두 점을 더하면 상성, 점이 없으면 평성이며 입성은 점 더하기는 같
되 촉급하다.(終聲復用初聲 ㅇ連書脣音之下 則爲脣輕音 初聲合用則竝書 終聲同
ㆍㅡㅗㅜㅛㅠ 附書初聲之下 ㅣㅏㅓㅑㅕ 附書於右 凡字必合而成音 左加一點則去
聲 二則上聲 無則平聲 入聲加點同而促急)

　이들 문자는 요소 문자이며 문자의 단위는 요소 문자가 결합하여 표시
된다. 그리고 단위 문자는 한 음절에 해당하는데 초성, 중성, 종성으로 이
루어진다. 초성은 음절의 두음, 중성은 음절핵인 모음, 종성은 음절 말음을
가리킨다. 요소 문자는 이러한 초성, 중성, 종성을 나타낸다. 위의 인용문
에서와 같이 『訓民正音』에는 초성자 17개, 중성자 11개, 도합 28개의 글자
가 규정되어 있다. 또한 종성에는 초성자를 겸용한다. 따라서 초성자는 대
략 자음자(子音字), 중성자는 모음자(母音字)에 들어맞는다.

　위의 『訓民正音』 본문을 보면 곧바로 알아차리다시피 초성자의 체계는
중국 음운학에 있어서의 성모 체계, 즉 '牙·舌·脣·齒·喉·半舌·半齒'
의 칠음(七音)에 의거하고 있다. 게다가 제자해에 따르면 초성자의 글자 모
양도 이러한 칠음, 그 중에서도 '牙·舌·脣·齒·喉'라는 오음(五音)의 발
음 특징을 상형해서 만들었다. 따라서 각 음을 나타내는 글자는 저마다 서
로 모양이 유사하며 각 음의 기본이 되는 글자에 조금씩 변형을 가해서 나
온 것이다.

유일한 예외는 'ㆁ(ng)'이다. 이 글자는 원래 아음이지만 그 음이 후음의 성질이 농후하기에 후음의 자형을 취하고 있다. 이 'ㆁ'은 후에 붓으로 글씨를 쓰는 사정 때문에 'ㅇ(')'과 혼동되면서 결국 합류되었다. 이때 발음법을 보면 초성에는 '[ng]'가 오지 않고 종성에는 '[']'를 사용하지 않음으로써 완전한 상보적 분포를 이루기 때문에 똑같은 글자를 사용해도 헷갈리지는 않는다.40) 'ㆆ'은 후두폐쇄음 '[?]'을 표시한 듯한데 오늘날에는 이 문자가 사용되지 않는다. 'ㅿ(z)'은 음소 '/z/'의 소실로 역시 쓰이지 않게 되었다. 따라서 현재 쓰이는 글자 중 초성자는 14개로 줄어들었다.

- ■아음(牙音) : ㄱ(k) → ㅋ(kʰ)
- ■설음(舌音) : ㄴ(n) → ㄷ(t) → ㅌ(tʰ) → ㄹ(r)
- ■순음(脣音) : ㅁ(m) → ㅂ(p) → ㅍ(pʰ)
- ■치음(齒音) : ㅅ(s) → ㅈ(c) → ㅊ(cʰ) → ㅿ(z)
- ■후음(喉音) : ㅇ(') → ㆆ(ˇ) → ㅎ(h) → ㆁ(ng)

이처럼 기본자는 'ㄱ, ㄴ, ㅁ, ㅅ, ㅇ'의 5개이다. 이 중 'ㅁ(m)'은 입의 모양을 본떠서 순음을 상징하고 'ㅅ(s)'은 이(齒)를 본떠서 치음을 상징하며 'ㅇ(')'은 목구멍 모양을 본따서 후음을 상징한다. 또한 제자해에 따르면 'ㄱ(k)'은 "혀뿌리가 목구멍을 막는 모양을 본떴다(象舌根閉喉之形)"라고 설명되어 있고 'ㄴ(n)'은 "혀가 위 잇몸에 닿는 모양을 본떴다(象舌附上腭之形)"라고 설명되어 있다. 그리하여 이들 초성자의 창제는 중국 성운학의 성모 체계에 의거하며 자형은 성모의 범주를 상징화하는 것임이 명확해진다.

중성자의 경우에는 다소 차이가 있어서 중국 음운학에 의지했다고 하는

---

40) [역자주] 'ㆁ'과 'ㅇ'의 분포가 상보적이라서 둘을 모두 'ㅇ'으로 표기해도 혼동이 생기지 않는다는 뜻이다.

설명은 없다. 또한 간단하게 준거할 만한 체계가 중국에는 없다. 중성자 11
자의 형성은 다음과 같은 단계를 이루고 있다. 첫째, 'ㆍ(ɐ), ㅡ(ɯ), ㅣ(i)'의
세 글자가 기초를 형성한다. 다음으로 이 세 글자가 합쳐져서 다른 글자가
만들어진다. 'ㆍㅡ(o), ㅡㆍ(u), ㅣㆍ(a), ㆍㅣ(ə)'가 그것인데 이 글자들은 곧 'ㅗ, ㅜ, ㅏ,
ㅓ'의 형태로 바뀌었다. 물론 글자들의 조합은 자형상의 문제일 뿐 직접
발음에 관계되는 것은 아니다.41) 이 네 글자로부터 다시 다른 네 글자, 즉
'ㆍㆍㅡ(yo), ㅡㆍㆍ(yu), ㅣㆍㆍ(ya), ㆍㆍㅣ(yə)'가 파생된다. 이 글자들은 곧이어 자형이 'ㅛ, ㅠ,
ㅑ, ㅕ'로 변했다. 'ㆍㆍㅡ(yo), ㅡㆍㆍ(yu), ㅣㆍㆍ(ya), ㆍㆍㅣ(yə)'는 모두 'y+V'의 구조로 된 모
음이다.

어떤 이유 때문에 'ㆍ, ㅡ, ㅣ'의 세 글자가 기본자로 선택되었는지는 불
분명하다. 이 세 글자가 결합하여 이루어진 네 글자 중 'ㅗ(o)'와 'ㅜ(u)'는
'口蹙'이라는 특징을 가지며 'ㅏ(a)'와 'ㅓ(ə)'는 '口張'이라는 특징을 가지는
것으로 유별(類別)한다.42) 또한 'ㅗ(o)'는 'ㆍ(ɐ)'의 '口蹙'이고 'ㅏ(a)'는 'ㆍ(ɐ)'
의 '口張'이라고 하여 모두 'ㆍ(ɐ)'를 기준 삼아 설명하며, 'ㅜ(u)'는 'ㅡ(ɯ)'의
'口蹙'이고 'ㅓ(ə)'는 'ㅡ(ɯ)'의 '口張'이라고 하여 모두 'ㅡ(ɯ)'를 기준 삼아
설명하고 있다. 주목해야 할 것은 'ㅗ(o)'와 'ㅜ(u)', 'ㅏ(a)'와 'ㅓ(ə)'의 대립이
소위 '모음조화'에 있어 음양의 대립에 상응한다는 점이다. 한글의 창제자
는 모음이 음양으로 대립한다는 사실을 명백하게 의식하고 있었다. 이러한
중성자 상징의 원리가 무엇에 의한 것인지는 분명치 않지만 초성자이든
중성자이든 기존의 다른 문자를 전용 또는 개조한 것은 아니며 전적으로

---

41) [역자주] 가령 'ㆍㅡ(o)'가 'ㆍ(ɐ)'와 'ㅡ(ɯ)'의 조합으로 만들어졌다고 해서 그 발음도
두 모음이 합쳐진 것과 같지는 않음을 말하고 있다.

42) [역자주] 『訓民正音』원문에는 '口蹙, 口張'으로 되어 있는데 고노 로쿠로(河野六郎)
는 글자의 순서를 바꾸어 '蹙口, 張口'로 표현했다. 그뿐만 아니라 뒤에서 『訓民正
音』의 원문을 그대로 인용할 때조차 '蹙口, 張口'로 쓰고 있다. 이렇게 순서를 바꿀
특별한 이유가 없어 보이므로 번역본에서는 『訓民正音』의 원래 표현 그대로 제시
한다.

새롭게 창조한 것이라는 사실이 주의를 끈다.

이상 요소 문자에 대해 약술했는데 이미 언급한 것처럼 요소 문자의 결합에 의해 음절 단위의 문자가 만들어진다. 즉 요소적으로는 음소적인 표음 문자이지만 단위로서는 음절 문자인 것이다. 이러한 음소 문자와 음절 문자라는 이원적 원리의 결합은 사실 양대 문자⁴³⁾의 흐름이 합류한 결과이다. 음소 문자의 조류에는 두 가지가 있다. 하나는 아람(Aramaic) 문자의 일파인 위구르 문자 및 몽고 문자의 계통과도 동일한 아람 문자 기원의 인도 문자이고 다른 하나는 티베트 문자 계통의 파스파 문자인데 그 모음자의 종속적인 지위는 한글 중성자의 비독립성에서도 찾아볼 수 있다. 음절 문자의 원리는 말할 것도 없이 중국의 한자이다.

한글은 앞서 말한 바와 같이 표음 문자인데 그렇다면 그 표음(表音)은 어떤 과정을 거쳐서 실현된 것일까?⁴⁴⁾ 물론 상세한 내용은 문헌에서 구할 만한 것이 없다. 표음이라는 것은 문자가 생기고 나면 아무것도 아닌 것처럼 생각할지 모르는데 이제까지 문자가 없었다가 새로 문자를 만든 경우, 특히 기존에 나와 있던 문자를 빌려서 국어를 표시하는 것이 아니라 전혀 새로운 문자를 창조했을 경우에는 어찌 되었든지 이 작업이 반드시 용이하지는 않았으리라고 본다. 한글의 경우가 바로 여기에 해당하는 것으로서 이 표음 문자가 성립되기 이전에는 갖가지 고심이 있었으리라 짐작된다. 결국 한국어 음운에 대한 성찰의 결과라는 점은 알 수 있다. 그러나 현대와 같이 음성학이나 음운론이 있는 경우와는 달리 그러한 도구가 없던 당시로서는 갑자기 자국어의 음운 분석을 시도한다는 것이 도저히 불가능했

---

43) [역자주] 양대 문자란 음소 문자와 음절 문자를 가리킨다.

44) [역자주] 여기서 말하고자 하는 바는 음을 나타내는 것, 즉 표음(表音)을 위해서는 그 언어에 대한 음운 분석이 이루어져야만 하는데 한글 창제 당시에는 중국 음운학이라는 도구를 사용하여 음운 분석을 했을 것이며 중국 음운학이라는 것은 기본적으로 한자음에 대한 것이기 때문에 표음의 도구인 한글의 창제와 한국 한자음의 정리가 밀접한 관련을 맺고 있으리라는 점이다.

으리라 생각된다.

그런데 여기 매우 좋은 조건이 있었다. 그것은 바로 한자음이다. 한자음은 말할 것도 없이 중국의 한자음을 전승한 것임과 동시에 한국어 음운 체계에 순응한 것이기도 하다. 한편 당시의 중국, 즉 명나라에 있어서는 음운학이 이미 확립되어 있었고 음운학의 체계는 시대와 언어의 차이점이 있어도 일단 한자음의 표준을 제공한다. 만약 이러한 표준으로 당시 한국에 전승되던 한자음을 정리했다면 나아가서는 한국어 어음(語音)의 정리도 되었으리라는 것이다. 어쩌면 세종, 혹은 세종 주변에 있던 신숙주나 성삼문 같은 사람들이 국자(國字)의 제정에 즈음하여 착안한 것은 이러한 한자음의 정리였을지도 모른다. 실제로『訓民正音』의 본문에 있어서 각 요소 문자의 규정 예에 한국어를 선택하지 않고 한자를 제시한 것은 이러한 사정을 암시하는 것이며 더욱 중요한 사실은 한국 한자음의 정리가 구체적인 결과물로서 출현한다는 점이다. 훈민정음을 공포한 다음 해인 1447년에 완성된『東國正韻』이라는 운서가 바로 그것이다.

2.3 동국정운

전술한 것처럼 새로운 국자(國字)의 창제 과정에서 한자음의 정리가 이루어지고 그 결과 1447년에『東國正韻』이 완성되었다. 이 운서는 최근까지 산일(散佚)된 상태에 있다가 지난 1958년 그 잔권본(殘卷本)의 영인이 한국에서 이루어짐으로써 구체적인 모습을 접할 수 있게 되었다.[45] 이 책은 한글이 창제된 직후에 나온 한국 한자음의 운서이며 그 편찬은 세종의 명에 따라 신숙주, 성삼문 등 한글 창제에 참여했던 인사들에 의해 이루어진 것이기

---

45) [역자주] 고노 로쿠로(河野六郎)가 이 글을 쓸 때만 하더라도『東國正韻』은 1권과 6권만 전하고 있었지만 1972년 강릉에서 6권 전질이 발견되어 현재 건국대학교에서 소장하고 있다.

때문에 한국 한자음 자료로서 매우 기대된다고 생각할 수도 있는데 사실은 그렇게 간단하지 않다. 오히려 아래에서 보는 바와 같이 그 인위적인 성격 때문에 자료로서는 조심하지 않을 수 없다는 점이 대단히 유감스럽다. 이 제 잔권본46)과 신숙주의 서문을 통해 그 구성을 대략 살피기로 한다.47)

한국 한자음의 정리에 착수함에 있어 우선적으로 시도한 것은 원나라 때의『古今韻會擧要』를 번역하는 사업이었다. 그러나 이 사업은 한국 한자 음의 체계를 세우는 쪽으로 원만하게 진행되지는 않았다. 결국 이것을 토 대로 하여 한국 한자음을 담은 독특한 운서를 만드는 것으로 계획을 변경 했고 여기서『東國正韻』의 탄생을 보게 된 것이다. 이 사이의 사정은『東國 正韻』의 구성 안에 꽤 명백하게 나오고 있다.

이 운서의 구성은 한 마디로 말해서 '四聲, 二十三母, 九十一韻'의 체계이 다. 평성, 상성, 거성, 입성의 사성(四聲)은 중국의 사성(四聲)을 그대로 답습 한 것이며 23개의 성모(聲母)는 중국의 7음(七音) 36자모(字母)를 한국어 음운 과 대비시켜 한국어로 구별할 수 있는 음을 채택한 결과이다. 중국어의 설 두음(舌頭音)과 설상음(舌上音), 순경음(脣輕音)과 순중음(脣重音), 치두음(齒頭音) 과 정치음(正齒音)은 한국 한자음에서는 구별되지 않기 때문에 이러한 음들 을 구분하지 않은 결과 23자모가 되었다. 다만 중국의 성모 체계에 있던 전탁(全濁)48)의 범주는 한국 한자음에 없음에도 불구하고 '병서(竝書)'49)로서

---

46) 총 6권 중 卷首, 권1, 2만 현존하고 있다.

47) 자세한 것은 서울대학교 대학원에서 영인, 간행한『東國正韻』(聚珍叢書 第一)의 권말 에 있는 이숭녕 교수의 해제, 그리고 졸고인「東國正韻及び洪武正韻譯訓に就いて」(『東 洋學報』27권 4호, 1940)과「再び東國正韻に就いて」(『朝鮮學報』14집, 1959) 참조. [역자 주] 고노 로쿠로(河野六郎)의 두 논문은『河野六郎著作集(2)』에 수록되었다.

48) [역자주] 원문에는 '濁'으로 되어 있다. 원문에서는 성운학에서 자음의 조음 방식 을 넷으로 나누는 각 부류에 대해 '淸, 次淸, 濁, 淸濁'이라는 용어를 사용했으며 이 것은『韻鏡』에 나온다. 번역문에서는 이 용어들을 현재 일반화된 '全淸, 次淸, 全濁, 不淸不濁'으로 바꾸어 제시하기로 한다. 이러한 용어는『切韻指掌圖』에서 찾아볼 수 있다.

이것을 표시하고 있다. 예를 들면 '極(群母)'은 '·끅'이다. 후대의 한자음에는 'ㄲ(kk)'이나 'ㄸ(tt)'을 성모로 가지는 것이 없다.50) 아마 당시에도 이러한 한자음은 없었는데 인위적으로 만들어 놓았을 것이다. 또한 23자모 역시 각 한자에 적용할 때에는 전적으로 중국 운서를 따르고 있다. 이것은 분명 인위적인 것이다. 전래되는 한국 한자음에 그러한 모습이 있을 수는 없다. 덧붙여서 각 성모의 표지에는 중국 36자모의 명칭을 사용하지 않고 훈민정음 초성자의 예자(例字)를 사용하고 있다.51) 훈민정음의 초성자는 17자이고 여기에 병서자를 더하면 23자가 된다.

운(韻)의 경우에는 91개의 운으로 분리하였는데 이는『古今韻會擧要』(이하 '韻會'로 약칭)의 내부 체계,52) 즉 자모운(字母韻)의 체계를 한국 한자음에 적용한 것이다. 여기서도 한국 한자음의 특색을 고려하고 있다. 아니 그렇다기보다 운(韻)에서는 사성(四聲)이나 성모(聲母)와 같은 기계적인 적용이 무리이기에 자연스레 한국 한자음의 특색을 감안하지 않을 수 없다.53) 그러나 역시 인위적인 조치의 흔적을 볼 수 있다. 가령 권 6의 二十二 鷄韻4)은 운모가 모두 '엥'로 되어 있어, 전래되는 한자음과 같이 '여'55)이거나 혹은 '이'56)이

---

49) 앞의 『訓民正音』 참조.

50) '雙(쌍)'이 유일한 예외이다. 여기에 대해서는 아래의 4.2.8.4.를 참고하기 바란다.

51) [역자주] 가령 아음(牙音)의 전청(全淸)은 중국 36자모에서는 '見'으로 표시하지만 훈민정음에서는 '君'으로 표시하여 차이를 보이는 것이다. 이러한 차이는 중국 한자음과 한국 한자음이 다르다는 점, 훈민정음의 초성자는 중성과 종성 표기에도 사용해야 한다는 점 등에 기인하는 것으로 논의되어 왔다.

52) 핫토리 시로(服部四郎) 교수가 1946년에 지은 『元朝祕史の蒙古語を表はす漢字の研究』의 42~45쪽 참조.

53) [역자주] 운에서 한국 한자음의 특색을 고려한 것은 일부러 그런 것이 아니고 어쩔 수 없는 선택이었음을 말하고 있다.

54) [역자주] 『東國正韻』에서는 91개의 운을 26개 부류로 나누었는데 그 중 22번째 부류에 鷄韻이 나온다. 鷄韻(평성) 외에 啓韻(상성), 闋韻(거성)이 같은 부류로 묶여 있다.

55) 예를 들어 '西(셔)' 등.

56) 예를 들어 '米(미)' 등.

거나 하지 않는다. 이것은 분명히 인위적인 정리의 결과이다.

이처럼 『東國正韻』의 한자음은 외견상 매우 정연한 체계를 보여 주지만 인위적인 정리의 결과라서 이 운서의 자료적 가치를 현격히 떨어뜨린다. 이 운서는 간행된 직후에는 한자음의 표준으로써 대단히 중용되었다. 한글 창제 이후의 한글 문헌들은 각 한자에 한자음이 표기되어 있는데 이러한 표기는 전부 『東國正韻』의 음을 사용하고 있다. 따라서 이 문헌들은 한글 제정 후의 문헌으로서는 가장 오래된 것임에도 불구하고 그 한자음은 거의 전부 자료적인 가치가 없다. 그러므로 여기에서도 이러한 한자음은 자료로 이용하지 않는다.

2.4 전래 한자음 자료

한글이 만들어진 직후의 옛 문헌에 적혀 있는 한자음은 앞서 말한 바와 같이 『東國正韻』의 인위적인 한자음인 이상 이들 한자음을 가지고 무작정 한국의 전래 한자음을 연구할 수는 없다. 그래서 전래 한자음 자료로 가장 오래 되었으면서도 가장 신뢰할 수 있는 것을 찾아야 할 필요성이 제기된다. 그런데 이 작업은 의외로 어려움이 있다. 이러한 어려움의 가장 큰 이유는 임진왜란이나 그 밖의 각종 병란(兵亂)으로 인해 옛 문헌이 산일(散佚)되었기 때문이다.

오늘날 임진왜란 이전의 문헌 중 상당수는 불교 관계 언해서류인데 깊은 산 속의 사원에 전해졌던 것으로 보인다. 한자음 자료 역시 전화(戰火)를 입어 소실된 것이 많아서 임진왜란 이전 문헌이 확실하다고 말할 수 있는 것은 매우 적다. 분명한 간기(刊記)를 가진 문헌은 『孝經諺解』밖에 없으며 그 외에 『訓蒙字會』, 『類合』, 『千字文』의 고판본이 그러한 자료이다. 임진왜란 이후의 문헌은 양이 너무 많아서 일일이 거론할 수 없을 정도이다. 그 중에서 역시 한자음의 규범이라고 생각되는 각종 경서(經書)의 언해와 운서 등이 중요 자료가 될 것이다. 이제 이 논문에서 이용한 자료에 대해 간단히 해설하기로 한다.

2.4.1 효경언해[57]

마에다(前田) 가문의 존경각(尊經閣) 소장본. 『孝經大義』의 권말에 덧붙어 있다. 『孝經大義』도 조선에서 간행된 판본인데 처음부터 언해를 부록으로 하고 있었다는 사실은 권말에 붙은 유성룡의 발문(跋文)[58]을 통해 볼 때 명확하다. 발문의 내용은 다음과 같다.

> [前略] 우리 주상 전하께서는 총명하고 예지하신 聖人으로 임금이자 스승으로서의 큰 책임을 맡으시어 백성을 교화하고 아름다운 풍속을 이루는 데 사람으로서 지켜야 할 떳떳한 도리를 급선무로 삼지 않으신 적이 없었다. 하루는 經筵에 나오시어 유신들과 治道를 논하시다가 『孝經』의 가르침이 오랫동안 세상에 끊긴 것을 탄식하고 또 『孝經』을 주해한 것이 있느냐고 물으시니 좌우 신하들이 이 책으로 아뢰었다. 그러자 즉시 삼가 찾아오게 하여 보시고 훌륭하다며 칭찬하시고는 간행하여 널리 전하려 하셨으나 궁벽한 마을의 어리석은 백성들이 오히려 그 뜻을 깨우치지 못할 것을 염려하시어 弘文館에 명해 모두 諺文으로 풀어 쓰게 해서 사람들이 쉽게 깨달을 수 있도록 하셨다. [後略]([前略] 惟我主上殿下 以聰明睿智之聖 握君師之丕責 化民成俗 未嘗不以彝倫爲急 一日御經筵 與儒臣論治道 因歎孝經之敎久廢於世 又問其註疏之有無 左右以是編聞 卽蒙宣索覽之嘉賞 將鋟梓以廣其傳 猶慮窮閭愚下之民未喩其義也 下弘文館悉解以諺語 使人易曉 [後略])

여기서 '主上殿下'는 선조(宣祖)이며 '是編(이 책)'이라는 것은 朱子가 간오

---

57) 오구라 신페이(小倉進平) 선생의 『增訂朝鮮語學史』 185쪽에 『孝經諺解』에 대한 내용이 보이는데 "간행 연월 불명(不明). 이본이 두셋 있다"라고 했을 뿐이다. 존경각본이 주의를 끌지 못한 것은 『孝經大義』의 뒤에 덧붙어 있어서 가려졌기 때문이다. 존경각본의 존재는 다가와 고조(田川孝三) 씨의 교시에 따른 것이다.

58) 1589년(萬曆 17) 6월.

(刊誤)하고 董鼎이 주석을 붙인 『孝經大義』이다.59) 이 『孝經大義』를 조선에 보급시킬 목적으로 이 책을 간행하려 하면서 홍문관에 명을 내려 언해를 짓도록 했다는 것이다. 언해는 겨우 26장으로 끝나지만60) 임진왜란(1592) 직전에 나온 책이라는 사실이 명료하다는 데 이 언해의 중요성이 있다. 게다가 존경각 소장본은 1590년(萬曆 18)의 내사본(內賜本)이기 때문에 더욱 더 귀중하다.

이 『孝經諺解』의 한자음은 동국정운식 한자음과는 전혀 달라서 전래되던 한자음임에 틀림없으며 더욱 흥미로운 점은 한자음에 방점이 찍혀 있다는 사실이다. 이러한 한자음의 특색에 대해서는 각론에서 서술하기로 하되 日母의 'ㅿ'이 여전히 사용되고 있다는 점이 두드러진다. 그런데 언해문 가운데 종종 한자어를 한자로 표시하지 않고 한글로 표기한 것이 있으며 그때에는 日母라도 'ㅿ'을 사용하지 않고 'ㅇ'으로 표기하고 있다. 이러한 표기들은 일반적으로 속음(俗音)을 나타내는 듯하다. 또한 언해문에서 '大夫'를 '태우'로 표기한 예가 있는데 이것은 당시 고유어화된 중국어의 일부를 가리킨다. 다만 『孝經』은 작은 경전이기 때문에 양적으로 한정되어 있다는 점이 유감스럽다. 또한 한국어 측면에서도 흥미로운 문헌이지만 거기에 대해서는 다른 기회로 넘기고자 한다. 이하에서는 『孝經』으로 표시한다.

2.4.2 훈몽자회[61]

동경대학 도서관 소장본.『訓蒙字會』는 중종(中宗) 때의 유명한 역관 최세진(崔世珍)이 지은 것으로서 한자를 공부하는 사람을 위해 기초적인 한자

---

59) [역자주] 『孝經』의 원문을 朱子가 고쳐서 간행한 책이 『孝經刊誤』이고 이것에 기초해 원나라 때 董鼎이 주석을 붙이고 수정한 책이 『孝經大義』이다.
60) [역자주] 언해본의 분량이 짧은 것은 『孝經大義』 전체를 번역하지 않고 『朱子刊誤』의 경(經) 1장과 전(傳) 14장만을 언해했기 때문이다.
61) 오구라 신페이(小創進平) 선생의 『增訂朝鮮語學史』 195~196쪽 참조.

3,360자를 뽑아 음과 뜻을 붙여 놓은 책이다. 이 책은 뒤에서 언급할『千字文』,『類合』등 같은 성격의 문헌이 빠뜨린 것을 보충하기 위해 만들었으며 이 때문에 기초적인 글자가 아닌 것도 꽤나 들어있다. 고전적인 한자와 더불어 근세 중국어 어휘 역시 눈에 띄며 한자음에서도 근세음적인 경향이 강하다. 이것은 최세진이 중국어 역관으로는 전무후무한 인물이었다는 점에서도 수긍할 수 있다.

동경대학 소장본은 저자의 좁은 식견으로는 가장 오래된 판본이지만 마에다(前田) 가문의 존경각에도 거의 비슷한 종류의 판본이 있다.[62] 두 권 모두 간기나 어떤 기록이 없어 연대는 분명치 않다. 다만 내용을 보면 한자음이든 한국어든 임진왜란 이전이라고 보아도 거의 틀림없으리라 생각된다. 특히 한자음은 위에서 살핀『孝經諺解』한자음과 정확히 일치한다.『孝經諺解』와 마찬가지로 방점이 찍혀 있는데 이것 또한 두 문헌이 동일하다. 전래되는 한자음의 예전 형태를 아는 데는『孝經諺解』와『訓蒙字會』가 중요한 자료가 된다. 이하에서는『訓蒙』으로 표시한다.

2.4.3 천자문[63]

동경대학 소장본.『千字文』에는 여러 가지 판본이 있는데 그다지 오래된 것은 아니다. 유명한 판본으로는 한호(韓濩, 호는 石峯)의 글씨를 새긴 것으로서 초간은 1601년이지만 오늘날 볼 수 있는 것은 대개 중간본이다. 여기서 이용한 동경대학 소장본은 석봉천자문과는 다른 계통으로 1575년(萬曆 3)의 간기가 있다. 과연 초간본인지 아닌지 알 수 없으나 지방판인 듯하

---

62) [역자주] 잘 알려져 있다시피『訓蒙字會』는 활자본인 '예산문고본(叡山文庫本)'이 초간본으로 전하고 있으며 동경대학 소장본은 이용하기 편하게 활자본의 판식을 바꾸어 목판으로 간행한 것이다. 자세한 것은 "이기문(1971),『훈몽자회연구』, 서울대 출판부"를 참고할 수 있다.
63) 오구라 신페이(小倉進平) 선생의『增訂朝鮮語學史』193쪽 참조.

다. 한자음은 방점을 지니지 않으며 원칙적으로 ‘ㅿ’은 나오지 않는다. 간간이 예전 형태를 볼 수 있다. 이하에서는 『千字文』으로 표시한다.

2.4.4 신증유합[64]

동양문고(東洋文庫) 소장본. 『類合』은 『千字文』과 마찬가지로 계몽적인 책이며 역시 여러 종의 판본이 있다. 동양문고 소장본은 1576년(萬曆 4)에 쓴 유희춘(柳希春)의 서문이 있다. 이것 역시 당시의 것인지는 알 수 없다. 한자음에는 방점이 찍혀 있지 않다. 그 대신 상성은 왼쪽에, 거성은 오른쪽에 권점(圈點)을 적어 놓았는데 이것은 중국음의 사성(四聲)이지 한국음의 사성은 아니다. 한자음은 『訓蒙字會』와 함께 고형을 비교적 충실히 전하고 있다. 대략 3,000자를 수록했으며 음이 두 가지인 경우를 잘 기록하고 있다. 이하에서는 『類合』으로 표시한다.

2.4.5 경서 언해[65]

한국에서는 예전부터 중국의 경전을 중시했고 그 해독법에도 깊은 주의를 기울여 왔다. 따라서 한글이 창제되자마자 곧바로 언해의 시도가 이루어졌다. 『朝鮮王朝實錄』에 의하면 세종 시대에 사서(四書)의 언해가 기획되었던 듯하다. 그러나 그 성과는 볼 수가 없다. 기록에 따르면 경서 언해의 원조는 15세기 후반에 활약한 유숭조(柳崇祖)라고 할 수 있다. 이 책은 현재 전하지 않는다. 1576년 선조는 당시의 석학인 이 이(李珥, 호는 栗谷)에게 명하여 사서오경(四書五經)의 언해를 상정(詳定)토록 했다. 그러나 이율곡의 언해는 대학(大學), 중용(中庸), 논어(論語), 맹자(孟子)의 사서(四書)에 그쳐 버리고

---

64) 오구라 신페이(小倉進平) 선생의 『增訂朝鮮語學史』 194쪽 참조.
65) 오구라 신페이(小倉進平) 선생의 『增訂朝鮮語學史』 176쪽 이하 참조.

오경(五經)에는 이르지 못했다. 그 후 1585년 선조는 율곡의 언해 등을 참조하여 새로 역경(易經), 서경(書經), 시경(詩經) 및 사서(四書)의 일곱 문헌(七書)을 언해하여 짓게끔 했다. 이것이 현재 전하는 경서 언해의 토대가 된다. 이 책은 임진왜란 때 소실되고 말았기 때문에 1601년에 다시 교정하여 간행하였다. 그 후 중앙이든 지방이든 여러 차례 간행했던 듯하다. 현재 남아 있는 책에는 여러 종의 판본이 있다.

칠서(七書)의 언해본들도 각 한자에 일일이 한글로 한자음을 덧붙여 놓았다. 다만 이들 한자음은 음운 변화의 영향을 받았다. 가령 중기 한국어의 'ㅿ'은 이미 소실되었다. 또한 방점은 없다. 판본에 따라서는 설상음(舌上音)을 'ㄷ' 또는 'ㅌ'으로 적는 구식 문헌과 'ㅈ' 또는 'ㅊ'으로 적는 신식 문헌이 있다. 또한 이율곡의 언해는 그 가문과 문도들의 집안에 이어져 내려왔는데 1749년 홍계희(洪啓禧)에 의해 간행되었다. 오늘날에도 이 계통의 책이 『栗谷諺解』라고 하여 전하고 있다. 그 밖에 이 부류의 책으로는 『家禮諺解』 (1632), 『小學諺解』(1744), 『禮記大文諺解』(연대 미상) 등이 있다.

경서의 언해본은 위에서 서술한 바와 같이 한자음 자료로서 중요하지만 그 전체를 조사하는 것은 쉽지 않다. 이 연구에서는 다음과 같은 것을 이용하였다. 이것으로 대략 그 모습을 알 수가 있다.

論語諺解 권1	
書經諺解 권1~권5	東京大學 小倉文庫本
易經諺解 권1~권5	

이상은 구식 판본에 속하는데 그 중에서도 『書經諺解』는 來母를 'ㄹ'로 표시하지 않고 'ㄴ'으로 표시한다는 점이 특징이다. 이 책은 기영(箕營)[66]

---

66) [역자주] 기영(箕營)은 평양 감영을 가리킨다.

에서 간행된 판본은 아니라고 생각된다.

詩經諺解 권1~권20 中庸諺解	名古屋大學 所藏本
小學諺解	東京大學 小倉文庫本

이상은 신식 언해본이다. 특히『詩經諺解』는 양적으로나 질적으로 풍부하여 매우 흥미롭다. 아래에서는『論語』,『書經』,『易經』,『詩經』,『中庸』,『小學』으로 표시한다.

2.4.6 운서

한국에서 쓰이던 운서는 대부분 중국의 운서로서『禮部韻略』,『古今韻會舉要』,『洪武正韻』과 같은 책들이다. 특히『古今韻會舉要』, 즉『韻會』가 애용되어 한국에서 나온 판본도 많았으며『訓蒙字會』의 저자인 최세진이 이 운서의 자획 색인인『韻會玉篇』을 만들 정도였다. 이 외에『三韻通考』[67]라 불리는 운서가 유행하였다. 이 책은 소위 '시운(詩韻)'의 106운 방식으로 그 특징은 평성, 상성, 거성을 삼단으로 평행하게 배열하고 입성만 뒤에 따로 수록했다는 점이다. 이 운서가 언제 어디서 만들어졌는지는 알려지지 않았다. 일본에서 지어졌다고 하기도 하고 한국에서 지어졌다고 하기도 한다. 중국에 동일한 이름의 운서가 있는데 그와는 별개의 문헌이다. 이 운서는 한글로 된 한자음 표기가 없어서 한자음 연구의 직접적인 자료는 되지 못한다. 그렇지만 이 책의 배열 형식은 뒤에 나오는 운서에서 답습하고 있다.

전래되는 한자음의 운서로는 다음의 세 가지 종류를 들 수 있다.

---

67) 오구라 신페이(小創進平) 선생의『增訂朝鮮語學史』485쪽 이하 참조.

2.4.6.1 화동정음통석운고[68]

　全 2권이며 1747년 박성원(朴性源)이 편찬했다.『華東正音通釋韻考』는『三韻通考』의 형식을 따라서 평성, 상성, 거성의 삼성(三聲)에 해당하는 운을 삼단으로 평행하게 배열하고 입성만 마지막에 두었다. 한자의 배열 순서 역시『三韻通考』의 순서[69]에 따라 동음자(同音字)들을 묶었으며 제일 앞에 오는 글자의 아래에 오른쪽은 화음(華音), 즉 근세 중국음을, 왼쪽은 한국 한자음을 한글로 표기했다.[70] 중국음은 대체로 최세진의『四聲通解』[71]에 의거하고 있다.

　이 운서의 한자음은 다음과 같은 특징이 있다.

　(1) 우선 설상음(舌上音)의 처리에 대해 범례에는 다음과 같은 내용이 나온다.

　　하나, 우리 음은 五音과 淸濁의 구별을 알지 못하기에 字書의 반절을 읽을 때 商宮[72]의 'ㅈ, ㅊ'을 徵宮[73]의 'ㄷ, ㅌ'으로 잘못하고 있다. 가령 直·當切[74]의 直(직)은 '딕'으로 읽고, 丑·他切의 '丑(축)'은 '튝'으로 읽으며 원래 直·當切인 '戇(장)'은 '당'으로, 원래 丑·他切인 '侘(차)'는 '타'로 읽어서 五音이 서로 어긋난다. 그래서 이러한 것들은 五音에 속한 바에 따라 풀었으니 나머지

---

68) 오구라 신페이(小創進平) 선생의『增訂朝鮮語學史』513~515쪽 참조.
69) 이것은 동시에『韻略』의 순서이기도 하다. [역자주] '韻略'이라는 이름의 운서는 여러 종이 있다.
70) [역자주] 가령 음이 동일한 '腫, 種, 踵, …' 등을 차례대로 배열하되 가장 앞에 오는 '腫'에만 그 아래에 왼쪽에는 '죵', 오른쪽에는 '즁'이라고 그 음을 한글로 표기하는 것이다.
71) 오구라 신페이(小創進平) 선생의『增訂朝鮮語學史』507~510쪽 참조.
72) [역자주] 치음(齒音)을 말한다.
73) [역자주] 설음(舌音)을 말한다.
74) [역자주] 반절 상자(上字)로 '直, 當'이 쓰이는 글자를 가리키는 듯하다. 뒤에 나오는 같은 형식의 표현도 여기에 준한다.

도 모두 이와 같다.(一, 我音不知五音淸濁之別 故字書反切之讀 混敾商宮之ㅈㅊ 誤作徵宮之ㄷㅌ 假如直當切之直직作이딕 丑他切之丑츅作이튝 直當之切本戇장 而讀以당 丑他之切本吒차 而讀以타 五音相失 故此等之類 一依五音所屬之宮 而 釋之 餘皆倣此)

여기서 말한 것처럼 'ㄷ, ㅌ'으로 나는 것도 전부 'ㅈ, ㅊ'으로 고치고 있다.[75] 이것은 근세 중국음에 의한 개신이다.[76]

(2) 『華東正音通釋韻考』의 한자음은 각론의 각항에서 자주 보겠지만 성부(聲符)에 의한 유추음이 매우 많다. 이것은 전래되는 한자음으로서는 오히려 자연스러운 일이다. 또한 때때로 화음(華音), 즉 근세 중국음을 채용한 예도 있다.

(3) 위의 (2)와 같이 반드시 중국 음운학의 전거에 구애 받지는 않는다는 점이 흥미롭기는 하지만 반면에 규범적인 면도 간과할 수 없다. (1)도 그러한 예 중의 하나이며 가령 止攝에 속하는 여러 운 중 합구(合口)의 속음을 'ㅠ'로 하지 않고 모두 기계적으로 'ㆌ'로 정한 것도 그 예가 된다. 5장 뒷면의 두주(頭注)에는 아래와 같은 내용이 있다.[77]

---

75) [역자주] '戇'이나 '吒'는 그 음이 '당, 타'와 같이 'ㄷ, ㅌ'으로 시작하지만 범례에서는 모두 'ㅈ, ㅊ'으로 바꾸어야 한다고 말했음을 지적한 것이다.

76) [역자주] 중국어에서의 설음(舌音)을 보면 『廣韻』의 경우 설상음은 二等韻과 三等韻, 그 중에서도 주로 三等韻 앞에 나타남으로써 一等韻 및 四等韻 앞에 나타나는 설두음(舌頭音)과 일종의 상보적 분포를 보인다. 이후 설상음은 구개음화 과정을 거쳐 정치음(正齒音)으로 합류되었다. 『華東正音通釋韻考』에서는 이러한 중국음의 변화를 한국 한자음에 기계적으로 반영하여 설상음에 속하던 'ㄷ, ㅌ'은 전부 'ㅈ, ㅊ'으로 바꾸었음을 여기서 지적하고 있다. 이와 같은 조치에 대해서는 다양한 해석이 있는데, 국어의 구개음화라는 현실 발음을 한자음에 반영한 결과라는 견해, 그렇지 않고 인위적으로 한국 한자음을 중국음에 맞춘 규범화의 결과라는 견해, 중국음의 규범에 의지하여 국어의 현실 발음(구개음화 현상)을 반영한 결과라는 견해 등이 제시된 바 있다.

77) [역자주] '嫣'의 음을 'ㆌ'로 정하고 그 속음은 '규'라는 사실을 밝히면서 덧붙인 내용이다.

이 운은 東音을 쫓아 'ㅟ'로 하고 俗音인 'ㅠ'로 하지 않는다. 무릇 'ㅟ'의 속음을 모두 달면 註가 번거로워져서 표시하지 않으니 보는 사람들이 자세히 알 지어다.(此韻東音之從ㅟ聲者俗從ㅠ非 凡ㅟ之俗音註煩不著 觀者詳之)

요컨대 이 운서의 한자음에는 인위적인 허구(假構)가 종종 보이므로 주의를 필요로 한다. 이하에서는 『華東』으로 표시한다.

2.4.6.2 삼운성휘[78]

全 2권이며 보(補)로 옥편(玉篇)이 1권 포함되었다. 1751년 홍계희(洪啓禧)가 편찬했다. 서명(書名)에서 드러나듯이 이 책 역시『三韻通考』의 형식에 의지하고 있다. 다만 각 한자의 배열 순서는『三韻通考』를 따르지 않는데, 먼저 한자음을 한글로 표기하고 그 아래 그 음을 가진 한자를 배열하며 음의 순서는 한글의 배열 순서대로이다.[79] '聲彙'라고 한 것은 이러한 배열 때문이다.[80]『華東』과 마찬가지로『四聲通解』의 화음(華音)을 채택하고 있다.『華東』과 직접적인 관계는 없는 듯하다. 이 책에는 속음에 대한 주석이 없다.[81]

이 운서의 한자음 역시『華東』과 동일하게 다소간 규범적이다. 홍계희의 발문에 있는 아래 내용에서 말하고 있듯이 속음을 따르는 것도 있고 또한

---

78) 오구라 신페이(小創進平) 선생의 『增訂朝鮮語學史』 518~522쪽 참조.

79) [역자주] 한글 자음자의 배열 순서는 시대에 따라 조금씩 변화한다.『訓民正音』에서는 5음(五音)인 아설순치후의 순서를 기본으로 하고 다시 전청, 차청, 불청불탁의 순서에 따라 자음을 배열했으나『訓蒙字會』에 와서 큰 변화를 겪어 현재와 비슷한 모습을 보인다.『三韻聲彙』에서는 'ㄱ, ㄴ, ㄷ, ㄹ, ㅁ, ㅂ, ㅅ, ㅇ, ㅈ, ㅊ, ㅌ, ㅋ, ㅍ, ㅎ'의 순서를 설정했는데『訓蒙字會』와 비교할 때 'ㅈ, ㅊ'이 'ㅋ' 앞으로 왔다는 점, 'ㅌ'과 'ㅋ'의 위치가 바뀌었다는 점이 다르다.

80) [역자주] 그 음에 따라 한자를 모았으므로 책 제목에 '聲彙'라는 표현을 넣었다는 뜻이다.

81) [역자주]『華東正音通釋韻考』는 속음을 난상(欄上)에 주석으로 밝혔다는 점에서 차이가 난다.

바르게 고쳐 놓은 것도 있다.

경서 언해는 음을 읽는 근본이 되어 그 잘못을 답습하면 바로잡을 수가 없게 되니 식자들이 이를 한탄한다. 내가 일찍이『三韻通考』를 취하여 그 韻目, 語彙, 聲調에 따라 틀린 것을 바루고 빠진 것을 보충하는데 方音을 세로로 正音을 가로로 표기하였다. 비록 한결같이 字母를 따르지는 못했을지라도 五聲을 어기지 않게 하려는 뜻이었으나 간혹 뜻을 굽혀 俗音을 따랐는데 반드시 큰 착오에 이르지 말기를 바란 것이다. 그런데 나의 본뜻을 알지 못하는 자들은 雅音과 俗音이 반반씩이라며 비방할 것이다.(經書諺解卽音讀之所本 亦襲其謬莫能是正 識者恨之 不佞嘗取三韻通考逐韻彙聲 正其譌而補其闕 經方音而緯正音 雖未一遵字母 而要令不違五聲 間或委曲從俗而必期無至於大錯 未知不佞本意者 必以雅俗相半訾之)”

설상음의 처리는『華東』과 동일하다. 그 밖의 점에서는『華東』보다도 규범 의식이 더 강하다. 그리고 아래에서 서술할『奎章全韻』은 그 구성이나 한자음에 있어『三韻聲彙』의 영향이 두드러진다. 이하에서는『三韻』으로 표시한다.

2.4.6.3 규장전운[82]

1권이며 1796년 간행되었다. 정조(正祖)의 어정(御定) 운서로 서명응(徐命膺), 이덕무(李德懋) 등이 편집에 참여했다. 이 책은 왕이 정한 것이라서 이후 한자음의 권위를 공인 받으며 유통되었다. 형식은 앞서 살핀 여러 운서의 삼운(三韻) 형식을 그만두고 章黼의『韻學集成』을 본받아서 입성을 평성, 상성, 거성의 삼성(三聲)에서 나눔으로써 사성(四聲)을 평행하게 다루는 4단 구성으로 하였다.[83] 그러나 구성과 내용은 '거의'라고 말해도 좋을 만큼『三韻聲

---

82) 오구라 신페이(小倉進平) 선생의『增訂朝鮮語學史』523~527쪽 참조.
83) [역자주] 정조는 기존의 우리 나라 운서에서 평성, 상성, 거성의 삼운(三韻)을 모으

『彙』를 따르고 있다. 화음(華音)의 표기도 있다.[84] 한자음 역시 다소 규범적이다. 이하에서는 『奎章』으로 표시한다.

2.4.6.4 전운옥편[85]

全 2권이며 앞선 『奎章全韻』의 자매편을 이루는 획인(劃引) 자전(字典)이다. 한국에서 옥편(玉篇)은 자획 색인이며 『韻會』에 대한 『韻會玉篇』, 『三韻聲彙』의 보(補)인 '玉篇' 등이 그러한 예이다. 그러나 『全韻玉篇』은 단순히 자획 색인이 아니고 간단하기는 해도 한자의 음과 뜻에 대한 기술을 갖춘 자전(字典)이다. 이러한 형식은 시의적절한 것이었기에 이 책은 크게 유행했다. 현재에도 한자 자전은 이 책에 준거하지 않은 것이 없다.

이 옥편의 한자음은 『奎章』과 거의 완전히 일치한다. 다만 옥편에서는 속음을 주석에 기록함으로써 전래되던 한자음을 더 잘 보존하고 있다. 속음의 주기(注記) 이외에 '正'이라는 주기(注記)도 있다. 예를 들어 '殲'을 보면 '졈正셤'이라는 주음(主音)이 있다. 앞의 '졈'은 당연히 올바른 음이며 『奎章』과 일치하는데 다음의 '正셤'이라는 것은 무엇인가? 말하자면 이것은 『華東』의 한자음을 가져온 것이다.[86] 물론 『華東』과 『奎章』의 한자음이 차이나는 경우이다. 또한 『全韻玉篇』에는 두주(頭注)에 따로 속음을 기록하고 있는 것이 있다. 이것은 본문에 빠진 속음을 채집한 것으로서 이 중에도 중요한 속음이 담겨 있다. 이하에서는 『玉篇』으로 표시한다.

고 입성을 따로 두는 방식에 대해 운이 사성(四聲)에 근본하는 뜻에 어긋난다고 하여 못마땅하게 여기고 있었다. 자세한 것은 『正祖實錄』의 丙辰年(1796) 8월 11일 기사 참고.

84) [역자주] 화음(華音)은 ○ 속에, 동음(東音)은 □ 속에 넣어서 둘을 구별하였다.

85) 오구라 신페이(小創進平) 선생의 『增訂朝鮮語學史』 539~541쪽 참조.

86) [역자주] 따라서 '正셤'의 '正'은 『華東正音通釋韻考』의 '正'을 가리킨다고 하겠다.

03
총 론

3.1 방법

앞에서 서술했듯이 이 연구의 목적은 한국 한자음의 실상을 파악하고
그 실상을 기반 삼아 그 기원으로 거슬러 올라가려는 것으로서 본래 통시
적 연구이다. 한자음의 실상은 가능한 한 인위적인 규제를 받지 않은 전래
한자음에서 찾을 수밖에 없기 때문에 가령 『東國正韻』에 있는 것과 같이
매우 기교적인 한자음은 피하고 가급적 '자연적인 형태'로 전해져 온 한자
음을 채집한 후 이것을 정리하여 그로부터 어떠한 결과를 도출해 내지 않
으면 안 된다. 이러한 목적을 위해서 어떠한 자료를 선택해야만 하는지에
대해서는 앞 장에서 논의한 바 있다. 그러나 자료를 어떻게 수집하든지 이
것을 정확히 정리하지 않으면 목적을 달성할 수 없다. 그렇다면 자료 정리
는 어떻게 해야 할까?

자료는 어떤 체계를 기준으로 설정한 후 그 체계에 비추어 정돈해야만
한다. 논의 대상이 한자음인 이상 중국어의 음운 체계가 어떻게든 반영되
어 있으며 중국어 음운 체계와의 관련성에 대해 생각해야만 하기 때문에
체계화의 원리로는 중국어 음운 체계, 그것도 중국 음운사에 있어서의 체

계를 근거로 하지 않을 수 없다. 한국 한자음을 고찰하는 경우에는, 그 모태의 시기를 염두에 둔다고 할 때 우선적으로 중고음(中古音)의 체계를 생각하게 된다.

중고음(中古音, Ancient Chinese)이라고 하는 것은 『切韻』의 체계이다. 『切韻』이 나타내는 음운 체계에 대해서는 그것이 과연 실재한 체계인지 또는 여러 종류의 방음(方音)을 절충한 것인지 여러 가지 논의가 있다. 어느 쪽이 맞든지 『切韻』의 체계는 특별한 이점을 지니고 있다. 『切韻』은 아래로는 근세음, 현대음으로 변화하는 출발점을 제공하며 위로는 상고음(上古音)의 필수 불가결한 근거가 되고 있다. 왜냐하면 『切韻』은 시대적으로 볼 때 상고음으로부터 현대음으로 변화하는 과정의 중간이라고 말할 수밖에 없으며 『切韻』의 체계 안에 상고음의 중요한 유별(類別)에 대한 계기가 포함되었을 뿐만 아니라 근세음, 현대음으로의 변화 가능성도 지니고 있어 말하자면 중국 음운사에 있어 각종 변화의 공약수(公約數)적인 기능을 지니고 있기 때문이다.

한편 한국 한자음을 고찰하는 토대로써 『切韻』을 사용하는 논거는 이 운서가 중국 한자음의 전통에서 차지하는 지위에서도 생각할 수 있다. 종래 중국 음운사의 자료[1]는 중국어의 음운 변화를 단적으로 반영하는 자료라고 순진하게 생각해 왔는데 사실을 말하자면 중국어 그 자체의 음운사 자료라고 할 만한 것은 거의 없고 대부분이 '한자음' 자료인 것이다. '한자음'[2]은 결코 일본과 한국에만 있는 것이 아니며 중국 본토에 있어서도 말할 수 있다. 다만 중국에서는 말소리(語音)와 한자음이 일본이나 한국처럼 서로 동떨어진 것은 아니라서 중앙 방언(한자음 담당자[3])에서 적어도 매우

---

1) 예를 들어 운서(韻書)나 운도(韻圖) 등.

2) "Paul, Serruys, *The Chinese dialects of Han time according to Fang yen*(University of California Publications in East Asiatic Philology, Vol. 2)"의 5쪽 참조.

3) [역자주] 뒤에서도 논의되지만 한자음은 정치적, 문화적 중심지가 어디냐에 따라

기본적인 어휘는 말소리와 한자음이 동일한 경우가 많기 때문에 그 구별이 분명치는 않다. 그래도 문자를 주체로 하는 말, 즉 '자어(字語)'의 발음 부호가 존재하는 한 한자음은 존재한다.[4]

문자에 대한 지식은 일반적으로 어느 정도 수준의 교양을 전제로 하기 때문에 한자음은 말하자면 상부(上部) 구조적인 것으로서 항상 흘러 움직이는 '살아 있는' 말소리(語音)의 기초 위에 존립한다. 따라서 한자음은 결코 그 자신의 발전을 스스로의 손으로 이루지는 않으며 정치적 또는 문화적 중심을 형성하는 지역의 방언을 기반으로 하여 존속하고 변천하는 것이다. 만약 정치나 문화의 중심이 어떤 정치적 변동에 의해 이동할 때에는 한자음의 전통은 종래에 기반이 되는 방언으로부터 새로운 중심이 된 방언으로 이동하여 그 방언의 기층(substratum)[5]에 의해 변화를 입는다. 그러므로 이러한 중심의 이동에 즈음하여 한자음의 전통은 한 지역에서 다른 지방으로 승계되어 끊이지 않고 이어져 가지만 기반이 되던 방언과 방언 사이에는 단절이 있다. 단지 이러한 계승은 한자음에만 국한된 것이 아니라 선비들의 공통어, 즉 관화(官話)에서도 함께 이루어진다. 아니 그렇다기보다는 오히려 문자를 포함한 상층부의 공통어가 전승된 것이고 한자음은 그 표면적인 현상이라고 하겠다.

이제 이 한자음의 전통은 말소리(語音)의 전통에 비해 비교적 단순하다.

달라지기 때문에 중심지가 되는 중앙 방언이 한자음의 기준이 된다는 의미에서 '한자음 담당자'라는 표현을 쓴 듯하다.

4) 한자는 표어(表語) 문자이기 때문에 각 글자가 개개의 단어(語)를 나타낸다. 그리고 시간이 흐름에 따라 구두(口頭) 언어에서는 사어화(死語化) 했더라도 문자로만 남아서 보존되는 경우가 있다. 이러한 경우 문자가 말(語)의 역할을 대신한다. 이것을 '자어(字語)'라고 부른다. 졸고인 「諧聲文字論」(『東京文理大漢文學會會報』 14호)도 참조할 수 있다. [역자주] 고노 로쿠로(河野六郎)의 논문은 『河野六郎著作集(3)』에 수록되었다.

5) 이 술어는 일반적으로 다른 계통의 언어에 대해 쓰는 듯하지만 여기서 그리고 아래에서는 동일한 중국어의 방언(patois)에 대해서도 사용한다.

말소리의 경우 중국과 같이 광대한 지역에 걸쳐 있으면 무수한 방언으로 분열되며 또한 그 방언 사이에도 복잡한 관계가 생겨나서 각 방언의 운명은 결코 단순하지 않다. 더욱이 오래 전의 상황은 그것을 단적으로 말해주는 자료가 없어서 각 방언의 변화를 추적하기란 극도로 어렵다. 이에 비해 한자음은 문자의 전통과 함께 흐르는 것이라서 문자의 어떤 음적(音的)인 표지가 한자음 자료가 될 수 있다. 게다가 문자의 전통은 때로 분열을 일으키는 경우도 있지만 대체적으로 말하면 단일하다. 춘추·전국 시대와 같이 문화의 중심이 여러 곳에 생기고 문자의 창작과 유지가 각지에서 이루어진 시대도 없지는 않으나 한자의 전통은 한민족(漢民族)의 통일된 감정에 강한 뒷받침을 받으며 영속적인 분파가 일어나지 않았다.

이러한 단일 문자의 전통은 시대에 따라 그 중심적인 역할의 담당자를 바꾸었으며 대부분 수도의 이동에 수반되어 이루어졌다. 예컨대 후한(後漢) 이후는 소위 '중원(中原)' 지방에 중심이 있었으며 한자음의 전통 또한 이 지방 방언을 기반으로 하여 전해졌음에 틀림없다. 이러한 한자음을 잠시 '중원음(中原音)'이라고 부르기로 한다. 그 후 동진(東晉)이 남도(南渡)를 함에 따라 상층부가 양자강 연안으로 이동하고 소위 '남조(南朝)'를 건설했는데 이 사건과 더불어 중원음은 오(吳) 지방의 토양 위에 이식되었고 시간이 흐르면서 기층(substratum)인 오방언(吳方言)의 영향을 받아서 약간의 변화를 입었다. 이 음을 일단 '강동음(江東音)'이라 부르겠다. 어쩌면 양나라 고야왕(顧野王)이 지은『玉篇』은 이 강동음에 의거한 것일 수도 있다. 한편 북방의 중원(中原) 지역에서는 의연하게 중원음의 전통을 유지하고 있었다. 육조(六朝) 말엽에 이 두 개의 한자음이 중심(centre)이었다는 사실은 顔之推의 증언[6]에 비추어 봐도 분명하다.『切韻』은 바로 이러한 중원음을 대표하

---

6) "이를 절충하여 합리적인 음운을 헤아려 본다면 결국은 金陵과 洛下 지방의 음을 표준으로 삼아야 할 것이다.(推而量之 獨金陵與洛下耳)『顔氏家訓』音辭篇". [역자주] 심소희(1995),「顔之推의 言語觀 硏究－顔氏家訓·音辭篇을 중심으로」,『중국

는 것이다.[7]

얼마 안 있어 수(隋)나라의 통일을 거쳐 당(唐)나라에 이르면 이번에는 한자음의 중심이 장안(長安)으로 옮겨간다. 중원음은 여기서 관중(關中) 방언의 토양에 이식되어 그 기층의 영향을 입었다. 이것이 장안음(長安音)이다. 그 후 한자음의 전통은 송(宋)나라에 이르러 다시 중원으로 되돌아왔다. 이와 같이 한자음 전통의 변천을 보노라면 한국 한자음은 길게 잡아도 '강동음'에 연결되고 짧게 잡아도 장안음 또는 중원음에 맥이 닿는 것으로서 결국 중국 한자음 전통의 맥과 어딘가에서는 관련을 맺을 것이다. 이렇게 생각하면 『切韻』을 체계화의 기초로 이용하는 것이 계통적으로 그다지 잘못은 아니라고 하겠다.

그러나 한국 한자음의 형성에 결정적인 역할을 한 것은 전술한 바와 같이 당대(唐代)의 장안음이라고 생각된다. 물론 이는 내적 징표에 대한 세밀한 논구(論究)의 결과로 입증한 것이긴 하지만 개연성으로서 장안음의 체계 또한 이때 중요한 근거가 된다. 그런데 당대(唐代)를 통해 애용된 운서는 절운 계통의 운서였으며 당대음(唐代音)의 체계를 단적으로 대표하는 운서는 오늘날 전해지지 않는다. 혹시 그러한 성질의 운서가 지어지지 않은 것 아니냐고 한다면 그렇지는 않으며 元廷堅의 『韻英』, 武玄之의 『韻詮』, 張戩의 『攷聲切韻』 등 '진음(秦音)'[8] 계통의 운서가 거기에 해당하는 듯하다. 다만 안타깝게도 이들 운서는 절운 계열의 운서에 압도되어 소실되어 버렸다. 다행히 이들 운서의 반절(反切)을 이용한 책이 남아 있어서 이를 통해 대요(大要)는 알 수 있다. 그 책은 慧琳의 『一切經音義』이다. 『一切經音義』는 매우 방대한 규모이지만 黃淬伯 씨가 지은 『慧琳一切經音義反切攷』[9]에서 반

어문학논집』 7, 중국어문학연구회"에 『顏氏家訓』 音辭篇의 전문에 대한 역주가 있으므로 참고할 수 있다.

7) 아리사카 히데요(有坂秀世) 박사가 쓴 「隋代の支那方言」(『(增補新版)國語音韻史の硏究』)의 285~302쪽 참조.

8) [역자주] 진음(秦音)은 당나라 수도인 장안의 음을 가리킨다.

절에 따라 음운표를 작성했기 때문에 체계의 구조를 쉽게 알 수가 있다. 黃澤伯 씨의 공적은 대단하다. 다만 彗琳이 의거한 체계는 『切韻』의 체계와 비교할 때 대폭적인 단순화를 받아들인 것이어서 『切韻』 체계의 세밀한 가능성에 포섭되고 만다.[10]

이상과 같은 이유로 인해 한국 한자음을 정리하는 데 있어 『切韻』을 기준으로 삼아 『切韻』의 체계에 따라, 전술한 여러 자료로부터 한국 한자음을 채집하여 그 결과를 음운표로 선보였다. 부록의 <자료음운표>가 바로 그것이다. 이 표에서는 우선 예전 자료로서 『孝經』과 『訓蒙』의 한자음을 뽑아내고 여기에 빠진 것은 『華東』, 『三韻』, 『奎章』의 세 운서에서 수집하였다. 이들 운서의 한자음은 때때로 인위적이고 규범적으로 표기되어 있으므로 전래되는 한자음을 제대로 반영하고 있는 『千字文』, 『類合』의 한자음을 참고하였다. 또한 경서(經書)의 언해는 운서와 같은 인위적인 한자음은 별로 없고 전승 한자음을 비교적 잘 보여 주기 때문에 허락하는 한도 내에서 참고하였다. 이들에 대해서는 그 차이를 주석에 적어 두었다.[11]

이처럼 『切韻』의 체계를 밑에 깔고서 한국 한자음을 투영해 보면 그 체계로부터의 '예외'를 발견할 수 있다. 예외의 원인에는 여러 가지가 있다. 그 중 하나는 한국어의 음운 구조로부터 왔다고 생각되며 한국어의 음운 변화에 의한 것도 있다. 또한 한자음의 전승 방식에 기인한 경우도 있다. 혹은 『切韻』의 체계로부터 새로운 변화를 투영하고 있는 것도 있다. 각각

---

9) 黃澤伯(1937), 『慧琳一切經音義反切攷』, 國立中央研究員 語言歷史研究所單刊 6.

10) [역자주] 『切韻』에서 세밀하게 구분한 것을 『一切經音義』에서는 구분하지 않는 경우가 많음을 나타낸 것이다. 이 책에서 한국 한자음의 모태를 거론하면서 가장 중시하는 근거가 바로 『一切經音義』이다.

11) 종종 속음(俗音)이라는 말이 사용되었는데 이것은 대략적으로 말하자면 전래 한자음 바로 그것이다. 다만 아래에서 보듯 전래 한자음 중에는 유추음(類推音)도 꽤 있다. 속음이라는 것은 물론 정음(正音)에 대비되는 개념이다. 말할 것도 없이 정음은 규범적인 의식에서 나온 개념이며 때로는 인위적인 한자음을 만들어 정음이라고 하기도 한다.

의 개별적인 경우는 각론에서 고찰하기로 하고 여기서는 한국어의 음운과 그 변천의 개요를 기술하고 한자음의 전승에 대해서 일반적인 문제를 잠시 살피고자 한다.

3.2 한국어 음운사 개요

한국어의 음운사를 기술하는 것은 그 자체로도 큰 과제이다. 게다가 갖가지 해결되지 않은 문제들을 안고 있어서 엄밀하게 말해 그 개관을 한다는 것 또한 현재로서는 아직 시기상조이다. 아래에서 서술하는 내용은 극히 엉성한 윤곽에 불과하다. 그러나 이 정도의 엉성함으로도 한자음을 고찰하는 데에는 도움이 된다고 생각한다. 또 한편으로는 앞에서 조금 접했듯이 한자음의 고찰로부터 역으로 한국어 음운사의 일면에 빛을 던져 주는 바도 없다고는 말할 수 없을 것이다.

3.2.1 현대 한국어의 음운[12]

한국어의 음소는 대체로 한글의 요소 문자로 표기할 수 있다. 초성자와 종성자는 자음 음소를, 중성자는 모음 음소를 나타낸다.

〈자음 음소〉[13]

-p- (ㅂ) ph- (ㅍ) pp*- (ㅃ)	-t- (ㄷ) th- (ㅌ) tt*- (ㄸ)	c- (ㅈ) ch- (ㅊ) cc*- (ㅉ)	-k- (ㄱ) kh- (ㅋ) kk*- (ㄲ)	
-m- (ㅁ)	-n- (ㄴ)		-ng (ㅇ)	
		s- (ㅅ) ss*- (ㅆ)		h- (ㅎ)
	-r- (ㄹ)			

12) Samuel Martin의 「Korean Phonemics」(『Language』 27-4, 1951)과 우메다 히로유키(梅田博之) 씨의 「The Phonemic System of Modern Korean」(『言語研究』 32, 1957) 참조.

'*'는 소위 된소리(濃音) 계열로서 후두의 폐쇄 또는 긴장을 수반한 음이다. 이 음은 한자음에는 나타나지 않는다.14) 'ㅈ, ㅊ, ㅉ'의 음가는 각각 '[ʧ], [ʧʰ], [ʔʧ]'이다. 'ㅅ'은 치음(dental) 's'이다. 'ng'는 어두에는 올 수 없다. 어중에서 앞 음절이 '-ng'로 끝나면 다음 음절의 초성에 오는 일이 있다. 또한 'ㅇ'은 초성에서는 영(零, [ʔ])을 표시하며 종성에서는 '-ng'를 표시한다. 'ㄹ'은 발음상으로는 어두에 오지 않는다. 따라서 중국음 'l-'(來母)은 'ㄹ-'로 표기하지만 어두에서 그 발음은 '[n]'이 된다. 어중의 음절초에서는 탄설음(flap) 'r', 음절말에서는 일반적으로 '[l]'이 된다.

이상은 자음 음소의 개요를 나타낸 것인데 된소리 계열을 제외하면 한자음에도 모두 쓰인다. 다만 종성 '-t(ㄷ)'는 한자음에서 보이지 않는다. 뒤에서 서술하겠지만 중국 중고음의 '-t'는 '-r(ㄹ)'로 표시된다.

〈모음 음소〉

i (이)   u (우)
e (에, əi)   o (오)
ä (애, ai)   ə (어)
ɯ (으) 후설 비원순모음   a (아)

---

13) 자음 뒤에 '-'이 있으면 초성에, 자음 앞에 '-'이 있으면 종성에, 자음 앞뒤로 '-'이 있으면 초성과 종성에 모두 쓰임을 나타낸다. [역자주] 여기서의 분류를 보면 현재의 방식과 비교하여 두 가지 큰 차이가 있다. 하나는 ㅅ-계열과 ㅈ-계열 자음의 조음 위치를 구분하지 않았다는 점이고 다른 하나는 파찰음을 파열음과 분리하지 않고 하나로 보았다는 점이다. 이러한 방식은 최현배가 1929년 지은 『우리말본 첫째매』에 이미 나타난다.

14) 예외로 '雙(쌍)'이 있다. [역자주] 잘 알려졌듯이 '雙' 외에 '喫(끽)', '氏(씨)' 등의 예외가 더 있다.

'어'는 방언에 따라 그 음가가 다르다. 남부 방언(경상남북도와 전라남북도)에서는 대체로 '[ə]'이고 북부 방언(함경남도)에서도 '[ə]', 중부 방언에서는 '[ɔ]'인 경우와 '[ə]'인 경우가 있다. 서울에서는 단모음일 때 '[ɔ]', 장모음일 때 '[ə]'로 발음한다. 다만 개인차가 심한 듯하다. 서부 방언(황해도, 평안남북도)에서는 대체로 '[ɔ]'이다.

현대 한국어는 모음조화가 붕괴되기 직전인데 모음이 음양에 따른 대립이 있는 경우에는 다음과 같이 구별된다.

陽	a		o		i	ä
陰	ə	ɯ	u			e

이상에서 언급한 모음 외에 'ö(외)'라는 것이 있다. 이 모음도 방언차와 개인차가 있다. '[ö]'로 발음되는 경우도 있고 '[we]'로 발음되는 경우도 있다. 후자의 경우 '웨[we]'와 혼동된다. 'e(에), ä(애), ö(외)'는 각각 'əi, ai, oi'가 단모음화된 결과 나왔다. 각론에서는 통시론적인 측면을 고려하여 'ㅔ, ㅐ, ㅚ'를 'əi, ai, oi'로 표기한다.[15]

반모음으로는 'y'와 'w'가 있다.

〈반모음〉

y-	ya(야), yə(여), yo(요), yu(유), yä(얘), ye(예)
w-	wa(와), wə(워), wä(왜), we(웨)

이 중에서 'yä(얘)'는 한자음에 나타나지 않는다. 또한 'ye(예), wä(왜), we(웨)'는 각론에서는 각각 'yəi, wai, wəi'로 표기한다.

---

15) [역자주] 번역문에서는 필요한 경우가 아니면 자음이든 모음이든 한글 표기만 제시하기로 한다.

중기 한국어의 음운

중기 한국어의 음운은 『訓民正音』의 기술 등을 기초로 하여 현대어로의 변화, 방언 상황 등에서 대략 추정할 수 있다. 두세 음소의 소멸, 음소 결합의 변화, 성조의 소멸 등을 중기어에서 현대어로 거치는 과정에 발견할 수 있다.

'ʔ(ㆆ)'은 후두폐쇄음이다. 고유어에 있어서는 단어와 단어가 결합할 때 나타난다.16) 한자음에는 원칙적으로 존재하지 않는다. 다만 『東國正韻』에서 설내(舌內) 입성(入聲) '-t'를 나타내는 데 'ㅭ(-rʔ)'으로 했다.

〈자음 음소〉

-p- (ㅂ)	-t- (ㄷ)	c- (ㅈ)	-k- (ㄱ)	-ʔ (ㆆ)
pʰ- (ㅍ)	tʰ- (ㅌ)	cʰ- (ㅊ)	kʰ- (ㅋ)	
-m- (ㅁ)	-n- (ㄴ)		-ng- (ㅇ)	
		-s- (ㅅ)		h- (ㅎ)
		ss*- (ㅆ)		hh*- (ㆅ)
v- (ㅸ)		z- (ㅿ)		
	-r- (ㄹ)			

'ng'는 현재와 대체로 동일하다. 다만 'ㆁ'이라는 문자가 쓰였는데 뒤에 'ㅇ(ʔ)'에 합류했다. 또한 중기 한국어에서는 어중에 쓰였던 듯하다. 가령 겸양법 어미는 '-이다(-ngita)'이다. 어두에는 오늘날과 마찬가지로 오지 못했다. 한자음 역시 동일하다.

소위 된소리(濃音)는 'ss(ㅆ), hh(ㆅ)' 이외에는 찾아볼 수 없다. 그 대신 'pt-(ㅲ), pk-(ㅳ), st-(ㅼ), sp-(ㅽ), pst-(ㅴ)' 등의 어두자음군이 있다. 이들은 뒤에 된

---

16) 현재에도 'ㅎ'이 형태음소로는 존재하는 듯하다. [역자주] 실제로 현대국어 음운론 연구에서 관형사형 어미 '-을'의 기저형을 '-읋'로 설정한다거나 '싣-(載)'이 '실꼬(싣+고), 실떠라(싣+더라), 실른(싣+는)' 등과 같은 활용 양상을 보일 때 어간의 기저형을 '싫-'로 설정하는 경우가 있다.

소리를 발생시킨 듯하다. 한자음에는 모두 나타나지 않는다. 또한 된소리 'hh-(ㆅ)'는 오늘날 'ss-(ㅆ)' 또는 'kʰ-(ㅋ)'으로 변했다. 예를 들어 '혀-(⑪)'는 '써-' 또는 '켜-'가 되었다.

'ㅸ'은 원래 중국음의 非母 'f-'를 표시하는 글자이지만 고유어에서는 어중에 나타나는 경우가 있다. 그러나 'ㅸ'이 쓰이는 것은 중기어에서도 오래된 단계에서만 그렇고 곧 'w'로 변화했다. 그래서 'v'로 표시했다. 'ㅸ'은 한자음에는 나오지 않는다.

'z(ㅿ)'은 중기어에 사용되었는데 근대어로 옮겨가면서 소실되었다. 구체적인 음가는 분명치 않지만 '[z]'와 유사한 음이었음이 분명하다.[17]

〈모음 음소〉

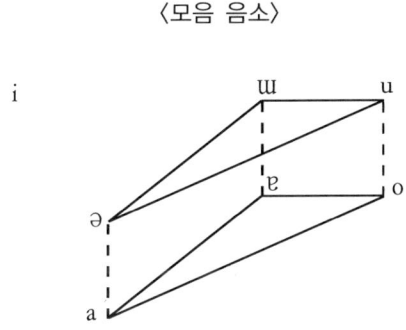

위의 그림은 모음조화를 고려하여 시도해 본 것이다. 음모음(陰母音)인 'ə, ɯ, u'와 양모음(陽母音)인 'a, ɐ, o'가 꽤나 명백한 평행 관계를 보인다는 점이 흥미롭다.

중기어의 모음 중 'i(이), ɯ(으), a(아), ɑ(오)'는 현대어와 거의 동일했던 듯하

---

17) 졸저인 『朝鮮語方言學試攷 -「鋏」語攷』(京城帝國大學 文學會論纂 제11집, 1945)의 41~83쪽. [역자주] 고노 로쿠로(河野六郎)의 책은 『河野六郎著作集(1)』에 수록되어 있다. 한편 고노 로쿠로(河野六郎)의 책에 앞서 그의 스승인 오구라 신페이(小倉進平)가 1930년 『靑丘學叢』 1호에 발표한 「狐を意味する朝鮮方言」에서 'ㅿ'의 음가가 '[z]'라는 사실을 자세히 논의한 바 있다.

다. 다만 'ə(어)'는 현재 남부 방언과 같이 '[ə]'였던 것 같다. 『訓民正音』의 제자해에 따르면 "ㅓ는 ㅡ와 같되 입이 벌어진다(ㅓ與ㅡ同而口張)"라고 되어 있어 약간 입이 벌어진 모음이었을 가능성이 높다.

'ɐ(ᄋ)'는 중기어 모음 체계에서 핵심적인 모음이었다. 그런데 이 음소는 근세어 중간에 다른 모음, 특히 'a'에 합류했다. 제자해에 따르면 "ㅗ는 '·'와 동일하되 입을 오므린다(ㅗ與·同而口蹙)"라고 했고 또한 "ㅏ는 ·와 같되 입이 벌어진다(ㅏ與·同而口張)"라고 했으므로 다음과 같은 공식이 성립된다.

ㅗ(o) = ·(ɐ) + 口蹙(원순성)
ㅏ(a)' = ·(ɐ) + 口張

따라서 '·'는 대체로 다음과 같이 추정된다.

·(ɐ) = ㅗ(o) − 口蹙 또는 ㅏ(a) − 口張

방언이나 그 밖의 자료도 이러한 음가로 설명할 수 있다.[18]

중기어에서는 모음조화가 매우 뚜렷했다. 음양(陰陽)에 따른 모음의 대립은 다음과 같다.

	口張 ←		→ 口蹙	
陽	a (ㅏ)	ɐ (·)	o (ㅗ)	i (ㅣ)
陰	ə (ㅓ)	ɯ (ㅡ)	u (ㅜ)	

---

18) 졸저인 『朝鮮語方言學試攷 − 「鋏」語攷』(京城帝國大學 文學會論纂 제11집, 1945)의 27~41쪽과 이숭녕 교수의 『國語音韻論研究第1集 「·」音攷』(한국문화총서 7, 1964) 참고.

이러한 대립은 모음자(중성자)의 제작에도 분명하게 나오고 있다. 중기어 모음의 상호간 대립 관계는 한자음의 변천을 고찰하는 데에도 중요하다. 또한 중기어에서는 'ㅐ, ㅔ, ㅚ' 등이 오늘날처럼 단모음화하지 않고 '-ai, -əi, -oi' 등과 같이 이중모음이었다고 생각된다. 반모음 'y, w'는 현재와 동일하다.

중기어의 중요 특징 중 하나는 성조(tone)를 지니고 있었다는 점이다.[19] 현재는 남부 방언 중에 성조를 보존하고 있는 것이 있지만[20] 그 외에는 소실했다. 중기어 문헌에서는 말소리(語音)인지 한자음인지를 문제 삼지 않고 각 음절(각 단위 문자)에 방점을 찍어 놓았다. 방점에는 평성(平聲, 無點), 상성(上聲, 二點), 거성(去聲, 一點)의 세 가지가 있는데 중국어 성조의 명칭을 취하여 평(平), 상(上), 거(去)라고 이름 붙였다. 평성은 저조(低調), 거성은 고조(高調), 상성은 저고조(低高調)였다. 이러한 성조는 한자음에서도 볼 수 있다.[21]

3.2.3 중기 한국어로부터 현대 한국어로의 변천

앞에서 본 바와 같이 중기어의 음운 체계는 현대어의 음운 체계와는 약간 차이가 난다. 중기어로부터 현대어로의 변천 과정에서 주목해야 할 사항으로는 ① 음소의 소실, ② 음소 결합의 변화, ③ 성조의 소멸, 이 세 가지를 들 수 있다.

---

19) 졸고 「諺文古文獻の聲點に就いて」(『朝鮮學報』 1집, 1951) 참조. [역자주] 이 논문은 『河野六郎著作集(1)』에 수록되었다.

20) 핫토리 시로(服部四郎) 교수의 「朝鮮語動詞の使役形と受身・可能形」(『藤岡博士功績記念言語學論叢』, 1935)의 423~446쪽, 오구라 신페이(小倉進平) 선생의 『朝鮮語方言の研究』 하권 431~439쪽, 허웅 씨의 「慶尙道方言의 聲調」(『최현배선생회갑기념논문집』, 1954) 참조.

21) 5.2.5.의 내용 참조.

① 음소의 소실

소실된 음소에는 ‘ᄫ(v), ᅀ(z), 모음 ·(ɐ)’가 있다.

(ㄱ) 자음 음소 ‘v(ᄫ)’는 중기어 도중에 ‘w’로 변화했다. 이 변화는 한 자음과는 관계가 없다. 다만 고유어화된 한자어 중에 문제가 되는 경우가 있다. 원래 ‘v’는 ‘p’가 유성음 사이에 올 때 약화되어 마찰음화한 것이다.[22] 예를 들어 ‘표(豹)’와 ‘범(虎)’이 결합한 ‘표범[pʰiobəm]’은 중기어에서 ‘표ᄫᅥᆷ’이 되었다. 이것은 뒤에 ‘표웜’으로 바뀐다.[23] 이와 동일한 변화가 ‘大夫’에서도 일어났던 듯하다. 이미 설명했듯이 『孝經』에 ‘태우’라고 되어 있는데[24] 이것은 ‘태부’가 ‘태ᄫᅮ’를 거쳐 ‘태우’로 바뀐 것이다. 결국 ‘v(ᄫ)’는 어중에서 발생했기에 한 글자씩 문제 삼을 경우 이 음소는 관계가 없다.[25]

(ㄴ) ‘z(ᅀ)’는 현대어에서는 탈락하여 ‘ㅇ(ˀ)’이 되었다. 고유어에 있어서는 이 음소가 중부 방언(또는 서부 방언)에서 발생한 듯하며 남부 방언(또는 북부 방언)에서는 ‘ㅅ(s)’에 대응한다. 중기어의 ‘ᅀ’이 남부 방언에서 ‘ㅅ’으로 변화한 것은 아닌 것 같다. 또한 ‘ᅀ’은 극히 드문 예외, 가령 ‘ᅀᅳᆺ(楓, 현대어로는 윗)’을 제외하면 어두에 나타나지 않는다. 한자음은 이 점에서 사정이 달라서 각론에서 서술하겠지만 ‘ᅀ’이 日母를 표시한다.

(ㄷ) ‘ɐ(·)’의 상실은 모음 체계에 커다란 혼란을 야기했다. 그것은 현대어의 모음 체계와 중기어 모음 체계의 구조를 비교해 보면 알 수 있다. 우

---

22) [역자주] 여기에 대해서는 두 가지 이견이 있다. ‘ᄫ’이 ‘ㅂ’으로부터 변화한 것으로 원래는 존재하지 않았다는 견해, 일정한 환경에서 ‘ㅂ’으로부터 변화한 것도 있지만 원래부터 존재한 것도 있다는 견해가 그것이다.
23) 현재는 ‘범’에 대한 어원 의식 때문에 다시 ‘표범’이 되었다.
24) 남광우 씨가 지은 『古語辭典』의 ‘태우’ 항목 참조.
25) [역자주] 어중에서 서로 다른 말들이 결합하면서 ‘ᄫ’이 생겼으므로 한 글자, 즉 한 음절씩 분리해서 살필 경우에는 ‘ᄫ’에 대해 언급할 필요가 없음을 지적한 것이다.

선 모음조화의 붕괴는 '·'의 소멸과 밀접한 관계가 있으며 또한 모음 'ə'의 후설화도 '·' 소멸의 결과 중 하나라고 생각된다. 아무튼 'ɐ(·)'는 첫음절에서는 'a(ㅏ)'로, 둘째 음절 이하에서는 'ɯ(ㅡ)'로 바뀌어 합류하였다. 다만 제주도 방언에서는 오늘날에도 음소로서 남아 있다. 한자음에서는 '·'가 모두 'ㅏ'로 변화했다. 그러나 각론의 기술에서는 통시론적 측면을 고려하여 'ɐ'의 고형을 남겨 두었다.

② 음소 결합의 변화

음소 결합의 변화로서 문제가 되는 것은 't(ㄷ), tʰ(ㅌ), n(ㄴ)'과 모음 'i' 또는 반모음 'y'의 결합이다. 중기어에서는 'ti-, ty-' 등의 결합이 가능했지만 근세어 도중에 이러한 결합이 'ci-, cy-' 등으로 바뀌었다. 그리고 'c(ㅈ), cʰ(ㅊ), s(ㅅ)'은 중기어에서 반모음 'y'와 결합할 수 있었으나 역시 근세에 'cy-, cʰy-, sy-' 등의 결합에서 반모음 'y'가 탈락했다. 'ty-, tʰy-'에서 변화한 'cy-, cʰy-' 역시 마찬가지이다.

또한 'n(ㄴ)'은 'i' 또는 'y'와 결합할 때 어두에서는 'ㄴ'을 소실하여 'ㅇ'이 되었다. 어두의 'r-'로부터 나온 'n-'도 동일하다. 이러한 변화는 현대의 여러 방언에서 일어났지만 서부 방언(평안남북도)에서는 일어나지 않았다. 서부 방언에서는 지금도 't'와 'n'이 'i' 또는 'y'와 결합할 수 있다.

현대어에서도 아직 'ti'나 'tti'와 같은 연쇄가 있기는 하지만 이들은 이전에 'tɯi(듸), ttɯi(띄)'와 같은 연쇄로부터 변화한 것이다. 가령 '띠(帶)'는 '쯰'로부터 바뀐 것이다. '-ɯi〉-i'는 일반적인 변화였으므로 이것 역시 각론에서는 고형인 '-ɯi'를 유지한다.

③ 성조의 소멸

앞서 말한 것처럼 중기어에는 성조가 있었는데 현대어에서는 중부 방언을 비롯한 많은 방언에서 사라지고 말았다. 서울 방언에서는 중기어의 성조 부류 중 상성에 해당하는 것이 장모음에 대응하고 있듯이 성조의 구별이 양적인 구별로 치환되었다. 그렇지만 성조에 있어서는 아직 여러 가지 문제가 있어서 확실치 않은 점이 많다. 성조의 소실은 아무래도 억양(intonation) 패턴에 이끌려 일어난 듯하다.

3.3 한자음의 전승

앞에서 한자음의 상부 구조적인 성격을 서술했는데 한자음의 전승을 고찰할 때에도 이런 점을 충분히 고려할 필요가 있다. 이미 여러 차계 언급했듯이 한자음은 한자(漢字)를 전제로 한다. 한자가 먼저 있고 그것의 발음 부호로서 한자음이 있는 것이다. 그렇다면 한자음의 전승은 말소리(語音)의 전승과 같이 자연스럽게 이루어진다고 생각할 수는 없다. 말소리는 인간의 생활 또는 생존에 필요하기 때문에 그 전승은 무의식적으로 이루어진다. 반면에 한자음은 문자에 부수된 것이라서, 말하자면 언어 문화에 관한 것이라서 그 전승이 의식적이다. 따라서 한자음이 전수(傳受)될 즈음에는 반드시 인위적이고 규범적인 요인이 작용한다. 앞서『東國正韻』의 한자음을 인위적이라고 하고 전래 한자음의 자연적인 성격에 대비해 자료적 가치를 낮게 평가했는데 전래 한자음이라고 해서 반드시 자연적인 것은 아니다. 다만『東國正韻』의 한자음은 너무나도 실제 전승되는 것으로부터 유리되었기 때문에 자료로서의 값어치가 없게 되었을 뿐 무릇 한자음에는 항상 규범적인 의식이 동반되는 것이다.

한편 한자음의 규범이 되는 것이 결코 확고부동하지는 않다. 특히 한자는 표음성이 낮은 표어 문자(logograph)이므로 각각의 문자가 원칙적으로 개별 단어를 나타내며 한자를 외우려면 한자음을 외우지 않을 수 없다. 게다가 한자의 학습은 구어(口語)의 단어를 문자화하기 위함이 아니고 고전적인 문장을 읽고 쓰기 위함이기 때문에 각 한자가 표시하는 개별 단어 중에는 구어에서 이미 소멸되어 버린 것이 많다. 따라서 일종의 교양을 습득하기 위해 필요한 한자의 한자음을 전부 습득하고 외운다고 하는 것은 불가능하다. 그나마 중국 본토라면 조금 낫겠지만 한국이나 일본과 같이 전혀 이질적인 계통의 언어에 있어서는 더욱 더 어려움이 있다. 여기서 표준이 되는 한자음 자전(字典), 즉 운서의 필요성이 제기된다.

그런데 이 운서를 아무리 훌륭하게 만들려 해도, 또한 아무리 그 운서에 권위를 부여하려 해도 그 효능이 반드시 만족스럽게 나타나지는 않는다는 사정이 있다. 그것은 한자로 이루어진 문장이 일종의 시각 언어(visual language)이기 때문이다. 시나 그 밖의 운문은 청각에 호소하는 것이 본질이지만 한자로 된 문장은 시각에 더 많이 호소하여 한자가 지니는 음 표상을 거치지 않고 의미에 직결되는 탓에 문장의 이해라는 큰 목적에는 한자음의 정오(正誤)가 그다지 문제되지 않는다. 그래서 문장이 잘 이해되면 한자음의 잘못에는 크게 신경 쓸 필요가 없다. 다만 묵독(默讀)한다든가 할 때에는 그렇지는 않아서, 매우 기초적인 한자는 처음부터 철저하게 배워서 암기하고 있으므로 문제되지 않되 눈에 익숙지 않은 한자는 그것을 보고 적당히 한자음을 지어 버리는 것이다.

앞에서 한자는 표음성이 낮다고 했는데 분명 음소 문자(alphabet)에 비교하면 표음의 효율이 낮다. 그렇지만 전혀 표음적이지 않은 것은 아니다. 한자의 대부분은 육서(六書) 중 소위 '형성(形聲)'[26] 글자로서 한자의 변(扁)은 의미 범주를 나타내고 한자의 방(旁)은 음을 나타내는 구조로 되어 있다. 그러므로 한자의 방(旁)을 보면 어떤 음 표상인지 떠오른다. 가령 '輸'라는 한자는 변(扁)인 '車'를 의부(義符)로 하고 방(旁)인 '兪'를 성부(聲符)로 하는 해성(諧聲) 글자인데 이 글자를 보고 그 음이 무엇인지는 자전을 찾지 않고도 곧바로 'yu'라고 읽어 버릴 것이다. 사실 이 글자의 음을 'yu'라고 읽는 것은

---

26) 또는 '해성(諧聲)'이라고도 한다. [역자주] 이 책에서는 '형성(形聲)'보다는 '해성(諧聲)'이라는 용어를 압도적으로 많이 사용하고 있다.

올바르지는 않다. 운서를 보면 'yu'에 해당하는 음은 없고 'syu'라고 읽어야만 한다. 일본에서는 이러한 오독(誤讀)을 '百姓讀み'라고 하여 경멸한다. 그러나 우리들이 읽는 많은 음 중에서는 이러한 '百姓讀み'가 제법 많다. '輸'의 경우에는 성부(聲符)에 유추된 결과 'yu'라는 음을 낳았다. 그래서 '輸'를 'yu'로 읽는 것과 같은 오용(誤用)이 유용(流用)되다가 확고한 관습으로 굳어져 그것이 옳은 음으로 바뀐 예가 많이 있다. 중국 운서 중 『廣韻』이나 『集韻』에 기록된 일자다음어(一字多音語)의 상당수는 이러한 성부(聲符)로의 유추에서 발생했다.

이런 유추음은 무지(無知)의 소산이기 때문에 이에 대해 올바른 규범을 수립하고 유지하려는 움직임도 끊임 없이 일어난다. 그래서 규범으로서의 운서가 출현한다. 그러나 어느 정도 시간이 지나면 위의 '輸'를 'yu'라고 하는 것이 관습이 되어 어찌하기 힘든 경우가 생기게 되며 이것을 무시할 수가 없어서 이번에는 운서의 내용을 개정할 필요성이 제기된다. 물론 그 사이에 진정한 의미의 음운 변화가 한자음에 반영되는 경우도 있다. 중국 운서의 역사는 이러한 음운 변화와 오용을 겪은 한자음을 정음(正音)으로 바꾸는 데서 성립되었다.

위에서 서술한 사정은 한국 한자음에도 들어맞는다. 한국의 경우에는 바탕이 다른 계통의 언어인 데다가 규범으로 삼아야 하는 것은 오랜 기간 중국의 운서였고 한국 한자음의 운서는 없었기 때문에 그 전거 역시 간접적이라서 유추음이 번성하는 것을 막을 수가 없었다. 『東國正韻』의 의도 역시 바로 이러한 유추음을 억누르고 바른 규범으로 되돌아가려는 데 있었다. 그러나 『東國正韻』은 그 의도를 너무 극단적으로 밀고 나갔기에 실패하고 여전히 유추음을 방임하게 되었다. 그 뒤에 나온 운서인 『華東』, 『三韻』, 『奎章』 등도 『東國正韻』만큼 극단적이지는 않아도 결국 중국의 운서에 준거하는 한 규범적인 측면을 벗어날 수 없으며 따라서 정당한 전통 한자음마저 변화시켜 버린 것이 적지 않았다.

이렇게 생각할 때 운서나 그 밖의 자료에 기록된 한자음이라는 것은 그 전부가 모두 전승되어 온 것은 아님을 알 수 있다. 기초적인 한자는 진정한 의미에서 전승되었다고 할 수 있겠으나 다른 한자는 기초적인 한자의 성부(聲符)에 따른 유추에 의해서 또한 규범적인 경우에는 어떠한 전거27)에 의해서 조작된 것이다. 그러므로 Karlgren 씨가 말한 것처럼 꽤 빈번하게 이용되지 않는 한자의 음은 의심스러우며 매우 일반적인 한자에 국한해 믿을 만하다는 것은 지당하다고 할 수 있다.

다만 다음과 같은 사실도 있다. '撕'나 '廝'와 같은 한자는 매우 일반적인 한자는 아닌데도 그 한자음인 '싀(sɯi)'는 결코 버림 받지 않았다. 이 두 글자는 모두 성부(聲符)로 '斯(스)'를 가지고 있다. 유추음이라면 '스'가 될 것을 '싀'로 하고 있는 것은 어쩌면 '斯'의 예전 음인 '싀'를 표시한 것으로서 '斯'가 '스'로 변화한 후에도 예전 음을 전했기 때문일지 모른다. 이런 식으로 생각하면 일반적이지 않은 한자의 음 중에도 의외로 자료적 가치를 가진 것이 있다고 하겠다.

3.4 음절의 구조

위와 같은 점에 유의하면서 <자료음운표>에 따라 고찰을 덧붙이겠는데 서술의 편의를 위해 음절을 구성하는 각 요소에 대해 살펴보기로 한다. 일반적으로 중국의 한자음을 논하는 경우 단음절성의 원리를 이용하는 것이 편리하다. 만약 말소리라고 한다면 단음절성의 원리만을 쓸 수는 없다. 다음절 결합도 나타나기 때문에 한층 복잡해진다. 그러나 한자음의 경우에는 일단 한 음절이 한 글자라는 원리를 세우는 것이 가능하다. 여기서 한 음절 내의 구조를 고찰하면 다음과 같은 공식을 세울 수 있다.

---

27) 예컨대 반절(反切) 등.

이것은 모든 경우를 생각한 끝에 나온 구조식이다. 아무것도 안 오는 경우도 고려에 넣었다. 'I'는 'Initial(두음, 頭音)'이며 성모(聲母)에 해당한다. 'M'은 'Medial'로서 중간의 모음적인 요소인 개모(介母)[28]에 해당한다. 'V'는 'Principal Vowel(주요 모음)'이고 운복(韻腹)에 해당한다. 'F'는 'Final'이며 말음(末音), 즉 운미(韻尾)이다. 'T'는 'Tone(성조)'이다. 그리고 중국 음운학에서는 전통적으로 'I'와 'MVF/T'로 양분하여 'I'를 성(聲) 또는 음(音)이라 하고 'MVF/T'는 운(韻)이라고 부른다. 이러한 이분법에 따라 우선 'I'의 부류, 즉 성류(聲類)를 서술하고 그 다음에 'MVF/T'의 부류, 즉 운류(韻類)를 살펴보기로 한다.

---

28) [역자주] 일반적으로 개음(介音)이라고 하지만 원문의 용어를 그대로 따른다.

04
성류聲類

4.1 총론

성류(聲類)의 분류는 전통적인 7음(七音) 36자모(字母)의 체계가 쓰여 왔지만 이 체계도 역사적인 소산이라서 모든 시대에 걸쳐 유효한 것이라고는 할 수 없다. 이 체계는 당대(唐代)를 거치면서 점차 굳어져 당말(唐末) 오대(五代) 무렵에는 정비되었다. 그것은 『韻鏡』에 채택되었다는 점에서도 분명하다. 이러한 성립 사정 때문에 36자모 체계를 곧장 『切韻』의 성류(聲類) 체계로 간주하는 태도는 아무래도 시대 착오적인 것으로 판명될 듯하다. 사실 36자모 체계에서 볼 수 있는 순중음(脣重音)과 순경음(脣輕音)의 구별 같은 것은 『切韻』의 반절(反切) 상자(上字)로부터 귀납할 수 있는 성류(聲類) 체계에서는 볼 수 없는 것이며 역으로 『切韻』에서는 준별하고 있는 정치음(正齒音) 二等과 三等의 구별이 36자모 체계에서는 한 부류로 되어 있다.

이러한 사정 때문에 우리는 한국 한자음의 성류(聲類)를 고찰함에 있어 7음 36자모 체계에 약간의 수정을 가할 필요가 있다. 여기서 陳澧[1]나 陸志

---

1) 『切韻攷』.

韋[2]가 정한 『切韻』의 성류 체계를 참고하여 아래 표와 같은 분류를 생각해 냈다.

牙音		見 k-	溪 kʰ-	郡 gʰ-	疑 ng-		
喉音		影 ·-			羽 ɦ-	曉 x-	匣 ɣ-
		喩 j-					
舌音	舌頭音	端 t-	透 tʰ-	定 dʰ-	泥 n-		
	舌上音	知 ţ-	徹 ţʰ-	澄 ḓʰ-	娘 ń-		
	半齒音				日 nź-		
	半舌音				來 l-		
齒音	齒頭音	精 ts-	清 tsʰ-	從 dzʰ-		心 s-	邪 z-
	正齒音[二等]	莊 tʂ-	初 tʂʰ-	牀 dʐʰ-		山 ʂ-	
	正齒音[三等]	照 tś	穿 tśʰ-	神 dźʰ-		審 ś-	禪 ź-
脣音	脣重音	幫 p-	滂 pʰ-	並 bʰ-	明 m-		
	脣輕音	非 f-	敷 fʰ-	奉 vʰ-	微 ɱ-		

여기에 기초하여 각 성모(聲母)가 한국 한자음에 어떻게 반영되었을지를 관찰하기로 한다. 또한 각 성모의 호칭은 전통적인 36자모의 호칭을 그대로 쓰되 36자모 체계에 없는 것은 다음과 같은 호칭을 채택했다. 正齒音[二等]은 '莊母, 初母, 山母', 正齒音[三等]은 神母, 그리고 喩母[三等]에 상당하는 것은 羽母로 한다. 부록에 나오는 <자료음운표>의 성류 배열도 대체로 위의 표 순서에 따르고 있다. 다만 순음(脣音)의 순경음만은 일정한 조건 아래에서 순중음으로부터 나온 것이기 때문에 따로 설정하지는 않고 순중음 안에 포함하되 각각의 경우에 주석을 통해 순경음인지 아닌지를 명확하게 했다.

위의 표에서 각 성모의 명칭 옆에 붙인 전사음(轉寫音)은 대체로 B. Karlgren의 재구음을 적은 것인데 각각의 구체적인 음가에 대해서는 논란

---

2) 「證廣韻五十一聲類」, 『燕京學報』 第25期.

의 여지도 있고 또한 역사적으로 변화를 겪은 것도 있다. 예를 들어 설상음의 知母, 徹母, 澄母에 대해 Karlgren은 구개화된 't-, tʰ-, dʰ-'라고 보았지만 羅常培와 같이 권설음(cerebral)이라고 보는 학설도 있으며 생각하기에 따라서는 이러한 차이가 시대적 차이라고 할 수도 있다. 한편 群母, 定母, 澄母 등의 소위 '탁뉴(濁紐)'의 성류가 과연 유성음이었는지 아닌지에 대해서도 의문이 없지는 않다.

더욱이 이 표의 체계는 순수한 의미에서의 공시론적(synchronic)인 것이 아니고 『切韻』에서 근세음까지 이르는 변천을 담고 있어서 음가의 추이도 당연히 생각하지 않으면 안 된다. 가령 日母를 표에서는 'ńʑ-'로 해 놓았는데 이러한 음가는 당대(唐代)의 장안음에서는 적당하다고 해도 육조(六朝)의 중원음 또는 강동음에서 그렇다고 하면 명백한 잘못이다. 왜냐하면 그 무렵에는 'ń-'이었다고 생각되기 때문이다. 마찬가지로 순경음 계열은 아마도 당대(唐代)에 발생한 것인 듯하므로 이것을 『切韻』의 재구음과 나란히 놓는 것은 우스운 일일지 모른다.

그 밖에 羽母는 匣母인 'ɣ-'가 일정한 운(韻)의 조건 아래에서 두음 'ɣ-'를 잃어버린 것이며[3] 머지 않아 喩母에 합류되었다. 이러한 역사적인 배경을 참작하여 羽母에 'ɦ-'를 할당하고 이와 구별하기 위해 喩母에 'j-'를 부여하게 되었다. 그러나 이러한 전사가 항상 고정 불변의 음가를 지닌 것이 아님은 말할 필요도 없다. 또한 敷母는 전술했듯이 滂母가 어떤 일정 환경에서 변화한 결과인데 그 음가는 처음 발생했을 당시 非母의 음가와 동일했던 듯하다. 그렇지만 다루는 데 있어서는 滂母로부터 나왔음을 고려하여 임시로 'fʰ-'라고 해 둔다.

---

3) 일정한 운의 조건이란 '三等韻(乙)'의 경우이다. 羽母가 원래 匣母였다고 하는 점은 고야왕(顧野王)의 『玉篇』과 『切韻』의 잔권(殘卷)에서 인정할 수 있다. 또한 "葛毅卿(1932), 「On the consonantal value of 唯-calss words」, 『TP』 29"의 100~103쪽 및 "趙元任(1940), 「Distinction within Ancient Chinese」, 『HJAS』 Vol. Ⅴ", 그리고 『十韻彙編』(羅常培 序) 81쪽 등을 참조.

4.2.1 아음(牙音)

아음(牙音)의 見母, 溪母, 群母, 疑母, 이 네 성모는 한국 한자음에서는 원칙적으로 다음과 같이 표시된다.[4]

見母 k-	ㄱ k-
溪母 kʰ-	ㄱ k-
群母 gʰ-	ㄱ k-
疑母 ng-	ㅇ '-

4.2.1.1 견모(見母)

見母는 원칙적으로 'ㄱ'으로 나타난다. 예외로는 다음과 같은 경우가 있다.

(1) 'ㅋ'으로 나타나는 것이 약간 있다. 去聲인 夬韻(圖 198)[5]의 '夬·獪·澮'(쾌)가 그것이다. 이것은 溪母인 '快·噲'(모두 圖 198)에 유추된 것이다.

(2) 'ㅎ'으로 나타나는 것이 제법 있다. 그 대부분은 해성(諧聲) 성부(聲符)에 의한 유추형이다. 그것이 두드러지는 두세 가지 예를 들기로 한다.

㉠ 平聲인 哈韻(圖 167)의 '荄·該·垓·陔·絃·咳' 등과 平聲인 皆韻(圖

---

4) [역자주] 저자는 성모든 운모든 모두 중국의 음이 한국 한자음에 반영되는 주된 경향을 먼저 정하고 그 경향에서 벗어나는 예외적인 존재들에 대해 해명을 해 나가는 방식으로 논의를 진행한다.

5) [역자주] 이하 번역문에서 '圖 X'로 표시된 것의 'X'는 부록에 실린 <자료음운표>의 표 번호를 가리킨다. <자료음운표>는 총 16개의 섭(攝)을 400개의 표로 나누어 놓았으며 이 400개 표의 번호를 일일이 매겨 놓았다.

190)의 '痎·痎' 등 한자들은 『三韻』과 『奎章』에서처럼 고친(匡正) 한자음으로는 바르게 '기'로 되어 있지만 속음은 모두 '히'이다. 이것은 이들 글자의 해성(諧聲) 성부(聲符)인 '亥'를 지닌 다른 해성(諧聲) 글자 '孩·頦'(히, 圖 168), 특히 '亥'(히, 圖 168)에 유추된 결과이다. 이 유추형에 있어 주목해야 할 점은 무릇 亥聲字[6])들이 모두 '히'로 바뀌었다는 사실이다.

ⓛ 이와 마찬가지 예로는 夾聲字가 있다. 入聲인 洽韻(圖 68)의 '夾·郟·筴·袷'과 入聲인 帖韻(圖 86)의 '絥·唊·脥·頰·鋏·莢·蛺' 등 한자는 모두 '협'이 된다. 이것은 夾聲字가 入聲 洽韻의 匣母字인 '狹·陜·陜·峽·硤'(圖 69) 및 入聲 帖韻의 匣母字인 '絥·挟·俠' 등에 강하게 뿌리를 뻗쳤기 때문에 그것에 유추된 결과라고 생각된다. 또한 溪母의 '悏·恔·恰·篋'(圖 86)도 모두 '협'이 되었다.

ⓒ 위와 같은 대규모 유추 이외에 '瘝(환, 圖 17), 緘(함, 圖 68), 荊(형, 圖 111-1)' 등의 예는 여러 군데에서 볼 수 있다.

ⓔ 이러한 유추형과는 다르게 'ㅎ'으로 나타나는 것이 약간 있다. 예로는 '鰥(환, 圖 26), 孑(혈, 圖 29), 革(혁, 圖 97), 梟(효, 圖 237),[7]) 姬(희, 圖 352)' 등이 있다.[8])

---

6) [역자주] '亥'가 성부(聲符)로 쓰인 한자를 가리킨다. 이하에 나오는 'X聲字'는 모두 'X'라는 한자를 성부로 가진 한자라는 뜻이다. 가령 뒤에 나올 占聲字는 성부로 '占'을 가지는 일련의 한자를 지칭한다. 원문에는 동일한 의미를 조금씩 다르게 표현했지만 번역문에서는 편의를 위해 'X聲字'로 통일했으며 이 형식의 표현은 다른데 사용하지 않고 오로지 이런 용법으로만 사용했다. 이하에서 매우 자주 나오므로 기억해 둘 필요가 있다.

7) "63번 [梟]는 한국과 중국 방언에서는 고음이 'xj'인 것처럼 다루어진다"(Karlgren, 『EPC』 827쪽). [역자주] Karlgren의 책을 중국어로 옮긴 『中國音韻學研究』(趙元任·李方桂 譯)에서는 '다루어진다(traité)'를 '읽힌다(讀)'로 번역했다. 『EPC』는 『Études sur la pholologie chinoise』를 가리킨다.

8) 이 외에 矍聲字인 '矍, 玃, 戄, 钁'(圖 137)은 '확'이다. 矍聲字는 見母 이외의 것으로는 群母의 '懼'(圖 137), 曉母의 '矎, 懻'(圖 138), 羽母의 '蠼'(圖 138)이 있다. 모두 '확'이다. 그러나 그 토대를 曉母字에서 찾는 것은 곤란하다.

(3) 'ㅇ'으로 나타나는 경우도 있다.

㉠ 해성(諧聲) 성부(聲符)의 유추에 의한 것이 많다. 예로는 '脘(완, 圖 7), 涓
· 悁(연, 圖 56), 驍 · 澆 · 僥(요, 圖 237), 徼 · 憿(요, 圖 237), 嬀(위, 圖 329), 踽 · 楀
(우, 圖 393)' 등이 있다.

㉡ 대규모 유츄형으로는 咼聲字를 들 수 있다. 예로는 '鍋(와, 圖 151), 蝸 ·
騧 · 媧(와, 圖 161), 媧 · 緺 · 騧(왜, 圖 189)'가 있다. 덧붙여 말하자면 '渦 · 窩 ·
萵'(와, 圖 151)는 影母字이다.

㉢ 이상과 달리 유추로는 설명할 수 없는 것도 있다. 예로는 '戞 · 嘠 · 秸
· 鶻(알, 圖 12), 訐(알, 圖 45)'이 있다.[9] 또한 '揭'는 '계'(圖 201) 또는 '갈'(圖 45)
혹은 '걸'(圖 29)인데 『詩經』에 '알'이라는 음이 있다. 『集韻』에 따르면 『詩經』
의 「衛風」에 '葭菼揭揭'라는 구절이 있으며 이때에는 '語訐切(* ngiet⁰)'로
읽기 때문에 '알'이라는 음이 적절하지만 『詩經』에서는 다른 의미[10]인 경
우에도 '알'을 사용하고 있다.

(4) 이 외에 산발적으로 다른 성모가 나타나는 경우도 있는데 모두 유추
형이다. 『華東』에서 '獡'(圖 201)가 '제'로, '褸'(圖 393)가 '루'로 되어 있는 것
이 그것이다.

4.2.1.2 계모(溪母)

한국어에는 무기음 'ㄱ'에 대해 유기음 'ㅋ'이 있으므로 이 대립이 원칙
적으로 중국음 'k-(見母)'와 'kʰ-(溪母)'의 대립을 나타내는 데 이용될 것이라
기대된다. 그럼에도 불구하고 실상은 오히려 溪母에 'ㄱ'을 할당하는 것이
원칙이다. 이 원칙에 벗어나는 것으로서 다음과 같은 경우가 있다.

---

9) Karlgren의 『EPC』 866쪽. Parker에 따르면 고음(古音)이 'iet'이다.
10) 「小雅 · 大東」, 「西柄之揭」.

(1) 전술한 것처럼 원칙적으로 'ㄱ'이 나타나지만 그에 대한 약간의 예외로서 去聲인 夬韻(圖 198)의 '快·駃·噲'(쾌)가 있다.[11] 이 외에『華東』에서는 去聲인 至韻(圖 347)의 '喟'에 대해 '퀴'를 인정하고 있는데 이것은『華東』에서 이 한자의 화음(華音)인 '퀴'를 채용한 것으로서 그 속음은 '위'이다.

(2) 見母의 경우와 동일하게 'ㅎ'으로 나타나는 것이 있다.

㉠ 見母에서 본 해성(諧聲) 성부(聲符)의 유추형은 여기서도 발견할 수 있다. '欬·咳'(圖 167)와 '劾'(圖 190)는 모두 '히'이고 '篋·悏·愜·医'(圖 86)은 앞서 말했듯이 전부 '협'이 된다. 이 외에 '恢·詼·盔'(圖 173)가 '회'가 되고 '闊'(圖 7)이 '활', '馯'(圖 12)이 '한', '俔'(圖 50)이 '현'이 된 것 등의 예도 모두 유추음으로 생각된다.

㉡ 한편, 유추형으로 생각되지 않는 이례(異例)도 있다. 가령 '欠'(圖 83)과 '欽'(圖 271)이 '흠'이고, '虧'(圖 329)가 '휴'인 것 등은 유추의 기반을 생각하기 어렵다. 그런 의미에서 亢聲字 중 여러 글자, 즉 '炕·抗·閌·伉'(圖 121)이 '항'으로 된 것도 '亢' 그 자체가 溪母에 속하면서 '항'이 된 것이므로 반드시 匣母에 속하는 '航·杭'(圖 122) 등으로의 유추라고 단순히 말할 수는 없는 것이다.

그 외에 매우 보편적으로 쓰였던 문자 중에도 溪母의 한자이면서 'ㅎ'으로 나타나는 예가 있다. '擴'(圖 127)의 '확', '確'(圖 139)의 '확', '槁·稾·犒'(圖 219)의 '호', '詰'(圖 249)의 '힐' 등이 그것이며, 또한 '酷'(혹, 圖 300)과 같은 경우 告聲字가 오히려 '곡'으로 강한 유추를 겪는다는 사실[12]로부터 보면 이때의 'ㅎ' 역시 위의 여러 예와 함께 그냥 보아넘길 수는 없는 것이다.[13]

---

11)『東國正韻』의 신숙주 서문에는 "우리말에서는 溪母(ㅋ)를 많이 쓰지만 한자음에서는 오직 夬 하나만이 있을 뿐이니 이것이 더욱 우스운 일이다(國語多用溪母 而字音則獨夬之一音而已 此尤可笑者也)"라고 한 것을 보면 예전부터 동일한 상황이었던 듯하다.

12) 예를 들면 匣母의 '鵠'이 '곡'이 되는 것과 같은 경우가 있다.

13) [역자주] '告'를 성부(聲符)로 가지는 한자들은 일반적으로 유추에 의해 '곡'이 되는

이렇게 생각할 때 가령 '壚 · 壚'(囲 386)의 '허'가 성부(聲符)인 '虛'에 의한 유추인지 아니면 溪母를 반영하는 한 방식인지 갑작스레 결정할 수는 없다.

(3) 소수이기는 하지만 'ㅇ'으로 표시되는 것도 있다. 그 중 상당수는 역시 유추형이다. '喎(와, 囲 189), 磽 · 墝 · 磽(요, 囲 225), 喟(위, 囲 347), 齲 · 踽(우, 囲 393)' 등이 있다. 다만 '泣 · 湆'(囲 271)이 '읍'이 된 것은 설명하기 곤란하다.

(4) 매우 희한한 예로 '跫'(囲 139)이 있다. 이것은『華東』과『玉篇』의 속음으로는 '샹'이라고 표기되어 있다.[14]

4.2.1.3 군모(群母)

群母는 소위 전탁(全濁)의 성모인데 한국어에는 'ㄱ(k-)' 및 'ㅋ(kʰ-)'과 대립하는 'g-'와 같은 음소가 존재하지 않기 때문에 群母를 단적으로 반영할 수가 없다. 그러나 群母는 매우 규칙적으로 'ㄱ'으로 나타난다.

예외는 산발적으로만 인정할 수 있으며 대부분 유추형이다. 가령 '蟉'(囲 378)가 '류'로 되는 것과 같은 경우는 분명히 성부(聲符)에 대한 유추이다. '唫'(囲 271)은『華東』에서 '음'으로 되어 있는데 이 한자에는 渠飮切 이외에 魚金切이라는 반절이 있으며 渠飮切은『廣韻』에서『說文解字』를 인용하여 '口急也'라고 했고 魚金切은『廣韻』에서 '古吟字'라고 하여 '吟'과 동일한 말이라고 표시했다. 이러한 의미 차이에 의해 한국 한자음에도 渠飮切(gʰïəm²)의 경우에는 '금'을, 魚金切(ngïəm¹)의 경우에는 '음'을 할당하고 있는데『華東』에서는 魚金切의 음을 渠飮切에까지 가져간 것이다.

경향이 강하다는 점을 고려할 때 '酷'이 '곡'이 아닌 '혹'이 된 것은 그러한 유추와는 다른 성격임을 말하고 있다. 이와 관련하여 4.2.2.2.에서는 見母에 'ㅎ'으로 나타나는 예외와 匣母에 'ㄱ'으로 나타나는 예외가 상호 관련성이 있음을 논의하고 있다.

14) 같은 음인 '腔'이 베트남 한자음에서 'sang'인 사실에 주목하고자 한다. Karlgren의 『EPC』815쪽 참조. 그러나 베트남 한자음과 한국 한자음이 어떻게 관련을 맺게 되었는지는 전혀 알 수 없다.

4.2.1.4 의모(疑母)

疑母는 규칙적으로 그 두음 'ng-'를 탈락시켜 'ㅇ'으로 나타난다.[15] 예외는 적은데 산발적인 유추형[16] 외에 'ㅎ'으로 표시되는 것이 약간 있다. 가령 '爔(헌, 囲 45), 齧(혈, 囲 50), 驗(험, 囲 76), 听(흔, 囲 265), 疙·屹·仡(흘, 囲 265)' 등이 있다. 이들은 모두 曉母를 가진 해성 문자(諧聲 文字)들에 유추된 것이다. '虐·瘧'(囲 129)이 '학'이 된 것은 虐聲字인 '謔'(학, 囲 133)[17]으로의 유추인 듯하다.

4.2.2 후음(喉音)

후음(喉音)인 曉母, 匣母, 影母, 羽母, 喩母의 다섯 성모는 규칙적으로 다음과 같이 표시된다.

曉母 x-	ㅎ h-
匣母 ɣ-	ㅎ h-
影母 ˀ-	ㅇ ˀ-
羽母 ɦ-	ㅇ ˀ-
喩母 j-	ㅇ ˀ-

4.2.2.1 효모(曉母)

曉母는 규칙적으로 'ㅎ'으로 나타난다. 예외로는 다음과 같은 경우가 있다.

(1) 'ㄱ'으로 나타나는 경우가 있다.

---

15) 고유어에서는 'ng-'가 두음에 올 수 없다.
16) 예를 들면 '亂'(란, 囲 17)이 있다.
17) '謔'의 성모는 曉母이다.

㉠ 상당수는 성부(聲符)의 유추형이다. 가령 '喝‧猲(갈, 囤 2), 憨‧蚶(감, 囤 64), 舡(강, 囤 140), 訶‧呵(가, 囤 146), 蔲(구, 囤 364), 㰦‧呴‧姁‧煦(구, 囤 394)' 등이 그것이다.

㉡ 유추라고 생각할 수 없는 것으로는 '轟‧匉‧鐄(굉, 囤 102), 虩(괵, 囤 111-2), 霍‧癨‧藿‧濩(곽, 囤 128)' 등을 들 수 있을 듯하다.

(2) 'ㅇ'으로 나타나는 것도 약간 있다.

㉠ 이것 역시 많은 경우 유추형이다. '歇(알, 囤 22), 嗎(언, 囤 30), 颭‧狁(월, 囤 49)' 등이 있다.

㉡ 주목해야 할 것은 '旭‧頊‧勖'(囤 313)으로 이 한자들은 '욱'으로 읽힌다. 또한 '汔'(囤 266)은 『易經』에서 '흘'과 '얼'의 두 음이 병용(倂用)되고 있다. 이 중 '흘'은 井卦[18]의 '汔至亦未繘井'(『易經』 4-1)에 있는 '汔'의 음이며 의미상 별개의 말은 아니다. '흘'은 정음(正音)이고 '얼'은 속음(俗音)인 듯한 데 다른 문헌에서는 '얼'로 표기한 것이 없다.

(3) 그 밖에 산발적으로 '咍(티, 囤 168), 秏‧耗(모, 囤 220), 馴(슌, 囤 269)' 등의 특이한 예가 있으며 모두 유추형이다.

4.2.2.2 갑모(匣母)

匣母도 전탁(全濁)에 속하는 성모인데 한국 한자음에서는 차청(次淸)에 속하는 曉母와 마찬가지로 규칙성 있게 'ㅎ'으로 표시된다. 예외로는 다음과 같은 경우가 있다.

(1) 'ㄱ'으로 나타나는 것이 상당하다.

㉠ 이 역시 대부분 성부(聲符)의 유추에 의한 것이다. 예를 들어 '撼‧憾 (감, 囤 59), 匣(갑, 囤 73), 莖(깅, 囤 98),[19] 閎‧翃‧竑‧鈜‧紘‧宏(굉, 囤 102),[20] 暇

---

18) [역자주] '井卦'는 역학의 64괘 중 하나이다.

(가, 囲157), 校・佼(교, 囲226), 鵠(곡, 囲300)' 등이 있다.

ⓛ '鍠(굉, 囲96),21) 覡(격, 囲115), 系(계, 囲213)' 등은 성부(聲符)의 유추라고 는 말할 수 없다.

(2) 'ㅇ'으로 나타나는 것이 있다.

㉠ '嶸(영, 囲102), 榮・濚(영, 囲120), 瘣・㢣(외, 囲174)22)' 등은 유추형이다. '狎'(압, 囲73)은 '押'(압, 囲73)에 대한 유추형이다.

ⓛ 이에 대해 '完・浣・㳤・緩'(완, 囲8)은, 일본의 오음(吳音)에서 '和(ワ, wa)・皇(ワウ, wau)・黃(ワウ, wau)・會(ェ, e)・繪(ェ, e)' 등 중고음 'ɣua-'를 포함 하는 한자가 두음 'ɣ-'는 탈락한다는 사실과 함께 고려하면 주목할 가치가 있다. '湲'(囲26)이 '완'으로 된 것은 '緩'의 유추일 것이다.

(3) 산발적인 경우로는 '濫(람, 囲73), 貉(락, 囲122), 攩(당, 囲128), 楔(세, 囲218)' 등이 있다.

匣母에 'ㄱ'으로 나타나는 예외가 많은 것은 見母에 'ㅎ'으로 되는 유추 형이 상당한 것과도 관련이 있다. 이것은 해성 문자(諧聲 文字) 중에 'k-~ɣ-'의 교체를 보이는 것이 많기 때문에23) 유추형의 발생이 자연스레 빈번해진 결과이다.

4.2.2.3 영모(影母)

影母는 중고음(中古音)에서는 후두폐쇄음24)을 나타낸다고 말할 수 있는

---

19) '誙・牼・硜'(깅, 溪母, 囲97) 참조.
20) '胘・靬・玄'(굉, 見母, 囲284) 참조.
21) '鍠'의 속음 '굉'은 어쩌면 의미상 유사한 '鐄'으로의 유추일지도 모른다고 생각한다.
22) '嵬・隗'(외, 囲173) 참고.
23) Karlgren이 쓴 「Word Families in Chinese」(『BMFEA』 5, 1933)의 106쪽 참조.
24) 이것은 '''로 나타낸다.

데 한국 한자음에서는 그런 흔적이 없고 零子音(ㅇ)으로 표시된다. 예외로
는 다음과 같은 것들이 있다.

(1) 'ㄱ'으로 나타나는 경우

'綰(관, 圖 18), 喝 · 瘑(갈, 圖 46), 抉(결, 圖 57), 痂(가, 圖 146), 炷(계, 圖 218)' 등의
유추형이 있다. 이러한 유추형 중 가장 현저한 것은 區聲字로서 '嘔 · 歐 ·
熰 · 謳 · 漚 · 殴'(구, 圖 364), '傴 · 嫗 · 鏂'(구, 圖 394)와 같이 매우 철저하게 유
추음 '구'로 읽힌다. 이 때문에 'Europa'를 전사한 '歐羅巴'는 정음(正音)으로
'우라파'라고 읽어야 원형에 가깝지만 현재에도 '구라파'라고 읽고 있다.

(2) 'ㅎ'으로 나타나는 경우

이 역시 대체로 유추에 의한 예외이다. '閼(할, 圖 22), 泓(횡, 圖 102), 濴 · 熒
· 瑩 · 澄(형, 圖 120), 膗 · 蠖 · 艧 · 嬳(확, 圖 128), 濊 · 薈(회, 圖 182)' 등이 있다.
'恚'(훼, 圖 330)는『洪武正韻』에 胡桂切의 반절이 있으며 중국 현대음도 'hui⁰',
베트남 음은 'huệ'이기 때문에 이 음을 취한 것이다.25)

(3) 산발적인 예외로서는 '灣 · 彎(만, 圖 18), 贇(빈, 圖 259), 柩(츄, 圖 364)'가 있
는데 '柩'(츄『華東』)는 이 글자의 음 중 하나인 '츄'(圖 397)26)를 적용한 것이
다. 다른 것은 유추음이다. 또한 '杳 · 窔'(圖 237)에는 속음 '묘'가 있는데
'杳'는 중국 현대음에 'miao³'27)라는 우음(又音)이 있다.

---

25) [역자주] '恚'에 대한 설명은 1968년에 나온 단행본의 원문에는 유추인 듯하지만
어디에 유추되었는지 알 수 없다고 하여『河野六郎著作集』에 실린 것과는 차이가
난다. 이처럼 설명이 달라진 곳이 더 있지만 따로 밝히지는 않는다.
26) [역자주] 부록에 있는 <자료음운표>의 圖 364를 보면 '柩'의 음으로는 '우'와 '츄'
가 있다. 특히 『華東』에서는 '柩'의 속음이 '츄'라고 했다.
27) [역자주] '杳'의 현대 중국음은 의미에 따라 'yao³'와 'miao³'의 두 가지가 있다.

4.2.2.4 우모(羽母)

羽母는 이미 서술한 것처럼 36자모 체계에는 喩母 안에 포함되어 있으며 『韻鏡』에서는 喩母[三等]에 자리잡고 있다. 『切韻』(『廣韻』)에서는 喩母와는 다른 반절로 표시되었다. 당나라 때의 사본(寫本)인 『切韻』의 잔권(殘卷)에 의하면 원래 匣母였던 듯하며 『韻鏡』에 공백으로 되어 있는 匣母[三等]의 위치를 차지하는데 시간이 흐르면서 두음 'ɣ-'가 탈락하여 喩母와 합류한 모습이다. 羽母에 소속된 한자는 한국 한자음에서 규칙적으로 'ㅇ'으로 표시되며 喩母와 동일하게 다루어지고 있다. 예외는 다음과 같다.

(1) 'ㄱ'으로 나타나는 경우

'筠(균, 圖 259), 廄(구, 圖 394)'가 있으며 모두 유추형이다.

(2) 'ㅎ'으로 나타나는 경우

'籰(확, 圖 138), 鴞·梟(효, 圖 231), 暈(훈, 圖 269), 彙(휘, 圖 362)' 등이 있다. 이 중 '籰'은 이미 말한 것처럼 矍聲字가 일반적으로 '확'이 되는 일례(一例)에 불과하다. 다른 세 가지 예는 羽母의 기원인 匣母의 형태를 전승한 것인지도 모른다. 또한 '梟'는 원래 見母字인데도 앞의 주석에서 말한 것처럼 曉母 취급을 받는다.[28] 이 경우는 '鴞'와 의미상 서로 가깝다는 점에서 그 이체자(異體字)로 다루어지고 있다고 하겠다.

(3) 그 밖의 특이한 예로 '爗·饁(녑, 圖 77), 熠(습, 圖 272)'이 있다. '熠'은 유추형이라는 것을 곧바로 알 수 있다. '爗·饁'은 『訓蒙』에 '正音葉'이라는 주기(註記)까지 있다. 다른 자료에서는 두 글자 모두 '엽'으로 되어 있다. 어쩌면 이 '녑'이라는 한자음은 후에 한국의 중부와 남부 방언에서 일어난 음운 변화 'nyV- > yV-'의 선구적 현상으로서, 'ny-'와 'y-'의 혼란이 야기될

---

28) [역자주] Karlgren의 책에서 이 한자음의 고음(古音)이 曉母의 초성(x-)과 같이 읽혔으리라고 말한 내용을 지적한 것이다. 이 장의 각주 7)을 참고할 수 있다.

무렵 발생한 부정회귀(不正回歸, false regression)[29]가 아닐까 생각한다.

4.2.2.5 유모(喩母)

喩母는 羽母와 마찬가지로 규칙성 있게 'ㅇ'으로 표시된다. 예외로는 다음과 같은 경우가 있다.

(1) 'ㅎ'으로 표시되는 경우

'弈·奕·帟(혁, 國104), 鴪·遹·驈·潏·矞·霱·鱊·繘(휼, 國258), 育·堉(휵, 國305)' 등이 있다. 이 중 『千字文』에 보이는 '育(휵)'은 오각일지도 모른다. '堉'은 『華東』에 보인다. '鴪'은 『詩經』에 '율'과 '휼'의 두 음이 기록되었으며 '율'은 「小雅 采芑」에 나오는 '鴪彼飛隼'의 경우, '휼'은 「秦風·晨風」에 나오는 '鴪彼晨風'의 경우로서, 서로 의미상 구별이 없다. 정음과 속음 두 가지가 전해지고 있는 듯하다. 이러한 특이한 예는 유추형이라고는 생각하기 어려우므로 喩母의 역사적 배경에 어떤 원인이 있는 것은 아닐까 추측된다. 그러나 '鴪'과 矞聲字들의 경우에는 그 해성(諧聲) 성부(聲符)의 성격에서 어떤 종류의 아후음(牙喉音)[30]적 요소를 생각할 수 있으며 따라서 'ㅎ'은 이러한 아후음적 요소의 약화 단계를 나타낸 것이라고도 말할 수 있을지 모른다. 다만 亦聲字의 경우는 설음(舌音)에서 기원하기 때문에 그런 설명이 어렵다. 혹은 喩母와 羽母가 합류하기 전 단계에 둘 사이에 혼란이 생겨 원래 喩母인 글자가 羽母의 'ɦ-'를 취할 수도 있었다. 그러한 상황이 전해졌는지도 알 수 없는 일이다.

(2) 산발적 예외인 경우

---

29) [역자주] 현재는 부정회귀 대신 과도교정(hyper-correction)이라는 용어가 더 일반화되어 있다.

30) [역자주] 아후음(牙喉音)은 아음(牙音)과 후음(喉音)을 한꺼번에 지칭한 것일 뿐 이와 구별되는 다른 부류의 음을 가리키지는 않는다. 이후도 마찬가지이다.

'簷·檐(첨, 国75), 擸(섬, 国75),[31] 楔(빙, 国104),[32] 蜴(텩, 国104),[33] 銳·叡·睿(셰『華東』, 国206), 蠅(승, 国286)[34]' 등이 있다. 대체로 유추형인데 '銳·叡·睿'의 '셰'는 『華東』이 근세의 화음(華音) '쉬'에 영향을 받은 것으로서 물론 박성원(朴性源)의 해석이 잘못되었다.

또한 '聿·遹'(国258)이 『書經』에서 '늎'로 되어 있고 '融·肜·瀜·彤'(国305)이 『類合』과 『華東』, 『玉篇』의 속음으로 '륭'이라 되어 있으며 '肜'이 『書經』에서 '늉'이라고 되어 있는 것은 확실히 특이한 예인데 4.2.2.4.의 (3)과 마찬가지로 'ny-'[35]와 'y-'의 혼란으로부터 생긴 부정회귀형이다. 더욱이 아래에서 서술하겠지만 『書經』에는 'ㄹ-'이 'ㄴ-'으로 적혀 있다.

4.2.3 설두음(舌頭音)

설음(舌音)은 설두음(舌頭音)과 설상음(舌上音)으로 나뉜다. 설두음인 端母, 透母, 定母가 한국 한자음에서 어떤 양상으로 나타나는지 보면,[36] 아음(牙音)이나 후음(喉音)과 달리 명확히 표시할 수가 없다. 왜냐하면 아음이나 후음 조항에서 본 것처럼 어떤 성모가 원칙상 어떤 음으로 나타난다고 하는 그런 규칙성을 일견(一見) 볼 수 없기 때문이다. 물론 설두음에 속하는 端母, 透母, 定母가 'ㄷ' 아니면 'ㅌ'으로 나타난다고 하는 점에서는 규칙적이지만, 그렇다고 해서 端母는 원칙상 'ㄷ'으로 나타나고 'ㅌ'은 예외적이냐 하면 결코 그렇지 않아서 'ㄷ'도 나타나고 그 못지 않게 'ㅌ'도 나타나는 것이다. 端母는 중국 음운학의 체계에서는 소위 '全淸'의 범주에 속하며 透母

---

31) '燫'(ziäm¹, 섬) 참조.
32) '聘'(pʰiäng³, 빙) 참조.
33) '剔'(ᵗʰ[i]ek⁰, 텩) 참조.
34) '繩'(śiəng¹, 승) 참조.
35) 'ry-'도 실제로는 'ny-'이다.
36) 泥母에 대해서는 4.2.5.1.에서 서술한다.

는 그에 대해 '次淸'의 범주에 속한다. '全淸 : 次淸'의 대립은 오늘날의 음성학적 관점에서 보면 '무기음 : 유기음'의 대립으로 치환할 수 있기 때문에[37) '端母 : 透母'의 대립은 중국어에 있어서 두음 't : tʰ'의 대립이다.

한편 한국의 고유어에서도 'ㄷ : ㅌ'의 대립이 존재하는 이상, 이러한 대립을 이용하여 원칙적으로 端母와 透母의 차이를 한국 한자음에도 'ㄷ : ㅌ'으로 반영함이 마땅하다고 생각된다. 그런데 실제로는 뜻밖에도 그러한 깔끔한 대립을 볼 수 없으며 매우 복잡한 상황을 드러내는 것이다. 이제 그 상황을 살피기 위해 부록의 <자료음운표>에 기초하여 端母, 透母, 定母의 각 성모가 어떤 행동을 보이는지 표로 정리하면 다음과 같다.[38)

아래 표에서 알 수 있는 점은 언뜻 보기에 복잡한 가운데에도 어떤 조리(條理)가 어렴풋이 보인다는 사실이다. 즉 많은 예외를 지니기는 하지만 端母는 'ㄷ', 透母는 'ㅌ', 그리고 定母는 'ㄷ'을 주요 대표형으로 삼고 있는 것이다. 이러한 결과는 端母와 透母에 있어서는 처음부터 기대한 바이지만 그렇더라도 이 표의 숫자가 가리키듯 너무 특이한 예가 지나치게 많다. 그래서 이번에는 각 성모에 대해 자세히 검토해 보기로 한다.

攝	표 번호	韻	端母		透母		定母	
			ㄷ	ㅌ	ㄷ	ㅌ	ㄷ	ㅌ
山	3	-ân	단	(탄)	(단)	탄	단	탄
		-ât	달		달	–	달	
	9	-uân	단		단	탄	단	
		-uât	–	탈		탈	–	탈
	52	-(i)en	던		던	텬	던	
		-(i)et	뎔			뎔	뎔	(텰)

---

37) 적어도 설두음의 경우에는 그렇다.
38) 표 안에 ( )로 표시한 것은 소수(少數)인 경우이다.

咸	60	-âm[39]	담	탐	담	탐	담	
		-âp	답		답	탑	답	
	65	-âm	담		담	(탐)	담	
		-âp	×		(답)	탑	답	(탑)
	87	-(i)em	뎜		(뎜)	톔	뎜	(톔)
		-(i)ep	뎝	톕		톕	뎝	톕
梗	116	-(i)eng´	뎡		뎡	톙	뎡	
		-(i)ek´	뎍	(톅)	뎍	톅	뎍	톅
宕	123	-âng	당		당	탕	당	탕
		-âk	×		(닥)	탁	—	탁
果	147	-â	다	(타)		타	(다)	타
	152	-uâ	—	(타)		타	—	타
蟹	169	-âi	디(대)		(디)	티	디	티
	175	-uâi	디	퇴		퇴	디	퇴
	179	-âi	디			태	대	태
	183	-uâi	디			태	—	태
	214	-(i)ei	데, 더	테	데	테	데(더)	테
效	221	-âu	도		도	토	도	
	238	-(i)eu	됴	툐	됴	—	됴	툐
臻	242	-ən	×			튼	×	
	245	-uən	돈		돈	톤	돈, 둔	
		-uət	돌			×	돌	
曾	280	-əng´	등		등	—	등	
		-ək´	득, 덕			특	—	특
通	296	-ung	동			통	동	통
		-uk	×		독	—	독	
	301	-ong	동			통	동	
		-ok	독			×	독	
止	339	-ïi	×			×	디	
流	365	-əu	두, 도	투	(두)	투	두	투
遇	382	-o	도, 두	투	(도)	토	도, 두	
출현 횟수			30	12	22	30	31	20

---

39) [역자주] 'â' 아래의 ':'는 잠정적으로 길이가 짧다는 것을 가리킨다. 여기에 대해서

단모(端母)

이하에서는 앞절에서 서술한 일단의 원칙, 즉 端母에는 'ㄷ', 透母에는 'ㅌ', 定母에는 'ㄷ'이라는 원칙에 반대되는 특이한 예들을 검토할 것인데 그 각각에 대해 일일이 서술하는 것은 어려우므로 두드러진 예만을 제시하고자 한다.

(1) [山攝 圖3][40])의 平聲 寒韻에 '殫'(탄)이라는 한 예가 나온다. 이제 單聲字를 살피면 다음과 같다.

한자음	성모	寒韻(平聲)	旱韻(上聲)	翰韻(去聲)
단	端母	單 · 襌 · 簞 · 鄲 · 匰	亶	亶
		殫		
탄		↑		
	透母	嘽		
	定母	彈 · 撣 · 驒	憚 · 潬	憚 · 彈 · 僤

→

單聲字는 端母에서는 '단', 透母와 定母에서는 '탄'이 되는데 이 '탄'이 端母에도 침투한 것이 바로 '殫(탄)'이다. 다만 미세하게 보면 定母의 '撣 · 驒 · 潬 · 僤' 등도 『華東』에서는 역으로 '단'이라고 되어 있어서 성부(聲符)의 음가 역시 결코 고정적인 것은 아니며 늘 동요를 면치 못함을 알 수 있다. 또한 單聲字들의 '탄'이라는 음가는 아마도 그 근원이 定母의 '彈'이었다고 생각된다. 平聲의 定母字가 중국 근세음에서 'ᄐ'로 변했다는 사실은 주지하는 바이다.[41]

는 5.2.3.1.의 앞부분 내용을 참고할 수 있다.

40) [역자주] 부록인 <자료음운표>에 나오는 山攝의 3번 표를 가리킨다. 이하도 이에 준한다.

41) [역자주] 이것은 平聲 全濁音의 유기음화라는 보다 상위의 음운 변화 중 하나에 속

(2) [咸攝 圖87]의 入聲 怗韻인 '跕·沾'은 『華東』에서 '텹'으로 나온다. 이 것은 분명히 透母의 占聲字 '帖·貼·怗·鉆·鮎·呫'(텹)에 대한 유추이다.

(3) [咸攝 圖60]의 平聲 覃韻인 '眈·耽·酖'은 그 음이 『華東』에서 '탐'이 다. 이 중 '耽'은 『類合』, 『千字文』, 『書經』, 『詩經』에서도 '탐'이라서 이 음 은 그 뿌리를 깊이 두고 있다. 다른 두 한자는 물론 '耽'으로의 유추이다. '耽'이 'ㅌ'을 지니는 이유가 무엇인지는 모르겠지만 특별히 'ㅌ'을 지닌 다른 한자에 유추되었다고 생각할 수는 없다.

(4) [蟹攝 圖214]의 去聲 霽韻인 '慸·嚔·蔕·螮·蜇·諦'는 그 음이 '톄' 이다. '蔕·螮'는 '滯'(체, 圖202, 『類合』에서는 톄)로의 유추이고 '蜇'는 '綴·醊 ·畷·餟'(체, *톄, 圖207)에 대한 유추인 듯하지만 '慸·嚔' 또는 '諦'가 'ㅌ' 을 보이는 것은 유추로는 설명할 수 없다.

(5) [流攝 圖365]의 '鬪'(투), [遇攝 圖382]의 '妒·妬'(투)도 유추라고 생각 할 만한 사항이 없다.

(6) [山攝 圖9]에 '掇·剟·敠·畷'(탈)이 있다. 이러한 畷聲字는 여러 가지 음가를 지니는데 위의 (4)에 제시한 '綴·醊·畷·餟'(체〈 *톄, 圖207)와 '轍 ·綴·掇'(텰, 圖40) 등으로부터 'ㅌ'을 지니게 되었다고 생각한다. 그렇지만 한편으로 위의 표에 나오는 '-uât'의 난(欄)[42]에서 端母든 透母든 定母든 '달'이라는 음은 없고 모두 '탈'이 되고 있음을 간과해서는 안 된다. 특히 '-ât'(山攝 圖3)이 모두 '달'로 나옴에 비해 '-uât'은 모두 '탈'로 나오는 것이 우연이라고 생각되지는 않는다. 이러한 편향성은 透母字인 '脫·侻·挩'(탈) 등에 견인된 결과이며 定母인 '奪·欽' 등도 동일하게 견인된 것 같다. 이 와 동일한 양상이 아래의 (7)에서도 나타난다.

(7) [果攝 圖152]에서도 위와 같은 모습이 보인다. 여기에는 端母로 '睡· 埵·捶, 髻'와 '朶·揲·綵·躲, …'가, 透母로 '涶·唾'와 '妥'와 '婿·鯯·

한다. 여기에 대한 언급은 이후에도 많이 나온다.
42) [역자주] 山攝의 9번 표를 말한다.

墮'와 '詑'가, 定母로 '稦'와 '惰·墮'와 '垛·毤'가 있다. 음은 모두 '타'로 나타난다. 게다가 [山攝 圂9]에서 그 운이 '-uât'였던 경우와 동일하게 여기서는 그 운이 '-uâ'이다. 이번에도 견인의 중심은 透母의 여러 글자에 있다. 이처럼 원래 무기음이었든 유기음이었든 특정한 음절형43)에 집중적으로 편향되는 현상은 확실히 주목할 만한 것이라고 생각한다.

(8) [蟹攝 圂175]의 '퇴'도 (6), (7)과 동일한 예로서 여기서도 合口 一等韻인 '-uâi'가 있다. 다만 이 경우 '디'로 나오는 경우가 있다.

	음이 '퇴'인 것	음이 '디'인 것
端母	鎚·碓·堆·敦…	對·碓·敦
定母	頹·積·隤·魋…	隊·對·憝·鐓…

'퇴'와 '디' 두 음의 관계는 어떤 것일까? 원래 '-oi(외)'는 'w(合口)+ɐi'44)와 대등한 음가이므로 '-oi'가 되는 쪽이 원음에 충실한 모습이다. 그런데 한국 한자음에서는 설음(舌音) 뒤에서 'w(合口)'가 없어지는 것이 정칙(正則)이다. 위의 (6)과 (7)에서도 모두 합구(合口)의 요소를 잃었다. 아마 이 경우도 '디'가 정칙의 형태이고 '퇴'는 이것보다 뒤늦게 들어온 형태인 듯하다. 말하자면 신형과 구형, 두 개의 층이 공존하는 것으로서 새로운 층위의 한자음에서 '퇴'로의 편향이 일어난 것이다. '敦'이라는 한 글자가 이러한 신구(新舊)의 두 층위에 나타나고 있는 점도 흥미롭다.

(9) 마지막으로 산발적인 예외에는 '掇·烮·敠(철, 山攝 圂9), 窒·臷(철, 圂52), 丁(정, 圂116), 頓(특, 圂245), 丹(란, 圂3)'이 있다. 이들 대부분은 유추형이지만 마지막 두 예는 설명을 필요로 한다. '頓(특)'은 冒頓單于45)의 '冒頓'에

---

43) [역자주] 아마도 운두와 운복이 'uâ'로 이루어진 음절형을 가리키는 듯하다. '-uât'와 '-uâ'라는 특정한 음절 유형에서 유기음 'ㅌ'이 집중적으로 나타나고 있다.
44) [역자주] 여기서 다루는 合口 一等韻의 운모 구성을 나타낸다.
45) [역자주] 흉노 제국의 시조로 생몰 연대는 기원전 209년~174년이라고 알려져 있다.

서 속음으로는 'muk-ruk'이라고 읽는다. '丹'이 '란'으로 읽히는 것은 '牧丹'과 '契丹'의 경우로서 '牧丹'은 현재에도 '모단'이 아니라 '모란'으로 읽으며 '契丹'은 '글란'이라고 읽는다. 게다가 '菩提'는 '보리'라고 한다. 'ㄷ'이 'ㄹ'로 변하는 것은 고대 한국어에서 모음 사이의 'ㄷ'이 'ㄹ'로 바뀌는 변화의 흔적이다.[46]

이상으로 端母의 특이한 예에 대해 검토한 결과를 종합하면 다음과 같이 세 가지로 나눌 수 있다.

① 다른 경우와 마찬가지로 해성(諧聲) 성부(聲符)의 유추에 의해 만들어진 경우로는 (1), (2), (9)가 있다.
② 집중적인 음절 편향에 의한 것으로는 (6), (7), (8)이 있다.
③ 유추와 음절 편향으로 설명할 수 없는 것에는 (3), (4), (5)가 있다.

4.2.3.2 투모(透母)

透母의 특이한 예에 대해 서술하자면 다음과 같다.

(1) [山攝 国9]에서 平聲인 桓韻에는 '湍·貒·煓'(단)이 있다. 이들은 端母인 '耑·端·褍·剬·鍴'(단)으로의 유추형이다.

(2) [咸攝 国65]에서 上聲인 敢韻에는 '菼·毯·緂·餤·緂'(담)이 있고 去聲의 闞韻에는 '餤·噉'(담)이 있다.

(3) [宕攝 国123]에서 平聲인 唐韻에는 '鏜', 上聲인 蕩韻에는 '曭·儻·矘', 去聲인 宕韻에는 '儻·倘'이 있는데 음이 모두 '당'이다. 定母인 '堂'(당)과 端母인 '黨'(당) 참고.

---

46) 졸고 「古代朝鮮語のㄷの變化について」(『朝鮮學報』 21·22집, 1961) 참조. [역자주] 이 논문은 『河野六郎著作集(1)』에 수록되었다.

(4) [山攝 圖3]에서 入聲의 曷韻인 '闥·撻·韃·達' 등과 '獺'은 그 음이 '달'이다. 達聲字는 定母字인 '達'(달)의 유추라고 생각되는데 曷韻에서는 端母, 透母, 定母 모두 '달'이 될 뿐 '탈'이 되는 것은 없다.

(5) [通攝 圖296]에서 入聲의 屋韻인 '禿·鵚·�'은 그 음이 '독'이다. 이 운 역시 透母와 定母 모두 '독'이다. '톡'이라는 음은 없다.

(6) [效攝 圖238]에서 透母는 모두 '됴'가 되고 '툐'가 되는 것은 없다. 平聲의 蕭韻인 '祧·佻·挑·脁' 등과 上聲의 篠韻인 '朓·窱', 去聲의 嘯韻인 '眺·覜·趒·糶·粜' 등은 대개 유추형이다.47) 다만 '糶'에는 약간의 문제가 있는 듯한데 '糶'와 동일한 운의 定母字에 '藋·糶'(됴)가 있다.

(7) [效攝 圖221]에는 '도'와 '토'의 두 가지 형태가 나타나는데 平聲의 豪韻에는 '도'밖에 없다. '饕·韜·絛·謟·滔·慆·幍·洮·挑·叨' 등이 그 예이다. 舀聲字는 이 透母에 집중되었다. 舀聲字 중 上聲의 晧韻에 속하는 '稻'는 『三韻』, 『奎章』에는 '토'로 되어 있지만 『華東』에는 '도'로 되어 있다. 또한 定母에 '稻'(도)와 '蹈'(도)가 있는데 이 두 글자는 유추의 기반으로는 그다지 강력하지 않다. 그렇다고 할 때 舀聲字들의 음이 '도'인 것을 유추의 결과라고 말할 수도 없다. 또한 '饕' 역시 유추라고는 하기 어렵다.

(8) [梗攝 圖116]에 나오는 入聲 錫韻의 상황은 매우 복잡하다. '趯·倜·剔·惕·踢·悐·俶·鬄·箖'은 '텩'이다. '逷·摘·逖·擿'은 '뎍'이고 그 외에 '躍'은 『詩經』에서 '뎍'으로 나온다. 이것은 『三韻』과 『奎章』을 중심으로 본 경우이고 다른 문헌을 보면 동요가 심하다. '趯'은 『詩經』에서는 '텩'(1-14) 외에 '뎍'(9-19)이라는 음도 있다. '倜'은 『類合』에서는 '뎍(덕?)'으로 되어 있다. 또한 '逷'은 『詩經』에서는 '텩', 마찬가지로 '逖'은 『易經』에서 '텩'이다.

(9) 산발적인 예외로는 '礂(섬, 咸攝 圖87), 拓(쳑, 圖123), 涒(군, 圖245), 鍮듀 또

---

47) 上聲의 小韻인 '兆'(澄母, 됴, 圖232)와 平聲의 蕭韻인 '條'(定母, 됴, 圖238) 참조.

는 유, 圖365)' 등이 있다. 이 중 상당수는 유추에 의한 것이지만 '拓'(척)은『玉篇』에 따르면 '拾也'의 의미로서 '摭'의 이체자가 되며 '斥開'라는 의미에도 '척'이라는 속음을 인정하고 있다. 현재에도 가령 '開拓'은 '개척'이라고 한다.

이상을 종합하면 端母의 경우와 비슷한 양상이다.

① 해성(諧聲) 성부(聲符)의 유추에 의한 것은 (1), (2), (3), (6), (9)이다.
② 음절 편향성에 의한 것은 (4), (5)이다.
③ 무엇이라고 말하기 어려운 것으로는 (7)이 있다.
또한 (8)과 같이 동요하고 있는 것 역시 유추의 결과라고 생각되나 동요를 일으킨 원인에 문제가 있을지도 모른다.

4.2.3.3 정모(定母)

定母는 앞의 표에서 볼 수 있는 것처럼 'ㄷ'으로 반영되는 것을 기조로 한다. 이제 'ㅌ'이 되는 경우를 검토해 보고자 한다.

(1) [宕攝 圖123]에 나오는 上聲의 蕩韻字 '蕩·盪·愓·簜'과 去聲의 宕韻字 '踢·碭·宕·菪'은 그 음이 '탕'이다. 湯聲字와 易聲字는 平聲의 唐韻에 속하는 '湯'(透母, 탕)에 유추된 것이다. 다만 '宕·菪'은 유추라고는 말할 수 없다.
(2) [效攝 圖238]에 나오는 平聲의 蕭韻字 '髫·迢·鬄·苕'는 그 음이 '툐'이다. 대체로 召聲字는 '쇼, 죠'의 음가 외에 '툐'도 상당히 많다. 平聲의 蕭韻字 중 端母를 가진 '貂·貂·貂'도 '툐'로 나온다. 이러한 유추의 기반은 '超'(툐, 圖232)에 있다.
(3) [山攝 圖9]에 나오는 入聲의 '奪·欨' 등이 '탈'로 되는 것은 端母 항목에서 이미 서술했다. 그런데 동일한 음절 편향은 [宕攝 圖123]의 入聲에

서도 볼 수 있으며 거기서는 透母와 定母 모두 '탁'으로만 나온다.[48] '鐸·
度·悷·劇·澤' 등은 모두 '탁'이다. 다만 이 경우 운(韻)은 '-âk'이며 합구
(合口)는 아니다.

(4) [果攝 圖152]와 [蟹攝 圖175]의 음절 편향에 대해서는 이미 서술했는
데 [蟹攝 圖183]이 透母와 定母 두 성모에서 '태'로 되어 있는 것도 동일한
현상인 듯하다. 이 운은 '-uâi'이며 또한 합구(合口)의 예이다. 다만 [圖183]
에서는 平聲에서 '디'(祗)로 되어 있다. 이것은 透母 조항의 (8)에서 본 신형
과 구형 두 층위의 대립 중 구형 층위에 속한다고 생각할 수 있다.

(5) [山攝 圖3]에서는 '단'과 '탄'의 두 가지 음이 병존한다.

	단	탄
平聲	壇·檀·驒	彈·揮·驒
上聲	襢·袒·但	憚·嘽·誕·蜑
去聲	但	憚·彈·僤·誕·訑

대체로 해성자(諧聲字)의 무리로 나뉘고 있다. 즉 亶聲字과 旦聲字는 '단'
이고 單聲字와 延聲字는 '탄'이다. 이 중 單聲字가 '탄'으로 된 것은 '彈' 등
平聲 글자들에 의해 야기되었다고 생각한다. 濁聲의 平聲이 북경음(北京音)
에서 陽平聲을 지닌 유기음이 되었다는 것은 잘 알려진 사실로서[49] 이러한
변화에 의해 '彈'은 'dʰan¹ 〉tʰan²'를 겪었다. 이것을 한국 한자음에 반영하
여 '탄'이라고 하였으며 다시 유추를 통해 上聲과 去聲에도 전파한 듯하다.
그러나 '誕, 蜑'이 '탄'으로 된 것은 알 수 없다.

---

48) 『類合』에서 '槖'(닥)으로 되어 있는 것이 유일한 예외다.
49) [역자주] 정확히는 평성(平聲)의 전탁음(全濁音)이 유기음으로 바뀌었다고 해야 한
다. 이후에는 탁평(濁平)의 유기음화라는 표현으로 매우 자주 등장한다. 평성이 양
평성(陽平聲)과 음평성(陰平聲)으로 분화되는 조건은 성모의 淸濁에 달려 있어 淸音
이면 음평성, 濁音이면 양평성으로 바뀌었다. 또한 탁음(濁音)이 청음(淸音)으로 바
뀔 때 성조가 평성이면 유기음, 측성(仄聲)이면 무기음으로 바뀌는 것이 일반적이
었다. 이러한 변화 공식은 중국 음운학에서 보편적으로 받아들여지고 있다.

(6) 平聲의 定母字가 유기음으로 바뀐 데 따른 것이라고 생각되는 예는 다른 데에도 있다.

[咸攝 囯87]	'恬·恬'(텸)
[果攝 囯147]	'駝·跎·駄·紽·沱…'(타). 이러한 양상은 다시 上聲의 '舵·柁…'와 去聲의 '馱'에 이르고 있다
[蟹攝 囯169]	'笞·臺·菭…'(티). 이러한 양상은 上聲의 '怠·殆'에 이르고 있다
[通攝 囯296]	'筒·筩'(통)
[流攝 囯365]	'骰·投…'(투)

(7) 성부(聲符)의 유추와 음절 편향, 유기음화로는 설명할 수 없는 것이 약간 남는다. (1)의 '宕·菪', (5)의 '誕·蜑', 그리고 [梗攝 囯116]에 속하는 '滌·趯·迪'(텩), [蟹攝 囯169]의 '逮·隸…'(티), [蟹攝 囯214]의 '遞·髢·棣…'(톄), [曾攝 囯280]의 '特·蟘·螣'(특) 등이 그것이다.

(8) [咸攝 囯87]의 入聲에는 '뎝'과 '텹'이 공존한다. '뎝'에 속하는 한자에는 '樏·蜨·蹀·褋·鰈·蜨' 등이 있고 '텹'에 속하는 한자에는 '牒·喋·諜·疊·氎·褶' 등이 있다. 특히 某聲字가 두 부류로 나뉘어 있는데 분열의 조건은 알 수 없다.

(9) 산발적인 예외로는 '塡(전, 囯52), 芺(절, 囯52), 疊(첩, 囯87), 褶(섭, 囯87), 恬(념, 囯87)' 등이 있다. 이 중 '전, 절, 첩'으로 된 것은『詩經』,『華東』등 비교적 후대의 자료이며 이들 자료에서는 설상음(舌上音)의 '뎐, 텹' 등이 '전, 첩' 등으로 나온다. 이것은 'ty-'나 'tʰy-'가 'cy-'나 'cʰy-'로 바뀌는 한국어 음운 변화에 의한 것이다.[50]

---

50) [역자주] 그런데『華東』,『三韻』,『奎章』등 18세기 중엽 이후에 나온 규범 운서에서는 'i, y' 앞에 오는 설상음 'ㄷ, ㅌ'뿐만 아니라 다른 환경의 설상음 'ㄷ, ㅌ'마저도 모두 'ㅈ, ㅊ'으로 바꾸었기 때문에 이러한 변화가 구개음화를 직접 반영한 결과는 아니라는 견해도 존재한다. 여기에 대해서는 2장의 각주 76)에서도 언급한 바 있다.

이상 定母의 특이한 예를 검토했는데 이것을 종합하면 端母, 透母의 두 성모와 대략 동일한 양상을 보인다.

1 성부(聲符)의 유추가 강하게 작용한 경우는 (1), (2), (5), (9)이다.
2 음절 편향이 보이는 경우는 (3), (4)이다.
3 유추나 음절 편향으로 설명할 수 없는 것이 약간 남는데 (7), (8)이 그 것이다.
4 다만 유추나 음절 편향으로 설명할 수 없는 경우에도 하나의 유력한 조건으로서 중국어 근세음에 있어 탁평(濁平)의 유기음화가 반영된 것이 있는데 (5), (6)을 들 수 있다.

4.2.4 설상음(舌上音)

설상음의 출현 양상은 극도로 특이하다. 예전 자료와 후대 자료의 표기가 차이를 보이며 정음과 속음의 대립도 두드러진다. 또한 二等韻와 三等韻의 경우에 그 성격이 상이하다. 우선 자료 측면에서 말한다면 예전 자료로는 『孝經』, 『訓蒙』, 『類合』, 『千字文』, 『論語』, 『書經』, 『易經』을 들 수 있고 『詩經』, 『中庸』, 『華東』, 『三韻』, 『奎章』, 『玉篇』은 후대 자료에 속한다. 이들의 차이점은 다음 사항에서 볼 수 있다.

즉 일반적으로 예전 자료에서는 설상음을 'ㄷ' 또는 'ㅌ'으로 표기했는데 후대 자료에서는 'ㅈ' 또는 'ㅊ'으로 표기하는 것이다. 이러한 차이점은 특히 三等韻의 경우 한국어 그 자체의 음운 변화인 'ty-/tʰy- 〉ʨ(y)-/ʨʰ(y)-'의 결과이며 한자음도 그 변화에 따라 바뀐 것이다. 중국어에서도 설상음은 중고음에서 아직 폐쇄음 단계에 있다가 근세음에 이르러 파찰음화함으로써 정치음에 합류했고 현대 북경음에서는 파찰음의 권설음이 되었다. 이러한 변화는 한국 한자음에도 민감하게 반영되어 『華東』, 『三韻』, 『奎章』, 『玉篇』과 같은 운서와 각종 한자 자전에서는 규범적인 의식이 발동하여 二等

韻의 경우에도 그 정음(正音)은 'ㅈ' 또는 'ㅊ'으로 표시하고 있다.[51] 그리고 'ㄷ' 또는 'ㅌ'을 보존하는 속음과 대립하거나 맞서면서 복잡한 양상을 전개하게 된다. 이 같은 사정 때문에 二等韻과 三等韻의 경우를 구별하여 고찰하고자 한다.

4.2.4.1 설상음[삼등](舌上音[三等])

우선 三等韻부터 시작하기로 한다. 舌上音에는 知母, 徹母, 澄母, 娘母의 네 가지 성모가 있는데 娘母는 4.2.5.2.에서 다룰 것이고 나머지 세 성모에 대해서 살펴보면 여기서도 무기음과 유기음의 대립이 일견(一見) 뒤섞여 있다. 이제 이것을 표로 나타내면 다음과 같다.

攝	표번호	知母[三等]				徹母[三等]				澄母[三等]			
		ㄷ	ㅈ	ㅌ	ㅊ	ㄷ	ㅈ	ㅌ	ㅊ	ㄷ	ㅈ	ㅌ	ㅊ
山	31	던	전				(젼)		쳔	던	젼		
		–	–	텰	철				쳘	–	–	텰	철
	40	던	전						×	던	젼		
		–	–	텰	철				×	–	×		
咸	78	–	–	텸	쳠	뎜	졈	텸	쳠			×	
			–		쳡				×			졉	(쳡)
梗	105	덩	정			덩	정	(칭)		덩	정		
		×							쳑	–	–	텩	쳑
宕	131	댱	쟝	턍	챵		(쟝)	턍	챵	댱	쟝		
		–	–	턱	챡		(쟉)		챡	–			챡
蟹	202		×			(뎨)	(졔)		쳬	–	–	톄	쳬
	207		–		쳬				×		×		
效	232	됴	죠			(됴)			쵸	됴	죠		

<hr/>

51) [역자주] 2장 각주 76)에서도 언급했듯이 설상음은 주로 二等韻과 三等韻에서 나타난다. 이 중 구개음화의 조건을 갖춘 것은 三等韻뿐이다. 따라서 二等韻의 설상음마저 'ㅈ, ㅊ'으로 바꾸었다면 이것은 국어의 구개음화가 직접 적용된 결과라고는 할 수 없다.

攝	표번호	知母[三等]				徹母[三等]				澄母[三等]			
		ㄷ	ㅈ	ㅌ	ㅊ	ㄷ	ㅈ	ㅌ	ㅊ	ㄷ	ㅈ	ㅌ	ㅊ
臻	252	딘	진			딘	진		(친)	딘	진		
		딜	질			딜	질	—	—	딜	질		
	260	듄	준			듄			춘		×		
			줄		츌				츌	—	—	튤	츌
深	273	—	—	팀	침				침	딤	짐		침
			×						칩	—	—	팁	칩
曾	287	딩	징			등				등	징		청
			직					틱	척	딕	직		
		—	—	텩	쳑				×				×
通	306	듕	즁	튱	츙				츙	듕	즁	튱	츙
		듁	쥭	튝	츅			튝	츅	—	—	튝	츅
	314	—	—	툥	춍			툥	춍				×
			×						츙	듕	즁		
		—			쵹				쵹(축)	—	—	톡	쵹
止	321	디	지						치	디	지	티	치
	332		×						×	—	—	튜(퇴)	츄
	339		지	티	치			티	치	디	지	티	치
	349	—	—	튜	츄				×	—	—	튜, 퇴	츄
	354	—	—	티	치			티(텨)	치	디	지	티	치
流	372	듀	쥬					튜(튝)	츄(축)	듀	쥬		
遇	388	뎌	져			뎌	져	텨	쳐	뎌	져		
	399	듀	쥬						츄	듀	쥬		
			주						×		×		
출현 횟수		15	19	13	17	9	9	11	27	18	19	13	16

이 표에서 알 수 있는 바는 다음의 두 가지 정도이다.

① 徹母에서 'ㅊ'이 우세하다는 사실 이외에 知母, 澄母의 두 성모는 숫자상으로는 우열을 가릴 수 없다.

② 知母, 澄母의 두 성모에서 入聲韻은 'ㅊ'에 편재되어 있다.

4.2.4.1.1 지모[삼등](知母[三等])

앞에서 말했듯이 知母[三等]의 상황은 무기음과 유기음의 세력이 거의 막상막하이다. 이제 무기음인 'ㄷ'과 'ㅈ'을 기본으로 하여 유기음 'ㅌ, ㅊ' 의 출현 양상을 살피면 기대하는 것과 같은, 성부(聲符)에 의해 유추된 명백한 예는 거의 없다.

(1) [山攝 圀31] 入聲韻에서 '哲'(텰, 철)과 '喆·蜇'(철)은 앞의 표에서 볼 수 있듯이 知母, 徹母, 澄母 모두 이 운에서는 '텰' 내지 '철'로 되어 있고 '뎔' 이나 '졀'로 된 것은 없다. 이런 편재는 [山攝 圀40]의 '轍·綴·掇'(텰, 철), '畷·餟'(철)에서도 보인다. 叕聲字 중 [蟹攝 圀207]의 '綴·醊·畷·餟'(체 〈 *톄) 역시 知母[三等]이고 [山攝 圀9]의 '掇·剟·敠·毲'(탈)은 端母인데 모두 유기음으로 편향되어 있다.

(2) 동일한 편향성은 入聲에서 두드러지고 入聲이 아닌 경우에도 존재한다. 이러한 편향이 왜 入聲에서 주로 나타나는지는 알 수 없지만 편향되어 있다는 사실 자체는 놓칠 수 없다.

入聲인 경우	入聲이 아닌 경우
[宕攝 圀131] '탁' 또는 '착'	[止攝 圀332] '튜' 또는 '츄'
[梗攝 圀105] '텩' 또는 '쳑'	[止攝 圀349] '튜' 또는 '츄'
[臻攝 圀260] '튤' 또는 '츌'[52]	
[通攝 圀314] '튝' 또는 '츅'[53]	
[深攝 圀273] '튝' 또는 '츅'	

(3) [宕攝 圀131]에는 '張·長·悵'(댱, 쟝)에 대해 '脹·漲'(턍, 챵)이 있다. [通攝 圀306]에는 '中'(듕, 즁)에 대해 '衷·忠'(튱, 츙)이 있다. [止攝 圀339]에

---

52) '怵·䘉'(줄)과 '絀'(줄, 『華東』)은 예외이다.
53) '竹'(듁, 쥭)만 예외이다.

는 '質·憤·輕·鷙·霣·臔·懥'(*디, 지)에 대해 '致'(티, 치)가 있다.54) 이러한 무기음과 유기음의 분화는 조건이 불분명하다.

(4) [咸攝 圖78]의 '沾·霑'은 '텸' 또는 '쳠'으로 되어 있다. [深攝 圖273]의 '砧'은 '팀' 또는 '침'으로, '碪·椹·揓'은 '침'으로 되어 있다. [通攝 圖314]의 '塚'은 '퇑' 또는 '춍', '冢'은 '춍'으로 되어 있다. [止攝 圖354]의 '置'는 '티' 또는 '치', '徵'는 '치'로 되어 있는데 이들은 더 불분명하다.

(5) 산발적인 예외는 적다. '椹'(심, 圖273)이 있다.

이상의 知母[三等]에서는 음절 편향이 약간 발견되는 것 외에는 'ㅌ' 또는 'ㅊ'의 출현 조건이 명확하지 않은 경우가 많다.

4.2.4.1.2 철모[삼등](徹母[三等])

徹母[三等]은 앞의 표에서도 분명하게 나오듯이 'ㅌ' 또는 'ㅊ'이 우세하기 때문에 'ㄷ'이나 'ㅈ'으로 나타나는 경우를 검토한다.

(1) [梗攝 圖105]의 '樫·蟶·頳'은 '뎡'과 '졍'으로, '偵·遉·逞·桱'은 '졍'으로 나온다. 이 중 貞聲字와 呈聲字는 유추이다.

(2) [臻攝 圖252]의 '趁'은 '딘'과 '진'으로, '疹·辴·疢'은 '진'으로 나온다. 参聲字는 유추이다.

(3) [臻攝 圖252]의 '咥'은 '딜'과 '질'로, '抶·眣'은 '질'로 나온다. 모두 유추형이다.

(4) [遇攝 圖388]의 '楮·樗·攄'는 '뎌'와 '져'로, '褚'는 '져'로 나온다. 者聲字는 유추이다.

---

54) '憤·霣·臔·躓·懥'는 『華東』에서는 음이 '치'이다.

(5) 그 외에 분명히 유추라고 생각되는 것이 있다. 산발적으로는 '梴'(연, 圖31), '逞'(령, 圖105), '騁'(빙, 圖105), '輴'(순, 圖260), '雭'(립, 圖273) 등이 있다. 이 중 '逞'(령)은 아마도 원래 '뎡'이라고 하다가 모음 뒤에 쓰였기 때문에 'ㅌ'가 'ㄹ'로 변화한 것인 듯하다.[55]

徹母[三等]의 특이한 예는 주로 성부(聲符)의 유추에 의한 것이다. 그러나 (1)의 '椑·蟶'과 (4)의 '樗·攄'와 같이 불분명한 것도 있다.

4.2.4.1.3 징모[삼등](澄母[三等])

澄母[三等]도 知母[三等]과 마찬가지로 무기음과 유기음의 세력이 대등하다. 이제 'ㄷ' 또는 'ㅈ'을 기본으로 하여 'ㅌ, ㅊ'의 출현 양상을 살피기로 한다.

(1) [山攝 圖31]의 '轍·徹·澈'은 '텰' 또는 '철'이고 '撤'은 '철'이다. 이는 徹母字 중 '撤·徹'(*텰, 철)의 유추형인 듯하다. 한편으로 이미 서술한 것처럼 음절 편향의 예이기도 하다.

(2) [梗攝 圖105], [宕攝 圖131], [臻攝 圖260], [通攝 圖306, 圖314], [止攝 圖332, 圖349]는 음절 편향의 예이다.

(3) [深攝 圖273]의 '沈'이 '팀' 또는 '침'이고 '霃·湛'이 '침'인 것은 탁평 (濁平)의 유기음화라고 생각된다. 이러한 현상은 [通攝 圖3-6]의 '沖·冲·蟲·种·狆'(튱, 츙)과 '盅·燽'(츙), [止攝 圖354]의 '治·紿'(티, 치)에서도 보인다. 그 외에 [止攝 圖349]의 '鎚·槌·魋·椎'(츄)도 같은 예라고 생각된다.

(4) [蟹攝 圖202]의 '廌·灖'는 '톄'와 '체', '瘵'는 '체'이다. [止攝 圖339]

---

55) [역자주] '逞'이 모음으로 끝나는 한자 뒤에 쓰이면서 모음 사이에 놓인 'ㅌ'가 'ㄹ'로 바뀌는 변화에 휩쓸렸다고 해석하고 있다.

의 '雉·稚'는 '티' 또는 '치', '薙·穉'는 '치'이다. [止攝 囯354]의 '痔·峙·值·植'는 '티' 또는 '치', '峙·時·庤'는 '치'이다. 이들은 평성은 아니지만 유기음으로 나타난다.

(5) 산발적 예외로는 '橡'(연, 囯40), '侶'(읍, 囯273)이 있다.

澄母[三等]의 특이한 예는 소수의 유추 외에 음절 편향과 탁평(濁平)의 유기음화에 의한 것을 발견할 수 있으나 불분명한 것도 약간 있다.

이상을 요약하자면 舌上音[三等]의 경우 徹母에서 유기음의 우세를 인정할 수 있지만 知母와 澄母 두 성모에서는 유기음이 무기음과 막상막하로 나타나며 또한 그 조건 역시 설두음에 비해 극히 불명료하다.

4.2.4.2 설상음[이등](舌上音[二等])

攝	표번호	知母[二等] ㄷ	ㅈ	ㅌ	ㅊ	徹母[二等] ㄷ	ㅈ	ㅌ	ㅊ	澄母[二等] ㄷ	ㅈ	ㅌ	ㅊ
山	19		찰	찰					×		×		
	23		—	찰		(달)		찰			×		
	27		—	찰					×		×		
咸	70		잠	참					×	담	잠		
			잡						×		×		
	74	×							×			잡	
梗	92		징				징	팅			징		
			—		칙			틱, 탁	칙		—	틱	칙
		덩	정						×	덩	정, 징		
	99		징						×		징		
			정						×		×		
		덕	적						×		×		
			×						×	등	증		

攝	표번호	知母[二等]				徹母[二等]				澄母[二等]			
		ㄷ	ㅈ	ㅌ	ㅊ	ㄷ	ㅈ	ㅌ	ㅊ	ㄷ	ㅈ	ㅌ	ㅊ
江	141	당	장, 챵						창	당	장		
			ㅡ	탁	착			탁	착		ㅡ	탁	착
假	158		자	타	차			타	차	다			차
蟹	162		좌					×			×		
	186		×					×				ㅡ	채
	196		×					태	채		×		
			×						체, 치		×		
效	227	됴	죠						쵸				
			조				조			도	조		
출현 횟수		4	13	2	7	1	2	5	8	6	8	2	4

舌上音[二等]의 知母, 徹母, 澄母는 예가 적어서 좀처럼 파악하기 힘들지만 대체로 위에 제시한 표와 같다. 또한 舌上音[二等]의 경우 예전 자료와 후대 자료 사이의 차이는 三等韻에서처럼 한국어 음운 변화의 결과로 생긴 것이 아니다. 예전 자료가 전래된 음을 나타냄에 비해[56] 후대 자료, 특히 『華東』, 『三韻』과 같은 규범적인 자료에서는 인위적인 정음(正音)을 표기함으로써 둘 사이에는 직접적인 인과 관계가 없다. 예를 들어 [江攝 圖 141]의 '卓'은 『華東』, 『三韻』, 『奎章』에서는 '착'으로 되어 있지만 이것은 『訓蒙』, 『類合』의 '탁'이 전승음이며 『華東』과 『玉篇』에서도 속음으로 '탁'을 기록하고 있다. 속음 '탁'의 'ㅌ'을 기계적으로 'ㅊ'으로 치환한 것이 바로 '착'이며 이는 설상음이 중국음에서 파찰음으로 바뀐 사실을 통해 'ㅊ'이 올바르다고 생각한 결과이다. 舌上音[二等]의 처리에 있어서 『詩經』은 오히려 예전 속음 자료에 속한다. 가령 '椓'(圖 141)이 『詩經』에서는 '탁'이다.

이 표로는 수가 적어서 명확한 것을 말할 수 없지만 대체로 知母는 'ㄷ,

---

56) 예전 자료에서는 원칙상 'ㄷ' 또는 'ㅌ'이 현저하지만 때때로 'ㅈ'인 예도 있다. 『訓蒙』에도 '稻'(챵, 圖 141), '炧'(자, 圖 158), '橢'(좌, 圖 162) 등과 '搋'(차, 158)가 있다. 다만 『訓蒙』은 근세음적인 색채가 강하다.

ㅈ', 徹母는 'ㅌ, ㅊ', 澄母는 'ㄷ, ㅈ'으로 나타나고 있다.

4.2.4.2.1 지모[이등](知母[二等])

앞의 표에서 볼 수 있듯이 知母[二等]은 주로 'ㄷ, ㅈ'이 된다. 특이한 예를 보면 다음과 같다.

(1) [梗攝 圖92]의 '턱', '칙'은 知母, 徹母, 澄母의 세 성모에 나타나며 그에 대해 '딕'과 '직'은 나타나지 않는다.

(2) 마찬가지로 [江攝 圖141]의 入聲韻도 세 성모에 대해 '탁'과 '착'만 나타난다.

(3) 이러한 음절 편향 외에 [山攝 圖19]과 [山攝 圖27]의 '竊'(촬)은 꿊聲字이기 때문에 유기음을 나타낸다.

(4) 그런데 [咸攝 圖70]의 '站'(참)과 [假攝 圖158]의 '吒·咤·奼·姹'(차)와 같이 불분명한 것이 눈에 띈다.

4.2.4.2.2 철모[이등](徹母[二等])

徹母[二等]의 특이한 예로는 다음과 같은 경우가 있다.

(1) [山攝 圖23]의 '獺'을 『華東』에서 '달'이라고 한 것은 이 한자의 또 다른 음[57]인 'tât⁰'을 나타내는 '달'을 여기에 적용한 것뿐이어서 특이한 예라고는 말할 수 없다.

(2) [効攝 圖227]의 '趠·踔'가 『華東』에서 '조'로 된 것은, 知母의 '罩·箌'가 '죠'로 되고 澄母의 '棹'가 '조'로 된 것에 의한 유추의 결과이다.

---

57) [역자주] [圖23]에 따르면 '獺'은 '찰'이 기본이고 『華東』에 '달'로 되어 있다.

(3) [梗攝 圕92]의 '撑·撐·瞠·橕'이 '징'으로 된 것은 이상한데58) 앞의 표에서 볼 수 있듯이 知母, 徹母, 澄母 모두 '징'은 있지만 '칭'은 없다. 이것 역시 음절 편향의 한 예이다.

4.2.4.2.3 징모[이등](澄母[二等])

澄母[二等]의 특이한 예로는 다음이 있다.

(1) 앞서 말한 [梗攝 圕92]와 [江攝 圕141]의 入聲韻에 음절 편향이 많다.
(2) 그 외에 [假攝 圕158]의 '茶·搽·檫·渣'는 탁평(濁平)의 유기음화에 의해 '차'가 되었다. 또한 '茶'는 '차'와 '다'라는 두 음이 있는데 오늘날에도 두 가지로 쓰이고 있다. 물론 '다'가 고형이며 여기에는 유기음화가 없고 신형인 '차'에는 유기음화가 보인다는 점이 흥미롭다.
(3) [蟹攝 圕186]의 '廌·豸'(채)는 알 수 없다.

4.2.5 니모(泥母)·냥모(娘母)·일모(日母)·래모(來母)

설두음의 泥母, 설상음의 娘母, 반치음의 日母, 반설음의 來母는 다음과 같이 규칙적으로 나타난다.

泥母 n-	ㄴ n-
娘母 n̂-	ㄴ n-
日母 nź-	ㅿ z-, ㅇ '-
來母 l-	ㄹ r-

이 중 日母는 『孝經』, 『訓蒙』, 『華東』에서는 'ㅿ'으로, 다른 문헌에서는

---

58) 이 중 '撑·撐·橕'은 속음이 '텅'이다.

‘ㅇ’으로 나온다.

4.2.5.1 니모(泥母)

泥母는 매우 규칙적으로 ‘ㄴ’으로 표시되는데 그 예외로서는 다음과 같은 경우가 있다.

(1) ‘ㄹ’로 나타나는 경우

예로는 ‘煖(란『類合』, 囷 10), 拈(렴『類合』, 囷 88), 侫(령『類合』, 囷 117), 囊(랑『易經』, 囷 124), 諾(락『類合』『詩經』, 囷 124), 懦(라『類合』, 囷 152), 餒(뢰『類合』, 囷 176), 農(롱『類合』『千字文』, 囷 301), 狢(로『詩經』, 囷 383)’ 등이 있다. 이러한 이례(異例)들은 사실 표기적(graphic)인 것이다.[59] 왜냐하면 원래 한국의 고유어에서는 두음에 ‘ㄹ’이 오지 않는다. 만약 ‘ㄹ’이 어두에 오게 되면[60] ‘ㄹ’은 발음상 ‘ㄴ’으로 변화한다. 그런데 來母의 한자음을 표시할 때에는 발음상의 변화에도 불구하고 ‘ㄹ’을 그대로 표기한다. 이러한 표기와 발음의 불일치 때문에 원래 ‘ㄴ’으로 적어야 할 泥母와 娘母의 한자도 잘못해서 ‘ㄹ’로 적어 버리는 것이다.

한편『類合』등에서는 한국어 용언에 대응하는 한자, 가령 ‘煖’(囷 10)의 훈(訓)은 ‘-ㄹ’로 끝나는 미래시제 관형형을 한자음 앞에 둔다. ‘煖’을 예로 들면『類合』에서는 ‘더울’을 한자음 ‘난’에 선행시켜 ‘더울 난’이라고 함으로써 ‘ㄹ’과 ‘ㄴ’ 사이의 동화가 일어나 발음으로는 ‘더울 란’이 된다. 그래서 ‘더울 란’의 ‘란’에 대해 ‘란’이라고 적는 것이다. 위의 예 중 이러한 종

---

59) [역자주] 원문의 ‘graphic’을 ‘표기적’이라고 번역했다. 뒤에 이어지는 내용을 보면 泥母의 두음을 ‘ㄹ’로 표기한 것은 오인에 기인한 것일 뿐 실제 발음을 나타내는 것은 아니다. 그래서 음성적인 것이 아니라 단순한 표기에 불과하다는 뜻으로 ‘표기적’이라는 표현을 택했다. 뒤에 나오는 ‘표기적’도 마찬가지이다.
60) 예를 들어 뒤에서 서술할 來母의 한자 등과 같은 경우이다.

류가 상당히 많다.[61]

(2) 그 밖의 것은 산발적이다. '鮎·拈(뎜, 圖88), 拈(졈, 圖88), 襧·獼(몌, 圖 215)' 등이 있다. 앞의 두 예, 즉 '鮎·拈'과 '拈'은 말할 것도 없이 유추형이다. '襧'(몌)는 『玉篇』의 두주(頭注)에 나오는 속음에서 볼 수 있고 '獼'(몌)는 『華東』에서 볼 수 있는데 모두 '彌'(미, 圖326)의 유추이다.

4.2.5.2 낭모(娘母)

娘母라는 성모는 과연 독립된 성모인지 아니면 泥母[三等] 혹은 泥母[二 等]을 知母, 徹母, 澄母의 설상음에 맞추어 의제적(擬制的)으로 만들어진 것 인지 하는 점은 이미 논의한 바가 있다.[62] 여기서는 임시로 娘母에 'ń-'이 라는 기호를 부여했는데 이러한 태도가 娘母를 반드시 독립된 성모라고 생 각했기 때문에 나온 것은 아니다. 한국 한자음에서는 앞에서 본 것처럼 규 칙적으로 'ㄴ'으로 나타나며 泥母와 다른 점은 없다. 특이한 예는 다음과 같다.

(1) 'ㄹ'로 나타나는 경우

'匿(릭『類合』, 圖288), 濃(롱『類合』, 圖315), 紐(류『類合』, 圖372)' 등이 있다. 이 것은 泥母 항에서 본 것과 같이 표기적(graphic)인 이례(異例)이다.

(2) 'ㅇ'으로 나타나는 경우

'釀(양, 圖132), 鐃(요, 圖227), 柳·籾(여, 圖389)'는 모두 '襄, 堯, 如(女)'의 성모

---

61) [역자주] 즉 원래 음이 'ㄴ'인데 'ㄹ'로 끝나는 용언 어간의 활용형에 동화되어 'ㄹ' 로 표기되는 경우가 있다는 것이다. 이 밖에도 다양한 요인에 의해 한자 학습서의 한자음은 'ㄴ'과 'ㄹ' 사이의 혼란을 보인다. 자세한 것은 "이진호(1999), 중세국어 한자 학습서의 來母 初聲 표기 양상, 『한국문화』 23, 서울대 한국문화연구소"를 참 고할 수 있다.
62) B. Karlgren의 『EPC』 54쪽과 그 다음 참조.

인 日母의 음가에 유추된 것이다.

(3) '糅(슈『華東』, 圖 132), 籹(셔『華東』, 圖 389)' 역시 마찬가지이다.

(4) 그 밖에 'ㅅ'으로 된 경우도 어쩌면 日母와 관계가 있다. '呐(셜, 圖41), 聶
· 鑷 · 躡 · 馲 · 豗 · 鉐 · 籋(셥, 圖 79)' 등이 그것이다. 다만 聶聲字는 '攝'(ɕi̯ɐpº,
셥, 圖 80)의 유추라고 생각된다.

(5) 산발적인 예외로는 '踥 · 跕(뎝, 圖 32), 黏 · 粘(뎜, 圖 79), 撓(효, 圖 227)'가
있다. 모두 유추형이다.

4.2.5.3 일모(日母)

日母의 문제는 성모 가운데서도 가장 주목해야만 한다. 그것은 이 성모
를 한국 한자음에서는 오늘날 이미 소실된 'ㅿ'으로 표기하고 있기 때문이
며 따라서 한국어 'ㅿ'의 음가 및 변천 등과도 관련되기 때문이다.

자료 측면에서 말하자면 日母를 'ㅿ'으로 나타내는 것은 임진왜란 이전
의 확실한 자료인『孝經』과『訓蒙』이고 후대 자료 중에서는『華東』이 규칙
성 있게 'ㅿ'으로 표시하고 있다. 그러나『華東』의 'ㅿ' 표기는 인위적인 것
일 뿐 전래되던 한자음을 있는 그대로 적은 것은 아니다.『類合』,『千字文』,
그리고 각종 경서 언해와『三韻』,『奎章』,『玉篇』등은 모두 'ㅇ'으로 표기
하고 있다. 이러한 상황을 피상적으로 보면 日母는 예전에는 'ㅿ'이었는데
'ㅿ'의 소실과 함께 'ㅇ'으로 바뀌었다고 생각할 수 있을 것 같다. 어쩌면
그럴지도 모른다. 그렇지만 이것을 인정한다고 해도 다음과 같은 사실을
고려하지 않으면 안 된다.

(ㄱ)『訓蒙』은 대체로 'ㅿ'을 사용하지만 'ㅇ'으로 나타나는 경우가 두세
개 있다. '禳 · 蘘'(양, 圖132)과 '蕘'(요, 圖232)가 그것이다. 다만 '蕘'의 경우는
'堯'의 또 다른 음가[63]에 의한 유추라고 생각된다. 그렇더라도 '禳 · 蘘'의

예는 분명히 이질적인 예이다. 그러나 이 정도를 가지고도 'ᅀ' 소실의 선구적 현상이라고 생각할 수 있다면 日母가 중종(中宗) 시대에 아직 'ᅀ(z)-'이었다고 말하는 것이 가능할지 모른다.

(ㄴ) 더 중요한 것은 『孝經』의 상황이다. 『孝經』 본문의 각 한자에 대한 한자음 주기에는 하나의 예외도 없이 'ᅀ'으로 표기되어 있다. 그런데 언해의 번역문 중에 한자를 밝히지 않는 경우 'ᅀ'을 쓰지 않고 'ㅇ'으로 적는 예가 약간 있다. 가령 '셩인(1a와 14a, 聖人), 현인(8a, 賢人), 욕홈(20b, 辱)'이 그러하다. 이와 관련하여 언해문의 고유어를 보면 중기어에 'ᅀ'을 포함한 말은 거의 모두 'ᅀ'을 소실하여 'ㅇ'으로 변하고 있다. 예로는 'ᄆᆞᅀᆞᆷ(1b), ᄀᆞᅀᆞᆯ(6b), 겨ᅀᆞᆯ(6b)' 등이 있다. 다만 유일한 예외는 강세 첨사 'ᅀᅡ'로서 이것은 'ᅀ'을 유지한다.

이러한 상황을 고려할 때 『孝經』이 간행될 무렵,[64] 즉 임진왜란 직전의 고유어에서는 'ᅀ'이 거의 소멸에 임박했다고 보아야 한다. 따라서 표면상 'ᅀ'이 각 한자음 표기에 규칙적으로 나타나더라도 이것은 어디까지나 규범적이고 인위적인 것이며 '살아 있는' 생생한 한자음은 'ㅇ'이었다고 생각된다. 다만 이와 동일한 사정을 『訓蒙』의 시기 그리고 그 이전 시기에 대해서도 말할 수 있을지 없을지 결정적으로 확증할 근거는 오늘날 존재하지 않는다.

『訓蒙』의 한자 훈 부분에 나오는 중국어의 日母가 어떻게 표시되는지 보면 다음과 같다.[65]

---

63) 성모 'ng-'를 말한다. [역자주] '堯'의 성모는 중국의 상고음이나 중고음에서는 疑母이지만 4.2.5.2.의 (2)를 참고하면 '堯'의 성모로 日母도 인정된다.
64) 1589년(萬曆 17)의 발문이 있다.
65) [역자주] 옛 문헌의 한글 표기 왼쪽에 있는 점은 방점을 가리킨다. 이하도 마찬가지이다.

그러나 예가 적은데다가 한자음과 동일한 형태이기 때문에 이 경우 도움이 되지 않는다.

(ㄷ) 한편 'ㅿ'이 뜻밖에도 실재했던 듯하다는 사실을 보조적으로 말해주는 것이 있다. 그것은 예외적이지만 'ㅅ'으로 시작되는 한자들이다. '燹'(囲 32)은 『奎章』에서는 '션'이고 다만 『華東』에서는 '션', 『詩經』에서는 '연'이다. '蕼'(囲 41)은 『訓蒙』에 '·셜', 『華東』에 정음은 '셜'이고 속음은 '설', 『三韻』, 『奎章』, 『玉篇』에 '설'로 되어 있다. '焫'(囲 41)은 『三韻』, 『奎章』, 『玉篇』에서 '설'이되 다만 『華東』에서 '셜'이다. '脣'(囲 261)은 『華東』, 『三韻』, 『奎章』, 『玉篇』에 '슌'으로 되어 있다. '瞤'(囲 261)은 『三韻』, 『奎章』, 『玉篇』에서 '슌'이며 다만 『華東』에서는 '슌'이다. 어쩌면 여기에 娘母의 특이 사례인 '吶'(설 『三韻』 『奎章』 『玉篇』, 囲 41)을 추가할 수 있을지 모른다. 이들 중 '脣'은 유추의 가능성이 있지만 나머지는 그럴 염려가 없다. 특히 '蕼'의 경우는 뿌리 깊은 끈질긴 모습이다.[66]

이러한 예외적인 한자음은 어쩌면 남부 방언의 한자음을 채택한 것이라고 생각할 수 있다. 왜냐하면 중기 한국어의 'ㅿ'은 남부 방언에서는 's'로 나타나는 것이 원칙이기 때문이다. 물론 중기어의 'ㅿ'이 남부 방언에서 's'로 바뀐 것은 아니고 중기 중부 방언의 'ㅿ'이 남부 방언의 's'에 대응하는 것이다. 이들 방언 사이에 보이는 'z : s'의 대립을 감안하여 위의 'ㅅ'으로 시작하는 한자음들을 고찰하면, 이들은 예전 시기 남부 방언에서 日母를 'ㅅ'으로 나타낸 흔적이며 이것이 중부 방언에 유입되었다고 하는 편이 합

---

66) [역자주] '蕼'이 다른 글자에 휩쓸려 유추가 일어나지는 않았음을 표현한 듯하다.

리적일 듯하다. 만약 그렇다고 한다면 남부 방언과 대립하는 중부 방언의 한자음에서 日母를 'ㅿ'으로 표기하는 것이 반드시 인위적인 조치라고만 판단할 수는 없다고 하겠다. 적어도 이렇게 생각할 수 없는 한 'ㅅ'으로 시작하는 한자음은 설명이 되지 않는다.

이상 세 가지 점을 감안하여 그 어느 쪽에도 모순되지 않게끔 日母의 문제를 고찰하면, 한국 한자음의 日母는 결국 중부 방언에서는 'ㅿ'으로 표기되는 것이었지만 한국어 음소 'z'의 소실에 따라 없어지고 'ㅇ'으로 표기되기에 이르렀다. 그 중간 과정에는 『孝經』에서 보이듯 표면상 'ㅿ'을 드러내기도 하지만 실상은 이미 소멸 과정을 거쳤다고 생각된다. 또한 남부 방언에서는 예전에 日母를 'ㅅ'으로 나타냈다고 생각되며 그것이 다소간 중부 방언에 영향을 주고 있다.

한편 산발적인 예외로는 '讘‧囁'(녑, 圖79)과 '稔'(님, 圖274)을 들 수 있다.[67] 이들은 모두 유추형이다.

4.2.5.4 래모(來母)

來母는 'ㄹ'로 규칙성 있게 표시된다. 그러나 실제 발음에서는 'ㄹ'이 어두에 올 때 'ㄴ'으로 바뀌고 모음 'i'나 반모음 'y' 앞에서는 탈락한다. 가령 '羅'는 예전에는 '라'로 표기했지만 어두의 경우에는 '[na]'로 발음되었고 현재 한국에서는 '나'로 적는다. 물론 '加羅'와 같이 어중에 오면 '[kara]'로 발음되고 표기할 때도 '가라'로 한다. 북한에서는 어떤 경우든 '라'로 표기한다. 그래서 '里'의 경우 한국에서는 '이'로 쓰고 발음도 '[i]'이며 '五里'는 '오리'로 쓰고 발음도 '[ori]'인 반면 북한에서는 모두 '리'로 적는다. 이러

---

67) [역자주] 앞에서 다룬 日母의 반영과 달리 여기서는 한자음의 초성이 'ㄴ'이라는 점에서 성격이 차이 나는 예외에 속한다.

한 'ㄹ'이 어두에서는 'ㄴ'으로 바뀌지만 어중에서는 보존된다는 사정은 아마 중기어나 그 이전 시기에도 마찬가지였음에 틀림없다. 다만 모음 'i'와 반모음 'y' 앞에서의 탈락은 중기어 이후의 일로서 서북 방언에서는 아직도 탈락되지 않는다. 따라서 來母에 'ㄹ'을 할당하는 것은 거의 표기적(graphic)이라고 하겠다. 특이한 예로는 다음과 같은 것이 있다.

(1) 'ㄴ'으로 나타나는 경우

그 중 몇 예를 제시하자면 '蘭(난『類合』『千字文』, 圖 4), 欒(난『類合』, 圖 10), 亂(난『書經』, 圖 10), 捋(날『詩經』, 圖 10), 烈(녈『類合』『書經』『小學』, 圖 32), 列(녈『書經』, 圖 32), 劣(녈『類合』, 圖 41), 嵐(남『訓蒙』, 圖 61), 藍(남『訓蒙』『類合』『千字文』, 圖 66), 蠟(납『訓蒙』, 圖 66), 涼(냥『小學』, 圖 132), 李(니『訓蒙』『類合』『천자문』, 圖 355), 艫노, 圖 383)' 등이 있다. 여기서 이용한 『書經』에서는 來母를 원칙상 'ㄴ'으로 적고 있다. 다만 '量(량, 圖 132), 釐(리, 圖 355)' 등의 예외가 있다. 이러한 이례(異例)가 표기적(graphic)이라는 점은 앞의 내용에 비추어 볼 때 분명하다.

(2) 'ㅇ'으로 나타나는 경우

'隸'(圖 215)는 『訓蒙』, 『千字文』에서는 '예'로 되어 있다. 다른 자료에서는 모두 바르게 '례'로 나온다. '예'라는 이례(異例)는 『訓蒙』과 같은 예전 자료에서 볼 수 있어서 한층 주목해야 한다. 앞에서 다루었듯이 중기어 이후에 'r'은 반모음 'y' 앞에서 탈락한 듯하데 『訓蒙』과 『千字文』의 '예'는 이러한 변화의 선구적 현상이라고 하겠다.

(3) 산발적인 예외

'鎌(겸, 圖 79), 鬲(격, 圖 117), 砢(가, 圖 148), 膈(과, 圖 152), 玁(험, 圖 79), 鷿(만, 圖 10)' 등이 있다. 모두 유추형이다.

4.2.6 치두음(齒頭音)

치음(齒音)은 먼저 치두음(齒頭音)과 정치음(正齒音)으로 나뉜다. 치음은 일반적으로 파찰음이나 마찰음을 포함하는데 치두음은 치파찰음(dental affricate)과 치마찰음(dental fricative)의 두 계열이 있으며 精母, 淸母, 從母가 파찰음 계열이고 心母, 邪母가 마찰음 계열이다. 精母, 淸母, 從母의 세 성모는 각각 소위 '全淸, 次淸, 全濁'의 범주에 속한다. 여기서도 한국 한자음은 무기음과 유기음의 대립을 기대하지만 그처럼 규칙적으로 대응하지는 않는다. 한국어는 중국어처럼 여러 계열의 치음을 지니지도 않으며 다만 'ㅈ, ㅊ'의 한 계열밖에 없기 때문에 전술한 설상음은 물론이고 여기서의 치두음과 후술할 정치음 모두 'ㅈ' 또는 'ㅊ'에 대응된다.[68] 이제 설두음과 설상음의 예를 본떠서 精母, 淸母, 從母의 출현 방식을 표로 제시해 본다.

攝	표번호	韻	精母		淸母		從母	
			ㅈ	ㅊ	ㅈ	ㅊ	ㅈ	ㅊ
山	5	-ân	—	찬		찬	잔	찬
		-ât	—	찰		찰	—	찰
	11	-uân	—	찬		찬	—	찬
		-uât	—	촬		촬	×	
	34	-iän	전			천	전	천
	44	-iʷän	전		전	—	전	천
		-iʷät	절			×	절	
	54	-(i)en	전	천		천	전	천
		-(i)et	×		절	—	절	
咸	62	-âm	잠			참	잠	
		-âp	잡			×	잡	
	67	-âm	잠			×	잠	참

---

68) 마찰음의 경우에는 'ㅅ'에 대응된다.

攝	표번호	韻	精母		清母		從母	
			ㅈ	ㅊ	ㅈ	ㅊ	ㅈ	ㅊ
咸	87	-ĭăm	점	첨		첨	점	첨
			×			×	줌	
		-ĭăp	접	첩		첩	접	첩
	89	-(i)em	점		×	×		
		-(i)ep	접			첩	×	
		-(i)em		춤	×	×		
梗	108	-ĭäng´	정	청		청	정	청
		-ĭäk´	적	척	적	척	적	척
	118	-(i)eng´	×		정	청	×	
		-(i)ek´	적			척	적	
宕	125	-âng	장			창	장	
		-âk	작	착		착	작	착
	135	-ĭâng	쟝		쟝, 장	창	쟝, 장	
		-ĭâk	쟉		쟉	—	쟉	
果	149	-â	자, 좌			차	—	차
	153	-uâ	좌		좌	—	좌	촤, 차
假	166	-ĭa	쟈, 져	챠		챠	쟈	챠
蟹	171	-ậi	지			치	지	
	177	-uậi	—	최, 채		최, 채	죄	최
	180	-âi	×			채	×	
	184	-uâi	—	최		×	—	최
	204	-ĭäi	졔		×	×		
	208	-ĭʷäi	졔	쳬		취	×	
	216	-(i)ei	졔, 즈	(쳬)		쳬, 처	졔	
效	223	-âu	조		조	초	조	초
	234	-ĭäu	죠	쵸		쵸	—	쵸
	240	-(i)eu	—	쵸	×	×		
臻	247	-uən	존, 준			촌	존, 준	
		-uət	졸		졸	—	졸	
	255	-ĭĕn	진			친	진	
		-ĭĕt	즐			칠	질	
	264	-ĭʷĕn	쥰, 준		쥰	—	×	
		-ĭʷĕt	줄			×	줄	

攝	표 번호	韻	精母		清母		從母	
			ㅈ	ㅊ	ㅈ	ㅊ	ㅈ	ㅊ
深	277	-iəm	즘	침		침	×	
		-iəp	집, 즙		즙	−	집, 즙	
曾	282	-əng´	증			층	증	층
		-ək´	즉	측	×		즉, 적	
	291	-iəng´	증		×		증	층
		-iək´	직, 즉		×		즉	
通	298	-ung	종	총		총	−	총
		-uk	족		족		−	족
	302	-ong	종		×		종	
	310	-iuk	−	축	×		×	
	317	-iong	종			총	종	
		-iok	쪽			촉	×	
止	325	-iię	즈		즈	ㅊ, 치	즈	(치)
	335	-iʷię	−	쥬, 취	×		×	
	343	-ii[ɑ][69]	즈, 지			ㅊ	즈	
	351	-iʷi[ɑ]	−	쥬, 취, 췌	취	취	−	취, 췌
	358	-ii[β]	즈, 지		×			즈
流	367	-əu	주	추, 츄	주	추, 츄	−	추
	376	-iəu	쥬	츄, 취		츄	−	츄
遇	384	-o	조, 주		조	초, 추	조	
	392	-io	져, 저		져	쳐	져, 주	
	399	-iu	주	츄		츄, 추	−	츄
출현 횟수			52	27	16	42	43	27

이 표를 통해 말한다면 精母, 清母, 從母는 일단 어떤 경향성을 나타낸다고 말할 수 있을 듯하다. 그래서 心母, 邪母을 덧붙여 대응표를 만들면 다음과 같다.

---

69) [역자주] 'ɑ'와 'β'의 의미에 대해서는 5.2.3.2.의 앞부분을 참고할 수 있다.

精母	ts-	ㅈ	c-
清母	tsʰ-	ㅊ	cʰ-
從母	dzʰ-	ㅈ	c-
心母	s-	ㅅ	s-
邪母	z-	ㅅ	s-

4.2.6.1 정모(精母)

精母는 앞의 표에서 보는 바와 같이 'ㅈ'을 주된 것으로 하는데 특이한 예를 보면 'ㅊ'으로 나오는 경우가 가장 많다.

(1) [効攝 圖234]의 '焦·蕉·鷦·醮·穛·椒·勦' 등은 '쵸'이다. 焦聲字가 'ㅊ'을 나타내는 것은 동일한 焦聲字 '樵·憔' 등이 從母 平聲에서 보이기 때문에 이는 탁평(濁平)의 유기음화에 의한 것이며 精母의 焦聲字도 이에 대한 유추라고 생각된다.[70]

(2) [通攝 圖298]의 '總·偬·摠'은 그 음이 '총'이다. 悤聲字 중 清母字에 '悤·聰·蔥' 등이 있으며 '總·偬·摠'은 여기에 대한 유추이다.

(3) [流攝 圖367]의 '陬·掫·諏'는 '추'이다. 또한 '緅·椒'(츄)와 [遇攝 圖399]의 '諏·娵'(츄)는 모두 取聲字이다. '取'는 清母로서 그 음이 '츄'(圖399)이며 또한 [圖367]에는 '추'라는 음이 있다. 이러한 '取'에 유추된 것이다.

(4) [深攝 圖277]의 '祲·梫·浸·寖' 등은 '침'이다. 이것은 清母인 '侵'으로의 유추인데 이 운(韻)에서는 定母와 清母 모두 '침'으로만 되고 '짐'은 되지 않는다. 定母의 '怎(즘)'은 근세어이며 새롭게 들어온 것이다.

(5) [蟹攝 圖177]과 [蟹攝 圖184]는 모두 '최(또는 쵀)'로서 유기음이다. 從

---

70) [역자주] 從母가 전탁(全濁)에 속하므로 平聲의 從母에 나타나는 焦聲字는 유기음화를 겪게 되고 이렇게 유기음화된 焦聲字에 유추되어 精母의 焦聲字도 'ㅊ'으로 실현된다는 설명이다.

母도 대략 비슷한 모습이되 다만 [蟹攝 圈177]에 '罪'(죄)가 있다. 그러나 [蟹攝 圈177]과 [蟹攝 圈184]는 전부 '-uâ'를 포함하고 있는데 설두음의 경우 '-uâ'가 들어있을 때 자주 'ㅌ'으로 편향된다는 점은 이미 서술한 대로이다. 定母에서도 동일한 상황이다. '罪'(죄)는 아마도, 설두음에서 '鎚·磓'(퇴)에 대한 '對·碓'(디)가 있을 때 '디'가 더 예전 층위였던 것처럼,71) 더 오래된 층위에 속한다고 생각된다.

(6) 마찬가지 사실을 [山攝 圈11]의 경우에 대해서도 말할 수 있지는 않을까 한다. [山攝 圈11]에서 'tsuân'은 모두 '찬', 'tsuât'는 모두 '촬'이 되어 있다. 贊聲字가 이때는 물론이고 [山攝 圈5]와 그 밖의 경우에도 '찬'인 것은 여기에 연원을 둔 듯하다.72) '繓·撮'(촬)은 淸母에 '撮'(촬)이 있어서 그것에 대한 유추일지도 모른다.

(7) [止攝 圈335]와 [止攝 圈351] 역시 음절 편향인 듯하다. 여기에 나오는 운도 모두 합구(合口)이다.

(8) 그러나 원인 불명인 것도 상당하다. [山攝 圈54]의 '薦'(천), [咸攝 圈81]의 '尖'(첨), [咸攝 圈89]의 '僭'(춤), [假攝 圈166]의 '借·唶'(차), [通攝 圈310]의 '蹙·踧·蹴'(축) 등이 그러하다.

(9) 가장 주목해야 하는 것은 [曾攝 圈282]의 '則'이다. 이 한자에는 '즉'과 '측'이라는 두 가지 음이 있다. '이를테면, 곧'의 뜻일 때는 '즉'으로 읽고 '法則'이라든가 '따르다'의 뜻일 때는 '측'으로 읽는다. 『孝經』에서는 대체로 비슷한 양상이다. 『類合』에는 '법측 측 一音 즉'73)이라고 되어 있고 『千字文』에는 '법즉 즉'이라고 하여 '法則'의 뜻일 때도 '즉'으로 하고 있다. 『千字文』의 예는 의미 분화가 예전부터 일정하지는 않았음을 지시한다. 그것

---

71) [역자주] 4.2.3.1.의 (8)에 대한 설명을 참고할 수 있다.
72) [역자주] 앞서 말한 것처럼 운에 합구(合口)의 'uâ'가 포함되면 유기음으로 실현되는 경향이 강한데 그 사실을 가리키는 듯하다.
73) [역자주] '법측 측'이 기본이되 '측' 이외에 '즉'이라는 음도 있다는 뜻이다.

은 차치하고라도 '則'의 한자음이 두 개인 것은 온전히 한국 한자음에서 발생한 것일 뿐 중국음에서는 하나의 음이다. 두 음으로의 분열이 왜 일어났는지 갑작스레 논단하기란 어렵지만 시기적인 층위 차이를 통해 설명할 수 있지 않을까 생각한다.74)

　(10) [梗攝 圖 108]에는 '졍(精·晶·旌·旀·井)'과 '쳥(菁·蜻·睛·鶄)', '젹(跡·蹟·積·借·蹟·迹…)'과 '쳑(脊·鶴·踖·蹐)'이 있다. 이 중 '쳥'인 경우(菁·蜻·睛·鶄)는 자료에 따라 제각각이다. 가령『三韻』,『奎章』,『玉篇』에서는 모두 '졍'이다. 그러나 '菁'의 경우『訓蒙』,『類合』,『書經』,『詩經』,『華東』에서는 '쳥'이며, '蜻'의 경우『訓蒙』,『華東』에서는 '쳥'이지만『類合』에서는 '졍'이다. '睛'의 경우『訓蒙』에서는 '쳥'이지만『華東』에서는 '졍'이다. '鶄'의 경우『華東』에서 '쳥'이다.『三韻』과『奎章』 등에서 '졍'이라고 한 것은 중국 운서에 기초한 결과이다. 그러나 다른 자료에서 '졍'도 있고 혹은 '쳥'도 있는 것은 '靑'의 성모가 무릇 두 가지 음가(value)를 지니고 있기 때문이다.

　이와 달리 入聲인 '젹, 쳑'의 경우 대체로 성부(聲符)에 따라 나뉜다. 즉 脊聲字는 '쳑', 그 이외에는 '젹'이 된다. 다만 '蹐'은『詩經』,『華東』에서 '쳑'이지만『三韻』,『奎章』에서는 '젹'으로 되어 있다. 脊聲字가 왜 'ㅊ'을 가지게 되었는지는 알 수 없다.

　(11) [咸攝 圖 81]의 '睫·唊·婕·偞'은 음이 '쳡'이다. 疌聲字는 모두 '쳡'이다. 淸母에 '綊'(쳡)이 있긴 한데 이 글자가 유추의 근원이 되었다고는 생각할 수 없다.

　(12) 산발적인 예외로는 '腺(션, 圖 44), 晬(쉬, 圖 177), 浹(협, 圖 89)'이 있다.

　이처럼 精母의 상황은 유추와 음절 편향 외에 불분명한 것이 상당하다.

---

74) [역자주] '즉'과 '측'이 각각 서로 다른 시기의 음에 속한다는 의미인 듯하다. 앞에서도 평음과 유기음이 서로 다른 시기의 음에 속한다는 논의를 한 적이 있다.

淸母는 'ㅊ'을 주된 것으로 하며 'ㅈ'으로 나타나는 것도 있다.

(1) 'ㅈ'으로 나타나는 경우는 여러 가지가 있는데 [山攝 圖44]의 '詮‧銓‧痊'(전), [梗攝 圖108]의 '磧'(젹), [梗攝 圖118]의 '鸖'(졍), [宕攝 圖135]의 '鏘‧蹌‧將'(쟝), [果攝 圖153]의 '脞‧剉‧莝'(좌), [效攝 圖223]의 '操‧懆‧糙‧造'(조), [臻攝 圖264]의 '皴‧逡‧竣'(쥰), [深攝 圖277]의 '緝‧楫‧諿‧葺'(즙),75) [通攝 圖298]의 '瘯‧蔟‧簇'(족), [流攝 圖367]의 '腠‧輳‧湊'(주), [遇攝 圖399]의 '疽‧沮‧雎‧岨'(져) 등이 있다. 이들은 유추형이다.

(2) 한편 [宕攝 圖135]의 '쟉'과 [臻攝 圖247]의 '졸', [深攝 圖77]의 '즙', [通攝 圖298]의 '족'은 음절 편향의 예이다.

(3) [山攝 圖44]의 '線'(젼)과 [山攝 圖54]의 '竊‧切'(졀), [止攝 圖325]의 '雌‧刺‧莿‧諫'(ㅈ)의 경우에는 왜 'ㅈ'이 되었는지 명확하지 않다.

(4) [遇攝 圖384]의 '醋'는 『訓蒙』에서는 '초‧초'라고 하여 훈(訓)과 음(音) 모두 '초'로 되어 있다. 『類合』에서는 '초 조'라고 하여 훈은 '초', 음은 '조'로 되어 있다. 또한 『類合』에서는 '싈 조'도 볼 수 있다. 한편 『三韻』, 『奎章』에서는 '조'이지만 『華東』에서는 '추'로 나온다. 현재는 그 음이 '초'이다. 이들로부터 보면 '초'는 원래 중국어로부터의 차용어이며 한자음으로는 '조'였던 듯하다. 현대 한자음 '초'는 차용어 형태를 한자음으로 채택한 것이다. 더욱이 '조'라는 음은 昔聲字인 '厝‧措‧錯'(조)와 동일한 것인 듯하다. 그런데 이들 한자들이 왜 'ㅈ'으로 나타나는지는 알지 못한다. '醋'는 또한 '酢'로도 쓰이는데 乍聲字인 '祚‧胙‧阼…'(조)76)에 대한 유추로부터 '조'라는 음을 생각할 수 있다.

---

75) 精母인 '淖'과 從母인 '戢, 輯'의 음이 '즙'인 것 참고.
76) 세 한자는 성모가 從母이고 성조는 去聲이다.

(5) 산발적 예외에는 '髓'(셜, 표 54), '猜·偲'(싀, 새, 표 171), '倅·淬·焠'(쉬, 표 177)이 있다.

4.2.6.3 종모(從母)

從母의 특이한 예는 다음과 같다.77)

(1) [梗攝 표 108]의 '晴·睛·請·婧'은 음이 '쳥'이다. 이 중 '晴·睛'은 탁평(濁平)에 해당하기 때문에 유기음화가 일어난 결과라고도 생각할 수 있지만 '青'의 성모가 지닌 음가(value) 중 하나라고 생각하는 것이 자연스럽다.78) 그러면 平聲이 아닌 '請·婧'에도 적용할 수 있다.

(2) [果攝 표 149]의 '醝·睉·瘥·嵯'(차) 등도 역시 탁평(濁平)이지만 '差'의 성모에 유추되었다고 생각해야 할 듯하다.

(3) [遇攝 표 399]의 '聚'(츄) 역시 '取'의 성모에 대한 유추인 듯하다.

(4) 탁평(濁平)의 유기음화라고 생각되는 것에는 [山攝 표 44]의 '泉'(쳔), [咸攝 표 67]의 '慙·慚·鏨'(참), [咸攝 표 81]의 '灊·熸'(쳠), [果攝 표 153]의 '矬'(좌), '銼·痤'(차), [効攝 표 234]의 '樵·憔·顦·譙'(쵸), [曾攝 표 282]의 '層·曾·嶒'(층), [曾攝 표 291]의 '鄫'(층), [通攝 표 298]의 '叢·藂·叢·潨'(총), [流攝 표 376]의 '酋·遒·蝤'(츄) 등이 있다.

(5) 定母 항목에서 서술했듯이 [蟹攝 표 171], [蟹攝 표 184], [山攝 표 11]은 '-uâ'를 포함함으로써 음절 편향을 나타내며 [止攝 표 351]도 음절 편향인 듯하다.

---

77) [역자주] 從母 역시 'ㅈ'으로 반영되는 것이 기본이라고 생각하고 'ㅈ'이 아닌 자음으로 반영되는 예를 살피고 있다. 從母는 전탁음(全濁音)이라서 從母字 중 그 성조가 평성인 한자는 중국어에서 일어난 탁평(濁平)의 유기음화 때문에 'ㅊ'으로 반영된다고 할 수 있다. 그러나 고노 로쿠로(河野六郎)는 여기서 일부에 대해서만 탁평의 유기음화와 관련시키고 나머지는 다른 데서 원인을 찾고 있다.

78) [역자주] 4.2.6.1.의 (10)에서도 '青'의 성모가 두 가지였다는 점을 언급한 바 있다.

(6) 원인이 명확하지 않은 것에는 [山攝 囯54]의 '荐 · 洊'(천), [咸攝 囯81]의 '捷 · 倢 · 諜'(첩), [梗攝 囯108]의 '堉 · 瘠'(척), [宕攝 囯125]의 '鑿'(착)[79] 등이 있다.

4.2.6.4 심모(心母)

心母는 'ㅅ'으로 표시되는 것이 규칙이다. 이질적인 예로는 다음을 들 수 있다.

(1) 'ㅈ'으로 나타나는 경우는 '燥 · 杲 · 譟 · 喿'(조, 囯223), '隼 · 峻 · 濬 · 浚 · 埈'(쥰, 囯294), '蚣'(죵, 囯317), '啉'(주, 囯367)가 있다.

(2) 'ㅊ'으로 나타나는 경우는 '憸'(쳠, 囯81), '綃 · 鞘 · 肖 · 鞘'(쵸, 囯234)가 있다.

(3) 그 밖의 경우로는 '裼'(텩, 囯118), '纕 · 襄 · 瓖 · 驤'(양, 囯135), '卸'(아, 囯166), '卹 · 賉 · 恤'(훌, 囯264), '訹'(튤, 囯264), '娀'(융, 囯310), '聳'(용, 囯317), '荽'(유, 囯351), '綏'(유,[80] 囯351), '繻'(유, 囯399) 등이 있다. 이들 중 상당수는 유추형이다. 그 중 '卹 · 賉 · 恤'(囯264)의 '훌'은 아마도 '血'(囯57)의 '혈'과 '슐'에 감염(contamination)된 것이 아닐까 생각된다.[81]

4.2.6.5 사모(邪母)

邪母는 무성음(全淸) 心母에 대립하는 유성음(全濁)으로서 한국 한자음에

---

79) '鑿'은 [效攝 囯223]을 보면 '초'로도 되어 있다.

80) 『華東』에는 '쉬'로 되어 있다.

81) [역자주] '卹 · 賉 · 恤'은 다른 문헌에서 '슐'이라는 음으로 나타나는 경우가 있다. 그래서 '血'(혈)과 '卹 · 賉 · 恤'의 또 다른 음인 '슐'에 감염되어 '훌'이 나왔다고 해석하고 있다.

서는 규칙적으로 'ㅅ'으로 표시되어 心母와 동일하게 다루어지고 있다. 특이한 예는 적다. '涎'(연, 圖34)과 '篲'(혜, 圖208), '泅'(츄, 圖376)에서 'ㅅ'이 아닌 다른 자음으로 나타난다.

4.2.7 정치음[삼등](正齒音[三等])

정치음(正齒音)은 이등(二等)과 삼등(三等)의 경우 서로 차이가 났다.[82] 그것은 陳澧가 분명하게 말한 것처럼 『廣韻』에 나오는 반절자의 쓰임에서 확실히 나타나고 있으며 또한 그러한 차이의 음성학적 성격은 Karlgren 교수에 의해 명료하게 규정되었다.[83] Karlgren 교수에 따르면 이등(二等)은 권설음 (cerebral)인 'tʂ-, tʂʰ-, dʐʰ-'와 'ʂ-'였음에 비해 삼등(三等)은 구개음(palatal)인 'tɕ-, tɕʰ-, dʑʰ-, ɕ-'였다. 그래서 지금 한국 한자음을 고찰함에 있어 일단 二等과 三等을 구별하여 관찰하기로 한다.

우선 三等부터 시작한다. 한국 한자음에서는 神母가 규칙성 있게 'ㅅ'으로 나타나고 있으며 파찰음으로서는 照母와 穿母가 문제가 된다. 이제 照母와 穿母의 출현 방식을 표로 제시해 보았다.

攝	표 번호	운	照母		穿母	
			ㅈ	ㅊ	ㅈ	ㅊ
山	33	-iän	전			천
		-iät	절			철
	42	-iʷän	전			천
		-iʷät	절			철
咸	80	-iäm	졈	쳠		쳠
		-iäp	졉			×

---

82) [역자주] 正齒音[二等]에 속하는 성모를 따로 치상음(齒上音)이라고 구별하여 부르기도 한다.

83) B. Karlgren의 『EPC』 415쪽과 그 다음 참조.

攝	표번호	운	照母		穿母	
			ㅈ	ㅊ	ㅈ	ㅊ
梗	107	-iäng´	졍			×
		-iäk´	젹	쳑	젹	쳑
宕	133	-iâng	쟝	(챵)		챵
		-iâk	쟉		쟉	—
假	165	-ia	쟈	챠		챠
蟹	203	-iäi	졔			쳬, 치
	207	-iʷäi	—	취, 췌		×
效	223	-iäu	죠	쵸		쵸
臻	254	-iĕn	진		진	—
		-iĕt	질		즐	—
	262	-iʷĕn	쥰		쥰	츈
		-iʷĕt	×			츌
深	275	-iəm	짐(줌)	침		침
		-iəp	집, 즙			×
曾	289	-iəng´	증			칭
		-iək´	직			×
通	308	-iung	즁, 죵			츙
		-iuk	쥭	츅		츅
	316	-iong	죵			츙
		-iok	—	쵹		쵹
止	323	-iię	지	치		치
	333	-iʷię	—	츄, 취, 췌		츄, 취
	341	-ii[ɑ]	지			치
	350	-iʷi[ɑ]	—	츄, 쵸		츄
	356	-ii[β]	지	치		치
流	374	-iəu	쥬, 주	츄		츄, 취
遇	390	-io	져, 쟈		져	쳐
	397	-iu	쥬, 주		쥬	츄
출현 횟수			29	14	7	26

이 표에서 照母와 穿母의 대략적인 경향을 알 수 있다. 이러한 결과와 神母, 審母, 禪母의 세 성모를 합쳐서 대응표를 만들면 다음과 같다.

照母	tś-	ㅈ	c-
穿母	tśʰ-	ㅊ	cʰ-
神母	dźʰ-	ㅅ	s-
審母	ś-	ㅅ	s-
禪母	ź-	ㅅ	s-

4.2.7.1 조모(照母)

照母는 'ㅈ'을 주된 것으로 한다. 그러나 'ㅊ'으로 나타나는 경우도 적지 않다.

(1) [效攝 圖233]의 '招·鉊'는 음이 '쵸'이다. '招'는『類合』,『千字文』,『書經』에는 '툐'로 되어 있기 때문에 '쵸'는 '툐'에서 변화한 것이다. 그리고 이 '툐'는 '超'(툐)나 '迢·髫'(툐) 등에 대한 유추이다. '鉊'는『華東』에서는 '쵸'로 되어 있다.

(2) [咸攝 圖80]의 '瞻·詹·噡·讖'은 음이 '쳠'이다. 穿母는 詹聲字가 상당히 보이지만 강력하게 유추를 미칠 만한 정도는 아니다. 따라서 이 詹聲字의 'ㅊ'은 유추의 결과는 아닌 듯하다.

(3) 유추나 그 밖의 작용이라고 생각할 수 없는 예가 상당하다. 가령 [梗攝 圖107]의 '隻·塉·摭·蹠·跖·拓'(쳑), [假攝 圖165]의 '遮'(챠), [止攝 圖323]의 '卮·梔'(치), [流攝 圖374]의 '帚·箒'(츄) 등이 있다. 그 밖에 '彰'(宕攝 圖133)은『類合』,『書經』,『華東』에서는 '챵'이되 다만『孝經』,『三韻』,『奎章』에서는 '쟝'으로 되어 있다.

(4) [通攝 圖316]의 入聲인 '燭·屬·矚·囑' 등은 음이 '쵹'이다. 이 중 '燭'은 穿母에 '觸'이 발견되므로 '觸'에 대한 유추라고 생각할 수 있지만 屬聲字는 그러한 계기가 없다.

(5) [止攝 圖333]의 '捶·箠'(췌)와 '惴'(췌)와 '棰·菙'(츄), [止攝 圖350]의 '隹·騅·雖·錐·佳'(츄)와 '錐·佳'(쵸)를 음절 평향이라고 생각할 수 있는

것에 준해서 [蟹攝 圖 207]의 '贅'(췌 또는 취)도 비슷하게 다룰 수 있을 듯하다. 모두 중국 원음으로는 개모(介母) '-iʷ'를 지닌다.

(6) [深攝 圖 275]의 '斟 · 鍼 · 針 · 枕'은 음이 '침'인데 '斟'은 『訓蒙』에 '짐'이라고 되어 있다. 일반적으로 이 운(韻)에서는 '침'으로 편향하는 경향이 강하다.[84]

(7) 산발적인 예외로는 [咸攝 圖 80]의 '噡 · 讖'(섬), [咸攝 圖 80]의 '讐 · 懾 · 憎'(섭), '慄'(텹), [效攝 圖 233]의 '昭 · 沼'(쇼), [臻攝 圖 254]의 '疹 · 畛 · 診'(딘)과 '桎 · 蛭 · 驚'(딜), [臻攝 圖 262]의 '肫'(둔)과 '諄'(슌), [止攝 圖 323]의 '寘'(티) 등이 있다.

4.2.7.2 천모(穿母)

穿母는 'ㅊ'을 주된 것으로 하며 'ㅈ'으로 나오는 경우가 약간 있다.

(1) [臻攝 圖 254]의 '瞋 · 嗔 · 謓'(진), [遇攝 圖 397]의 '姝'(쥬)는 명백한 유추이다.

(2) [宕攝 圖 133]의 '綽 · 韓 · 婥'(쟉)은 음절 편향인 듯하다.

(3) 불분명한 예로는 [梗攝 圖 107]의 '赤'(격), [臻攝 圖 254]의 '叱'(즐), [臻攝 圖 262]의 '蠢 · 賰 · 踳'(쥰),[85] [遇攝 圖 390]의 '杵'(져)가 있다. 이 중 '蠢' 등은 '春'이 '츈'인데도 왜 '츈'이 아닌지 괴이하다.

(4) 산발적인 예외로는 [山攝 圖 42]의 '啜'(텰), [效攝 圖 233]의 '弨'(됴), [深攝 표 275]의 '瀋'(심), [通攝 圖 308]의 '俶 · 淑'(슉), [止攝 圖 341]의 '痓'(딜), [遇攝 圖 397]의 '姝'(슈)가 있다.

---

84) 4.2.6.1.의 (4) 참고.
85) '賰 · 踳'은 '츈'이라는 음도 있다.

4.2.7.3 신모(神母)

神母[86]는 한국 한자음에서는 규칙적으로 'ㅅ'으로 표시된다. 산발적인 예외는 다음과 같다.

- [山攝 囲42]의 '船'(전) : 이것은 『三韻』, 『奎章』, 『玉篇』에서 보이는 인위적인 한자음으로 '션'이 전래되는 음이다.
- [曾攝 囲289]의 '乘·塍·朕'(증)
- [曾攝 囲289]의 '騬'(층)
- [臻攝 囲262]의 '秫'(튤) : 이는 『訓蒙』에서 보이는 유추음이며 『華東』, 『玉篇』의 속음인 '츌'은 '튤'을 이어받은 것이다. 다만 『華東』, 『三韻』, 『奎章』, 『玉篇』에서는 '슐'이다.
- [止攝 囲323]의 '舓'(데)
- [曾攝 囲289]의 '剩'(잉) : 이것은 '賸'과 동일한 말로서 '賸'의 음은 神母에 속하는 '싱'(囲289) 외에 喩母에 속하는 '잉'(囲286)이 있다.

4.2.7.4 심모(審母)

審母는 규칙적으로 'ㅅ'으로 표시된다. 산발적인 예외로는 [山攝 囲33]의 '澶'(전), [咸攝 囲80]의 '痁·苫'(졈), [咸攝 囲80]의 '韘·鍱'(쳡), [深攝 囲275]의 '忱'(침), [梗攝 囲107]의 '適'(뎍), [通攝 囲316]의 '稱'(쟝), [宕攝 囲133]의 '餉·饟'(향), [蟹攝 囲207]의 '蜕'(예), [通攝 囲316]의 '舂·椿·蹖·憃'(용), [止攝 囲323]의 '弛'(이)가 있다. 대부분은 유추형이지만 [通攝 囲316]의 春聲字가 '용'으로 된 것은 괴이하다.

---

86) 일반적으로는 牀母[三等]에 해당한다.

선모(禪母)

禪母 역시 'ㅅ'으로 규칙성 있게 나타난다. 특이한 예는 다음과 같다.

(1) 가장 흥미로운 이례(異例)는 '氏'의 속음 '씨'이다. 일반적으로 한국 한자음의 초성에는 경음을 찾아볼 수 없는데 이 '씨'라는 속음은 예외이 다.[87] 'ㅆ'의 원류는 어쩌면 사이시옷에서 찾아야 할지도 모른다.

(2) 'ㅈ'으로 나타나는 경우는 [宕攝 圖133]의 '杓·芍·勺·汋·妁'(작), [効攝 圖233]의 '詔'(죠), [深攝 圖275]의 '什'(즙), [通攝 圖316]의 '歱·瘇'(종), [止攝 圖323]의 '胝'(지), [止攝 圖333]의 '睡'(쥬), [止攝 圖390]의 '蠩'(져)가 있다.

(3) 'ㅊ'으로 나타나는 경우는 [山攝 圖33]의 '擅'(천), [山攝 圖42]의 '篅·遄·圌·腨·歂'(천), [臻攝 圖262]의 '純'(츈), [通攝 圖316]의 '蜀·觸·襡·瓗…'(쵹), [流攝 圖374]의 '酬·讎'(슈)가 있다.

(4) 'ㅇ'으로 나타나는 경우는 [山攝 圖33]의 '鋋'(연), [通攝 圖316]의 '鱅·慵·窬[88]'(용), [遇攝 圖390]의 '蜍'(여)가 있다.

(5) 그 밖에 [蟹攝 圖203]의 '栘'(데), [通攝 圖316]의 '歱'(흉), [止攝 圖341]의 '嗜'(기) 등이 있다. 이들 중 상당수는 유추에 의한 것이다.

정치음[이등](正齒音[二等])

正齒音[二等]인 莊母, 初母, 牀母의 세 성모 상황을 예에 따라 표로 살피고자 한다. 牀母[二等]은 三等의 神母처럼 확실하게 'ㅅ'으로 나타나는 것은 아니기 때문에 莊母, 初母와 함께 표시한다. 마찰음인 山母는 규칙적으로 'ㅅ'으로 나타난다. 正齒音[二等]에는 마찰음의 전탁음(全濁音)이 존재하지 않는다.

---

87) 아래에서 서술할 '雙'(쌍)도 예외이다.
88) '鱅·慵·窬'은 『華東』에 '숑'으로 나온다. 『三韻』에서는 日母字이다.

攝	표번호	운	莊母 ㅈ	莊母 ㅊ	初母 ㅈ	初母 ㅊ	牀母 ㅈ	牀母 ㅊ	牀母 ㅅ
山	15	-an	잔				잔		
		-at		찰		찰			
	20	-ʷan	잔			찬		찬	
		-ʷat		찰					
	24	-ăn	잔			찬	잔		
		-ăt				찰		찰	
	43	-ĭʷän	전				전		선
		-ĭʷät	절						
咸	71	-ăm	잠	참				참	
		-ăp	잡		잡		잡		삽
	74	-am				참		참	삼
梗	94	-ang´			징		징		
		-ak´	(작)	칙		칙		칙	식
	100	-ăng´	징		징		징	(칭)	
		-ăk´	(격)	칙		칙		칙	식
宕	134	-ĭâng	장			창, 챵	장		상
江	143	-ang			창, (총)	장	창		
		-ak	(격, 작)	착		착	(쟉)	착	
假	159	-a	자, 쟈	차		차	자, 쟈	차	사
	162	-ʷa	좌						
蟹	187	-ai		채	채, 치		지		쇠
	192	-ăi	지, 졔	채	치		(지), 졔		쇠
	196	-ai						채, 치	
	199	-ʷai				최			
效	228	-au	조, 죠			쵸		쵸	소
臻	270	-ĭən	진			츤, 친	진		
		-ĭət	즐						
深	276	-ĭəm	좀	춤		춤	좀(진)		
		-ĭəp	즙, 집						
曾	290	-ĭək´	즉	측, 칙		측	즉		
通	309	-ĭung					종	츙	슝
		-ĭuk				축			

攝	표번호	운	莊母		初母		牀母		
			ㅈ	ㅊ	ㅈ	ㅊ	ㅈ	ㅊ	ㅅ
止	324	-ïiɛ				치, 칙			
	334	-ïʷiɛ	ㅈ			최, 취			
	357	-ïi(β)	ㅈ, 지			ㅊ			ㅅ
				치		치			시
				칙		칙			
流	375	-ïəu		츄				(취)	
				추		추		추	수
遇	391	-ïo	져				져		서
			조			초	조		
	398	-ïu				추		추	
출현 횟수			25	15	3	27	18	16	15

앞의 표에 따르면 莊母는 주된 것이 'ㅈ'이고 初母는 거의 규칙적으로 'ㅊ'으로 나타남을 알 수 있다. 그러나 牀母에 이르면 'ㅈ', 'ㅊ', 'ㅅ'이 삼 파전을 이루며 뒤섞여 있다. 이것은 특히 세밀하게 검토할 필요가 있을 듯 하다.

4.2.8.1 장모(莊母)

莊母[89]는 앞의 표에서 볼 수 있듯이 주로 'ㅈ'으로 표시된다. 그러나 'ㅊ' 으로 나타나는 경우도 상당하다. 특이한 예는 다음과 같다.

(1) [流攝 圖375]의 '緅·掫·騶'(츄)는 유추이다.
(2) [咸攝 圖71]의 '斬'(참)은 [咸攝 圖67]의 '慙·慚·蔪'(참)에 대한 유추 인 듯하다. '慙·慚·蔪'은 平聲의 從母로서 그 음이 '참'인데 이는 탁평(濁 平)의 유기음화 결과이다.

---

89) 일반적으로는 照母[二等]에 해당한다.

(3) [山攝 国20]의 '苗'(촬)은 '出'의 성모인 'ㅊ'의 영향인 것 같다.

(4) [梗攝 国94]와 [梗攝 国100]의 '칙'은 舌上音[二等]의 경우와 마찬가지로 음절 편향의 형태이다. 다만 入聲 이외의 경우에는 오히려 '칭'으로 편향되어 있다. [梗攝 国94]의 '窄·迮·笮·蚱·嘖·錯' 등은 음이 '칙'이다. 단 '蚱'은 『王篇』의 속음에서는 '작'으로 되어 있는데 이것은 乍聲字가 지닌 또 다른 음가[90]에 의한 것이다. [梗攝 国100]의 '責·讀·簀·嘖·咋'은 음이 '칙'이다. 다만 『訓蒙』, 『類合』에는 '幘'이 '적'으로 되어 있다.

(5) [江攝 国143]의 '捉·穛·稬·斮'은 음이 '착'이다.[91] 이 역시 舌上音[二等]과 함께 생각하면 음절 편향인 듯하다.

(6) 불분명한 것으로는 [山攝 国15]의 '札·扎·蜇·紮'(찰), [假攝 国159]의 '鱸·瘧'(차), [蟹攝 国192]의 '祭·瘵'(채), [曾攝 国290]의 '仄·昃·側·臭·稄'(측)과 '戻·稜'(칙), [止攝 国357]의 '肺·菆·剚·倳'(치)와 '甾·輜·鯔·菑·淄·錙·緇·鶅·榃'(칙),[92] [流攝 国375]의 '鄒·騶·皺·縐·聚…'(추)[93]와 같은 것들이 있다. 이 밖에 [蟹攝 国187]의 '債·責'(채)는 [梗攝 国100]에 나오는 責聲字의 'ㅊ'에 유추된 것이 아닐까 한다. 또한 [深攝 国276]의 '譖'(춤)은 精母의 '僭'(춤)에 대한 유추로 생각된다. 그러나 '僭'이 왜 '춤'이 되었는지 알 수 없다는 사실은 이미 서술한 바와 같다.

(7) 산발적인 예외로는 [假攝 国159]의 '詐·渣·樝·柤·溠·咋'(사)와 [止攝 国357]의 '錤'(스)가 있다.

---

90) '作'(작) 참고.
91) 다만 『華東』에서는 '穛·稬·斮'이 '쟉'이다. 이것은 유추음이다.
92) 『華東』에서는 '치'이다.
93) 芻聲字 중 平聲의 牀母에 '雛'(추, 国398)가 있으므로 이것에 대한 유추일 가능성도 있다.

4.2.8.2 초모(初母)

初母[94]는 꽤 규칙적으로 'ㅊ'을 통해 표시된다. 특이한 예는 다음과 같다.

(1) 'ㅈ'으로 나타나는 경우는 [咸攝 国71]의 '舐·挿·鉆·扱'(잡), [梗攝 国94]의 '鎗·槍·琤'(징), [梗攝 国100]의 '琤·錚'(징)이 있다. 爭聲字는 유추이기도 하지만 여기의 두 군데에 나타나는 '징'은 음절 편향이다.

(2) 'ㅅ'으로 나타나는 경우는 [山攝 国24]의 '鏟·剷·鏟'(산), [咸攝 国71]의 '挿·鉆·扱'(삽), [咸攝 国74]의 '擤'(삼), [止攝 国357]의 '廁'(싀)가 있다.

(3) 그 밖의 경우로 [梗攝 国94]의 '鐺'(텅)이 있다.

4.2.8.3 상모(牀母)

牀母[95]는 앞의 표에서 볼 수 있듯이 'ㅈ, ㅊ, ㅅ'으로 모두 나타나고 있어서 어느 것이 대표형인지 결정할 수가 없다. 그래서 각각의 경우를 상세하게 살필 필요가 있다.[96]

---

94) 보통은 穿母[二等]에 해당한다.

95) 일반적으로는 牀母[二等]에 해당한다.

96) [역자주] 원문에는 아래에 제시하는 표에 상당히 복잡한 기호들이 들어있을 뿐만 아니라 일부 기호에 대해서는 지시하는 바를 설명하지도 않았다. 번역문에서는 부록에 있는 <자료음운표>를 참고하여 그 내용을 추론한 뒤 좀 더 알기 쉬운 기호로 바꾸고 주석을 추가하는 방식으로 표를 작성했다. 또한 일부 오류도 수정했다. 한편 표에 제시된 한자의 오른쪽 어깨에 있는 숫자는 성조를 나타낸다. 1은 평성, 2는 상성, 3은 거성, 0은 입성이다.

攝	표	운	ㅈ	ㅊ	ㅅ
	15	-an	[잔]棧³		
	20	-ʷan		[찬]饌²撰²97) 篡²	
山	24	-ăn	[잔]棧¹屛¹潺¹孱98)		
			[잔]棧99)輚²孱²棧²孱²		
			[잔]驏²		
		-ăt		[찰]鎆⁰100)	
	43	-ĭʷän	[전]撰²僎²譔²		[선]撰²僎²譔²101)
			[전]饌³譔³撰³篡³		
咸	71	-ăm		[참]讒¹饞¹鑱²102)(毚¹劖¹	
				[참]嚵¹巉¹毚²	
		-ăp	[잡]閘⁰		[삽]閘103)
			[잡]煠⁰喢⁰		
	74	-am		[참]漸¹	[삼]漸¹104)
				[참]巉²鑱¹嶄¹巉¹	
				[참]巉² ; 鑱³轞³	
梗	94	-ang´	[징]傖¹崝¹105)	[칭]傖¹106)	
			[징]掙¹崝¹		
		-ak´		[칙]咋⁰107)	[식]咋⁰
					[식]齰⁰齚⁰
	100	-ăng´	[징]崝¹		[싱]崝¹(?)108)
			[징]崝¹		
		-ăk´			[식]賾⁰

97) '饌'(찬)은 『訓蒙』과 『類合』에, '撰'(찬)은 『類合』에 나온다.

98) '屛'(잔)은 『類合』에, '孱'(잔)은 『書經』에 나온다.

99) '棧'(잔)은 『詩經』에 나온다.

100) '鎆'(찰)은 『訓蒙』에 나오며 『華東』, 『三韻』, 『奎章』에는 나오지 않는다.

101) '撰·僎·譔'의 음이 '선'인 것은 『華東』이다.

102) '鑱'(참)은 『詩經』에 나온다.

103) '閘'(삽)은 『華東』에 나온다.

104) '삼'은 『華東』에 나오는 '漸'의 속음이다.

105) [역자주] '崝¹'을 여기에 포함시킨 것은 실수인 듯하다. [圖94]에 이 한자가 나오지도 않을 뿐만 아니라 운도 많이 다르기 때문이다.

106) '傖'(칭)은 『華東』에 나온다.

攝	표	운	ㅈ	ㅊ	ㅅ
宕	134	-ïâng	[장]牀¹床¹109)		[상]牀¹床¹110)
			[장]狀³111)		[상]狀³112)
江	143	-ang	[장]淙¹	[창]淙¹113)	
		-ak	[작]鸗⁰ [작]𤄃⁰114)	[착]𤄃⁰鸗⁰	
				[착]錠⁰淀⁰篕⁰	
假	159	-a		[차]楂¹查¹	[사]楂¹查¹115)
					[사]槎¹
			[자]苴²116)	[차]苴¹	
			[자]乍³褯³蜡³		[사]乍³褯³蜡³117)
			[자]詐³		
蟹	187	-ai	[지]紫¹柴¹		[싀]紫¹柴¹118)
					[새]紫¹柴¹119)
	192	-ăi	[지]豺¹		[싀]豺¹120)
					[새]豺¹121)
			[지]儕¹ [제]儕¹122)		
	196	-ăi		[채]寨³砦³柴³123)	
				[치]寨³砦³柴³124)	

107) 『奎章』에 '咋'의 음은 '싁' 이외에 '又칙'으로 나온다.

108) '峥'(싱)은 『類合』에 나오는데 의심스럽다.

109) '牀, 床'(장)은 『三韻』, 『奎章』, 『玉篇』에 나온다.

110) '牀'(상)은 『訓蒙』, 『書經』, 『詩經』에, '床'(상)은 『訓蒙』, 『千字文』, 『華東』에 나온다.

111) '狀'(장)은 『三韻』, 『奎章』, 『玉篇』에 나온다.

112) '狀'(상)은 『類合』에 나온다.

113) '淙'(창)은 『華東』에 나온다.

114) '鸗'(작)과 '𤄃'(작)은 『華東』에 나온다.

115) '楂'(사)는 『華東』, '查'(사)는 『類合』과 『華東』에 나온다.

116) '苴'(자)는 『華東』에 나온다.

117) '乍·褯·蜡'(사)는 『華東』에 나온다.

118) '柴'(싀)는 『書經』에 나오며 『華東』과 『玉篇』에는 속음으로 나온다.

119) '紫·柴'(새)는 『華東』에 나온다.

120) '豺'(싀)는 『華東』과 『玉篇』에 속음으로 나온다.

121) '豺'(새)는 『華東』에 나온다.

攝	표	운	ㅈ	ㅊ	ㅅ
效	228	-au		[쵸]巢¹	[소]巢¹125)
				[쵸]輠¹勦¹126)寠¹澡¹	
臻	270	-ïən	[진]藤¹		
深	276	-ïəm	[줌]涔¹岑¹ [진]梣¹127)		
曾	290	-ïək´	[즉]崱⁰		
通	309	-ïung	[종]崇¹		[슝]崇¹128)
			[종]潀¹	[충]潀¹129)	
			[종]崈¹		
止	357	-ïi(β)			[ᄉ]士¹仕¹㠯¹130)
					[ᄉ]㕧¹事³131)
					[시]漦¹柹²132)柹²
流	375	-ïəu		[추]愁¹偢³	[수]愁¹偢³133)
				[추]騶³ [취]騶³134)	
	391	-ïo	[조]鋤¹鉏¹耡¹		[서]鋤¹鉏¹耡¹135)
			[조]齟²鉏²岨²詛²禣²		
			[조]助³136)		
遇	398	-ïu		[추]雛¹137)趮¹	

---

122) ‘儕’(제)는 『華東』과 『玉篇』에 속음으로 나온다.

123) ‘寨·砦·柴’(채)는 『華東』에 나온다.

124) ‘寨·砦·柴’(치)는 『三韻』, 『奎章』에 나온다.

125) ‘巢’(소)는 『華東』에 나온다.

126) ‘勦’(쵸)는 『書經』에 나온다.

127) ‘涔’은 『訓蒙』에 나온다. 또한 ‘梣’(진)은 『訓蒙』에 나오고 『華東』, 『三韻』, 『奎章』에 는 안 나온다.

128) ‘崇’(슝)은 『類合』, 『書經』, 『易經』, 『詩經』, 『中庸』, 『小學』, 『華東』에 나온다.

129) ‘潀’(충)은 『華東』에 나온다.

130) ‘士’(ᄉ)는 『孝經』, 『訓蒙』, 『千字文』, 『類合』, 『論語』, 『書經』, 『易經』, 『詩經』, 『中庸』, 『小學』에 나온다. ‘仕’(ᄉ)는 『千字文』, 『類合』, 『論語』, 『詩經』, 『小學』에 나온다.

131) ‘事’(ᄉ)는 『孝經』, 『訓蒙』, 『千字文』, 『類合』, 『論語』, 『書經』, 『易經』, 『詩經』, 『中庸』, 『小學』에 나온다.

132) ‘柹’(시)는 『訓蒙』, 『類合』에 나온다.

133) ‘愁’(수)는 『易經』, 『華東』에, ‘偢’(수)는 『華東』에 나온다.

134) ‘騶’(취)는 『華東』에 나온다.

이 표에서 다음과 같은 여러 사실들이 명확해진다.

(1) 우선 'ㅅ'으로 된 예를 보면, 'ㅈ' 또는 'ㅊ'과 함께 나타나는 경우 'ㅅ' 형태는 예전의 속음 자료인 『訓蒙』과 『類合』, 그리고 비교적 속음을 전하는 『華東』이나 그 속음, 또한 『玉篇』의 속음이라는 방식을 통해 보통 속음형으로 실현된다. 때로는 止攝과 같이 'ㅅ'으로 고정되어 버린 경우도 있는데 이때에는 'ㅈ' 또는 'ㅊ' 형태를 발견할 수 없다.[138]

(2) 이러한 상황에서 볼 때 牀母는 예전에 'ㅅ'으로 나타났다고 추측되며 여기에 중국음의 영향으로 'ㅈ' 또는 'ㅊ'이 덧붙었다고 생각된다. 그리고 이러한 신형과 구형의 두 층위 사이에 경쟁이 일어남으로써 결과적으로 매우 복잡한 상황을 드러내게 된 셈이다. 이것을 보여 주는 매우 좋은 예가 [遇攝 圖391]의 '鋤'이다. 이 한자는 속음의 고형이 '서'임에 비해 신형은 '조'인데[139] 모음 'ㅓ : ㅗ'의 대립 역시 신형과 구형의 대립을 나타낸 것이다.

(3) [宕攝 圖134]의 '狀'이야말로 신형과 구형의 두 가지 음을 한 몸에 짊어지고 있는 예이다. '狀'은 지금도 '장'과 '상'의 두 음이 있다. 그래서 '書狀'이나 '狀啓'의 경우에는 '장'으로 읽고 '狀態'나 '形狀'의 경우에는 '상'으로 읽는다.[140] 이러한 의미 분화는 후대에 이루어진 듯하다. 물론 '상'이

---

135) '鋤'(서)는 『訓蒙』, 『類合』에 나온다. 鉏'(서)는 『玉篇』에 속음으로 나오고 '鋤'(서)는 『華東』에 속음으로 나온다. [역자주] 이 부분의 내용은 부록의 [圖391]과 비교해 내용이 잘 안 맞는다. 착오가 있었던 듯하다.

136) '助'(조)는 『孝經』, 『千字文』, 『類合』, 『書經』, 『詩經』, 『小學』에 나온다.

137) '雛'(추)는 『訓蒙』, 『類合』에 나온다.

138) 현대 중국의 여러 방언에서도 止攝의 경우 's' 또는 'ʂ'로 되는 지역이 많다. Karlgren의 『EPC』 406쪽과 그 다음 참조.

139) 현대의 북경음에서는 'chʰu²'이다. '鋤'의 신형 음인 '조'는 '助'(북경음으로는 chu⁰)의 음에 유추된 듯하다.

140) [역자주] '狀'이 '상'으로 읽힐 때는 '형상'의 뜻이고 '장'으로 읽힐 때는 '문서'의

고형이고 거기에 신형인 '장'이 가미됨으로써 쌍형어(doublet)를 만들어 냈으며 시간이 흐르면서 둘 사이에 의미 분화를 야기한 것이다. 현재의 의미 차이에 있어서도 '상'의 의미가 더 일반적이고 '장'은 어딘가 고쳐진 듯한 느낌이 든다.[141]

(4) 신형[142]에 속하는 'ㅈ'과 'ㅊ'의 관계는 定母, 澄母, 從母의 경우와 동일하다. 이제 'ㅊ'의 출현 조건을 보도록 한다.

㉠ 탁평(濁平)의 유기음화에 의한 경우는 [咸攝 圉71], [咸攝 圉74], [江攝 圉143], [假攝 圉159], [效攝 圉228], [流攝 圉375], [遇攝 圉398] 등이다. 平聲 이외에도 보이는 'ㅊ'은 平聲에서 유기음화가 일어난 것에 유추된 것이다.

㉡ [梗攝 圉94], [江攝 圉143]의 入聲인 '칙'과 '착'은 음절 편향이다. [江攝 圉143]의 '驚'(작)과 '濁'(작)은 예외이다. '濁'은 爵聲字에 유추된 것이다.

㉢ [山攝 圉20]의 '饌·撰·篹'(찬), [蟹攝 圉196]의 '寨·砦·柴'(채 또는 치) 등은 이유가 분명치 않다.

㉣ 산발적인 예외로는 '嫠'(리, 圉357)가 있다.

4.2.8.4 산모(山母)

山母[143]는 규칙적으로 'ㅅ'에 대응한다. 그렇지 않은 예로는 다음을 들 수 있다.

(1) [江攝 圉143]의 '雙·艭·慃'은 음이 '쌍'이다.[144] 한국어에는 'ㄲ, ㄸ,

뜻이다.

141) '狀'의 현대 북경음은 'chuang⁰'이다.

142) 牀母는 현대 중국의 여러 방언, 특히 관화음(官話音)에서는 平聲의 경우 'tsʰ' 또는 'tsʰ'이고 仄聲의 경우 'ts' 또는 'ts'로 되어 있다. Karlgren의 『EPC』 406쪽과 그 다음 참조.

143) 일반적으로는 審母[二等]에 해당한다.

144) '雙·艭·慃'(쌍)은 『華東』에 나온다.

ㅃ, ㅉ, ㅆ'과 같은 된소리(濃音) 계열이 있는데 한국 한자음에는 나타나지 않는다. 이 '쌍'은 예외이다.[145] 현재에는 '雙'의 한자음에 '쌍'을 사용하고 있다. 그러나 이것은 진정한 의미의 한자음은 아니라고 본다. 『類合』, 『詩經』에도 '雙'은 음이 '상'일 뿐 '쌍'은 아니다. 생각건대 '쌍'은 틀림없이 '雙'으로 표시하는 중국어에서 나온 것이기는 하지만, '雙'의 한자음은 아니고 '對(pair)'를 의미하는 차용어였다. 이것이 언제 어디서 차용이 되었는지는 알 수 없다. 또한 어떤 이유로 'ㅅ'의 경음이 되었는지도 모른다. 『老乞大諺解』와 『朴通事諺解』에 '쌍'으로 나오는 것이 예전 형태로서[146] '쌍'이라는 형태는 의미상 관련이 있는 '짝'(片方, 片側)에 유추되어 나왔을지도 모른다. 그리고 이 '쌍'이 'ㅄ- > ㅆ-'이라는 일반적인 변화에 따라 '쌍'이 되었는데 다시 그 의미 때문에 '雙'이라는 한자에 결부되어 마침내 '상'을 몰아내고 한자음이 되어 버렸다고 생각된다.

(2) 'ㅊ'으로 나타나는 경우는 [效攝 圖228]의 '筲·鞘·梢·艄·稍'(쵸), [通攝 圖309]의 '縮·蓿'(츅), [止攝 圖350]의 '榱'(최)가 있다.

(3) 그 외에 산발적인 예외로는 [假攝 圖159]의 '嗄'(하)를 들 수 있다.

4.2.9 순음(脣音)

순음(脣音)은 양순폐쇄음인 순중음(脣重音)과 순치마찰음인 순경음(脣輕音)으로 나뉘는데 『廣韻』의 반절로부터 귀납해 보면 『切韻』의 체계에는 순경음 계열은 아직 존재하지 않았다. 순경음의 존재가 명백해지는 것은 당나라 시대부터이며 慧琳이 지은 『一切經音義』의 반절에 확실하게 나타나고 있다. 순경음은 일정한 조건의 순중음으로부터 생겨났다. 순경음이 나타나는 운(韻)을 살펴보면 다음과 같다.

---

145) 이 외에 禪母의 '氏'(씨)도 예외이며 '喫'(끽)도 마찬가지이다.
146) 남광우 씨의 『古語辭典』 294쪽 참조.

[攝 囲번호]	운				운의 재구음
[山攝 囲 47]	元	阮	願	月	-ĭɐn ～ -ĭɐt
[咸攝 囲 85]	凡	范	梵	乏	-ĭɐm ～ -ĭɐp
[宕攝 囲 136]	陽	養	漾	藥	-ĭâng ～ -ĭâk
[蟹攝 囲 210]			廢		-ĭɐi
[臻攝 囲 267]	文	吻	問	物	-ĭən ～ -ĭət
[通攝 囲 311]	東		送	屋	-ĭung ～ -ĭuk
[通攝 囲 317a]	鍾	腫	用	燭	-ĭong ～ -ĭok
[止攝 囲 361]	微	尾	未		-ĭəi
[流攝 囲 377]	尤	有	宥		-ĭəu
[遇攝 囲 400]	虞	麌	遇		-ĭu

이들 운의 공통적인 특징은 다음 두 가지를 들 수 있다.

(1) 이들 운들은 모두 삼등운(三等韻)이며 그 중에서도 을류(乙類), 즉 중설의 개모(介母) 'ĭ-'를 지닌 것이라는 점
(2) 이들 운들의 모음을 보면 'ɐ, â, ə, u, o'로서 모두 중설모음 또는 후설모음이라는 점

이 중 첫 번째 특징은 혀를 상후방(上後方)으로 들어올린 것이고 두 번째 특징은 혀를 뒤쪽으로 끌어당기는 것이기 때문에 가령 양순음인 'p-'가 'f-'로 이동할 가능성이 있다. 그리고 'f-'로 바뀌는 과정에서 개모 'ĭ-'를 잃어버렸다고 생각된다.147)

----

147) 순경음화에 따른 개모 'ĭ-'의 소실은 결과를 보고 추측한 것이다. 그런데 순경음화 이후의 반절 표기는 순중음 시대의 반절 전통으로부터 완전히 탈피할 수 없어서 개모(介母)의 상실을 명확히 알려주지 않는 것이 많다. 『廣韻』권1 「上平」의 '東韻'에 속한 '豐'의 반절이 敷空切로 되어 있는 것은 드문 예이다. 『廣韻』의 '一東'에 나오는 '東'의 반절 敷空切은 당나라 시대 사본(寫本) 『切韻』의 잔권(殘卷)에는 敷隆反으로 되어 있다. 반절 하자(下字)인 '隆'은 玄宗의 이름(諱)인 '隆基'의 '隆'을 피하기 위해 '空'으로 고쳤고 그때 一等韻인 '空'을 사용한 것이

순경음화의 조건 중 하나로 합구(合口) 요소를 생각하는 경향도 있다. 그러나 『廣韻』의 반절을 전반적으로 살펴볼 때 순음자(脣音字)는 개합(開合)의 구별이 없으며 개합에 있어서는 중립적이라고 하는 편이 지당하다.[148] 따라서 합구(合口) 요소는 순경음화의 조건이 되지 않는다.[149]

4.2.9.1 방모(幫母)·비모(非母), 방모(滂母)·부모(敷母), 병모(並母)·봉모(奉母)

한국어에 'ㅂ(p), ㅍ(pʰ), ㅁ(m)' 계열은 있지만 'f' 계열의 음은 없으므로 한국 한자음에 있어 순경음과 순중음의 구별을 단적으로 표시하는 것은 존재하지 않는다. 그 결과 순중음인 幫母, 滂母, 並母와 순경음인 非母, 敷母, 奉母는 'ㅂ, ㅍ'으로 나타내고 순중음인 明母와 순경음인 微母는 'ㅁ'으로 나타낸다. 이러한 사정 때문에 이하에서는 순경음을 순중음에 포함시켜 서술하기로 한다.

그런데 幫母(非母), 滂母(敷母), 並母(奉母)에 걸쳐 'ㅂ, ㅍ'이 어떻게 분포되어 있는지를 보면 그 상황이 지금까지 서술해 온 다른 음들과는 상당히 성격이 다르다. 이제 그 상황을 예에 의거해 표시해 보기로 한다.

攝	표번호	운	幫母(非母)		滂母(敷母)		並母(奉母)		비고
			ㅂ	ㅍ	ㅂ	ㅍ	ㅂ	ㅍ	
山	6	-(u)ân	반		반	판	반		
		-(u)ât	발		발		발		○150)
	16	-(ʷ)an	반	판	반	판	×		
		-(ʷ)at	—	팔	—	팔	발		
	25	-(ʷ)ăn	반		반		—	판	

다. 이러한 개정은 분명히 순경음화의 완성 이후에 이루어졌다.

148) 趙元任의 「Distinctions within Ancient Chinese」 217~223쪽 참조.

149) 그런 의미에서 부록의 <자료음운표>에서는 (w), (u)로 표시했다.

150) [역자주] 뒤의 본문에서 언급하겠지만 '○'는 幫母, 滂母, 並母의 음이 동일하게

攝	표번호	운	幫母(非母)		滂母(敷母)		並母(奉母)		비고
			ㅂ	ㅍ	ㅂ	ㅍ	ㅂ	ㅍ	
山	35	-ĭ(ʷ)än	변	편	—	편	변	편	
		-ĭ(ʷ)ät	별		별		×		
	36	-ï(ʷ)än	변		변		변		○
		-ï(ʷ)ät	별		×		별		
	47	-ï(ʷ)ɐn	번		번		번		脣輕○
			반	판	반	판	반		脣輕
		-ï(ʷ)et	×		×		빌		脣輕
			발		×		×		脣輕
	55	-(iʷ)en	변	편	—	편	변	편	
		-(iʷ)et	별		별		별		○
咸	82	-ĭ(ʷ)äm	—	폄	×		×		
	85	-ïem	×		범		범		脣輕
		-ïep	법		×		법		脣輕
梗	95	-(ʷ)ang´	—	평	—	평	—	평	○
			병		×		붕		
		-(ʷ)ak´	벽		벽		벽		○
	101	-(ʷ)äng´	—	평	—	평	—	평	○
			병, 붕		—	평	병		
		-(ʷ)äk´	벽		벽		벽		○
	109	-ĭ(ʷ)äng´	병		빙		병		
		-ĭ(ʷ)äk´	벽		벽		벽		○
	112	-ï(ʷ)ang´	병		×		병	평	
		-ï(ʷ)ak´	벽		×		×		
	119	-(iʷ)eng´	병		병, 빙		병	평	
		-(iʷ)ek´	벽		벽		벽		○
宕	126	-(u)âng	방		방		방		○
		-(u)âk	박		박		박		○
	136	-ï(ʷ)âng	방		방		방		脣輕○
		-ï(ʷ)âk	×		×		박		脣輕

나타남을 표시한다.

攝	표 번호	운	幫母(非母)		滂母(敷母)		並母(奉母)		비고
			ㅂ	ㅍ	ㅂ	ㅍ	ㅂ	ㅍ	
江	144	-(ʷ)ang	방		방	(팡)	방		○
		-(ʷ)ak	박		박		박		○
果	150	-(u)â	—	파	—	파	—	파	○
假	160	-(ʷ)a	—	파	—	파	—	파	○
蟹	172	-(u)ậi	비		비		비		○
			×		×		—	패	
	181	-(u)âi	—	패	—	패	—	패	○
	188	-(ʷ)ɐi	—	패	—	패	—	패	○
	193	-(ʷ)ăi	비		비		비, 븨		○
			×		—	패	—	패	
	197	-(ʷ)ai	—	패	×		—	패	
	205	-i(ʷ)ăi	—	폐	×		—	폐	
	210	-ï(ʷ)ɐi	—	폐	—	폐	—	폐	脣輕○
	217	-(iʷ)ei	비		비	(피)	비		
			—	폐	×		—	폐	
效	224	-âu	보	포	×		—	포	
	229	-au	—	포	—	포	—	포	○
	235	-iäu	—	표	—	표	—	포	○
	236	-ïäu	—	표	×		—	포	
臻	248	-(u)ən	분, 븐		분		분		○
		-(u)ət	×		불		볼		
	256	-i(ʷ)ĕn	빈, 빙		빈		빈, 빙		○
		-i(ʷ)ĕt	—	필	—	필	—	필	○
	257	-ï(ʷ)ĕn	빈		×		빈		
		-ï(ʷ)ĕt	—	필	×		—	필	
	267	-ï(ʷ)ən	분		분		분		脣輕○
		-ï(ʷ)ət	블, (불)		블, (불)		불		脣輕○
深	278	-ïəm	—	픔	—	픔	×		
曾	283	-(u)əng´	붕		×		붕		
		-(u)ək´	북		×		북		
	292	-i(ʷ)əng´	빙, 붕		빙		빙		○
		-i(ʷ)ək´	벽	픽, 핍	벽	픽	벽	픽, 팍, 핍	

攝	표번호	운	幫母(非母) ㅂ	ㅍ	滂母(敷母) ㅂ	ㅍ	並母(奉母) ㅂ	ㅍ	비고
通	299	-ung	봉		×		봉		
		-uk	복		복		복	폭	
	303	-ok	−	폭	×		복		
	311	-ĭung	−	풍	봉	풍	봉	풍	
		-ĭuk	복		복		복		○
	317a	-ĭong	봉		봉		봉		○
		-ĭok	×		×		복		
止	326	-i(ʷ)ie	비		비		비	피	
	327	-ĭ(ʷ)ie	비	피	−		피		피
	344	-i(ʷ)i	비	피	비	피	비		
	345	-ĭ(ʷ)i	비		비	피	비, 븨		
	361	-ĭ(ʷ)əi	비		비		비		脣輕○
流	368	-əu	부		부		부		○
	377	-ĭəu	부		부		부		脣輕○
	379	-ieu	−	퓨	×		−	퓨	
遇	385	-o	보	포	보	포, (퓨)	보, 부	포	
	400	-ĭu	부		부		부		脣輕○
			보	포	보		보		脣輕
출현 횟수			56	31	44	27	57	30	

이 표에서 출현 횟수를 보면 幫母와 並母에서 'ㅂ'이 'ㅍ'보다 우세한 것은 앞서 살핀 다른 성모와 대략 같은 양상이지만 滂母에서 'ㅂ'이 'ㅍ'보다 유력하다는 것은 다른 성모의 경우와는 차이가 난다.[151] 위의 표에서 幫母, 滂母, 並母의 각 성모에 동일한 음이 나타나는 경우에는 비고란에 '○'를 붙였는데 총 36개에 이르고 있다. 이것은 소위 '음절 편향'이 대규모로 이

---

151) [역자주] 앞에서 살핀 각 성모는 대략 전청(全淸)과 전탁(全濁)에는 평음이 더 많이 대응하고 차청(次淸)에는 유기음이 더 많이 대응하는 경향이 있다고 보고서 순음(脣音)의 경우 전청인 幫母와 전탁인 並母에서 'ㅂ'이 우세한 것은 그러한 경향과 부합하지만 차청인 滂母에서도 'ㅂ'이 우세한 것은 그런 경향과 부합하지 않음을 지적한 것이다.

루어지고 있기 때문이다. 또한 어떤 음절이 편중되는지 음절의 가능성 측면에서 살피면 다음과 같다.

	–	ㅣ	-n	-r	-m	-p	-ng	-k
ㅏ	파	패	<u>반 판</u>	<u>발 팔</u>			방 (팡)	박
·		비					펭	빅
ㅓ			번	벌	범	법		
ㅗ	<u>보 포</u>		본				봉	<u>복 폭</u>
ㅜ	부 (푸)		분	불			풍	
ㅡ		비			픔		붕	북
ㅣ	<u>비 피</u>		빈	필		(핍)	빙	(픽)
ㅑ								(퍅)
ㅕ		폐	<u>변 편</u>	별	폄		<u>병 평</u>	벽
ㅛ	표							
ㅠ	퓨							

위의 표는 초성이 순음인 한자음이 나타나는 모든 음절을 음운론적 조건에 따라 분류한 것이다. 여기에 의하면 총 40개의 경우가 있는데 그 중 7개만 'ㅂ'과 'ㅍ'의 두 가지가 나타나고[152] 나머지 33개 경우는 'ㅂ' 또는 'ㅍ'의 어느 한 쪽으로 치우쳐 있다. 그리고 'ㅂ'은 27번, 'ㅍ'은 22번 나온다. 'ㅂ'은 'i'나 'y'[153] 앞에서는 겨우 7개밖에 없는 데 반해 'ㅍ'은 같은 환경에서 전체의 절반인 11개나 된다. 그 밖에 주목해야 할 점으로는 '빈'에

---

152) 표에서는 이 7개의 경우에 밑줄을 쳤다. 이 외에 '방(팡)'과 '부(푸)'가 있는데 '팡'은 '胖' 한 글자에 국한되며 그것도 『訓蒙』에서만 보인다. 『訓蒙』 상권 29장 뒷면에 '·술질 ·팡'이라고 되어 있기 때문에 '胖'과 동일하며 현대 중국음으로는 'pʰangº'으로 발음된다. 『訓蒙』의 '팡'은 중국음을 그대로 채용한 것이므로 여기서는 당연히 제외해야만 한다. 마찬가지 사정은 '푸'의 경우에도 말할 수 있다. 이 음도 [國385-1]의 '鋪'에만 해당하며 역시 『訓蒙』의 음이다. 『華東』에서 '푸'라고 한 것은 『華東』에서 일반적으로 模韻의 'ㅗ'에 대해 'ㅜ'를 할당한 결과로서 이는 명백히 인위적인 조치이다. 따라서 '푸'도 여기서는 제외한다.

153) 표의 아래 부분에 해당한다.

대해 그 입성을 나타내는 것이 '빌'이 아닌 '필'이라는 점, 역으로 '핑'의 입성은 '픽'이 아닌 '빅'이라는 점, 또한 '애' 앞에는 'ㅍ'이 오고 '이' 앞에는 'ㅂ'이 온다는 점, '옹' 앞에는 'ㅂ'이 오는 데 비해 '웅' 앞에는 'ㅍ'이 온다는 점 등이 있다. 이러한 편향성에서는 어떠한 규칙성도 찾을 수 없다.

아무튼 순음(脣音)에서 음절 편향은 매우 현저하며 이 때문에 순음의 경우 'ㅂ'과 'ㅍ'의 분포는 중국 원음(原音)의 全淸, 次淸 또는 全濁과는 별로 관계가 없다.[154] 물론 'ㅂ' 또는 'ㅍ'으로 편향되는 데 어떤 원인이 있음에는 틀림없다. 그러나 현재 상황에서 그것을 역으로 추론하는 것은 쉽지가 않다.

예를 들어 '바'가 아닌 '파'로 편향되는 것은 매우 괴이하다. '파'는 [果攝 圖150]과 [假攝 圖160]의 두 군데에서 나타난다. [果攝 圖150]에서 '波'와 같은 한자는 幫母이므로 당연히 '바'가 기대되는데도 '파'로 읽힌다. 滂母에는 '頗'(파)가 있다. 또한 並母의 平聲에 '婆'가 있는데 '婆'는 탁평(濁平)의 유기음화로 인해 '파'가 되어도 별다른 지장이 없다. 이러한 滂母와 並母의 '파'가 강력하게 작용하여 幫母의 '波'마저 '파'로 변화시켜 버린 것인지 모르겠다.

또한 [假攝 圖160]에는 幫母에 '巴'가 있으며 이것도 '파'로 읽힌다. 滂母에 '葩·妑·帊'가 있지만 이 한자들이 그 정도로 유력하다고 생각할 수도 없다.[155] 並母의 平聲에는 '爬·杷·琶'가 있으며 이들은 유기음화가 일어날 수 있다. 그러나 '爬·杷·琶'도 모두 '파'로 변화시킬 만큼의 세력은 생각하기 어렵다.

이렇다고 할 때 순음의 음절 편향은 해성(諧聲) 성부(聲符)의 유추라는 국부적인 현상은 아니라는 사실을 알 수 있다. 그렇다면 어떻게 해서 이와

---

154) 다만 'ㅂ'과 'ㅍ'의 대립이 나타나는 7개의 경우에는 문제가 된다.
155) [역자주] '葩·妑·帊'가 幫母인 '巴'의 초성을 'ㅍ'으로 변화시킬 만큼 영향력을 지니지는 않았다는 뜻이다.

같은 일이 벌어지게 된 것일까? 여기에 답하기란 쉽지 않다. 다만 생각할 수 있는 것은, 모든 가능한 음절을 전부 유지하는 것은 불가능하며 오히려 일정한 음절을 택하는 편이 기억에 편리하다. 그래서 가능한 한 소수의 음절로 끝내는 것이 기억의 경제성에 유리하다. 그러나 그 선택에는 상당히 우연적인 요인도 작용하기 때문에 결코 질서정연한 결과는 얻을 수 없고 때로는 'ㅂ', 때로는 'ㅍ'을 취하게 된다. 이리하여 음절 편향이 생겨난다.

이제 'ㅂ'과 'ㅍ'이 대립하는 7가지 경우에 대해 살펴보기로 한다.156)

(1) 반 : 판 [山攝 圖6, 16, 25, 47]

여기서는 '반'이 주가 된다. '판'은 滂母 및 並母의 平聲에 집중되는 것은 아니다. '판'으로 나오는 한자 중 '判·牌'은 滂母이긴 하지만 전반적으로 두드러진 사실은 反聲字가 많다는 점이다. [山攝 圖16]에서 上聲韻의 幫母에 속하는 '板·版·鈑·昄', 上聲韻의 滂母에 속하는 '眅', [山攝 圖47]에서 上聲韻의 幫母에 속하는 '阪·坂', 去聲韻의 滂母에 속하는 '汳' 등이 그러하다. [山攝 圖47]은 순경음화를 일으키는 운(韻)이다.

(2) 발 : 팔 [山攝 圖6, 16, 47]

여기서도 '발'이 주가 되며 '팔'은 [山攝 圖16]의 '八' 및 八聲字들뿐이다. 예컨대 [山攝 圖16]에서 'ㅍ'으로 나오는 '八·朳·捌'과 '汃·叭'이 그러하다. '八'이 왜 'ㅍ'으로 나타나는지는 불분명하다. 또한 [山攝 圖47]의 '髮·發'은 음이 '발'이다.

(3) 변 : 편 [山攝 圖35, 36, 55]

여기서 주의해야 하는 점은 [山攝 圖36], 즉 운모가 '-ï(ᵂ)än'인 경우에 '편'이 나타나지 않는다는 것이다. [山攝 圖35]의 '-ɨ(ᵂ)än'과 [山攝 圖55]의 '-(ɨᵂ)en'157)에서는 '편'이 잘 나온다. 그것도 扁聲字와 便聲字에 많다. 扁聲字에

---

156) [역자주] 앞의 표에서 'ㅂ'과 'ㅍ'이 모두 나타나는 7가지 경우를 가리킨다.
157) 이 운은 당나라 때 '-ï(ᵂ)än'으로 합류한다.

많은 것은, [山攝 圖35]의 滂母에 '篇·偏·扁'(편, 平聲)과 '騙'(편, 去聲)이 있는데 아마도 이 한자들이 원동력이지 않았을까 한다. 便聲字에 '편'이 많은 것은 '便'이라는 한자가 並母의 平聲이라서 유기음화를 일으킨 환경에 있기 때문이다.

(4) 보 : 포 [效攝 圖224, 229 ; 遇攝 圖385, 400]

여기서도 대체로 해성(諧聲)에 따른 부류로 나뉜다. 效攝의 경우 寶와 報, 그리고 保聲字는 음이 '보'158)이고, 包聲字와 暴聲字는 '포'이다. 包聲字가 유기음을 지니는 것은 여러 가지로 생각할 수 있다. '泡·胞·砲'는 滂母에 속해 있고 '袍·庖·咆·炮' 등은 並母의 平聲에서 보인다.159) 다만 '包·鉋'는 幫母이다. 暴聲字는 그래야만 하는 기본 토대는 없다. 通攝의 入聲에서도 역시 '폭'이라는 유기음으로 나타난다.160) 구태여 말한다면 의미의 연상 때문에 강조(强意)을 표시했다고 말할 수 있을지도 모르겠다.161)

遇攝의 경우에는 주로 甫聲字가 문제가 된다. 이것은 자료에 따라서도 상당한 차이가 있다.162)

표	성모	성조	'ㅂ'으로 나타나는 경우	'ㅍ'으로 나타나는 경우	현재음
圖385	幫母	平聲	誧[부](華)		
			晡餔[부](華)	晡餔[포](訓·三·奎)	포
			逋[보](類書)[부](華)	逋[포](易·三·奎)	포
		上聲	補[보](孝·類詩小)[부](華)		
			圃[보](訓·類)	圃[포](三·奎)[푸](華)	포

---

158) 幫母에 집중되어 있다.
159) [역자주] 滂母는 차청(次淸)이므로 유기음으로 실현되는 것이 자연스럽고 並母의 平聲은 유기음화의 적용을 받으므로 역시 유기음으로 실현되는 것을 설명할 수 있다.
160) [역자주] [圖303]에 나온다.
161) [역자주] 강한 의미를 유기음이라는 강한 음으로 나타내려 했을지 모른다는 추측이다.
162) [역자주] 편의상 문헌 약호는 ( ) 안에 해당 문헌의 첫 음절만 한자로 표시한다.

표	성모	성조	'ㅂ'으로 나타나는 경우	'ㅍ'으로 나타나는 경우	현재음
표 385	滂母	平聲	痡[보](書詩)[부](華)	痡[포](三·奎)	
				稫鯆[포](三·奎)	
				鋪[포](類)[푸](訓·華)	
		上聲	浦[보](訓·類)	浦[포](詩三·奎)[푸](華)	포
			溥[보](詩中·三·奎)[부](類詩·華)		
		去聲		誧[포](三·奎)	
				舖[포](三·奎)[푸](華)	
				鋪[푸](訓)	
	並母	平聲		蒲[포](訓·類詩三·奎)[푸](華)	
				蒲萄[포](訓·三·奎)[푸](華)	
				酺[포](三·奎)	
				匍[포](詩三·奎)	
		去聲	捕[보](訓·類干)[푸](華)	捕[포](三·奎)	포
			酺[보](三·奎)	酺[포](訓)[푸](華)	포
			哺[보](類)	哺[포](訓·三·奎)[푸](華)	포
				餔[포](三·奎)	
표 400	幫母	上聲	簠[보](孝三·奎)[부](華)		
			甫[보](詩三·奎)[부](華)		
			黼[보](書詩三·奎)[부](華)		
				脯[포](訓·三·奎)	
	並母	上聲	輔[보](訓·類書易·詩三·奎)[부](華)		

이렇게 해서 보면 '포'가 약간 우세하지만 '포'의 원천은 좀처럼 알기 어렵다.163) 滂母字가 과연 상당하고 並母의 平聲에 속하는 한자도 세력이 있다. 그러나 이렇다 할 결정적인 근거는 없어 보인다. 또한 자료에 따라 동요를 보이는 경우 현대음에서 모두 '포'가 되었다는 점도 '포'의 우세를 말

---

163) [표400]은 순경음화가 일어난 운(韻)이지만 위의 예에서 볼 수 있듯이 'ㅍ'은 희박하다.

해 주는 것인 듯하다.

한편 布聲子가 '포'인 것은 滂母의 '怖'(포)가 원동력인 듯하다.164)

(5) 병 : 평 [梗攝 囯95, 101, 109, 112, 119]

앞의 (3)에서는 '-ï(ʷ)än'에 '편'이 나타나지 않았었는데 이번에는 '-ï(ʷ)äng´'
(囯112)에도 '평'이 보인다. '평'이 나타나는 조건은 비교적 단순하다. 즉 거
의 모두 平聲字165)인 것이다. [囯112]에 나오는 平聲의 並母인 '平 · 評' 등
이 그 근원이다.

(6) 복 : 폭 [通攝 囯299, 303, 311, 317a]

'폭'이 나타나는 것은 [囯299, 303]으로 모두 暴聲字들이다. '暴 · 曝 · 瀑'
(囯299)은 並母이자 入聲이기 때문에 중국의 원음에서는 유기음화의 조건을
지니지 않는다. 또한 暴聲字 중 覺韻에 속하는 '曝 · 爆'(囯144)은 그 음이
'박'이다. (4)에서 '暴'과 '瀑'의 의미에서 유기음화의 원인을 찾은 바 있는
데 물론 확신은 없다.

(7) 비 : 피 [蟹攝 囯217, 止攝 囯316, 327, 344, 345, 361]

[囯361]의 微韻, 尾韻, 未韻에는 '피'가 나타나지 않는다. [蟹攝 囯217]에
서는 '批'라는 한 글자가 『訓蒙』에 '피'라고 되어 있을 뿐이며 나머지는 모
두 '비'이다. 여기서 흥미로운 것은 '비'가 '폐'와 대립하고 있다는 점이다.
다만 '비'라는 음은 毘聲字, 卑聲字 또는 比聲字에 출현하며 이 한자들은
[止攝 囯326, 344]와 관련이 있어서 이들로부터의 유추라고 생각된다.166)

[止攝 囯326]에는 '避 · 辟'가 '피'로 나온다. '臂 · 譬'가 '비'로 되어 있음
에 비해 '避 · 辟'는 왜 '피'가 되었는지 분명치 않다. [止攝 囯327]에서는
'피'가 세력을 지니고 있으며 그 운이 '-ï(ʷ)ie'이다. 또한 음이 '피'인 한자
는 거의 모두 皮聲字이며 滂母에도 '披' 등의 皮聲字가 보인다. 그 근원은

---

164) [역자주] [囯385]를 참고할 수 있다.
165) 성조의 평성(平聲)이 아니다. [역자주] 성부(聲符)로 '平'을 가지고 있는 한자이다.
166) [역자주] [止攝 囯326, 344]에도 毘聲字, 卑聲字, 比聲字가 나온다.

平聲의 並母인 '皮'인 듯하다. '罷' 역시 平聲의 並母에서 '피'로 되어 있다.

[止攝 圖344]에서 '피'로 되어 있는 한자는 '秕·屁'이며 모두『訓蒙』에 나오는 음이다. 바로 앞의 [蟹攝 圖217]에 나오는 '批'(피) 역시『訓蒙』에 나왔다. 比聲字는 일반적으로 음이 '비'이다. '秕'도 다른 자료에서는 '비'로 나온다.『訓蒙』의 이러한 주음(注音)은 어딘가에 의거한 바가 있다고 생각하지만 알 수가 없다. [止攝 圖345]에서는『奎章』의 '鈚'만 '피'이고 나머지는 '비'이다.

요컨대 [止攝 圖327] 이외에는 자세하지가 않다. 자료적으로도 불확실한 것이 있다.

이상은 'ㅂ : ㅍ'의 대립이 있는 것이었는데 동일한 운(韻) 내에서167) 모음도 다소간 다름으로써 대립하는 경우가 약간 있다.168)

(8) 봉 : 풍 [通攝 圖311]

이 경우 幫母(非母)는 平聲이든 去聲이든 모두 '풍'이며169) 다 風聲字들이다. 滂母(敷母)는 平聲에서는 '풍'이며 거의 전부 豊聲字이다. 다만 去聲의 '賵'은 '봉'이다. 並母(奉母)는 平聲에 속하는 '汎'은 '봉', '馮·渢'은 '풍'이고 去聲에 속하는 '鳳'은 '봉'이다. 여기서 '풍'이 나타나는 운(韻)은 순경음화를 일으키는 운(韻)이기 때문에 이때의 '풍'은 'fung' 또는 'fəng'을 나타낸다고 생각된다. 'ㅍ'이라는 글자는 현대어에서도 종종 외국어의 'f'를 가리키는 데 쓰이고 있다. 따라서 '풍'은 이 운(韻)에서의 순경음화가 고정되면서부터 내려온 한자음이다. '봉'의 경우는 원음인 'p'ïung'을 나타낸다고 하든지 아니면 'fung'를 표시하는 한 방법이라고 하든지 어느 쪽으로도 생각할 수 있다. 또한 入聲에서는 모두 '복'이다. 'ㅍ'이 항상 그런 것은 아니지

---

167) 다만 성조는 다른 경우도 있다.

168) [역자주] 지금까지 살핀 (1)~(7)은 모음은 같고 자음만 'ㅂ : ㅍ'으로 다른 경우였는데 이후에 다룰 (8), (9)는 자음 이외에 모음도 조금 다른 경우이다.

169) [역자주] 上聲의 幫母에 해당하는 한자는 없다.

만 중국음 'f-'를 반영하고 있는 듯하다는 점은 앞의 (1)에 제시된 [山攝 圖 47]에 대해서도 말할 수 있다고 생각한다.

(9) 비 : 패 [蟹攝 圖172]

[圖172]의 주요 부분을 가져오면 다음과 같다.

	平聲	上聲	去聲
幫母	[비]杯盃		[비]輩背
滂母	[비]肧醅		[비]配妃
並母	[비]培陪裴徘	[비]倍琲	[비]焙
			[패]佩珮孛悖誖㤄背倍

이러한 대립은 시사하는 바가 많다. 대체로 해성(諧聲)의 부류에 따라 나뉘고 있다. 즉 不聲字, 音聲字, 非聲字, 北聲字, 己聲字는 '비'로 나타나고 凡聲字, 孛聲字는 '패'로 나타난다. 다만 '㤄·背·倍'는 예외이다. 이 중 '背·倍'는 두 군데[170]에서 보이는데 그 의미가 다르다. 이러한 이분적 분화는 중국 원음(原音)의 성모 성격으로는 해석할 수가 없다. 게다가 운(韻)의 부분에는 '이 : 애'의 대립이 있다. 운(韻)의 대립으로부터 고찰한다면 '비'와 '패'의 대립은 공시적(synchronic)인 것은 아니고 신형과 구형에 의한 층위 차이를 통해 생각해야 하지 않을까 한다. 이 예에서는 '비'라는 구층(舊層)에 '패'라는 신층(新層)이 덧씌워져 있다. 그렇다고 한다면 구층에는 'ㅂ' 일색이며 'ㅂ'과 'ㅍ'의 대립이 없었다고까지 생각할 수 있는 것이다.

이상 순음(脣音)의 幫母, 滂母, 並母 세 성모에 대해 여러 가지 경우들을 고찰했다. 그리고 두드러진 음절 편향에 주의를 기울였는데 그러한 편향을 낳은 원인은 명확하지가 않다. 다만 앞의 (9)에서 언급한 것처럼 원래 한국 한자음에서는 'ㅂ'과 'ㅍ'의 대립이 없지는 않았을까 하는 생각이 떠오른

---

170) [역자주] '背'는 '비(去聲)'와 '패(去聲)'의 두 군데, '倍'는 '비(上聲)'와 '패(去聲)'의 두 군데에 나타난다.

다. 마침 아음(牙音)에 'ㄱ'과 'ㅋ'의 대립이 거의 없고 'ㄱ'으로 치우쳐 있듯이 'ㅂ'의 경우도 동일한 상황이었던 것은 아닐까 한다. 따라서 중국음을 도입할 즈음에는 중국음의 청탁(淸濁)에 개의치 않고 받아들였다. 그 후 어떤 사정으로 'ㅍ'이 생겨났기 때문에 'ㅍ'을 한자음에도 채용했는데 이러한 채용은 해성(諧聲) 성부(聲符)의 유추에 의한 것이며 원음의 구별을 뛰어넘어 확대됨으로써 혼란에 빠지게 되었다. 이러한 혼란을 처리할 작정으로 각 음절에 'ㅂ' 또는 'ㅍ'을 기계적으로 할당한 결과 음절 편향이 대규모로 나타나기에 이르렀다. 만약 한국어 그 자체에도 처음부터 'ㅂ : ㅍ'이 엄존(嚴存)하고 있었더라면 이러한 무질서함은 아마도 허용되지 않았을 것이다.

마지막으로 순음(脣音)의 幫母, 滂母, 並母는 다른 음으로 나타나는 산발적인 예외가 적다. 다만 滂母에 있는 '撫'(圖 400)가 예외인데 이 한자는 성부(聲符)에 의해 '무'로 읽히는 것이 일반적이다. 또한 '撫'와 음이 동일한 '拊'가 『書經』, 『詩經』, 『華東』에서 '무'로 읽히는 것은 이 글자가 '撫'의 가차(假借)로 쓰이기 때문이다.

4.2.9.2 명모(明母)·미모(微母)

明母는 규칙성 있게 'ㅁ'으로 표시된다. 微母는 원래 明母로부터 나온 것이기 때문에 이것이 'ㅁ'으로 나타난다는 것은 이상하지 않다. 微母는 당나라 시대를 거치면서 'm-'에서 'ɱv-'로 바뀌었고 다시 이후에는 비음적 요소 'ɱ'을 잃어버려 'v-'가 되었으며 현재는 'w-'로 남아 있다. 이 과정은 日母의 변화 과정인 'n̂- 〉ńź- 〉ź- 〉ʐ-'와 완전히 평행적이다. 그런데 한국 한자음에서는 日母의 경우 비음적 요소를 소실한 형태(ㅿ 또는 ㅇ)로 표시됨에 비해 微母에 있어서는 'ㅁ'으로 일관함으로써 후세적인 형태를 드러내는 이례(異例)가 전혀 없다.

이처럼 한국 한자음에서 微母는 明母와 구별되지 않는다. 그런데 중국음에서는 [通攝 國311]과 [流攝 國377]이 순경음화를 일으키는 환경인데도 明母가 微母로 바뀌지 않았다. 예를 들어 [通攝 國311]의 '夢'은 '*wêng⁰'이 아니고 'mêng⁰'이며 또한 入聲의 '目·睦·牧·穆'은 '*wu⁰'가 아니고 'mu⁰'이다.171) 이러한 사실들을 한국 한자음에서는 [通攝 國311]의 경우 그 음이 '몽, 목'이어서 얼핏 보면 알 수가 없다. 그러나 [流攝 國377]의 예에서는 속음이 '무'가 아닌 '모'로 되어 있으며 이것은 明母를 명확히 보여 준다.172) 이들 운(韻)에서 微母로의 변화가 일어나지 않은 것은 뒤에 'u'라는 모음이 오기 때문이다. 그런데 운모가 '-ïu'라고 생각되는 [遇攝 國400]에서는 현대의 북경음에서 모두 순경음화를 일으켜 'wu'가 되어 있다. 한국 한자음에서도 대체로 '무'로 되어 있어 이것을 반영하고 있으나 다만 '侮·霧'의 두 글자는 '모'로 되어 있어서 明母의 형태를 보이고 있다.173)

---

171) [역자주] 이 문제는 고노 로쿠로(河野六郎)가 「唐代長安音に於ける微母に就いて」(『中國文化研究會會報』 4-1, 東京敎育大學, 1954)라는 논문에서 다룬 바 있다. 이 논문에 따르면 순중음이 순경음으로 바뀌는 조건으로 크게 세 가지를 들 수 있는데 微母의 경우 이런 조건을 만족시키는데도 微母로 바뀌지 않고 이전의 明母를 유지하는 예외가 通攝에 속하는 東韻, 送韻, 屋韻과 流攝에 속하는 尤韻, 宥韻에서 보인다. 이 운(韻)들은 공통적으로 핵모음이 후설원순모음이며 순경음화 단계에서 개모인 'ï'가 소실했다. 예로 제시된 '夢'은 東韻과 送韻이며 '目·睦·牧·穆'은 屋韻으로 모두 微母가 되지 않은 예들이다.

172) [역자주] 고노 로쿠로(河野六郎)의 논문(「唐代長安音に於ける微母に就いて」)에 따르면 한국 한자음에서 'ㅗ'로 반영되는 모음은 중국 원음에서 'u'이다. 또한 중국어에서 'u'가 핵모음으로 있는 경우에는 明母가 微母로 바뀌지 않고 현재도 明母로 남아 있다. 따라서 [流攝 國377]에 속음이 '모'로 되어 있는 것은 중국 원음에서는 그 운모에 핵모음 'u'가 포함되어 있는 셈이며 그 앞의 'm'은 微母가 아닌 明母가 되는 것이다.

173) [역자주] 이 부분은 바로 위에 제시한 고노 로쿠로(河野六郎)의 논문(『河野六郎著作集(2)』의 257~261쪽에 해당)을 참고할 필요가 있다. 이 논문의 다소 복잡한 내용을 여기서는 너무 간략하게 제시해 놓아서 정확한 이해를 위해서는 논문의 내용을 참고하지 않으면 안 된다. 이 논문에서는 明母가 微母로의 순경음화되지 않는 조건 중 하나로 운의 핵모음이 후설원순모음인 경우를 들고서 東韻, 屋韻, 尤韻 등에서 微母로의 변화가 일어나지 않은 것을 설명했다. 아울러 虞韻은 표면상 후설원순모음이 있는데도 微母로 변화한 것을 다루면서 한국 한자음에 반영되는

明母의 산발적인 예외로는 [江攝 圖144]의 尨聲字인 '尨·厖·駹·狵· 哤'(방)과 [效攝 圖235]의 '眇'(됴『類合』)와 '杪'(죠)가 있다.

4.3 총괄

이상 성류(聲類)에 관하여 고찰했는데 그 결과를 종합하면 대개 다음과 같이 된다.

① 중국어의 각 성모가 한국어의 어떤 음소에 대응하고 있는지를 살펴보 았다. 아음(牙音)과 후음(喉音), 그리고 일반적으로 불청불탁(不淸不濁)이라 불리 는 비음과 유음은 매우 규칙적으로 대응하지만 소위 설음(舌音)과 치음(齒音) 에서는 '무기음 : 유기음'의 대립이 성모에 따라 꽤 뒤섞여 있는 모습을 보 인다. 또한 순음(脣音)에 이르면 '무기음 : 유기음'의 대립이 중국음의 '全 淸 : 次淸'의 대립과는 거의 무관하게 되어 있다. 이러한 혼란스러운 경우에 는 대응을 도식화하는 것이 곤란하지만 '무기음 : 유기음'의 비율을 백분율 로 환산하여 75% 이상 나오는 것이 그 음을 대표한다고 정하고, 60% 이하 는 두 가지를 모두 적되 더 많이 나오는 것을 앞에 적고 적게 나오는 것은 괄호 안에 넣었다. 그리하여 성모 전체의 대응표를 만들면 다음과 같다.

〈성류 대응표〉

見母 k-	ㄱ	幫母 p-	ㅂ (ㅍ)		
溪母 kʰ-	ㄱ	滂母 pʰ-	ㅂ (ㅍ)		
群母 gʰ-	ㄱ	並母 bʰ	ㅍ (ㅍ)		
				非母 f-	ㅂ (ㅍ)
曉母 x-	ㅎ			敷母 fʰ-	ㅂ (ㅍ)
匣母 ɣ-	ㅎ			奉母 vʰ-	ㅂ (ㅍ)

모음 'ㅗ, ㅜ'와 그것이 나타내는 중국 원음의 모음이 어떤 관련성을 보이는지 고찰했다. 이러한 문제는 이 책의 5.2.4.5.에서도 구체적으로 언급하게 된다.

羽母 ɦ-	ㅇ					
喩母 j-	ㅇ					
影母 ʾ-	ㅇ					
疑母 ng-	ㅇ	明母 m-	ㅁ	微母 ɱ-	ㅁ	
端母 t-	ㄷ (ㅌ)	知母 ţ-	ㄷ ㅌ / ㅈ ㅊ			
透母 tʰ-	ㅌ ㄷ	徹母 ţʰ-	ㅌ (ㄷ) / ㅊ			
定母 dʰ-	ㄷ (ㅌ)	澄母 ḑʰ-	ㄷ (ㅌ) / ㅈ ㅊ			
精母 ts-	ㅈ (ㅊ)	莊母 tṣ-	ㅈ (ㅊ)	照母 tś-	ㅈ (ㅊ)	
清母 tsʰ-	ㅊ (ㅈ)	初母 tṣʰ-	ㅊ	穿母 tśʰ-	ㅊ	
從母 dzʰ-	ㅈ (ㅊ)	牀母 dẓʰ-	ㅈ			
			ㅊ			
			ㅅ	神母 dźʰ-	ㅅ	
心母 s-	ㅅ	山母 ṣ-	ㅅ	審母 ś-	ㅅ	
邪母 z-	ㅅ			禪母 ź-	ㅅ	
泥母 n-	ㄴ	娘母 n̂-	ㄴ	日母 ńź-	ㅿ > ㅇ	
來母 l-	ㄹ					

[2] 이 대응표에서도 분명하듯 일반적으로 중국어, 특히 그 중고음(中古音)은 한국어보다 풍부한 자음 체계를 지니고 있었기 때문에 한국 한자음에서는 중고음의 세밀한 차이가 폐기되어 버리고 말았다. 가령 치음에 있는 세 계열의 파찰음은 모두 'ㅈ'과 'ㅊ'의 한 계열로 표시된다. 마찰음 역시 마찬가지로 'ㅅ'으로 나타난다. 순음에서 순중음과 순경음의 구별도 한국어에 'f-'가 없기 때문에 무시되고 모두 'ㅂ' 또는 'ㅍ' 아니면 'ㅁ'이 된다. 후두폐쇄음 'ʾ-'과 'ng-'의 소멸은 중국 본토에서도 일어난 일이지만 한국어 자체의 두음 법칙에 기인한 것이다. 아무튼 조음상의 차이점 등은 일일이 서술할 만한 여유가 없다. 두 언어의 발음 관습은 매우 많이 다르다.

[3] 청탁(淸濁)에 대해 말하자면 한국어에는 전탁(全濁)에 해당하는 음이 없어서 이러한 전탁 성모에 속하는 한자는 각 성모의 전청(全淸)에 해당하는 음, 경우에 따라서는 차청(次淸)에 해당하는 음으로 표시된다. 가령 匣母는 曉母에 상당하는 'ㅎ'으로, 邪母는 心母에 상당하는 'ㅅ'으로 나타난다. 또

한 從母는 주로 精母에 해당하는 'ㅈ'으로 나오는데 때로는 淸母에 해당하는 'ㅊ'으로 나오는 경우도 있다. 다만 神母만은 규칙적으로 'ㅅ'으로 출현한다. 이러한 상황에 있어 주목해야 하는 것은 慧琳이 지은『一切經音義』의 반절로 여기서는 神母와 禪母가 하나의 부류를 이루고 있다. 한국 한자음에서는 禪母도 'ㅅ'으로 나타나고 있기 때문에 이 점에서는 慧琳의 책과 일치한다. 또한 牀母도 부분적으로는 'ㅅ'으로 나온다.

④ 무기음과 유기음의 대립이 있는 경우가 가장 문제거리이다. 이러한 대립은 오음(五音)의 각 음에서 다양한 상황을 드러낸다. 설음과 치음에서는 중국 원음의 전청(全淸, 무기음)과 차청(次淸, 유기음)의 대립을 그대로 반영하지 않고 전청에는 유기음이 출현하기도 하고 차청에는 무기음이 출현하기도 하여 혼란스러운데 그러나 전체적으로 보면 전청에는 무기음, 차청에는 유기음이 할당된다는 원칙을 발견할 수 있다. 특히 치음에서는 차청에 유기음을 배당한다는 경향이 강해서 初母의 경우 'ㅊ'이 90%, 穿母에서는 79%, 淸母에서는 72%를 보이고 있다. 다만 설두음의 透母는 반대로 그 비율이 낮다. 순음은 'ㅂ'과 'ㅍ'의 대립이 있기는 하지만 원음(原音)에 있던 '全淸 : 次淸'의 구별을 나타낸다기보다는 음절에 따라 'ㅂ' 또는 'ㅍ'이 출현하는 경향이 강해서 설음과 치음에서 보이는 원칙은 전혀 성립하지 않는다. 아음으로 오면 다시 철저하게 전청과 차청의 구별이 없이 모두 'ㄱ'으로 나타난다. 후음에는 전청과 차청의 대립이 없다.

이러한 상태는 어떻게 생겨난 것일까? 만약 한국어에 원래부터 '무기음 : 유기음'의 대립이 있었다고 한다면 이처럼 혼란스러운 대응을 보일 수는 없었던 것이 아닐까? 이와 같은 상태는 아마도 한국어에 '무기음 : 유기음'의 대립이 없었던 데서 기인한다고 생각된다. 이와 관련하여 한국어 자체도 'ㅋ-, ㅌ-, ㅍ-, ㅊ-'을 가진 어휘가 비율적으로 적다. 특히 'ㅋ'은 의태어를 제외하면 '크-' 정도밖에 없으며 현대어의 '코(鼻)'와 '칼(刀)'은 중기어에서는 '고(ㅎ)'와 '갈(ㅎ)'이어서 어말의 'ㅎ'이 'ㄱ'을 유기음화시킨 것

이다. 마찬가지 설명은 '팔(腕)'에 대해서도 할 수 있다. 이 단어는 중기어에
서는 '볼(ㅎ)'이었다. 물론 이런 방식으로 모든 것을 설명할 수는 없다. 그
렇지만 하나의 가설로서 '무기음 : 유기음'의 대립이 존재하지 않았던 시
기가 일찍이 존재했다고 생각하는 것은 가능하리라 본다. 그렇다고 한다면
유기음의 발생은 중국음의 도입에 의해 일어났다고 생각된다. 마치 일본어
의 ㄱ(ra)-행 초성이 중국어를 도입하면서 생긴 것과 동일하다.

⑤ 한국 한자음에도 변화가 있으며 시기에 따라 대응이 달리 이루어지
는 경우도 있다. 그 중 가장 좋은 예는 日母이다. 日母는 예전 시기에는
'ㅿ'으로 표시되었는데 음소 'ㅿ'이 소멸하면서 새로운 시기에는 'ㅇ'으로
나타난다.

⑥ 牀母가 'ㅈ, ㅊ, ㅅ'의 세 자음으로 나타나는 것도 역사적인 전개의 결
과로서 원래는 神母와 동일하게 'ㅅ'으로 나왔지만 이러한 고층(古層)의 음
에 근세음의 영향으로 'ㅈ' 또는 'ㅊ'이라는 신층(新層)의 음이 가미되었다.

⑦ 설상음은 예전 자료에서는 'ㄷ' 또는 'ㅌ'으로 나타남에 비해 후대 자
료에서는 'ㅈ' 또는 'ㅊ'으로 나타난다. 이것은 설상음이 예전에 설두음과
마찬가지로 'ㄷ'이나 'ㅌ'으로 표시되었음을 가리킨다. 그러다가 오늘날에
이르는 변천에 있어서 二等韻과 三等韻이 서로 다른 변화를 거쳤다. 三等韻
은 뒤에 'i' 또는 'y'가 이어지는 경우로서, 고유어에서 'ㄷ, ㅌ'이 'i, y' 앞에
서 'ㅈ, ㅊ'으로 바뀌는 변화를 좇아 한자음의 舌上音[三等]도 'ㄷ, ㅌ'이
'ㅈ, ㅊ'으로 변화했다. 그런데 二等韻에는 그러한 조건이 없다. 그래서 속
음 중에 'ㄷ, ㅌ'으로 남아 있는 한자들은 예전의 'ㄷ, ㅌ'을 보존하지만 다
른 한자들은 중국의 근세음에서 설상음이 파찰음으로 바뀌었기 때문에 그
것을 정통적인 것으로 삼아서 받아들였다. 그 결과 二等韻의 경우에는 'ㄷ,
ㅌ'에서 'ㅈ, ㅊ'으로 바뀌는 변화에 인위적인 것이 존재한다.

05
운류韻類

5.1 총론

운류(韻類)를 고찰함에 있어 우선 중고음의 체계를 하나의 기준으로 삼는 입장에서 보면 당연히 『廣韻』의 206운(韻) 체계를 채택하지 않으면 안 된다. 206개라는 운목(韻目)의 수 자체는 그다지 의미가 없다. 왜냐하면 『廣韻』에 있는 각 운목의 내용이 반드시 일관된 음운적 조건에 기반한 것은 아니기 때문이다. 앞에서도 서술했듯이 운(韻)이라는 것은 음절 구조 도식인 'IMVF/T'에서 I(두음)를 뺀 나머지 부분을 총괄하는 것인데 『廣韻』의 각 운은 M(介母)을 포함한 경우도 있고 포함하지 않은 경우도 있다. 가령 『廣韻』의 桓韻은 음가가 '-uân^1'으로서 寒韻의 '-ân'과 비교해 M(u)의 유무에 따라 구별되고 있다. 그에 반해 庚韻은 二等韻인 '-ang$^{´1}$'과 三等韻인 '-ïang$^{´1}$'을 포함함으로써 이 경우에는 M(ï)이 운목 설정의 기준이 되지 않는다. 따라서 운류(韻類)를 논의하는 데는 각 운목의 내부를 정밀하게 조사하여 'MVF/T'의 각 요소에 대해 고찰할 필요가 있다.

『廣韻』이라는 운서는 운(韻)의 구조를 충실히 분석한 결과, 유기적으로 구성된 것은 아니다. 그러나 어느 정도의 체계화는 시도되었다. 그 중 하나가 사성(四聲)의 구별이며 게다가 그 사성(四聲) 사이에는 원칙적으로 꽤 엄밀한 평행 관계가 유지되고 있다. 특히 입성(入聲)의 운(韻)들은 각각 'MV(운두+운복)'가 동일한 평성(平聲), 상성(上聲), 거성(去聲)의 각 운과 짝 지어 배열하였으며 그 경우 입성의 운미 '-t, -p, -k´, -k'는 평성, 상성, 거성의 F(운미)인 동일 조음 위치의 비음 '-n, -m, -ng´, -ng'에 각각 대응한다. 또 한 가지는 F(운미)가 같은 운(韻)은 각 소리에 맞게 가급적 연속해서 배치한다는 사실이다. 그러나 각 운(韻)들의 관계, 특히 V(주요 모음, 운복)의 친소 관계에 대해서는 명확지가 않다. V(주요 모음)의 관계 및 V와 M(개모) 사이의 관계 등은 『韻鏡』에서 채택한 사등(四等) 및 개합(開合)과 같은 개념을 따를 필요가 있다. 또한 운(韻)들의 다양한 관계로부터 귀납한 운섭(韻攝)의 부류 차이도 운류(韻類)를 고찰하는 데는 유익하다.

그런데 이러한 조직화(systematization)를 이용함에 있어 주의해야 할 점은 이들 개념이나 체계는 각기 어떤 시기의 음운 체계에 입각하여 고찰한 것이며 우리들이 기준으로 삼은 중고음의 체계에 기반한 것은 아니라는 사실이다. 따라서 『韻鏡』의 체계를 있는 그대로 고스란히 『切韻』에 적용하는 것은 시대착오를 면키 어렵다. 『韻鏡』의 체계가 일목요연한 부류별 도표로 나타난다는 편리함 때문에 자칫하면 『韻鏡』에 지나치게 의지해 버리는 경향이 있다.[1] 물론 그렇다고 하더라도 『韻鏡』의 체계를 전부 부정하는 것 또한 과도한 행위이다. 유효한 개념을 적당하게 수정하여 중고음에 적용하는 것은 조금도 지장이 없을 뿐만 아니라 매우 유리한 점도 있을 것이다. 가령 개합구(開合口)의 개념 등이 그러하다. 또한 사등호(四等呼)의 본질은 반드시 명확하게 되어 있다고는 할 수 없지만 그러나 V(주요 모음)의 성격을 고찰하는 데에는 편리하다.

---

1) 미네야 도루(三根谷徹) 씨의 「韻鏡の三・四等について」(『言語研究』 22・23, 1953) 56~74쪽 참조.

이제 운(韻)에 대한 체계적 파악을 위해 운을 분류할 필요가 있다. 중국의 음운학에서는 이러한 분류에 16운섭(韻攝)을 이용하는 경우가 있다. 즉 '果·假·梗·曾·通·止·蟹·遇·山·咸·深·臻·江·宕·效·流'의 각 섭(攝)이 그것이다. 이것은 상당히 편리하며 많은 학자들에게 이용되고 있지만 이 또한 역사적인 체계이다. 16운섭(韻攝)의 체계에서는 果攝과 假攝이 확실히 나누어져 두 개의 攝을 이루고 있다. 그러나 이것은 평성(平聲)의 운(韻)에서 보면 果攝의 歌韻, 戈韻과 假攝의 麻韻이 꽤나 동떨어졌던 시대에 성립된 것이므로 중고음의 체계에서는 果攝과 假攝을 당연히 하나의 攝에 포함시켜야만 한다. 즉 중고음이라면 '歌'는 '-âⁱ', '麻'는 二等의 '-aⁱ'와 三等의 '-iaⁱ'이기 때문에 한 운섭의 一等韻, 二等韻, 三等韻을 차지하게 되는 것이다. 그런데 歌韻이 '-âⁱ'에서 '-əⁱ' 내지 '-uəⁱ'로 변화하여 麻韻(二等)의 '-aⁱ'과 멀어져 버림으로써 果攝과 假攝을 구분하게 되었다. 그렇지만 운섭의 체계를 실제의 역사적 변천에 너무 구애하지 말고 그 원리를 이용하여 다소 개정을 한다면 중고음 체계에도 맞출 수 있으리라 생각한다.

이러한 운섭의 체계는 어떠한 원리에 의거한 것일까? 이것을 운의 구조식으로서 보면 요컨대 'VF(운복+운미)'를 기준으로 삼은 것으로서 M(介母)과 T(성조)의 종류는 각 운섭 내에서 하위분류가 된다.[2] 'VF'의 종류에 대해 살피자면 F(운미)에는 {-Ø, -i, -u ; -n, -m, -ng´, -ng ; -t, -p, -k´, -k}가 있는데 이 중 {-t, -p, -k´, -k}는 각각 {-n, -m, -ng´, -ng}에 대응하는 입성운이기 때문에 결국은 {-Ø, -i, -u ; -n(~-t), -m(~-p), -ng´(~-k´), -ng(~-k-)}의 일곱 가지가 된다. 또한 V(주요 모음)는 {â, a, ɐ, e, ə, ɛ̆} 등의 모음이 나타나는데 다루는 데 있어서는 이것을 대별하여 A-부류(â, a, ɐ, e 등)와 B-부류(ə, ɛ̆ 등)의 두 무리를 설정한다. 그렇게 되면 16운섭은 다음과 같이 배당된다.[3]

---

2) [역자주] 이처럼 섭(攝)을 나눌 때는 운두나 성조의 차이를 고려하지 않기 때문에 거의 200여 개에 달하는 운도 16개의 섭으로 분류가 가능하게 된다.

3) 표 안의 숫자는 부록의 <자료음운표>에 쓰인 운의 정리번호 중 첫 번째 수를 가

V \ F	-∅	-i	-u	-n (~-t)	-m (~-p)	-ng′ (~-k′)	-ng (~-k)
A-부류	5果(假)	6蟹	7効	1山	2咸	3梗	4宕(江)
B-부류	5遇	6止	7流	1臻	2深	3曾	4通

이상의 사실에 유의하면서 일단 중고음 체계를 기준 삼아 운류가 한국 한자음에서는 어떻게 나타나는지를 살피고자 한다. 그런데 이 연구에서 사용한 중고음 체계는 B. Karlgren 씨의 체계에 기반한 것이다. Karlgren 씨의 체계가 지닌 미비점에 대해서는 이미 많은 학자들이 지적했으며 또한 보정(補正)도 이루어졌으나 전체적으로는 오늘날에도 여전히 흔들림이 없는 부분이 있다. 여기서 그러한 비판들을 하나하나 받아들이고 또한 제안된 보정에 대해 상세하게 논의할 수는 없다. 다만 이러한 보정 중 몇몇을 통해 Karlgren 씨의 체계를 약간 수정한 것을 이용하기로 했다. 그러한 수정의 주된 사항에 대해서는 각론의 각 항에서 서술하겠지만 음가의 재구는 Karlgren 씨의 안에 절대적으로 의거하며 어쩔 수 없는 경우에만 기호의 변경을 시도했다. 재구된 음가는 부록의 <자료음운표>에 일일이 기록해 두었다.

5.2 각론

5.2.1 개모(介母, M)

중고음의 개모(介母)는 개합(開合)과 직요(直拗)의 두 가지 관점에서 고찰할 수 있다. 개합은 물론 『韻鏡』의 개구호(開口呼)과 합구호(合口呼)의 대립으로부터 온 개념인데 여기서는 꼭 『韻鏡』에서의 개합에 구애 받지는 않고 개

리킨다. [역자주] 여기에 대해서는 부록의 앞에 나오는 범례에 상세하게 설명되어 있으므로 참고할 수 있다.

모(M)에 관한 것에 국한하기로 한다. 주요 모음(V)의 합구성(合口性)에 관해서는 문제 삼지 않는다. 이렇게 규정하면 '개합(開合)'이란 합구적 요소의 유무가 된다. 즉 합구적 요소가 있는 쪽이 합구(合口), 없는 쪽이 개구(開口)인 것이다. 합구적 요소로 Karlgren 씨가 제시한 것은 '-u-'와 '-w-'의 두 가지이다. 이 중 '-u-'는 모음적(vocalic)인 것으로서 주로 一等韻에 쓰이고, '-w-'는 자음적(consonantic)인 것으로서 一等韻 이외의 운(韻)에 쓰였다. 그러나 이 둘은 이상과 같이 환경에 지배되는 것으로 상보적 분포를 이루기 때문에 합구적 요소로는 하나라고 보아도 좋을 듯하다. 이 요소를 잠시 '-w-'라고 한다면 합구는 '-w-'에 대해 '+', 개구는 '-'가 된다.

직요(直拗)라는 것은 임시로 설정한 술어로서 개모 요드(yod)의 유무이다. 다시 말해 요드(yod)가 있는 것은 요음(拗音), 요드가 없는 것은 직음(直音)이다. Karlgren은 요드에 대해 모음적 성격의 '-i-'(vocalic)와 자음적 성격의 '-i̯-' (consonantic)를 인정하고 '-i-'를 소위 '純四等韻'의 경우4)라고 하고 '-i̯-'를 三等韻의 경우5)라고 했다. 이러한 차이에 대해서도 다소 불안감이 있는데6) 그것은 어떻든지 간에 Karlgren 씨는 이 부분에서 크게 간과한 점이 하나 있다. 즉 일견(一見) '중뉴(重紐)'로 보이는 반절(反切)이 쌍(pair)이 되어 도처에서 나타나는데 Karlgren은 이것을 못 보고 지나친 것이다.7)

---

4) 예를 들면 先韻은 '-ien¹'이 된다.
5) 예를 들면 仙韻은 '-i̯än¹'이 된다.
6) [역자주] 후술하겠지만 이 책에서는 純四等韻의 모음적 '-i-'를 요음(拗音)으로 인정하지 않는다.
7) [역자주] 중뉴(重紐)는 같은 운에 속하는 글자들인데도 불구하고 반절 표기(특히 반절하자)가 다를 뿐만 아니라 그 음가도 서로 다른 것을 뜻한다. 상이한 음을 나타내는 두 가지의 반절 표기가 동일한 운 안에서 발견되는 현상으로서 주로 三等韻과 四等韻 사이에서 나타난다. 즉 하나의 운인데도 三等韻을 나타내는 반절과 四等韻을 나타내는 반절이 공존하는 것이다. 이러한 중뉴(重紐)을 인식하면 중뉴를 이루는 두 가지 반절의 발음상 차이를 고려할 수밖에 없다. 그러나 Karlgren의 경우 중뉴 현상을 간과함으로써 결국 두 가지 요음(拗音)을 구분하지 않고 하나만 설정해 버렸는데 여기서 이런 문제점을 지적하고 있다.

이 점에 대해 가장 먼저, 그리고 가장 정확하게 파악한 사람은 故 아리사카 히데요(有坂秀世) 박사로서[8] 그는 반절의 측면, 한국 한자음과 베트남 한자음의 측면에서 전설적인 요음 '-i-' 외에 중설적인 요음 '-ï-'의 존재를 발견했다. 이러한 발견은 중국의 학자들보다 앞선 것이며 중국에서도 王靜如가 두 부류 요음의 존재를 찾아냈고[9] 陸志韋도 그러한 견해를 계승했다.[10] 흥미로운 점은 王靜如의 착상에는 일본의 하시모토 신키치(橋本進吉) 선생의 연구[11]가 영향을 주었다는 점이다. 이러한 두 가지 요음의 대립은 시대에 따라 조금씩 내용이 변해 갔지만 꽤 후대까지도 남아 있었다.

이제 개합(開合)과 직요(直拗)의 두 가지 특징을 조합하면 보통 다음과 같은 여섯 가지 경우가 나온다.[12]

開合＼直拗	直音	拗音 '-i-'	拗音 '-ï-'
開口0	-	-i-	-ï-
合口3	-w-	-iw-	-ïw-

이러한 여섯 가지 경우는 어느 것이든 나타난다. 또한 여기서는 Karlgren이 설정한 四等韻의 '-i-'(vocalic)를 요음(拗音)으로 산정하지 않는다.[13]

이러한 직요(直拗)에 따른 운(韻)의 분포는 정해져 있다.

(1) 직음(直音)은 一, 二, 四等韻의 각운에 나타난다.

---

8) 『國語音韻史の研究』(增補新版) 327~357쪽에 나오는 「カ-ルグレン氏の拗音說を評す」 참고.
9) 王靜如의 「論開合」(『燕京學報』 29期) 143~192쪽 참고.
10) 陸志韋의 『古音說略』(1947) 참고.
11) 「上代の文獻に存する特殊假名遣と當時の語法」(『國語と國文學』 8-9)의 51~64쪽 참고.
12) 표 안에서 '開口0'의 '0'과 '合口3'의 '3'은 모두 정리번호로서 운(韻)의 정리번호 중 세 번째 수이다. 또한 후술하는 순음의 경우에는 정리번호를 '1'로 한다. [역자주] 자세한 것은 부록의 범례를 참고할 수 있다.
13) 이유는 후술한다.

(2) 요음(拗音)은 三等韻에서만 나타나되

ㄱ. 요음 '-i-'가 나타나는 것을 三等韻(甲)이라고 하고

ㄴ. 요음 '-ï-'가 나타나는 것을 三等韻(乙)이라고 한다.

개합(開合)의 대립은 일반적으로 명확한데 다만 순음이 성모인 한자에 국한하여 그 대립이 인정되지 않는다. 그 때문에 순음자(脣音字)는 합구운(合口韻)에 나타나는 경우도 있고 개구운(開口韻)에 나타나는 경우도 있다. 그래서 순음자를 반절하자(反切下字)로 사용하는 경우 과연 합구운을 나타내는 것인지 개구운을 나타내는 것인지 혼동될 때도 있다. 이것은 순음자가 개합에 대해서는 중립적(neutral)이었기 때문인 듯하다.[14] 그러나 한국 한자음에서는 순음자가 원칙상 개구음으로 표시되고 있다.

[果攝 圖150] 波·頗·婆(戈韻) : 파, 魔(戈韻) : 마
[蟹攝 圖172] 杯·肧·陪(灰韻) : 비, 梅(灰韻) : 미

이러한 한국 한자음의 원칙에는 예외가 있다.

[臻攝 圖248]은 중국 원음(중고음)으로는 '-(u)ən~-(u)ət'이기 때문에 원칙상 개구(開口)로 나타나야 마땅하다. 실제로 입성운(入聲韻)의 並母字인 '勃·渤' 등 字聲字는 '블'로 되어 있어서 개구이다. 그런데 다른 글자, 가령 '本·畚'(본), '沒·歿'(몰), '奔·噴·盆'(분), '門·橂'(문)은 모두 합구(合口)로서 예외를 이룬다. [曾攝 圖283]에서는 '븡, 븍, 믁'과 같은 음에서 개구(開口)를 보이고 있다. 다만 '븡, 븍, 믁'은 한국어 자체의 음운 변화인 '브, 프, 므〉부, 푸, 무'에 의해 현재에는 '븡, 북, 묵'으로 바뀌었다.

---

14) 趙元任의 「Distinctive and Non-Distinctive Distinction in Ancient Chinese」 참조.

　직음이면서 개구인 경우는 직요(直拗)에 있어서나 개합(開合)에 있어서나
아무 개모(介母)도 나타나지 않는다.[15] 한국 한자음도 마찬가지이다. 다만
한국 한자음에 관련된 것으로 소위 '四等韻'의 문제가 있다. 상세한 것은
5.2.3.3.에서 서술하겠지만 그 골자를 서술하자면 소위 四等韻은『廣韻』의
반절에서는 직음이었다. 이러한 사실은 四等韻에 속한 한자의 반절 상자(上
字)를 보면 원칙적으로 一等韻의 반절 상자(上字)와 동일한 데서 알 수 있다.
가령 '先'(四等韻)의 반절(蘇前切)과 '珊'(一等韻)의 반절(蘇干切)을 비교하거나
'堅'(四等韻)의 반절(古賢切)과 '該'(一等韻)의 반절(古哀切)을 비고하면 반절 상
자(上字)가 같다. 이처럼 원칙적으로 같은 부류의 글자가 一等韻과 四等韻에
모두 쓰인다. 또한 성모(聲母)의 분포도 동일했다. 그래서 원래 四等韻의 음
가는 Karlgren 씨가 제안한 것과 같은 '-ie-'가 아니고 '-e-'였다고 생각된
다.[16]

　그런데 한국 한자음에서는 三等韻(甲)과 동일하게 'ㅕ'를 四等韻에 할당
하고 있다. 예를 들어 '先'(四等韻)과 '仙'(三等韻甲)이 모두 '선'이다. 이러한 대
응에 대해 중국 원음의 '-e-'(四等韻)와 '-iä-'(三等韻甲)가 한국어에서는 구별되
지 않았기 때문에 어느 쪽이든 'ㅕ'로 한 것이라고 생각할 수도 있다. 그렇
지만 그보다는 중국에서 당대(唐代)에 四等韻이 三等韻(甲)에 합류한 사실이
있기에 오히려 한국 한자음의 상황은 바로 그 시기 또는 그 이후 중국음의
단계를 반영하고 있다고 생각해야 할 것이다. 이리하여 개모(介母)에 대한
것이기는 하지만 요음 '-i-'의 문제로 옮기기로 한다.[17]

---

15) [역자주] 앞에서 직요(直拗)와 개합(開合)에 따라 여섯 가지 경우를 정리한 표를 참
　　고할 수 있다.
16) 예를 들어 '先'은 'sen', '堅'은 'ken', '鷄'는 'kei', '蕭'는 'seu' 등과 같다. 5.2.3.3.의
　　내용 참조.
17) [역자주] 원래 이 단원은 개모(介母)가 없는 경우를 다루지만 한국 한자음의 四等韻

[效攝 圖225, 226, 227, 228, 229]는 二等韻에 속하는데도 效攝에서는 'ㅛ'
로 나오는 것이 많다. 이 중 [圖225, 226]의 牙音字와 喉音字는 중국음에서
근세음으로 '-iau'와 '-i-'를 도출할 수 있으므로 중국 근세음의 새로 발생한
요음(拗音)을 나타내는 예라고 생각할 수 있지만 [圖227~229]는 개모(介母)
의 문제라기보다는 '-au'라는 'VF(주요 모음+운미)'를 나타낸다고 생각할 수
있을 듯하다. 牙音과 喉音의 二等韻字에 새로운 요음 '-i-'가 나오는 예는
[梗攝 圖90, 91, 97, 98]과 [蟹攝 圖190]에서도 보인다. 다른 곳에서도 유추
에 의한 산발적인 예는 있다.

직음(直音)이면서 개구(開口)에 속하는 글자이지만 한국 한자음에서 합구
(合口)로 나타나는 특이한 예가 약간 있다.

(1) [宕攝 圖122]의 入聲字인 '曤·矐·膔'(확)과 '涸'(확 『類合』 『華東』18)),
   [蟹攝 圖180]의 '蔡'(채 『類合』), [山攝 圖12]의 '管'(관 『華東』), [蟹攝 圖
   191]의 '譮'(홰)19) 등이 그러하다. '涸·蔡'는 정확히 알 수 없지만 나
   머지는 유추형이다.

(2) [果攝 圖149]의 '左'는 지금은 그 음이 '좌'이지만 예전에는 이 외에
   '자'가 있었다. '佐'도 마찬가지이다. 물론 '자'가 정음(正音)이자 예상
   되는 형태이다.20) '좌'는 왜 합구가 되어 있는 것일까? 한 가지 생각
   할 수 있는 바는 '左·佐'가 중고음 'tsâ'로부터 근세음 'tsuo(tsuə)'로
   변했다는 사실이며 이러한 중국에서의 합구음화(合口音化)가 한국 한

과 三等韻(甲)의 문제에서 'ㅕ'가 언급되었으므로 잠시 개모 '-i-'에 대해 검토한다
는 뜻이다. 아래에 나오는 한 단락만 여기에 해당한다. 개모 '-i-'는 뒤의 5.2.1.3.에
서 따로 고찰하게 된다.

18) 『玉篇』의 두주(頭注)에 있는 속음도 '확'이다.

19) 『華東』에는 '회'로 나온다.

20) [역자주] 중국음이 개구(開口)에 속하므로 한국 한자음에서도 'ㅏ'라는 개구음이
   예상되는 것이다.

자음에도 반영되었다고 해석할 수 있다.

(3) [江攝 囯141]의 '樁'(창『訓蒙』), [江攝 囯 143]의 '雙'(상『訓蒙』), [蟹攝 囯 187]의 '曬 · 洒'(쇄), [蟹攝 囯192]의 '殺 · 鏺'(쇄)는 '樁'이 舌上音의 知母인 것을 제외하면 나머지가 모두 山母(ʂ-)이다. 知母도 권설음화를 입고 다시 파찰음이 되어 결국에는 莊母(tʂ-)에 합류되었기 때문에 이들 한자들은 모두 중국 근세음에서는 동일한 권설음(cerebral)에 속한다. 그리고 권설음은 off-glide에 합구적 요소가 생겨났다.[21] 가령 '雙'은 중고음의 'ʂang¹'을 거쳐 현대에는 'ʂuang¹'이 되었다. 이렇게 새로이 발생한 합구적 요소를 '樁 · 雙 · 曬 · 洒 · 殺 · 鏺'의 한국 한자음에 반영한 것이며 이것은 물론 근세음을 수입한 결과이다. 이와 관련하여『訓蒙』에 근세음의 색채가 가끔 나타난다는 사실에 주의하고자 한다.

(4) [蟹攝 囯170]의 '賚'(뢰), [蟹攝 囯179]의 '賴 · 瀨 · 癩'(뢰)도 한국 한자음에서는 합구로 나타난다. '賚'(뢰)는 의미상 [遇攝 囯383]의 '賂'에 가까운데 이것의 속음 '뢰'에 대한 유추가 아닐까 생각된다. 다만 '賂'의 속음이 '뢰'로서 'ㅣ'가 덧붙은 것은 후술할 5.2.3.1.을 참고할 수 있다.[22] '賴 · 瀨 · 癩'와 같은 賴聲字는『華東』에서는 '래'로 나오는데 '뢰'가 전래 한자음이다. 이러한 합구형에 대한 설명은 곤란하다. 어쩌면 합구운의 형태가 강력하기 때문에 이것에 편향된 것인지도 모른다.

---

21) [역자주] 여기서의 glide는 반모음에 대응하는 활음을 가리키는 것이 아니고 말 그대로 한 음에서 다른 음으로 진행되는 과정에서 나오는 전이음을 가리킨다. 엄밀하게 말하면 모든 음은 그 전후에 이러한 전이음을 가지게 되는데 기준음의 앞에 오는 것을 on-glide, 뒤에 오는 것을 off-glide라고 한다.

22) [역자주] '賂'는『華東』,『三韻』,『奎章』에 그 음이 '로'로 되어 있고『玉篇』에 속음으로 '뢰'라고 되어 있다. 'ㅣ'가 덧붙었다는 언급은 '로'를 기준으로 한 것이다.

직음(直音) · 합구(合口)

직음(直音)이면서 합구(合口)인 경우는 합구적 요소 '-w-'가 단적으로 나타난다. 이 '-w-'는 음성적으로는 가령 一等韻일 때는 모음적인 '-u-'로 나오고 三等韻일 때는 자음적인 '-ʷ-'로 나온다고 할 수 있었던 듯하다. 이러한 직음의 합구는 한국 한자음에서는 성모(聲母)의 종류에 따라 상이하게 들어왔다. 그 상황을 서술하기에 앞서 한국 한자음에서 합구가 나타나는 경우에 어떠한 모습으로 실현되는지에 대해 개괄적으로 서술하면 대체로 다음과 같다.[23]

개구(開口)	합구(合口)
ㅏ (a)	ㅘ (wa)
ㅐ (ai)	ㅙ (wai)
ㅓ (ə)	ㅝ (wə)
ㅔ (əi)	ㅞ (wəi)
· (ɐ)	ㅗ (o = *wɐ)
·ㅣ (ɐi)	ㅚ (oi = *wɐi)
ㅡ (ɯ)	ㅜ (u = *wɯ)
ㅡㅣ (ɯi)	ㅟ (ui = *wɯi)
ㅣ (i)	ㅠ (yu)

이제 중국 원음의 합구(合口)가 한국 한자음에 나타나는 양상을 보면 우선 一等韻과 二等韻은 다음과 같다.

(1) 牙音字와 喉音字는 합구를 분명하게 나타낸다.

---

23) [역자주] 좌우가 서로 개합(開合)에 따라 대립쌍을 이룬다고 이해해야 한다. 특히 '오'와 '우'의 이전 형태를 각각 'wɐ', 'wɯ'로 본 것은 개구음(開口音)인 'ㆍ(ɐ)', 'ㅡ (ɯ)'에 합구(合口)의 요소 'w'를 더한 것이 '오', '으'라고 해석하여 개합의 대립을 명확히 나타내고자 하기 위함이다.

一 等 韻	[山攝 圉7] 官(관) [山攝 圉8] 活(활) [宕攝 圉128] 荒(황) [果攝 圉151] 臥(와) [臻攝 圉243] 昆(곤) [臻攝 圉244] 忽(홀) [曾攝 圉284] 或(혹)	[山攝 圉8] 歡(환) [宕攝 圉127] 光(광) [宕攝 圉128] 穫(확) [蟹攝 圉173] 塊(괴) [臻攝 圉243] 兀(올) [曾攝 圉284] 肱(굉) [曾攝 圉284] 國(국)	[山攝 圉8] 腕(완) [宕攝 圉127] 郭(곽) [果攝 圉151] 過(과) [蟹攝 圉173] 回(회) [臻攝 圉244] 混(혼) [曾攝 圉284] 弘(홍)
二 等 韻	[山攝 圉17] 關(관) [山攝 圉26] 刮(괄) [梗攝 圉102] 馘(괵) [假攝 圉161] 蛙(와) [蟹攝 圉198] 快(쾌)	[山攝 圉17] 頑(완) [梗攝 圉96] 觥(굉) [梗攝 圉102] 獲(획) [蟹攝 圉189] 掛(괘) 등등	[山攝 圉26] 幻(환) [梗攝 圉96] 橫(횡) [假攝 圉161] 花(화) [蟹攝 圉194] 懷(회)

(2) 성모가 설두음인 경우는 합구 요소를 나타내지 않는 것이 보통이
다.[24] [山攝 圉9]의 '端(단), 短(단), 脫(탈), 奪(탈)', [山攝 圉10]의 '暖(난), 亂(란),
捋(랄)', [果攝 圉152]의 '唾(타), 惰(타), 懦(나), 螺(라)', [蟹攝 圉183]의 '兌'(태)
등이 그러하다.[25] 그러나 여기에는 예외도 있다.

우선 [臻攝 圉245, 246]의 䰟韻, 混韻, 㥋韻, 沒韻에서는 '敦·頓·豚·沌'
(돈), '暾'(톤), '柮·突'(돌), '屯·盾·鈍'(둔), '嫩'(눈), '訥'(눌), '論·崙'(론) 등에
서 모두 합구형(合口形)으로 나타난다. 또한 [蟹攝 圉175]에서는 端母, 透母,
定母의 세 성모가 전체적으로 '퇴'로 편향되어 나타나는데, 한편으로 '對·
碓·敦'과 '隊·憝' 등은 '디'로 되어 있다. 이러한 대립은 4.2.3.1.의 (8)에서
다룬 바와 같이 '디'가 고형의 층위이고 '퇴'는 신형의 층위에 속한다. 합
구형이 나타나는 것도 새로운 층위이기 때문이라고 생각한다. 동일한 상황
을 [蟹攝 圉176]의 泥母에서 볼 수 있다. 즉 '內'가 '니'인 반면에 '餒' 등은
'뇌'로 되어 있는데 이 또한 신형과 구형의 층위 차이로 설명된다. 또한 來
母는 모두 '뢰'로 나타난다.

---

24) 반설음도 포함한다.
25) 이러한 합구 요소의 탈락과 관계가 있는지는 알 수 없지만 'tuâ-', 'dʰuâ-'에서 자주
  'ㅌ'이 나타난다는 점은 주의해야만 한다.

(3) 치두음도 설두음과 마찬가지로 합구적 요소가 탈락하지만 합구를 유지하는 경우도 꽤 있다. [山攝 圖11]의 ‘鑽·纂·竄…’(찬)과 ‘酸·算’(산)은 합구적 요소가 탈락했다. 그러나 ‘蒜’은 『訓蒙』과 『華東』에서 ‘숸’[26]인데 이것은 중국 근세음의 형태를 받아들인 것이다. 입성(入聲)에 속하는 ‘繓·撮’ 등은 ‘촬’이다.[27] [果攝 圖153]에서는 ‘蓑·梭·莎·唆’의 음이 ‘사’이긴 하지만 그러나 ‘-솨’인 글자가 많다. ‘挫·脞·坐·座…’(좌)와 ‘鎖·瑣’(솨 또는 쇄) 등이 그러하다. [蟹攝 圖177]에서 ‘崔·催·摧…’는 ‘최’, ‘罪·皐’는 ‘죄’, ‘捼’는 ‘쇠’, ‘晬·倅·焠…’는 ‘쵀’, ‘碎·誶’는 ‘쇄’이다. [蟹攝 圖184]의 ‘最·蕞’ 등은 ‘최’이다. [臻攝 圖247]은 규칙적으로 합구를 남기고 있다. ‘尊·存·鐏’(존), ‘村·忖·寸’(촌), ‘樽·劇·蹲’(준), ‘卒·崒·猝…’(졸), ‘孫·飧·損·巽·遜…’(손), ‘窣’(솔) 등이 그러하다.

이상의 (2), (3)은 一等韻의 경우이다.

(4) 설상음은 예가 적지만 모두 합구를 나타낸다. [山攝 圖19]의 ‘窡’(촬), ‘豽’(날), [假攝 圖162]의 ‘檛·膧’(좌)가 그러하다.

(5) 正齒音(二等)은 합구를 잃어버린 경우와 유지하는 경우가 있다. [山攝 圖27]의 ‘刷’(솰), [假攝 圖162]의 ‘髽’(좌)와 ‘要’(솨)는 합구이지만 ‘蓤·傻’는 ‘사’이며 합구가 아니다. 또한 [山攝 圖20]의 ‘跧’(잔)과 ‘篡·饌·撰·篹’(찬)은 합구가 아니지만 ‘棧·孿’(솬)[28]과 ‘苗’(촬), [蟹攝 圖199]의 ‘嘬’(최)는 합구이다.

이상 (4), (5)는 二等韻의 경우이다. 이제 四等韻을 보면 다음과 같다.

(6) [山攝 圖56]의 ‘鵑·涓·羂·犬…’(견)과 ‘抉·玦·譎·訣·決…’(결), [山攝 圖57]의 ‘玄·縣·絢’(현)과 ‘血·穴…’(혈)과 ‘淵·蜎…’(연), [梗攝 圖120]의 ‘扃·駉·熲·褧…’(경)과 ‘螢·熒·榮·迥·炯…’(형)과 ‘狊·鶪·

---

26) 『三韻』과 『奎章』에서는 ‘산’이다.

27) ‘撮’은 『類合』에서는 ‘촬’이다.

28) 『三韻』과 『奎章』에서는 ‘산’이다.

閲…'(격)과 '彳…'(혁) 등은 모두 합구 요소를 상실했다. 다만 [蟹攝 圖218]
에서 '桂'(계) '嘒·慧·惠·蕙…'(혜)는 합구 요소를 잃었지만 '圭·閨·珪·
奎·睽'는 '규', '攜·携·䂇' 등은 '휴', '烓'는 '유'로서 합구 요소를 나타내
고 있다. 여기에서 '계'와 '혜'는 去聲, '규'와 '휴'와 '유'는 平聲에서 보인
다는 점은 주목할 만한 가치가 있다. 또한 이들은 개구(開口)의 경우와 마찬
가지로 三等韻으로 바뀌었다고 생각된다.[29]

5.2.1.3 요음(拗音) '-i-'와 '-ï-'(開口)

소위 '三等韻'은 요음 '-i-'를 가지지만 앞서 서술한 대로 중고음에서는
요음에 '-i-'와 '-ï-'의 두 가지가 있었다. 잠정적으로 '-i-'를 가진 경우를
'三等韻(甲)', '-ï-'를 가진 경우를 '三等韻(乙)'이라고 부르고자 한다. 『韻鏡』
의 체계에서는 三等韻(甲)은 四等韻에, 三等韻(乙)은 三等韻에 배치되었지만
지금은 반드시 『韻鏡』에 구애 받지는 않는다. '四等韻'이라는 명칭은
Karlgren 씨의 이른바 γ형 운(韻)들, 즉 四等 專屬韻에 국한하기로 하고
Karlgren 씨의 α형(三四等 兩屬韻)과 β형(三等 專屬韻) 운들을 '三等韻'이라고 부
르기로 한다.[30] α형 운들에는 三等韻(甲)과 三等韻(乙)의 대립이 나타나지만
β형 운들은 三等韻(乙)밖에 없다.

요음 '-i-'와 '-ï-'의 대립에 대해서는 故 아리사카(有坂) 박사의 논문 「カー
ルグレン氏の拗音說を評す」에 상세하면서도 명쾌하게 서술되어 있어서 여
기에 사족을 더할 필요는 없다. 그리고 이 논문에서 여러 차례 말했듯이

---

29) [역자주] 아마도 저자는 開口든 合口든 四等韻 直音의 한자들이 한국 한자음에서
반모음 'y'를 가지는 이유를 四等韻이 三等韻으로 변한 데서 찾고자 한 듯하다. 앞
에도 나왔듯이 중국음에서는 당대(唐代)에 四等韻이 三等韻(甲)에 합류했는데 三等
韻(甲)은 介母로 '-i-'를 가지므로 이것을 반모음 'y'로 반영할 수 있다.

30) [역자주] 專屬韻은 말 그대로 해당 등운(等韻)에만 쓰이는 것이고 兩屬韻은 三等과
四等 모두에 쓰이는 운이다. 앞에서도 언급했듯이 Karlgren은 三四等 兩屬韻을 간과
하여 '-i-'와 '-ï-'를 구분하지 못했다.

이 문제에 있어 한국 한자음이 유력한 논거가 되고 있다는 사실 또한 주지의 사실이다. 다만 이는 牙音字와 喉音字의 경우에만 그러하고 脣音字의 경우에는 한국 한자음이 어떠한 증거도 되지 못한다. 오히려 脣音字는 베트남 한자음이 흥미로운 증거를 제공한다. 이러한 사실 역시 아리사카(有坂) 박사의 논문에 상세하다. 또한 아리사카(有坂) 박사도 말한 것처럼 요음 '-i-'와 '-ï-'의 대립은 聲母의 성격과도 관련이 있으며 일반적으로 성모는 이 대립에 따라 둘로 나누어진다.

'i-' (甲)	牙音 [見溪群疑]	喉音 [曉影喩]	脣音 [幫滂並明]
'ï-' (乙)	牙音 [見溪群疑]	喉音 [曉影羽]	脣音 [幫滂並明/非敷奉微]

			半齒 [日]	正齒音三等 [照穿神審禪]	齒頭音 [精清從心邪]
'i-' (甲)	舌上音 [知徹澄娘]	半舌 [來]			
'ï-' (乙)				正齒音二等 [莊初牀山]	

이러한 성모의 조화는 구개음(palatal)인 照母(tś-), 穿母(tśʰ-), 神母(dʑʰ-), 審母(ś-), 禪母(ʑ-), 日母(ńʑ-)와 권설음(cerebral)인 莊母(tʂ-), 初母(tʂʰ-), 牀母(dʐʰ-), 山母(ʂ-)의 대립에서 매우 명료하게 보인다. 또한 喩母(j-)도 '-i-'와 잘 조화를 이룬다. 이러한 점으로부터 두 가지 사실이 도출된다.

(1) 牙音, 喉音,[31] 脣音이 '-i-'와 '-ï-' 양 쪽에 나타나는 것은 이들 자음에 구개음화된 것과 그렇지 않은 것이 있었기 때문이 아닌가 하는 점이다. 牙喉音字는 반절 상자(上字)에 이러한 구별이 나타나지 않지만 脣音字의 경우에는 글자의 운용에 있어 다소간의 구별이 있다. 예를 들면 다음과 같다.[32]

---

31) 喉音 중 喩母와 羽母는 제외.
32) [역자주] 아래의 표를 보면 같은 성모라도 '-i-'가 나타나는 甲類와 '-ï-'가 나타나는 乙類에 쓰이는 반절 상자(上字)가 차이를 보이고 있다.

	幫母	滂母	並母	明母
甲類	幷·卑·必	匹	便·毗	綿·彌
乙類	彼·兵·府·鄙·陂	披·滂	皮·平·符	文·明·武·美·眉…

특히 眞韻의 '貧(乙)'과 '臂(甲)'의 대립은, 『廣韻』에서는 '臂(甲)'가 '卑義切', '貧(乙)'이 '彼義切'이어서 그 차이가 완전히 반절 상자의 구별로 나타나고 있다.

또한 구개음화는 중고음의 전 단계에 이루어진 듯하며 牙音의 경우에는 'ki- 〉tśi-(예:支), kʰi- 〉tśʰi-(예:臭), gʰi- 〉dźʰi-(예:嗜), ng- 〉ńźi-(예:兒)', 喉音의 경우에는 'xi- 〉śi-(예:燒)' 등과 같이 진행된 흔적이 있다. 脣音의 경우에는 적지만 'mi- 〉ńźi-'라는 변화[33]가 존재한다.[34]

(2) 설상음은 부록의 <자료음운표>에서는 甲類로 다루었지만 실제로는 반설음인 來母와 함께 요음(拗音)의 대립에 있어서는 중립적(neutral)이었던 듯하다. 『玉篇』이나 『廣韻』의 반절에서 甲類와 乙類의 대립을 찾으려고 계련(系聯)을 해 나가면 어느새 甲類의 글자가 乙類의 글자가 되고 반대로 乙類의 글자가 甲類의 글자가 되어 버린다. 그런데 잘 보면 둘 사이에는 거의 대부분 반드시 舌音字가 개재한다. 마치 脣音字가 개합(開合)의 계련(系聯)을 불분명하게 한 이유가 脣音字가 개합에 있어 중립적이었기 때문이듯이, 요음(拗音)에 대한 舌音字의 중립성이 甲類와 乙類의 대립을 종종 명확하지 않게 했다고 생각할 수 있는 것이다.[35] 그러나 한국 한자음에서는 甲類로 처리한다.

---

33) 가령 '爾'(ńźi- 〈 * mi-, 彌[mi-] 참조)와 '耳'(ńźi- 〈 * mi-, 弭[mi-] 참조) 등의 예가 있다.

34) 졸고인 「中國音韻史研究の一方向-第一口蓋音化に關聯して」(『東京文理科大學中國文化研究會會報』 第1期第1志, 1950년 12월) 참조. [역자주] 이 논문은 『河野六郎著作集(2)』에 수록되었다.

35) 졸고인 「朝鮮漢字音の一特質」(『言語研究』 3, 1939) 참조. [역자주] 이 논문은 『河野六郎著作集(2)』에 수록되었다.

이제 한국 한자음에서 '-i-'와 '-ɨ-'의 대립이 어떻게 나타나는지를 살펴보면 대체로 다음 표와 같이 요약된다. 물론 표에 제시된 것은 주요한 형태를 나타낸 것이어서 각각의 운(韻)에 있어 예외가 없다는 의미는 아니다. 상세한 것은 부록에 있는 <자료음운표>의 해당 항목을 참고하기 바란다.[36]

攝	韻	음가		f	韻	음가		f	韻	음가	
A 부류											
山	仙(甲)	-ịän	연		仙(乙)	-ĭän	언	f	元(乙)	-ĭen	언, 안
	薛(甲)	-ịät	열		薛(乙)	-ĭät	얼	f	月(乙)	-ĭet	얼, 알
咸	鹽(甲)	-ịäm	염		鹽(乙)	-ĭäm	엄	f	嚴·凡(乙)	-ĭem	엄
	葉(甲)	-ịäp	엽		葉(乙)	-ĭäp	업	f	業·乏(乙)	-ĭep	업
梗	清(甲)	-ịäng′	영		庚(乙)	-ĭäng′	영◇				
	昔(甲)	-ịäk′	역		陌(乙)	-ĭäk′	역◇				
宕	陽(甲)	-ịâng	양	f	陽(乙)	-ĭâng	앙				
	藥(甲)	-ịâk	약	f	藥(乙)	-ĭâk	악				
果					戈(乙)	-ĭâ	아				
假	麻(甲)	-ịa	야								
蟹	祭(甲)	-ịäi	예		祭(乙)	-ĭäi	에	f	廢(乙)	-ĭei	예◇
效	宵(甲)	-ịäu	요		宵(乙)	-ĭäu	요◇				
B 부류											
臻	眞(甲)	-ịěn	인		眞(乙)	-ĭěn	은(인)	f	欣(乙)	-ĭən	은
	質(甲)	-ịět	일		質(乙)	-ĭět	을(일)	f	迄(乙)	-ĭət	을
深	侵(甲)	-ịəm	임		侵(乙)	-ĭəm	음				
	緝(甲)	-ịəp	입(읍)		緝(乙)	-ĭəp	읍				
曾	蒸(甲)	-ịəng′	잉(응)		蒸(乙)	-ĭəng′	응				
	職(甲)	-ịək′	익(역)		職(乙)	-ĭək′	윽(역)				
通	東(甲)	-ịung	융	f	東(乙)	-ĭung	웅				
	屋(甲)	-ịuk	육	f	屋(乙)	-ĭuk	욱(옥)				

---

36) 이 표에서 'f'로 표시된 것은 순경음화가 일어나는 운(韻)임을 나타낸다. 한국 한자음의 오른쪽에 붙은 '◇'는 예상에 어긋나는 형태이다. 또한 운(韻)의 경우는 평성, 상성, 거성 중 평성의 운을 대표로 삼는다.

攝		韻	음가		f	韻	음가				韻	음가	
B 부 류	通	鍾(甲)	-ǐong	용	f	鍾(乙)	-ĭong	옹						
		燭(甲)	-ǐok	욕	f	燭(乙)	-ĭok	옥(육)						
	止	支(甲)	-ǐiẹ	이(ᄋ)		支(乙)	-ĭiẹ	의(이)						
		脂(甲)	-ǐi(ɑ)	이(ᄋ)		脂(乙)	-ĭi(ɑ)	의(이)						
		之(甲)	-ǐi(β)	이(ᄋ)		之(乙)	-ĭi(β)	의						
										f	微(乙)	-ĭəi	의(이)
	流	尤(甲)	-ǐəu	유	f	尤(乙)	-ĭəu	우						
		幽(甲)	-ǐĕu	유										
	遇	魚(甲)	-ǐo	여	(f)	魚(乙)	-ĭo	어(오)						
		虞(甲)	-ǐu	유	f	虞(乙)	-ĭu	우						

【설명】

· 臻攝 : 眞韻과 質韻의 乙類에서 '(인), (일)'로 된 것은 주로 순음의 경우이다.

· 止攝 : 支韻, 脂韻, 之韻의 甲類에 '(ᄋ)'로 된 것은 치두음의 경우이다.

· 止攝 : 支韻, 脂韻의 乙類와 微韻의 '(이)'는 순음의 경우이다.

· 遇攝 : 魚韻의 乙類에 있는 '(오)'는 正齒音(二等)의 경우이다. '(f)'는 여기에 脣音字가 있다면 순경음화가 기대되지만 실제로는 脣音字가 나타나지 않음을 가리킨다.

이 표에서 분명히 드러나듯이 脣音字를 제외하면 한국 한자음이 甲類와 乙類의 대립을 얼마나 민감하게 반영하고 있는지 판명할 수 있을 것이다. 그리고 이러한 '甲 : 乙'의 대립은 일반적으로 'ㅣ(-i-) : ㅡ(-ɯ-)'의 대립으로 생각할 수 있다. 乙類의 '-ɯ-'는 V(운복)를 표시하는 모음에 흡수된다는 해석이 가능할 듯하다. 예를 들어 '脚'은 원래는 '*-ɯak'이었는데 V인 'a'에 'ɯ'가 흡수되어 '-ak'이 된 것이다. 다만 止攝에서는 모음 'i'가 뒤따르며 분명하게 '-ɯi'로 나온다. 그러나 순경음화를 일으킨 운(韻)에서는 많은 경우 脣音字가 순경음화의 결과 상태를 나타내고 있기 때문에 이때는 요음이 순경음화와 함께 소실했다고 생각된다. 가령 '方'(방)은 'fâng¹'(< A.C.[중고음] pǐ âng¹)의 상태를 표시하고 있다.

세부적으로는 예외가 있다. 예컨대 [宕攝 圖130]의 '香 · 鄕 · 饗 · 享 · 響 · 向' 등은 曉母이기 때문에 ' *hang'이라는 음이 기대되지만 실제로는 모두 '향'으로 되어 있다. 다만 入聲인 '謔'은 '학'이다. 또한 [宕攝 圖134]의 '孀' 은 『華東』, 『三韻』, 『奎章』에서는 '상'이지만 『訓蒙』에서는 '솽'이다. 이것 은 중국의 근세음인 'shuang¹'의 차용이다.

5.2.1.4 요음(拗音) '-i-'와 '-ï-'(合口)

합구의 요음인 '-iʷ-'와 '-ïʷ-'의 반영 양상을 요약하여 표로 나타내면 다 음과 같다. A-부류의 운에서는 甲類가 합구 요소를 상실하는 데 비해 乙類 에서는 반대로 합구 요소를 유지하는 대신 요음을 잃어버렸다. B-부류의 운에서는 합구 요소를 어느 정도 형태로 유지하되 乙類에서는 A-부류처럼 요음을 소실했다. 다만 乙類에서는 요음을 지닌 형태도 산견(散見)된다. 이 러한 상황은 일반적으로 말하면 甲類 요음 '-i-'의 구개성이 강함을 나타낸 것이며, 乙類 요음 '-ï-'는 합구 요소에 흡수되고 있다.

	攝	韻	음가		f	韻	음가		f	韻	음가	
A 부 류	山	仙(甲)	-iʷän	연		仙(乙)	-ïʷän	원, 연◇		元(乙)	-ïʷen	원
		薛(甲)	-iʷät	열		薛(乙)	-ïʷät	열◇		月(乙)	-ïʷet	월
	梗	清(甲)	-iʷäng'	영		庚(乙)	-ïʷang'	영◇				
		昔(甲)	-iʷak'	역								
	宕					陽(乙)	-ïʷâng	왕				
						藥(乙)	-ïʷâk	왁				
	果					戈(乙)	-ïʷâ	와				
	蟹	祭(甲)	-iʷai	예 (위)		祭(乙)	-ïʷai	웨, 위		廢(乙)	-ïʷei	웨, 예◇
B 부 류	臻	諄(甲)	-iʷën	윤		眞(乙)	-ïʷen	운, 윤◇		文(乙)	-ïʷən	운
		術(甲)	-iʷët	율		述(乙)	-ïʷët	울, 율◇		物(乙)	-ïʷət	울
	曾					職(乙)	-ïʷək'	역◇				
	止	支(甲)	-iʷiɛ	유, 위		支(乙)	-ïʷiɛ	웨, 위, 유◇				
		脂(甲)	-iʷi(ɑ)	유, 위		脂(乙)	-ïʷi(ɑ)	웨, 위, 유◇				
										微(乙)	-ïʷəi	위, 웨

세부적인 면에서는 꼭 이 표처럼 요약할 수 없는 예외적인 것도 있다. 그 중 주의해야만 하는 것에 대해 서술하기로 한다.

(1) [蟹攝 圖207]의 '贅'는 祭韻의 合口(甲類)인데『訓蒙』에는 '췌', 『詩經』에는 '쵀', 『華東』, 『三韻』, 『奎章』에는 '춰'로 되어 있다. '웨'('yuyəi)와 같은 표기는 후대의 한자음에서는 눈에 띄지 않는다. 예전 자료에서는 종종 보인다. 다른 예로는 [止攝 圖333]의 '捶·箠'[37]와 '惴',[38] [止攝 圖335]의 '嘴'[39]와 '觜',[40] [止攝 圖351]의 '悴',[41] '萃',[42] '領',[43] '瘁'[44] 등이 있다. 또한 祭韻 合口(甲類)의 '綴'(圖207)은 보통 '체'인데『類合』에서 '튜', 『詩經』(20 : 24a)에서 '츄'로 되어 있다. 이것은 止攝의 合口(甲類)에서 보이는 '규' 또는 '휴' 등과 동일하며 주요 모음(V)을 탈락시키고 合口 甲類의 요음인 '-iʷ-'를 취한 형태이다.

(2) 止攝의 合口(甲類)는 표와 같이 '유, 위'가 주된 형태이지만 '恚'[45](圖330)와 '季·悸'(계, 圖346), '蘂'(예, 圖332)와 같은 예도 있다.

(3) [山攝 圖43]은 合口(乙類)의 正齒音[二等]인데 '연, 열'로 된다.

---

37) '捶·箠'는『訓蒙』에 '췌', 『華東』에 '춰', 『三韻』과 『奎章』에 '츄'로 되어 있다.

38) '惴'는『詩經』(12 : 6b)에 '쵀', 『華東』과 『玉篇』의 속음에 '췌', 『華東』, 『三韻』, 『奎章』에 '춰'로 되어 있다.

39) '嘴'는『訓蒙』에 '췌', 『華東』, 『三韻』, 『奎章』에 '춰'로 되어 있다.

40) '觜'는『類合』에 '췌', 『華東』, 『三韻』, 『奎章』에 '춰'로 되어 있다.

41) '悴'는『訓蒙』에 '춰', 『類合』에 '췌', 『華東』과 『玉篇』의 속음에 '쵀', 『華東』, 『三韻』, 『奎章』에 '춰'로 되어 있다.

42) '萃'는『類合』, 『書經』, 『易經』에 '췌', 『詩經』, 『華東』과 『玉篇』의 속음에 '쵀', 『華東』에 '춰', 『三韻』, 『奎章』에 '춰'로 되어 있다.

43) '領'는『華東』과 『玉篇』의 속음에 '쵀', 『華東』에 '춰', 『三韻』, 『奎章』에 '춰'로 되어 있다.

44) '瘁'는『詩經』에 '쵀', 『華東』과 『玉篇』의 속음에 '췌', 『華東』에 '춰', 『三韻』, 『奎章』에 '춰'로 되어 있다.

45) 『類合』에는 '의', 『華東』과 『玉篇』의 속음에는 '에', 『華東』에는 '휘', 『三韻』, 『奎章』에는 '훼'로 되어 있다.

(4) 止攝의 合口(乙類)는 표와 같이 '웨, 위'가 주된 형태이지만 간혹 '유'로 된 것도 있다. [止攝 圖329]의 '媯·溈'(규), '虧'(규 또는 휴), [止攝 圖347]의 '逵·馗·戣·騤'(규), '嶷'(규), [止攝 圖348]의 '帷·洧·鮪·痏'(유) 등이 그 예이다. 正齒音(二等)은 [止攝 圖334]에서 '劑'(ᄌ), '衰'(최), '揣'(춰) 로 각양각색이다.

5.2.2 운미(韻尾, F)

중고음에서 각 운의 운미는 양운(陽韻)[46]의 '-n(~-t), -m(~-p), -ng´(~-k´), -ng(~-k)' 네 종류와 음운(陰韻)[47]의 '-∅, -i, -u' 세 종류가 있다. 종래의 학설에서는 연구개(velar)음인 '-ng(~-k)'에 대해 경구개(palatal)인 '-ng´(~-k´)'의 존재를 인정하지 않았다. 그런데 둘의 차이는 상고음과의 관련성에 있어서도 그렇고[48] 근세음으로의 변화에 있어서도 그렇고 설명에 편리함이 많다. 기존 논의에서는 '-n(~-t)'와 '-m(~-p)'로 끝나는 운(韻)에 비해 '-ng(~-k)'로 끝나는 운의 수가 지나치게 많다. A-부류에서만도 '-n(~-t)'의 山攝, '-m(~-p)'의 咸攝에 대해 梗攝, 宕攝, 江攝의 세 가지 攝을 지닌다. 이러한 불균형은 운미(F)의 차이를 무시한 데서 온 것이다. 만약 '-ng´(~-k´)'를 인정하면 梗攝이 여기에 해당하며 이것이 '-ng(~-k)'의 宕攝, 江攝과 대립하게 된다. 이는 공허한 자의적 조작이 아니다.

이전에 저자가 慧琳의 『一切經音義』에 수록된 반절의 특징을 고찰했을

---

46) [역자주] 일반적으로는 양성운(陽聲韻)이라 부르며 입성운을 양성운에서 분리하는 경우가 많다. 그러나 여기서는 명칭도 약간 달리 했고 입성운을 양성운에 포함시켰다.

47) [역자주] 일반적으로는 음성운(陰聲韻)이라 부른다. 학자에 따라서는 음성운도 예전에는 'd, b, g'와 같은 유성파열음을 운미로 가졌다고 보기도 하지만 소수에 불과하다.

48) 賴惟勤 씨가 쓴 「上古中國語の喉音韻尾について」(『お茶の水女子大學人文科學紀要』3권)의 51~64쪽 참조. 또한 梗攝의 구개음 '-ng´, -k´'에 대해서는 아리사카(有坂) 박사의 「漢字の朝鮮音について」324쪽 참조.

때 예외로 인정하지 않을 수 없었던 약간의 경우가 있었다.49) 慧琳의『一切經音義』에서 원용(援用)하는 반절에서는 하나의 특색을 인정할 수 있는데 그것은 반절 상자(上字)가 성류(I)를 표시할 뿐만 아니라 반절 상자(上字)의 MV(운두+운복)까지도 표음 대상인 한자음의 MV를 표시한다는 사실이다. 가령 '干'은 岡反切로서 'kân¹'을 가리키는데 이때 반절 상자 '岡'은 그 음인 'kâng¹'의 성모인 'k-'뿐만 아니라 주요 모음(V)인 'â'도 표시한다. 그러므로 반절 상자는 경우에 따라서 MV를 나타내는 자료로도 이용할 수 있다.

이제 이러한 사실을 염두에 두고 慧琳의『一切經音義』에 나오는 반절 중 江攝에 할당된 것을 보면 '㲉'(坑岳切 · 坑角切)과 '握'(厄學切), '巷'(行降切) 등의 경우를 접하게 된다. 반절 상자인 '坑, 厄, 行'은 모두 梗攝二等의 글자로서 만약 '㲉'과 '坑', '握'과 '厄', '巷'과 '行'의 'IMV-'(성모+개모+주요 모음)가 동일하다고 하면 江攝과 梗攝의 운미(F)가 '-ng(~-k)'라고 할 때 이 둘 (江攝과 梗攝)은 완전히 같은 음이 되어 버린다.50) 그런데 慧琳의 책에 나오는 반절에서는 江攝과 梗攝을 혼동한 흔적은 없다. 그래서 반절 상자를 'IMV-'의 자료에 이용하는 것이 위험하다고 느끼기는 하지만 그래도 江攝과 梗攝이 운미(F)에서 차이난다고 생각하면 여전히 반절 상자의 자료적 가치는 유지된다. 적어도 당대(唐代)에는 江攝과 梗攝二等은 'MV'가 동일하며 F(운미)에서 차이가 났다.51) 더욱이 현대 중국의 방언음에서 宕攝, 江攝, 通

---

49) 졸고「慧琳衆經音義の反切の特色」(『東京教育大學中國文化硏究會會報』 第5期, 1955년 11월) 참고. 이 사실에 대해서는 일찍이 趙元任 씨가「Distinctions within Ancient Chinese」의 207쪽에서 medial harmony를 논의하면서 언급한 이후에 깨달았다. [역자 주] 고노 로쿠로(河野六郎)의 논문은『河野六郎著作集(2)』 수록되었다.

50) [역자주] 慧琳의『一切經音義』에서는 반절의 대상이 되는 한자와 반절 상자(上字)가 'IMV'까지는 같으므로 이러한 결론이 도출될 수 있다.

51) [역자주]『一切經音義』에서 江攝에 속하는 한자의 반절을 보면 반절 상자가 梗攝 (二等)이므로 江攝과 梗攝(二等)의 'MV'는 같되, 江攝과 梗攝(二等)의 음가가 같지는 않으므로 그 차이는 F(운미)에서 찾을 수밖에 없다. 그리고 이러한 논의는 다시 운 미에서 '-ng(~-k)' 계열과 '-ng'(~-k') 계열을 구분해야 한다는 저자의 견해와 접목 된다.

攝은 '-ng'를 유지하지만 梗攝과 曾攝에서 '-n'으로 변한 방언음(가령 四川)이 있다는 것은 주지의 사실이다.[52]

이리하여 종래에 운미가 '-ng(~-k)'라고 생각했던 운(韻)들은 다음과 같이 나누어진다.[53]

	等	宕攝·江攝		梗攝			
A	I	唐 -âng	-uâng				
	II	江 -ang		庚(二) -ang´	-ʷang´	耕 -ăng´	-ʷăng´
	III	陽(甲) -iâng		清 -iäng´	-iʷäng´		
		陽(乙) -ïâng	-ïʷâng	庚(三) -ïang´	-ïʷang´		
	IV			青 -(i)eng´	-(i)ʷeng´		

	等	通攝		曾攝	
B	I	東(一) -ung 冬 -ong		登 -əng´	-ʷəng´
	III	東(三·甲) -iung 鍾(甲) -iong		蒸(甲) -iəng´	-iʷəng´
		東(三·乙) -ïung 鍾(乙) -ïong		蒸(乙) -ïəng´	-ïʷəng´

이제 운미가 한국 한자음에서 어떻게 반영되는지를 살펴보면 매우 규칙적으로 나타난다.

韻攝		平·上·去		入	
A	B	중고음	한국음	중고음	한국음
陽韻 山	臻	-n	ㄴ	-t	ㄹ
咸	深	-m	ㅁ	-p	ㅂ
梗	曾	-ng´	ㅇ	-k´	ㄱ
宕·江	通	-ng	ㅇ	-k	ㄱ
陰韻 果·假	遇	-Ø	—		
蟹	止	-i	ㅣ(i)		
效	流	-u	(ㅗ/ㅜ)		

---

52) 베트남 한자음에서는 梗攝의 F(운미)가 '-nh~-ch'로 구개화를 나타내고 있다. 다만 曾攝은 F가 '-ng~-c'이다. 미네야 도루(三根谷徹) 씨의 『越南漢字音の硏究』 151~152쪽 참조.

53) 편의상 평성의 운목(韻目)을 대표로 제시한다. [역자주] 이 표를 보면 A-부류에서는 운미가 연구개음인 宕攝·江攝과 경구개음인 梗攝이 구분되며 B-부류에서는 연구개음인 通攝과 경구개음인 曾攝이 구분된다.

陰韻 중 效攝, 流攝의 한국 한자음을 '(ㅗ/ㅜ)'라고 표시한 것은 운미가 주요 모음과 합쳐져서 'ㅗ' 또는 'ㅜ'로 된다는 의미이다.

5.2.2.1 양운(陽韻) : 平聲, 上聲, 去聲

양운(陽韻)의 평성, 상성, 거성에서 운미(F)는 모두 비음이다. 그리고 '-n'과 '-m'의 경우에는 한국 한자음은 매우 규칙적으로 'ㄴ'과 'ㅁ'에 대응하고 있다. 겨우 두세 개의 예외가 있다. [臻攝 圖256-1]의 '賓・鬢・蘋・嬪・牝'은 『訓蒙』에 '빙'으로 나온다. 이 중 '賓'은 『千字文』에서도 '빙'이다. 『千字文』에서는 '嚬'도 '빙'이다. 또한 『訓蒙』에서는 '蘋'에 대해 '머구・릐・밥빙'이라고 하고서 주석에 '文宗御釋及字會말:왐 빈'이라고 하여 '빙'과 '빈'의 두 가지 음이 있었음을 말하고 있다. 또한 같은 문헌에서 '殯'에 대해서는 ':빙・숏 :빈'이라고 되어 있는데 ':빙・소'는 '殯所'라고 생각되기 때문에 '殯'에도 ':빈'과 ':빙'의 두 가지 음이 있었음을 알 수 있다.[54] 다른 문헌에서는 모두 '빈'이다. 그 밖에 [咸攝 圖65]의 '坍'(단『訓蒙』), [深攝 圖276]의 '椣'(진『訓蒙』), [山攝 圖47-1]의 '簪(범『訓蒙』)' 등의 산발적 예외가 있다.

'-ng´'와 '-ng'의 구별은 한국 한자음에는 반영되지 않는다. 모두 'ㅇ'(예전에는 ㆁ)으로 나타난다. 다만 梗攝과 曾攝에서 '-ㆁ(-ing)'으로 출현하는 경우가 있다.

[梗攝 圖90] 羹・秔・賡・更；坑・阬 (깅)
[梗攝 圖91] 行・桁・杏・胻 (힁)
[梗攝 圖92] 撑・樘・橕 (팅), 瞠・根・振・幀・幀 (징)

---

54) 이러한 '-ng'의 기원은 확실치가 않다. 다만 현대의 오(吳) 방언, 가령 上海라든가 溫州 방언에서도 '-ng'로 나타난다는 점이 주목된다. Karlgren의 『EPC』 786쪽 참고.

[梗攝 圖93] 冷 (링)

[梗攝 圖94] 鎗·槍·琤·箏·崢 (징), 生·笙·牲·省·眚… (싱)

[梗攝 圖95] 閞·烹·磅·彭… (핑), 盲·蜢·猛·孟·盟… (밍)

[梗攝 圖97] 鏗·經·硜… (깅)

[梗攝 圖98] 幸·倖 (힝), 櫻·鸚·鶯… (잉)

[梗攝 圖99] 丁·玎 (징)

[梗攝 圖100] 爭·箏·諍·琤·崢… (징)

[梗攝 圖101] 繃·伻·祊… (핑), 甍·萌·甿… (밍)

[梗攝 圖96] 觥·觵·礦… (굉), 諻·橫·嚳·喤… (횡)

[梗攝 圖102] 轟·訇·紭·閎… (횡), 紘·宏 (굉)

[曾攝 圖284] 肱·鞃·厷 (굉), 弘·軝 (횡)55)

이러한 '-ㅣ(-ing)'은 '-ng'와 그에 선행하는 모음(V) 사이에 활음(glide)이 발달한 결과로 보인다. 예를 들어 '羹'(kang´ > kaⁱng´), '肱'(kuəng´ > kuəⁱng´)과 같다.

5.2.2.2 양운(陽韻) : 入聲

양운(陽韻)의 입성은 그에 대응하는 평성, 상성, 거성의 운미(F)와 조음 위치가 같은 폐쇄음이 운미에 온다. 한국 한자음에서는 앞의 표와 같이 규칙적으로 대응한다. 평성, 상성, 거성이 '-ng´ : -ng'의 구별 없이 'ㅇ'으로 나타나는 것과 마찬가지로 입성 역시 '-k´'와 '-k'의 구별 없이 'ㄱ'으로 나타난다. 또한 梗攝과 曾攝에서 '-ㅣ' 형이 출현하는 것과 평행하게 '-ㅣ'이 출현한다.

[梗攝 圖90] 客 (긱), 額 (익)

---

55) '弘'은 '홍'이라고도 하는데 현재는 이 '홍'이라는 음을 사용한다.

[梗攝 囲 92] 宅·擇·澤 (틱)

[梗攝 囲 94-1] 窄 (칙), 百·伯·拍·白… (빅)

[梗攝 囲 98] 核 (힉), 阨·厄… (익)

[梗攝 囲 100] 責·策·冊 (칙)

[梗攝 囲 101-2] 麥·脈 (믹)

[梗攝 囲 96] 虢 (괵)

[梗攝 囲 102] 馘 (괵), 獲 (획)

[曾攝 囲 279] 劾 (획)

[曾攝 囲 282] 塞 (식)

[曾攝 囲 290] 嗇·穡·色 (식) 등

양운(陽韻)의 입성(入聲)에서 가장 주목해야 하는 것은 소위 설내(舌內) 입성
(入聲), 즉 '-t'가 한국 한자음에서 '-r(ㄹ)'로 된다는 사실이다. 이 '-r'은 한국
에서도 매우 오래 되었다. 이러한 'r'과 관련하여 아리사카(有坂) 박사는 입
성 운미의 소실 과정을 다음과 같다고 보았다.

그리고 한국 한자음의 '-ㅂ, -ㄹ, -ㄱ'은 "아마도 위의 'b, r, g'의 단계를
모방한 것인 듯하다. 즉 입성 운미가 점차 약화된 채로 있던 시기의 특색
을 보이고 있는" 것이라고 생각했다.56) 또한 이러한 "r은 on-glide만큼이나
semirolled 된 것"이라고 했다.57) H. Maspero는 한국 한자음의 이러한 특징을

---

56) 아리사카 히데요(有坂秀世) 박사가 지은 『國語音韻史の硏究』(增補新版)의 「漢字の朝
鮮音について」 305~306쪽 참고.

57) 바로 앞의 아리사카(有坂) 박사 책 참고. 한국어의 'ㄹ(r)'은 음절말에서는 '[l]'이다.

8세기 장안음의 유성 마찰음(spirante sonore) 'ẟ'라고 보고 티베트의 대음(對音) '-r'과 위구르의 대음(對音) '-r'도 'ẟ'에서 나온 것으로 해석했다.[58] 이 문제에 있어서는 아리사카(有坂) 박사의 사고 방식이 적절한 듯하다. 한국어 '-r'의 기원을 중국음 그 자체의 변화 단계 중 하나에서 찾는 방법이 상식적이기도 하고 게다가 중앙아시아 언어들에 의한 전사(轉寫)의 설명에도 적절하기 때문에 저자 또한 그러한 설명을 따르고자 한다.

다만 이 경우, 한국어의 토양에서도 일어날 수 있었다는 점을 덧붙여 두고자 한다. 한국의 고대형에서는 개음절의 2음절이었던 단어가 둘째 음절 모음의 탈락에 의해 폐음절의 1음절 형태로 바뀌는 경우가 있다. 예를 들어 '고마'(熊)가 '곰'으로, '셔마'(島)가 '셤'으로 변했다. 그런데 고대 한국어 시기에 중국으로부터 한자음을 수입했을 때 일본과 마찬가지로 폐음절 한자음에는 말음을 떠받치는 모음을 덧붙이려 했다. 가령 '葛'(kât⁰)을 받아들여 'katV'로 바꾸었다. 그렇게 되면 't'는 모음 사이에 놓이게 된다.

한편 고대 한국어의 어떤 시기에 모음 사이의 't[d]'가 'r'로 변화했던 일이 있다. 지금도 그 흔적으로 '牧丹'이 ' *motan'에서 'moran'으로 된 것, '次第'가 ' *chɐtyəi'에서 'charyəi'로 된 것이 있으며 동사 '모르-'(不知)는 ' *mot-ar-[59] 〉 *morar- 〉 morɐr- 〉morɐ- 〉morɯ-'로 설명할 수 있다. 또한 '海'를 뜻하던 고어 ' *patɐr'[60]은 중기어에서 'parɐr'(바롤)로 되었다는 점, 현재 ㄷ-불규칙 활용 동사, 가령 '듣-'(聞)은 모음으로 시작하는 접사 앞에서 '들-'이 되는데 이것 역시 모음 사이의 't'가 'r'로 바뀐 결과라는 점 등에서도 찾아볼 수 있다.

이제 다시 앞으로 되돌아가 '葛'을 'katV'로 받아들이려 했다면 't'가 모

---

58) H. Maspero의 「Le dialecte de Thc'ang-ngan sous les T'ang」(『B.E.F.E.O.』 20호, 1920)의 42쪽 참고.
59) 'mot'은 불가능을 뜻하는 부사이고 'ar-'은 '知'를 뜻하는 동사(알-)이다.
60) 『日本書紀』에서는 'ハトリ'(ha-to-ri)이다.

음 사이에 오게 된다. 그러므로 'katV'는 'karV'가 된다. 그 후 둘째 음절의
모음 'V'가 탈락해서 단음절로 바뀌면 'kar'이 된다. 이러한 생각에 특별히
집착하지는 않지만 가능성은 있다고 생각하여 서술해 보았다.

양운(陽韻)의 입성(入聲) 운미도 앞에서 서술한 대응에 따라 엄밀하게 구별
되고 있다. 다만 [曾攝 圖292]에는 중국 원음의 '-k'가 '-p'로 나타나는 예가
약간 있다.

- 逼 : 핍(『類合』, 『千字文』, 『華東』의 속음, 『玉篇』의 속음), 벽(『類合』의 又音, 『三韻』,
  『奎章』), 픽(『華東』)
- 偪 · 幅 : 핍(『華東』의 속음, 『玉篇』의 속음), 벽(『三韻』, 『奎章』), 픽(『華東』)
- 煏 : 핍(『訓蒙』), 픽(『華東』), 벽(『三韻』, 『奎章』)

5.2.2.3 음운(陰韻)

음운(陰韻)의 운미(F)에는 '-∅, -i, -u'의 세 가지 종류가 있다. '-∅'는 물론
논리적인 것이다.[61] '-i'와 '-u'는 모음이기 때문에 주요 모음(V)과 합쳐져서
명확히 드러나지 않는다는 점이 있다. 특히 한국어는 원래 중국어와 같이
이중모음과 삼중모음을 풍부하게 지닌 언어는 아니며 오히려 그와 반대로
단모음화의 경향이 강한 언어이기 때문에 주요 모음과 陰韻 운미의 축약이
두드러진다. 그 중에서도 效攝과 流攝은 단모음화가 뚜렷하다.

운미 '-u'의 경우 效攝은 일반적으로 一等韻의 '-âu'는 'ㅗ'가 되고 二 · 三
· 四等韻의 '-au, -iäu(-ïäu), -(i)eu'는 모두 'ㅛ'가 된다.[62] 流攝에서는 侯韻의
'-əu'가 'ㅜ', 尤韻의 '-ïəu'는 'ㅜ', '-iəu'는 'ㅠ', 幽韻의 '-iĕu'는 'ㅠ'가 된
다. 개괄적으로 말하면 效攝은 'ㅗ', 流攝은 'ㅜ'라고 일반화할 수 있다.

운미 '-i'의 경우는 원칙상 표기로는 명확히 나타난다. 蟹攝에서는 '애,

---

61) [역자주] '-∅'는 논리상으로만 설정했을 뿐 실제로는 아무것도 없음을 뜻한다.
62) 二等韻의 '-au'는 'ㅗ'가 되는 경우도 있다.

에, 예, 이, 왜, 웨, 위, 외' 등으로 나온다. 止攝에서는 치두음과 그 밖의 경우에 'ㅇ'가 출현하는 것 이외에 슴口에서 '유'가 되어 '-i'를 탈락시킬 때가 있다. 다른 것은 '의, 위, 위'로 나타난다. 이처럼 '-i'로 끝나는 중모음(重母音) 형태는 이 표기가 이루어진 시대에는 중모음으로 발음되었겠지만 그 후 단모음화 경향이 나타나서 '-ㅐ(ai)'는 '[ɛ]', '-ㅔ(əi)'는 '[e]', '-ㅓ(ei)'는 '[ɛ]', '-ㅚ(oi)'는 '[ö]' 등으로 변화했다. 또한 蟹攝의 四等韻(開口)에는 '예'와 함께 그에 평행하게 '여'도 있는데 이는 '-i'의 경우도 단모음화했음을 보여준다.[63] 즉 '-iäi→ye〉-yə'인 것이다.

5.2.3 주요 모음(V) : A-韻類

음절의 중핵(中核)을 이루는 주요 모음(V)를 논의함에 있어서는 우선 모든 운(韻)을 A-부류와 B-부류로 나누어 고찰하는 것이 편리하다. 16개의 운섭(韻攝)을 A-부류와 B-부류로 구별하는 것은 이미 서술한 바와 같다. 그럼 A-부류의 운(韻)에 대한 검토부터 시작한다.

A-부류의 운은 운미(F)의 종류에 따라 (1) 山攝, (2) 咸攝, (3) 梗攝, (4) 宕攝(江攝), (5) 果攝(假攝), (6) 蟹攝, (7) 效攝 중 하나로 분류된다. 이때 江攝은 宕攝에, 假攝은 果攝에 포함하여 다루는 것이 편리하다. 부록의 <자료음운표>에서는 江攝과 假攝의 명칭을 그대로 두었지만 이하의 서술에서는 특별한 필요가 없는 한 江攝과 假攝은 각각 宕攝과 果攝에 포섭하기로 한다. 이상의 7가지 운섭은 주요 모음(V)과 관련하여 서로 간에 완전한 평행 관계를 보인다. 이제 A-부류 운들의 중고음 체계를 표시하기로 한다.

운에 들어있는 주요 모음의 상호 관계에는 '사등호(四等呼)'가 이용된다.

---

63) [역자주] 이 문장에 나오는 단모음화는 바로 앞에 나온 '-i'계 이중모음의 단모음화를 가리키는 것이 아니라 운미 'i'가 모습을 드러내지 않고 주요 모음과 함께 단모음으로 실현되는 것을 나타낸다.

이것은 당대(唐代)를 거치면서 점차 성립된 것으로서『韻鏡』의 운 체계에서는 중요한 역할을 하고 있다. 그러나『韻鏡』의 '사등(四等)' 배열은 그 자체로서의 의미를 지니고 있겠지만 이 책에서 이용하는 것은『韻鏡』의 개념과 반드시 일치하지는 않는다. 이미 서술했듯이64) 여기서의 사등운(四等韻)은 四等에 전속(專屬)된 운만을 가리키고 三·四等을 포함한 운의 四等은 三等(甲)으로 설정했다. 다음 표에서 등(等)을 넷(Ⅰ~Ⅳ)으로 구분한 것도 이러한 의미에 따른 四等의 구별이다. 또한 운을 고찰함에 있어서는 당대(唐代) 운의 체계를 가장 순수하게 전하고 있다고 생각되는 慧琳의『一切經音義』에 나오는 반절 체계를 참조할 필요가 있어서 이것을『切韻』의 체계와 대비해 보기로 한다.

等	F\V	攝	開 口						
			-n(~-t)	-m(~-p)	-ng´(~-k´)	-ng(~-k)	-Ø	-i	-u
			山	咸	梗	宕	果	蟹	効
Ⅰ	-â-		寒 -ân	覃 -âm 談 -âm		唐 -âng	歌 -â	咍 -âi 泰 -âi	豪 -âu
Ⅱ	-a-		删 -an 山 -ăn	衔 -am 咸 -ăm	庚(二) -ang´ 耕 -ăng´	江 -âng	麻(二) -a	佳 -ai(α) 夬 -ai(β) 皆 -ăi	肴 -au
Ⅳ	-e-		先 -en	添 -em	青 -eng´			齊 -ei	蕭 -eu
Ⅲ f	-ia-		仙(甲) -iän	鹽(甲) -iäm	清 -iäng´	陽(甲) -iâng	麻(三) -ia	祭(甲) -iäi	宵(甲) -iäu
	-ïa-		仙(乙) -ïän	鹽(乙) -ïäm	庚(三) -ïäng´			祭(乙) -ïäi	宵(乙) -ïäu
	-ïe-		元 -ïen	嚴 -ïem		陽(乙) -ïâng	戈(三) -ïâ	廢 -ïei	

이 표는 평성의 운으로써 상성, 거성, 입성에 해당하는 운을 대표했다.65)

---

64) [역자주] 5.2.1.3.의 앞 부분 내용 참조.
65) [역자주] 가령 평성인 寒韻(-ân)만 제시하고 이에 대응하는 거성 翰韻(-ân), 상성 翰

평성에 속하는 운이 없을 경우에는 거성의 운을 제시했다.[66] 凡韻은 嚴韻 속에 포함시켰다. 'f'는 순경음화를 야기하는 운이다.[67]

等	F(攝/V)	-n(~-t) 山	-m(~-p) 咸	-ng´(~-k´) 梗	-ng(~-k) 宕	-Ø 果	-i 蟹	-u 効
I	-â-	桓 -uân			唐 -uâng	戈(一) -uâ	灰 -uâi / 泰 -uâi	
II	-a-	刪 -^{w}an		庚(二) -^{w}ang´		麻(二) -^{w}a	佳 -^{w}ai(α) / 夬 -^{w}ai(β)	
		山 -^{w}ăn		耕 -^{w}ăng´			皆 -^{w}ăi	
IV	-e-	先 -^{w}en		青 -^{w}eng´			齊 -^{w}ei	
III	-ia-	仙(甲) -i^{w}än		清 -i^{w}äng´			祭(甲) -i^{w}äi	
	-ïa-	仙(乙) -ï^{w}än		庚(三) -ï^{w}äng´			祭(乙) -ï^{w}äi	
	-ïɐ-	元 -ï^{w}ɐn			陽(乙) -ï^{w}âng	戈(三) -ï^{w}â	廢 -ï^{w}ɐi	

이제 참고 삼아 慧琳이 지은 『一切經音義』의 반절이 나타내는 체계와 비교하면 다음과 같다.

〈『切韻』에서 『一切經音義』로의 추이〉[68]

等	F(攝/V)	-n(~-t) 山	-m(~-p) 咸	-ng´(~-k´) 梗	-ng(~-k) 宕	-Ø 果	-i 蟹	-u 効
I	-â-	寒 → 寒	覃/談 → 覃		唐 → 唐	歌 → 歌	咍/泰 → 咍	豪 → 豪
II	-a-	刪/山 → 刪	銜/咸 → 銜	庚(二)/耕 → 庚(二)	江 → 江	麻(二) → 麻(二)	佳/夬/皆 → 佳	肴 → 肴

韻(-ân), 입성 曷韻(-ât)은 제시하지 않는다는 의미이다. 이들은 성조만 다를 뿐 주요 모음(V)이 같으므로 편의상 이러한 조치를 취한 것이다.

66) 아래의 표도 마찬가지이다.
67) 다만 戈韻(三等)에는 순음자(脣音字)가 없다.

等	F V	-n(~-t) 山	-m(~-p) 咸	-ng´(~-k´) 梗	-ng(~-k) 宕	-Ø 果	-i 蟹	-u 效
III	-ïa-	先 仙 → 仙 (甲) (甲)	添 鹽 → 鹽 (甲) (甲)	青 清 → 清	陽 → 陽 (甲)　(甲)	麻 → 麻 (三)　(三)	齊 祭 → 祭 (甲) (甲)	蕭 宵 → 宵 (甲) (甲)
	-ïa-	仙 (乙) → 仙 元 (乙)	鹽 (乙) → 鹽 嚴 (乙)	庚 (三) → 庚 (三)	陽 → 陽 (乙)　(乙)	戈 → 戈 (三)　(三)	祭 (乙) → 祭 廢 (乙)	宵 (乙) → 宵

※ 합구(合口)의 경우는 생략한다.

　위의 표로부터 곧바로 판명되듯이 『一切經音義』에서는 세 가지 현저한 개신이 이루어졌다.

　첫째, 『切韻』에서 각각 一等과 二等에 속하는 중운(重韻)[69]들이 전부 합병되어 一等과 二等 모두 하나씩의 운만 지니게 되었다.

　둘째, 『切韻』에서 四等韻은 三等韻(甲)에 합류되고 있다.

　셋째, 三等韻 甲類와 乙類의 대립은 명백하며 元韻, 嚴韻, 廢韻과 같은 운은 三等韻(乙)로 합류되고 있다.

　이러한 세 가지 변화는 대규모로 그리고 철저하게 이루어졌다. 근세음의 운들이 보이는 합병의 토대는 이미 당대(唐代)에 닦여 있었던 셈이다.

---

68) 慧琳의 『一切經音義』에 나오는 반절에 대해서는 黃淬伯 씨의 유명한 연구인 『慧琳一切經音義反切攷』에 근거했다. 다만 黃淬伯 씨는 소위 重紐의 문제를 무시하고 있으며 또한 『一切經音義』의 반절 특징도 부분적으로밖에 알아내지 못했다. 그래서 그의 표로부터 재편제하면 대체로 이 표의 모양새가 된다.

69) [역자주] 중운(重韻)은 一等韻과 二等韻 중에 開合과 等이 같은 운(韻)이 둘 이상 있는 경우를 지칭한다. 쉽게 말해 표면상 음가가 같은 듯한데도 별개의 운(韻)으로 설정되어 있는 것을 가리킨다. 앞의 표에서 합류가 일어난 一等韻과 二等韻의 운들은 모두 중운을 이룬다.

5.2.3.1 A-운류(韻類) : 一等

A-韻類의 一等韻에 속하는 V(주요 모음)는 Karlgren 씨에 의하면 후설모음
인 'α(ɑ̂)'이었으며 A-韻類의 二等韻 모음인 'a'(전설의 a)와 대립했다. 이러한
학설은 거의 확고부동하다. 다만 咸攝과 蟹攝에 중운(重韻)이 나타나며 이러
한 중운(重韻)의 차이에 대해서는 여러 가지 제안이 있어 왔다. Karlgren 씨
는 이것을 양적(quantity)인 차이라고 생각하여 覃韻은 '-ậm',[70] 談韻은 '-âm'
이고 또한 咍韻은 '-ậi', 泰韻은 '-âi'라고 했다. 중운(重韻)이 단순한 양적인
차이에 불과한 것인지 아니면 그래도 질적(quality)으로 어떤 차이가 나는지
는 적어도 중고음의 단계에서는 어쨌든 불분명하다. 이 책에서는 '-ậm, -ậi'
와 같은 기호를 사용하여 '-âm, -âi'와 구별하겠지만 그렇다고 해서 반드시
양적 차이라는 의미로 한정하는 것은 아니다. 그리고 'â'라는 기호를 철저
하게 유지하는 것은 『一切經音義』와 같이 중운(重韻)을 해소한 경우를 고려
했기 때문이다.

이러한 A-韻類의 一等韻들이 한국 한자음에서 어떻게 나타나는지는 다
음과 같다.

		平聲·上聲·去聲			入聲		
		切韻	慧琳	韓國音	切韻	慧琳	韓國音
開口	山	寒 -ân	寒 -ân	안	曷 -ât	曷 -ât	알
	咸	覃 -ậm 談 -âm	覃 -âm	암	合 -ập 盍 -âp	合 -âp	압
	宕	唐 -âng	唐 -âng	앙	鐸 -âk	鐸 -âk	악
	果	歌 -â	歌 -â	아			
	蟹	咍 -ậi 泰 -âi	咍 -âi	익, 애			
	效	豪 -âu	豪 -âu	오			

---

70) 발음 기호 밑의 '.'은 짧은 음임을 가리킨다.

	平聲 · 上聲 · 去聲			入聲		
	切韻	慧琳	韓國音	切韻	慧琳	韓國音
合 口 山	桓 -uân	桓 -uân	완	末 -uât	末 -uât	왈
宕	唐 -uâng	唐 -uâng	왕	鐸 -uâk	鐸 -uâk	왁
果	戈 -uâ	戈 -uâ	와			
蟹	灰 -uâi 泰 -uâi	灰 -uâi	외, 왜			

이 표에 따르면 A-韻類 一等韻의 V(주요 모음) 'â'와 'ậ'는 일반적으로 'ㅏ'로 나타난다. 다만 蟹攝에서 '이'(ei)'와 '으(ɐ)'로 나오는 경우가 있으며 蟹攝의 合口에 있는 '외'는 예전에 '*wɐi'71)였다고 생각된다. 이러한 蟹攝의 문제에 대해서는 5.2.3.2.의 二等韻 문제와 총괄하여 살펴기로 한다. 效攝의 '豪'가 '오'로 되는 것은 '-âu'가 축약된 결과이다. 效攝에서 일반적으로 'VF'(운복+운미)가 합쳐져서 '오' 또는 '요'가 되는 것은 앞서 5.2.2.3.을 참조할 수 있다.

앞의 표를 보면 한국 한자음에서는 중고음에서 'â'와 'ậ'가 보이는 차이점 같은 것은 전혀 고려되지 않는다. 蟹攝의 '이'와 '애'의 대립은 후술하겠지만 咍韻과 泰韻의 대립에 대응하는 것은 아니다. 이 점에서 한국 한자음은『切韻』보다 慧琳의『一切經音義』와 일치한다. 다만 한국 한자음에서는 一等韻의 V(â)와 二等韻의 V(a)도 구별하지 않기 때문에 이것만으로는 무엇이라고 말할 수 없다.

특이한 예로 주목해야 하는 것에 대해서 서술하기로 한다.

(1) [咸攝 圖62]의 '蠶'은『類合』,『書經』,『華東』에 '줌'으로 되어 있다.

---

71) [역자주] 蟹攝 合口의 '외'를 '*wɐi'로 재구하면 蟹攝에는 원칙적으로 '으(ɐ)'가 들어간다고 일반화할 수 있으므로 이것을 감안하여 재구한 듯하다. 또한 여기에는 'wɐ(w+으)'가 '오'로 바뀐다는 사고가 들어있는데 이것은 'ㅸ〉오'의 변화에서 간접적으로 확인할 수 있는 바이기도 하다.

이 한자는 『訓蒙』에서 볼 수 없지만 『訓蒙』에는 그 이체자(異體字)인 '蚕'이 역시 '줌'으로 되어 있다. 이때의 '-ᆷ(-ɐm)'은 이 한자가 覃韻이라는 점에서 주목된다. 왜냐하면 覃韻은 Karlgren 씨에 의하면 상고음에서는 '-əm'이었기 때문이다. 이러한 추정은 일본 오음(吳音)에서 '曇'이 'ドン(don)', '紺'이 'コン(kon)'이라는 점에 의해서도 지지된다. 한국 한자음의 'ᄋ'가 종종 중국음의 'ə'에 대응한다는 점에서 보면 '蠶'(줌)은 覃韻이 아직 '-əm'의 단계였을 무렵의 음을 적은 것이다.[72] 이와 동일하게 [咸攝 囯62]의 '鐕'이 『華東』에 '줌'으로 되어 있고 '糁'이 『訓蒙』에 '슴'으로 되어 있다.

(2) [果攝 囯145]의 '個'가 속음에서 '개'가 된 것은 그 이유를 알 수 없다. 다만 客家, 汕頭, 溫州 지방에서 '箇'가 'ko' 또는 'ku' 이외에 'kai'로 된 것에 주목해야 한다. 歌韻의 글자 중 '-ai'가 된 예는 다른 데에도 있다. '鵝'는 福州 지방에서 'nguai', '舵'는 廣東에서 'tʰai', 汕頭에서 'tai', 福州에서 'tuai'이다. 또한 '唾'는 溫州에서 'tʰai', '破'는 福州에서 'pʰuai'로 되어 있다.[73] '-i'가 덧붙은 것은 한국어의 특수한 사정 때문이라고 생각된다. 한국어의 문장 안에서는 한자(漢字)에 모음 'i'가 첨가되는 기회가 끊임없이 생겨난다. 특히 예전 시기의 언어에서 그러하다. 이전에는 주격 조사가 모음으로 끝나는 말에 붙어도 그 형태가 '-i'였으며 또한 서술격 조사는 '-i(ra)'였다. 따라서 'i'가 덧붙는 경우가 많아지면 그 'i'가 한자음의 일부라고 느끼는 것도 자연스러울 것이다. '個' 역시 그렇지 않을까 생각된다.

(3) [効攝 囯222]에 나오는 '牢'(뢰)의 'i'는 분명 '個'의 'i'와 동일한 기원을 가진 것이다.

(4) [効攝 囯223]의 '艘·嫂'가 『訓蒙』에 '수'로 되어 있는 것은 유추에 기반한 것이다.

---

72) [역자주] 만약 覃韻의 중고음 음가(-âm)을 반영했다면 'ᄋ'가 아닌 '아'가 되었어야 한다는 사고가 깔려 있다.
73) Karlgren의 『EPC』 714쪽 참조.

(5) [山攝 圖8]의 '盌'(원)은 유추이다. [山攝 圖11]의 '蒜'이『訓蒙』에 '쉰'
으로 되어 있는 것은 근세음인 듯하다.

(6) [果攝 圖152]의 '妥'(태『類合』)와 [果攝 圖153]의 '銼·瑣'가 '쵀'로 되
어 있는 것은 위의 (2)와 (3)에서 서술한 내용의 예로 보인다.

5.2.3.2 A-운류(韻類) : 二等

A-韻類 二等韻의 V(주요 모음)는 전설(front)의 'a'이다. 그러나 一等韻의 경
우와 마찬가지로 중운(重韻)의 경우에는 양적으로나 질적으로 미세한 차이
를 보였던 듯하다. 二等韻에서의 중운(重韻)은 山攝, 咸攝, 梗攝, 蟹攝에서 나
타나며 특히 蟹攝에서는 佳韻, 夬韻, 皆韻의 세 가지 중운(重韻)이 인정된다.
이러한 二等韻의 중운에 대해 Karlgren 씨는 역시 양적인 차이라고 보고서
'a'과 'ă'라는 기호로 구별하고 있다. 두 음의 차이가 양적인 것인지, 질적
인 것인지 아니면 두 가지 모두인지는 알 수 없지만 어떤 구별이 있었다는
점은 확실한 듯하다.[74] 一等韻의 경우와 같이 여기서도 Karlgren 씨의 기호
를 받아들여서 'a'를 그대로 쓰며 세부적인 차이는 '˘'의 유무로 표시하고
자 했다. 蟹攝의 세 가지 중운(重韻)은 皆韻을 '-ăi'로 하되 佳韻과 夬韻은 모
두 '-ai'로서 불분명하기 때문에 夬韻을 '-ai(β)'로 했다. 佳韻은 夬韻과 구별
할 필요가 있을 때에 '-ai(α)'로 했는데 특별히 필요가 없는 한 그냥 '-ai'로
표기했다.

二等韻의 V(주요 모음) 중에는 종래의 학설과 다소 차이가 나는 점이 있다.

첫째, Karlgren 씨 이래로 梗攝의 庚韻에 대해 '-ɐng(~-ɐk)'을 할당해 왔는
데 만약 이때의 'ɐ'를 元韻, 嚴韻, 廢韻의 'ɐ'와 동일한 모음이라고 한다면

---

74) 이 문제에 대해서 미즈타니 신조(水谷眞成) 씨의 「梵語の'ソ/舌'母音を表わす漢字 :
二等重韻と三四等重紐」(『言語研究』37, 1960년 3월)라는 논문은 매우 시사하는 바가
많은 논의이다.

이것은 대단히 안 좋은 형국이 된다. 왜냐하면 庚韻 三等의 脣音字는 元韻
과 嚴韻(凡韻) 등의 脣音字와는 달리 순경음화를 일으키지 않기 때문이다.
게다가 庚韻 三等은 淸韻이 三等(甲)인 것에 대해 三等(乙)의 위치를 차지하
고 있으므로 만약 庚韻의 V(주요 모음)를 'ɐ'로 한다면 순경음화를 야기하지
않은 이유를 알 수가 없다. 순경음화의 조건은 이미 서술했듯이 (ㄱ) 三等
(乙)의 'ɨ-'를 지닐 것, (ㄴ) 중설 내지 후설의 V를 지닐 것, 이 두 가지를
들 수 있다.[75] 그렇기 때문에 庚韻의 V를 전설에서 나는 'a' 모음으로 한다
면 문제는 해결된다.

(ㄴ) 耕韻에 대해 Karlgren 씨는 처음에는 역시 '-ɐng'이라고 했다가 나중
에 '-ɛng'이라고 했다. 이것은 별반 이유가 없다. 董同龢 씨는 이것을 '-äng'
이라고 했는데[76] 이것 역시 기호를 바꾼 것뿐이다. '-äng'으로 하든 '-ɛng'
으로 하든 뒤에서 서술할 四等韻인 靑韻(-eng)과 혼동하기 쉽다. 그래서 지
금은 음가의 결정을 서두르지 않고 '-ăng''으로 해 둔다.

(ㄷ) 江韻에 대해 Karlgren 씨는 '-ång'라고 했다. 이것은 기교적인 절충안
이다. 그러나 이 음가는 육조(六朝) 시대의 것이다. 적어도 당대(唐代) 이후에
는 '-ang'이 가장 적절하다. 江韻과 庚韻의 구별은 F(운미)의 차이로 설명된
다.[77]

이렇게 하여 A-韻類 二等韻은 V(주요 모음)를 일관되게 'a'로 할 수 있는
것이다.

이제 각 운이 한국 한자음에 어떻게 나타나는지를 표로 제시해 본다.

---

75) [역자주] 순경음화의 조건은 고노 로쿠로(河野六郎)가 1954년에 발표한 「唐代長安
    音に於ける微母に就いて」(『中國文化研究會會報』 4-1, 東京敎育大學)에 좀 더 자세히
    나온다. 4장의 각주 (171)~(173)에도 이와 관련된 내용이 약간 나온다.
76) 『上古音韻表稿』(國立中央研究院歷史語言研究所集刊 18)의 104쪽 참조.
77) [역자주] 江韻의 운미는 연구개음이고 庚韻의 운미는 경구개음이다. 운미 '-ng'를 연
    구개음과 경구개음의 두 가지로 구분하는 문제는 5.2.2.의 논의를 참고할 수 있다.

攝	平聲·上聲·去聲			入聲		
	切韻	慧琳	韓國音	切韻	慧琳	韓國音
山	刪 -an / 山 -ăn	刪 -an	안	黠 -at / 鎋 -ăt	黠 -at	알
咸	銜 -am / 咸 -ăm	銜 -am	암　(염)	狎 -ap / 洽 -ăp	狎 -ap	압　엽
梗	庚(二) -ang´ / 耕 -ăng´	庚(二) -ang´	잉　영	陌(二) -ak´ / 麥 -ăk´	陌(二) -ak´	익　역
宕	江 -ång	江 -ang	앙	覺 -åk	覺 -ak	악
果	麻(二) -a	麻(二) -a	아			
解	佳 -ai(α) / 夬 -ai(β) / 皆 -ăi	佳 -ai	애 / 익 / 예			
效	肴 -au	肴 -au	오　요			

攝	平聲·上聲·去聲			入聲		
	切韻	慧琳	韓國音	切韻	慧琳	韓國音
山	刪 -ʷan / 山 -ʷăn	刪 -ʷan	완	黠 -ʷat / 鎋 -ʷăt	黠 -ʷat	왈
咸						
梗	庚(二) -ʷang´ / 耕 -ʷăng´	庚(二) -ʷang´	욍	陌(二) -ʷak´ / 麥 -ʷăk´	陌(二) -ʷak´	윅
宕						
果	麻(二) -ʷa	麻(二) -ʷa	와			
解	佳 -ʷai(α) / 夬 -ʷai(β) / 皆 -ʷăi	佳 -ʷai	왜 / 와 / 외			
效						

이 표를 보면 一等韻의 경우와 같이 일반적으로 V(주요 모음)는 'ㅏ'로 나타난다. 다만 梗攝에서는 '잉', 蟹攝에서는 일부가 '이'로 되어 있고 效攝은 V(주요 모음)와 F(운미)가 합쳐져서 '오'로 되어 있다. 게다가 二等韻 開口에서는 咸攝에 '염'와 '엽', 梗攝에 '영'과 '역', 蟹攝에 '예'가 나오듯이 'yə-'로 되는 경우가 있다. 또한 效攝에는 '오' 이외에 '요'가 의외로 많다.

(1) 梗攝부터 시작한다. 梗攝 二等韻의 牙喉音字는 현대 북경음에서는 두 가지 계통의 음이 합류하고 있다. 庚韻의 '更'과 耕韻의 '耕'은 'kêng¹(kəng¹)'과 'ching¹(tśing¹)'의 두 음이 있다. 이 두 음은 중고음 'kang´¹(또는 kăng´¹)'으로부터 별개의 경로를 거친 결과이다. 'kəng¹'은 梗攝이 曾攝에 합류함으로써 'a'가 'ə'로 바뀐 것이며 이러한 과정에서 운미(F)의 '-ng´'는 '-ng'로 변화하고 있다. 한편 'tśing¹'은 우선 'kang¹'의 'k'가 구개음화78)되어 'kia-'가 되고 다시 '-ng´'의 구개음적인 on-glide가 발달하여 '-ʸng'로 바뀌어 그 결과 'kiäing¹'이 된다. 그리고 'ä'는 앞뒤의 'i'에 협공을 받아 'king¹'으로 바뀌고 이것이 'tśing¹'으로 변화한 것이다. 'kəng¹'은 'tśing¹'에서 보이는 二等韻 牙喉音字의 구개음화라는 현저한 변화가 적용되지 않았다. 이는 'kəng¹'의 경우 'ka-'가 'kia-'로 변하기 전에 'kə-'로 바뀌어 버렸기 때문일 것이다.

한국 한자음의 '깅'이라는 형태는 'kang´'의 단계든지 또는 이미 'kəng´'으로 바뀐 단계든지 어느 쪽으로도 생각할 수 있다. 앞에서 다룬 것처럼 한국 한자음의 'ㅇ'는 중국음의 'ə'에 잘 대응하기 때문이다. 그러나 한편으로 한국어의 'ㅇ'는 '아'가 약화된 것이라고도 볼 수 있다. 가령 '오늘'(今日)의 '늘'은 '날'(日)이 합성어의 둘째 음절이 되면서 약화된 것이다. 그렇다면 'kang´'에서 'kəng´'으로 바뀌는 추이 과정에서 'a'가 양적, 질적으로 약

---

78) [역자주] 여기서의 구개음화란 자음이 구개음으로 직접 바뀌는 것이 아니고 구개음적인 요소 'i'가 생기는 현상을 가리킨다. 이 책에서는 자음이 직접 구개음으로 바뀌는 변화와 구개성 개모가 덧생기는 변화를 모두 구개음화라고 부르므로 유심히 구분할 필요가 있다.

화를 일으켰으리라 생각되므로 'kəŋ´'의 앞 단계인 'kăŋ´'를 나타내는 데 '깅'이 가장 적당했을지도 모르는 일이다.

한편 한국 한자음에서 '영'으로 될 때가 있는데 아후음자(牙喉音字)의 경우는 전술한 'tśiŋ'을 만들어 낸 'kiäŋ´'의 단계를 '영'이 잘 나타내고 있다고 말할 수 있을 듯하다. 아후음(牙喉音) 이외의 경우에는 유추에 의한 것이 많다. 가령 [圖94-2]의 '猩'(셩『訓蒙』)이 그러하다. 『訓蒙』에서는 '·싱·싱·이 셩'이라고 되어 있어 한자음으로는 '셩'인데 그 훈에 쓰이고 있는 '·싱·싱·이'(猩猩)에는 '·싱'으로 되어 있다. 『華東』,『三韻』,『奎章』에서는 '싱'을 한자음으로 하고 있다. '셩'은 물론 '星'(셩)의 유추형이다.

(2) [咸攝 圖68]의 '夾…'(겹 또는 협)은 유추의 가능성이 짙다. '鎌'(겸)은 분명히 유추이다. 그러나 [蟹攝 圖190]에 보이는 '계'는 아후음(牙喉音) 二等의 구개음화로 보인다.

(3) 이제 蟹攝의 문제로 가 보고자 한다. 蟹攝은 특히 포함하고 있는 운(韻)이 많아서 一等韻과 二等韻을 종합적으로 고찰할 필요가 있다. 번거로움을 무릅쓰고 蟹攝의 一等韻과 二等韻 상황을 표로 보이면 다음과 같다. 이 표에 대해서 서술하기로 한다.

			開　口 (一等韻)		
ㅣ	ㅜ	咍　韻		泰　韻	
見	平	[긔]該·垓·陔·祴…	[개]剴		
	上	[긔]改·陔			
	去		[개]槩·溉·摡	[개]蓋·丐	
溪	平	[긔]開			
	上		[개]愷·凱·鎧…		
	去	[긔]欬	[개]慨·愾·嘅	[개]磕·愒	
疑	平		[애]啀·獃		
	去		[애]礙·硋·碍	[애]艾	
曉	平	[히]咍			
	上	[히]海·醢			

		咍 韻		泰 韻	
	ㅣ	ㅜ			
匣	平	[히]孩			
	上	[히]亥			
	去	[히]瀣·劾			[해]害
影	平	[이]哀	[애]埃·唉·欸		
	上	[이]欸·毐	[애]藹·靄		
	去	[이]愛·璦·曖			[애]藹·靄·餲
端	上		[대]歹		
	去	[디]戴·襶		[디]帶·癀	
透	平	[티]胎·鮐·台·邰			
	去	[티]態 [디]貸			[태]汰·泰·太
定	平	[디]臺·擡·薹			
		[티]誉·炱·簦			
	上	[디]待			
		[티]怠·殆·迨…			
	去	[디]代·黛·岱·瑇…			[대]大·汰
		[티]逮·隸·迨…			[태]鈦
泥	平		[내]能		
	上		[내]乃·迺·廼		
	去		[내]耐·能		[내]柰·奈
來	平	[리]來·萊·倈…			
	去	[리]睞 [뢰]賚		[뢰]瀬·賴·癩…	
精	平	[지]災·栽·哉			
	上	[지]宰·縡			
	去	[지]載·再			
清	平	[치]猜·偲			
	上	[치]綵·采·彩·採…			
	去	[치]菜·埰			[채]蔡·縩
從	平	[지]裁·財·才·纔…			
	上	[지]在			
	去	[지]載·截			
心	平	[시]鰓·顋 [싀]顋			
	去	[시]塞·賽	[새]賽		

開 口 (一等韻)

開　口 (一等韻)

ㅣ	ㅜ	咍韻		泰韻
幫	平	[비]坏盃		
	去	[비]背輩		[패]貝·沛·芾·狽…
滂	平	[비]坏醅肧		
	去	[비]配妃		[패]霈淓
並	平	[비]培陪·裴·排…		
	上	[비]琲倍		
	去	[비]焙	[패]悖佩·孛·邶…	[패]斾
明	平	[미]梅媒·枚·玫…		
	上	[미]每·苺·洗		
	去	[미]妹昧·眛·瑁…	[미]眛沫	

合　口 (一等韻)

ㅣ	ㅜ	灰韻		泰韻
見	平	[괴]傀·瑰		
	去	[궤]憒		[괴]鱠膾·檜（又[회]）
溪	平	[괴]恢·詼·悝·魁…		
	上	[괴]傀		
	去	[괴]塊·凷		[괴]禾會
疑	平	[외]嵬·峞 [위]桅		
	上	[외]頠·隗		
	去	[의]磑		[외]外
曉	平	[회]灰·詼		
	上	[회]賄·悔		
	去	[회]誨·晦·頮		[홰]喙·噦·翽
匣	平	[회]回·迴·徊·槐…		
	上	[회]匯·瘣		
	去	[회]潰·繢		[회]繪會·檜…
影	平	[외]煨·隈		
	上	[외]猥		
	去			[외]濊·薈

	T	灰 韻		泰 韻	
端	平	[되]鎚碓堆敦…			
	去	[디]對碓敦		[디]祋	
透	平	[퇴]推蓷			
	上	[퇴]腿			
	去	[퇴]退		[태]娧蛻駾	
定	平	[뙤]頹瘣隤魋…			
	去	[뙤]隊憝譈…		[때]兌駾	
泥	平	[뇌]捼			
	上	[뇌]餒鮾			
	去	[뇌]內			
來	平	[뢰]雷儡珊輠…			
	上	[뢰]儡磊蕾壘…			
	去	[뢰]耒酹礧…		[뢰]酹	
精	平	[최]㪍朘			
	去		[쵀]晬晬絴	[최]最稡椊	
清	平	[최]崔催縗…			
	上	[최]漼漼…			
	去		[쵀]倅淬焠…		
從	平	[최]摧漼			
	上	[최]罪皋			
	去			[최]蕞	
心	平	[쇠]挼			
	去		[쵀]碎誶		

開　口 (二等韻)

	T	佳 韻		夬 韻		皆 韻	
見	平	[개]街佳				[기]皆偕	[계]階
	上		[기]解				
	去		[기]懈	[개]犗		[개]介芥	[계]界戒
溪	平					[기]揩偕	
	上					[기]楷鍇	
	去					[기]勓	
疑	平	[애]崖漄					
	上					[애]騃	
	去	[애]睚					

開　口 (二等韻)

I	T	佳 韻		夬 韻		皆 韻	
曉	去					[홰]諙	
匣	平	[히]鮭膎	[혜]鞋			[히]骸諧	
	上	[히]解蟹				[히]駭絃	
	去	[히]邂				[히]械瀣	[혜]獬
影	平	[애]哇				[애]挨	
	上	[애]矮					
	去	[의]隘阨		[애]餲喝		[애]噫	[의]呝
徹	去			[태]蠆			
澄	上	[채]廌豸					
娘	上	[내]嫋妳					
莊	平					[지]齋	
	去	[채]債				[채]瘵祭	
初	平	[채]釵叉	[치]差			[치]差	
	去	[채]差瘥					
牀	平	[지]柴柴	([쇠]柴)			[지]豺(又[쇠])	[제]儕
	去	[지]眦		[채]寨	[치]砦柴		
山	上	[새]灑					
	去	[쇄]曬晒				[쇄]殺鎩	
幫	上	[패]擺					
	去			[패]敗		[비]拜扒	
滂	去	[패]派		[패]浿		[비]湃	
並	平	[패]牌				[비]排俳	
	上	[패]罷					
	去	[패]粺		[패]敗唄		[패]韛	[비]惼
明	平					[미]霾埋	
	上	[미]買					
	去	[매]賣		[매]邁勱		[미]韎	

合　口 (二等韻)

I	T	佳 韻		夬 韻		皆 韻	
見	平	[괘]媧蝸				[괴]乖	
	上	[괘]柺拐					
	去	[괘]卦掛		[괘]夬儈		[괴]怪壞	
溪	平	[괘]喎					
	去			[괘]快噲		[괴]蒯喟	

I	T	佳韻		夬韻		皆韻	
		合　口 (二等韻)					
疑	去						[훼]瞶
曉	去			[홰]鼃			
匣	平					[회]懷·淮	
匣	上	[희]野					
匣	去	[화]畫		[화]話		[회]壞	
影	平	[왜]蛙·黿				[왜]歪	
初	去			[최]嘬			

우선 一等韻 開口의 咍韻과 泰韻의 상황을 살펴보면 대체적인 추세는 咍韻이 '이', 泰韻이 '애'라고 말할 수 있을 듯하다. 다만 咍韻에는 '애'로 된 것도 많다. 그리고 '이'와 '애'의 구별은 대체로 해성(諧聲)의 부류에 따라 결정되는 모습이다. 즉 豈聲字, 旣聲字, 矣聲字는 '애'가 되는 것이다. 이러한 咍韻 '이(ɐi)'와 泰韻 '애(ai)'의 구별은 Karlgren 씨가 '-ậi : -âi'의 차이를 양적인 것으로 본 논리적 근거가 되고 있다.[79] 분명히 매력적인 견해이긴 하지만 咍韻에 나오는 '애'를 설명할 필요가 있을 뿐만 아니라 一等韻 合口는 開口의 경우와 평행적이지 않은 사실을 간과해서는 안 된다. 가령 灰韻과 泰韻의 표를 보면 명확해지듯이 開口의 상황에서 보자면 泰韻의 合口는 당연히 '왜'가 되어야만 하는데도[80] 실제로는 '외'[81] 쪽에 중점이 놓여 있다. 결과적으로 한국 한자음에 있어서 '이'와 '애'는 중고음의 咍韻과 泰韻의 구별을 그대로 반영하고 있다고 단순하게 말할 수는 없는 것이다.

이제 二等韻 쪽으로 눈을 돌리면 佳韻과 夬韻은 모두 開口에서 '애', 合口에서 '왜'를 주로 하며[82] 皆韻은 開口에서 '이', 合口에서 '외'[83]를 주된 것

---

79) Karlgren의 『EPC』 633쪽 참조.
80) [역자주] 泰韻은 開口일 경우 '애'로 나오는 경우가 대부분이며 '애'에 대응하는 合口는 '왜'이므로 이러한 예상이 가능하다. 한국 한자음에서 開口와 合口의 대립쌍은 앞서 5.2.1.2.에서 표로 일목요연하게 정리한 바 있으므로 참고할 수 있다.
81) '외'는 '익'의 합구이다. [역자주] 따라서 泰韻은 開口가 '애'임에도 불구하고 그 合口는 '외'가 됨으로써 開口와 合口 사이에 평행적인 관계가 성립하지 않는다.

으로 하는 모습이다. 그러나 예외도 꽤 많다. 'ㅎ'의 경우에는 '히'가 되지만 'ㅇ'의 경우에는 '애'로 치우치는 경우가 많으며 또한 'ㅂ'은 '비'가 되지만 'ㅍ'은 '패'가 되는 것과 같은 음절 편향이 눈에 띈다. 또한 개구(開口)의 경우 '예'로 되는 예가 약간 있으며 주로 아후음자(牙喉音字)에서 보인다. 이것은 앞에서 살핀 것처럼 二等韻 아후음(牙喉音)의 구개음화 예로 보인다. 예를 들어 '階'는 'kăi¹ 〉kiai¹ 〉kiäi¹'와 같은 단계를 밟았다. 이러한 단계를 한국에서 '계'로 받아들인 것이다.

이리하여 一等韻과 二等韻을 통틀어 살피면 어떤 경우든 장모음에는 '애', 단모음에는 '익'를 할당하는 듯이 보인다. 이것은 어쩌면 모음의 장단 차이가 아니고 가령 명확한 발음을 요구하는 경우와 애매하게 발음하는 경우의 차이일지도 모른다. 앞에서도 보았듯이 한국어의 '·'(ɐ)는 중국어의 'ə'를 잘 모사(模寫)한 것이며 한국어 음으로서는 'ㅏ'가 약화된 것이라고 생각되기 때문이다. 그러나 예외가 많이 존재한다는 사실과 특히 一等韻 合口의 불균형 등을 고려하면 '애 : 익'의 대립은 어떤 체계(system) 안의 공시적인 대립(opposition)이라고 생각해야 하는 것은 아니며, 예전 층위에 새로운 층위가 덧씌워진 것과 같은 상황은 아닐까 한다.

이러한 상황은 이미 脣音字의 분포를 서술하면서 咍韻에 속하는 脣音字[84]의 단층(斷層)에 대해 다루었는데[85] 층위의 차이라는 사고는 어쩌면 전면적으로 받아들여도 좋지 않을까 한다. 이 경우 '익'가 구층(舊層)이고 그위에 '애'가 더해졌다고 볼 수 있으며 이러한 사고에 따르면 원래 한국 한자음에는 蟹攝의 경우에도 '-ɐi'와 '-âi'의 구별이 없었던 셈이 된다. 泰韻의 合口에서 '외'가 뿌리 깊이 세력을 뻗친 것은 구층(舊層)을 잘 드러내고 있

---

82) [역자주] '애'에 대응하는 합구가 '왜'이므로 개합의 대응이 잘 이루어진다.
83) [역자주] '익'에 대응하는 합구가 '외'이므로 개합의 대응이 잘 이루어진다.
84) 『廣韻』에서는 灰韻이다.
85) 앞의 4.2.9.1.의 (9) 참조.

다고 할 수 있을 성싶다. 그리고 한국 한자음에서는 'a'가 'i' 앞에서 모습이 조금 바뀐 것은 아닌지 모르겠다. 梗攝의 경우도 운미(F)인 '-ng´'에서 분리된 'i'에 의해[86] '앵(aing)'이 되지 않고 '잉(ɐing)'이 된 듯하다.[87] 그렇다면 한국 한자음에서는 慧琳의『一切經音義』와 마찬가지로 중운(重韻)의 차이가 전혀 반영되지 않았다는 결론에 이른다.

(4) [効攝 圖225, 226, 227, 228, 229]에는 '오'와 '요'가 나온다. [圖225, 226]의 아후음자(牙喉音字)가 거의 규칙성 있게 '요'로 되는 것은, 예를 들면 'kau¹'(交)가 二等韻 牙喉音의 구개음화에 의해 'kiau¹'로 바뀐 것을 '교'로 표시했다고 생각된다.[88] 그러나 다른 경우, 가령 [圖227]의 '嘲'(됴), '鐃'(뇨) 등은 성부(聲符)에 대한 유추라고 할지라도 '鬧(nau³)'가 '뇨'로 된 것은 알 수가 없다. 마찬가지로 [圖228]의 '鈔'(쵸) 역시 '요'를 나타낸다. [圖229]의 脣音字는 일반적으로 'ㅗ'로 나오지만 '豹'는 '표', '卯'는 '묘'로 되었는데 원음인 '-au'가 합쳐져서 '-yo'로 바뀌는 경우가 있었던 것은 아닐까 한다.

(5) [山攝 圖22]의 '限'이『類合』,『易經』,『華東』에서 '흔'으로 되어 있는 것은 艮聲字인 '很·恨'(흔, 圖241)에 대한 유추이다.

(6) [江攝 圖140]의 '學·嶨'이 '혹'으로 된 것은 주목해야 할 이례(異例)이다. 왜냐하면 이것은 어쩌면 이 한자의 육조음(六朝音)인 'ɣâk'의 흔적일 수 있기 때문이다.

(7) [江攝 圖143]의 '雙'이『訓蒙』에 '솽'으로 된 것은 중국 근세음 'shuang¹'의 형태이다.

(8) [梗攝 圖102]에서『書經』에 '閎(閎天)'과 '宏(宏父)'이 '굉'으로 나오고

---

86) [역자주] 앞에서도 다루었듯이 구개음 운미 앞에 활음 'y'가 발달하는 경우가 있다고 한다. 이 활음이 'i'가 되었다고 보고 있다.
87) [역자주] 'i' 앞에서 'a'가 'ɐ'로 조금 바뀌었다는 것이다.
88) [역자주] 여기에 따르면 아후음(牙喉音)에 있어서 二等韻이 '요'로 나오는 것은 이들 음이 중국에서 겪은 구개음화(엄밀하게는 'i'의 첨가)를 반영한 결과가 된다.

'泓'이『華東』과『玉篇』의 속음으로 '홍'이라고 되어 있는 것은 '굉'과 '횡'
의 계통과는 다른 경로의 한자음을 나타낸 것이다.

(9) [梗攝 圖101]의 입성(入聲)에서 '蝈·膕'이『訓蒙』에 '국'으로 나온 것
은 물론 '國'의 음에 대한 유추이다. 그런데 '蝈·摑·蟈'이『華東』에 '귁'
으로 되어 있는 것은 '國'이『東國正韻』에 '귁'으로 규정되어 있는 점을 상
기시킨다.『東國正韻』의 '·귁'은 '國'의 예전 관화음(古官話音)인 '＊kuəi'를
토대로 하고 있는 듯한데 이러한『東國正韻』의 음이 근소하게나마 후세에
영향을 주고 있는지도 모른다.

5.2.3.3 A-운류(韻類) : 四等과 三等(甲)

山攝의 先韻, 咸攝의 添韻, 梗攝의 靑韻, 蟹攝의 齊韻, 效攝의 蕭韻은 소위
四等 專屬韻이며 이 책에서는 이것만을 四等韻이라고 부른다.[89] Karlgren
씨는 이 四等韻의 음가를 '-ien, -iem' 등으로 설정했다. 그런데 이들 四等韻
을 표시하는『廣韻』의 반절을 살펴보면 반절 상자(上字)에 요음(拗音)적인 글
자를 사용하지 않고 一等韻에 쓰이는 직음(直音)적인 글자를 사용하고 있다.
예를 들어 先韻의 '先'(蘇前切)과 '堅'(古賢切)과 '田'(徒年切), 添韻의 '兼'(古
甛切)과 '甛'(徒兼切), 靑韻의 '經'(古靈切), 蕭韻의 '蕭'(蘇彫切)와 '驍'(古堯切)
와 '迢'(徒聊切), 齊韻의 '雞'(古奚切) 등에 보이는 '蘇, 古, 徒'와 같은 반절
상자는 一等韻인 寒韻의 '刪'(蘇干切), 豪韻의 '騷'(蘇遭切), 唐韻의 '岡'(古郎
切), 咍韻의 '該'(古哀切), 覃韻의 '覃'(徒含切), 歌韻의 '駝'(徒河切) 등에 나타
나고 있다. 게다가 一等韻과 四等韻은 성모(聲母)의 분포도 완전히 동일하다.
즉 아음(牙音), 후음(喉音), 순음(脣音) 이외에 설음(舌音)은 설두음(舌頭音), 치음
(齒音)은 치두음(齒頭音)이 나타나며 요음(拗音)적인 것은 인정할 수가 없는 것
이다. 그래서 현재는 四等韻의 음가를 '-en, -em' 등으로 하는 것이 통례(通

---

89) [역자주] 여기에 대해서는 5.2.1.3.의 내용을 참고할 수 있다.

例)이다.90) 이 책에서도 이러한 형태를 『切韻』의 음으로 채택한다.91)

四等韻은 당대(唐代)에 들어 변화(-e-〉-iä)를 일으켜서 三等韻 甲類로 합류되었다. 이것을 가장 명백하게 보여 주는 것은 慧琳의 『一切經音義』에 나오는 반절이다. 이제 한국 한자음의 모습을 살펴봄에 있어 이러한 사정을 고려하여 『切韻』과 『一切經音義』를 대비하면서 四等韻과 三等韻 甲類가 한국 한자음에 나타나는 양상을 요약하면 대체로 다음 표와 같이 된다.

攝	開　口					
	四等韻			三等韻(甲)		
	切韻	慧琳	韓國	切韻	慧琳	韓國
山	先 -en	仙(甲) -ian	연	仙(甲) -iän	仙(甲) -ian	연
咸	添 -em	鹽(甲) -iam	염	鹽(甲) -iäm	鹽(甲) -iam	염
梗	青 -eng′	清　-iang′	영	清　-iäng′	清　-iang′	영
宕				陽(甲) -iâng	陽(甲) -iang	양
果				麻(三) -ia	麻(三) -ia	야
蟹	齊 -ei	祭(甲) -iai	예	祭(甲) -iäi	祭(甲) -iai	예
效	蕭 -eu	宵(甲) -iau	요	宵(甲) -iäu	宵(甲) -iau	요
	合　口					
山	先 -ᵂen	仙(甲) -iᵂan	연	仙(甲) -iᵂän	仙(甲) -iᵂan	연
咸						
梗	青 -ᵂeng′	清　-iᵂang′	영	清　-iᵂäng′	清　-iᵂang′	영
宕						
果						
蟹	齊 -ᵂei	祭(甲) -iᵂai	예	祭(甲) -iᵂäi	祭(甲) -iᵂai	예
效						

이 표에서 곧바로 판명되듯이 慧琳의 『一切經音義』에서는 『切韻』에서의 四等韻과 三等韻 甲類의 구별이 폐기되었으며 한국 한자음은 이 점에서 『一

---

90) H. Maspero의 「Le dialecte de Thc'ang-ngan sous les T'ang」(『B.E.F.E.O.』 20호, 1920) 94
　　쪽과 그 밖에 李榮 씨가 지은 「切韻音系」(『語言學專刊』 第4種)의 107쪽 참고.
91) 다만 부록의 <자료음운표>에는 '-(i)en, -(i)em' 등의 형태로 적었다.

『切經音義』와 완전히 일치한다. 한국 한자음에서는 山攝, 咸攝, 梗攝, 蟹攝에 '여'가, 宕攝, 果攝에 '야'가 나타나고 效攝은 운미(F) 'u'와 주요 모음(V)이 합쳐져서 '요'로 되어 있다. 게다가 한국 한자음의 '여'는 중국음 '-iä-'에 대응한다는 사실을 알 수 있다. 또한 합구(合口)에서는 합구 요소를 잃어버리고 원칙상 '여'로 되어 있다.

이 표에서 『一切經音義』의 칸에는 복원음(復原音)을 참고 삼아 제시해 두었는데 이것은 저자 개인의 안이다. 黃淬伯 씨는 『慧琳一切經音義反切攷』에서 慧琳의 『一切經音義』에 나오는 반절을 훌륭하게 체계화했지만 복원음의 상정은 시도하지 않았다. 저자의 우견(愚見)으로는 당대(唐代) 음운 체계를 보여 주는 운서가 없는 오늘날에 있어서는 慧琳의 『一切經音義』에 반영된 체계가 그것을 대신한다고 믿고 있다. 黃淬伯 씨의 표를 기반으로 하고 여기에 다소간의 수정을 가한다면 의외로 흥미로운 것이 만들어지는 듯하다. 여기서는 상세한 것을 서술할 겨를이 없지만 그 중 일부를 서술하면 다음과 같은 사실도 알 수 있다.

예컨대 『反切攷』[92] 210장 앞면에는 '纖'이 나오는데 이 글자의 반절로 제시된 것에 '星間'과 '相間'의 두 가지가 있다. 이미 말한 『一切經音義』의 반절 특성상[93] 반절의 상자(上字)는 'IMV-(성모+개모+주요 모음)'를 나타낼 수 있으므로 '星'이나 '相'은 모두 '纖'과 'IMV-'가 동일해야 할 것이다. '星'은 『切韻』의 음으로 'seng´¹'이고 '相'은 『切韻』의 음으로 'siâng¹'이다. 그러나 『一切經音義』에서는 '星'이 'seng´¹'으로부터 'siäng´¹'으로 바뀌었기 때문에 '纖[94]'의 'IMV-'인 'siä-'와 동일하다. 그런데 '相'도 'IMV-'가 같다고 한다면 '相' 역시 'siäng¹'이 되어야 마땅하지만 '相'은 陽韻이므로 'siä-'로 되지는 않는다. 아마도 '相'은 'siang¹'이었다고 생각된다. 그러나 반절을 적

---

92) 이하에서는 黃淬伯 씨의 『慧琳一切經音義反切攷』를 『反切攷』로 약칭한다.
93) [역자주] 『一切經音義』의 반절 특성은 5.2.2.의 앞부분을 참고할 수 있다.
94) 『切韻』의 음은 'siäm¹'이다.

는 사람에 따라서는 '纖(siäm¹)', '星(siäng¹)', '相(siang¹)'의 'IMV-'가 같은 것이었으며 이 세 글자의 차이는 F(운미)인 '-m, -ng´, -ng'에 있다고 생각했던 듯하다. 이러한 사례는 여기저기서 눈에 띈다. 그래서 이러한 사실을 기반으로 표에 나오는 것과 같은 복원음을 고찰한 것이다.

앞의 표에 나오는 한국 한자음은 대표적인 형태를 제시한 것이어서 개별 한자의 문제로 가면 갖가지 이례(異例)가 나타난다. 그 중 중요한 것에 대해 서술하기로 한다.

(1) [山攝 圖50](四等韻)의 疑母에 '齞'(언)과 '嵲·槷·臬·薛·臲·陧'(얼)이 있다. '薛'은 [山攝 圖29]의 薛韻(三等乙, '-iät⁰')에 '擘·櫱'이 '얼'로 되어 있기 때문에 여기에 대한 유추인 듯하다. 다른 한자들은 그러한 이유가 없다. 어쩌면 예전의 四等韻 '-et' 또는 '-en'의 흔적일지도 모른다.

(2) [山攝 圖53](四等韻)의 泥母에 속하는 '捏·涅·篞·苶'에 '날'이라는 속음이 있다. 이것도 중고음 이전의 형태일지 모른다.

(3) [梗攝 圖114](四等韻)의 疑母에 '鷁'이 있다. 이 한자는 『訓蒙』, 『類合』에서는 '익', 『華東』에는 '익', 『三韻』, 『奎章』, 『玉篇』에는 '역', 『玉篇』의 두주(頭注)에 나오는 속음은 '일'로 되어 있다. 『華東』의 '익'은 성부(聲符)인 '益'의 유추이지만 『訓蒙』과 『類合』의 '익'은 불분명하다. 이와 유사한 예로는 三等韻(甲)의 [梗攝 圖104]에 '腋·液' 등과 같은 夜聲字가 역시 '익'으로 되어 있는 경우가 있다. 두 경우 모두 예상되는 음은 '역'이다. 또한 [梗攝 圖114]에는 '喫·齧'의 음으로 '긱'이 있다.

(4) [梗攝 圖117]의 四等韻 錫韻에 속하는 '礫·櫟'은 『訓蒙』에서 음이 '륵'이다. 게다가 '櫟'은 『詩經』에도 '륵'으로 되어 있다. 다른 자료에서는 규칙적으로 '력'이다. 또한 泥母의 '溺'은 '닉'이다. 錫韻字는 '-iäk´'를 거쳐 '-ik'이 되었다고 생각하기 때문에 이러한 '닉'은 비교적 신형이라고 하겠다. '礫·櫟'의 '륵'이 고형에 속하는 한자음인지는 확실치 않다.⁹⁵⁾

(5) [蟹攝 圄213](四等韻)의 去聲 影母字에 '曀·饐·殪·壒'(에)가 있다. 다만 '曀'는 『訓蒙』과 『類合』에서는 '예'이다. '殪'는 『詩經』, '壒'는 『華東』에서 '예'로 되어 있다. 이러한 '에'는 어쩌면 四等韻의 고형(古形)인 'ei'를 전한 것인지도 모른다.

(6) [蟹攝 圄214](四等韻)의 설두음(舌頭音)에 '데'가 아닌 '뎌'로 되어 있는 것이 꽤 있다. '低·氐·底·詆·抵·柢' 등 氐聲字가 그러하다. 이러한 상황은 동일한 蟹攝 四等韻인 [圄216]의 치두음(齒頭音)에서도 보인다. 가령 '妻·凄·悽…'(쳐)와 '西·棲·犀'(셔), '壻·婿…'(셔)가 그 예이다. 이들은 기초적인 한자들이기 때문에 '여'가 '예'라는 형태 이전에 존재하던 고형이지는 않을까 생각되기도 한다. 이미 서술한 것처럼 '여'는 중국음의 'ïä'에 대응하는 것이며 한국의 고유어에서도 예전에는 '*ye'였던 것으로 보인다.96) 그리고 效攝과 마찬가지로 F(운미) 'i'를 V(주요 모음)에 흡수해 버린 것은 아닐까 한다.97)

또한 [蟹攝 圄216]에는 '嘶·澌·澌'(싀), '撕'(스), '沛'(즈) 등과 같은 유추형이 있다.

(7) 앞과 동일한 蟹攝 四等韻인 [圄215]에 그 음이 '이'로 되어 있는 것도 있다. '泥·禰…'(니)가 그것이다. 같은 조건인 [圄217]에는 '蜱' 등과 같은 毘聲字와 卑聲字 '鼙' 등에 '비'가 있고 '米·迷·謎' 등은 그 음이 '미'이다. 모두 '예'보다 신형인 근세음들이다. 또한 [圄215]에는 '黎·蟸·麗' 등이

---

95) 來母字가 'ri-'로 기대되는데도 'rɯ-'로 되는 경우가 가끔 보인다는 점에 주의해야 한다.

96) [역자주] 앞에서도 그렇고 여기서도 그렇고 고노 로쿠로(河野六郎)는 오래 전 한국어 모음 체계에 일대 변동이 일어났음을 전제하고 있다. 소위 모음 추이와 비슷한 개념을 상정한 것인데 여기에 대해서는 결론의 6.2.에서 구체적으로 언급하게 된다.

97) [역자주] 蟹攝은 재구음에 운미 'i'가 있다. 이 운미가 한국 한자음 '여'에 반영되지 않은 이유를 운미가 주요 모음에 흡수되었기 때문은 아닌지 그 가능성을 타진하고 있다. 이 내용은 조금 뒤에서 다시 요약, 정리하게 된다.

'려'로 나온다. (6)의 '여'와 같은 성격의 고형이다.

(8) [梗攝 囯104](三等韻甲)에는 '益'과 그 외의 益聲字가 '익'으로 나온다. 이것은 (4)에서 서술한 것과 마찬가지로 '역'보다는 신형이다. 같은 [囯104]에서 上聲의 喩母字인 '楹'은 『訓蒙』에서 '빙'으로 나오는데 이것은 물론 유추형이다. 또한 [梗攝 囯105]의 徹母에 '騁'(칭)이 있는데 이 한자도 속음을 '빙'이라고 한다.

(9) [宕攝 囯135]의 '槍・蹌・搶'(창)은 성부(聲符)인 '倉'의 유추이다. '斨・戕'은 '장'이다.

(10) [蟹攝 囯202]의 '厲・蠣・勵' 등은 '려'이다. 또한 [蟹攝 囯203]의 '勢'(셔 『類合』), '誓・筮・噬・逝…'(셔)도 그 운이 '여'이다.98) 이 한자들은 모두 三等韻인데 (6)이나 (7)과 마찬가지로 '예' 이전의 형태이다.

(11) [蟹攝 囯203]에서 上聲의 '茝'는 『廣韻』의 海韻에 속하며 昌給切이라는 반절을 지닌다. 李榮 씨가 의거한 故宮本 『刊謬補缺切韻』(王仁昫 편찬)99)에는 昌殆切로 되어 있다.100) 한국 한자음에서는 '치'이며 李榮 씨의 재구음인 'ṭṣĥi(=ṭäi)'는 의외로 올바른 것일지도 모른다.101)

이상 개구(開口)에서의 주된 이례(異例)에 대해 서술했다. 그 중에서도 가

---

98) 다만 '勢'는 일반적으로 '셰'이다. '筮'는 『書經』과 『華東』에서 '셰'이지만 『易經』에서는 '셔'이다. '噬'는 『易經』, 『華東』에 '셰', '逝'는 『書經』, 『華東』에 '셰', '誓'는 『訓蒙』, 『華東』에 '셰'로 나온다.

99) [역자주] 원문에는 '故宮本王仁昫刊謬補缺切韻'이라고 되어 있다. 서명은 '刊謬補缺切韻'으로 당나라 때 王仁昫가 『切韻』의 잘못을 없애고 글자의 뜻을 보태어 편찬한 책이다. 이 책은 현재 두 가지 종류가 남아 있는데 하나는 파리 국민도서관에 소장되어 있고 다른 하나는 북경 고궁박물원에 소장되어 있다. 원문의 '故宮本'은 북경 고궁박물원본을 가리킨다.

100) 李榮 씨가 지은 「切韻音系」(『唐寫本王仁昫刊謬補缺切韻』, 廣文書局 간행)의 24쪽 참조.

101) 李榮 씨가 지은 「切韻音系」(『唐寫本王仁昫刊謬補缺切韻』, 廣文書局 간행)의 158쪽 참조.

장 주목해야 하는 것은 蟹攝 四等韻의 경우로서 이것은 '여', '예', '이'의 세 가지 층위가 병존하고 있다. '여'가 가장 오래된 층위의 형태이며 F(운미) 'i'가 V(주요 모음)인 'e' 속에 흡수되었다. '예'는 蟹攝 四等韻의 주류를 이루는 것으로서 앞의 표에 나오듯이 원음(原音)과의 대응상으로는 대표적인 형태이다. 마지막으로 '이'라는 형태가 나오는데 이것은 중국어에서 '-iäi'로부터 '-i'로 변화한 후의 단계를 가리킨다. 또한 이 변화와 평행적으로 梗攝에서도 '-ㅢ(ik)'이라는 형태를 두세 개 볼 수 있다.

다음은 합구(合口)에서의 특이한 예이다.

(12) [蟹攝 圖 218](四等韻)에서는 平聲인 '유'와 去聲인 '예'의 대립이 눈에 띈다. 이것은 三等韻인 [蟹攝 圖 207, 208]과 함께 고려해야만 한다. 三等韻에서는 보통 '예'로 되어 있다. 그런데 [圖 207]의 '綴'은 『類合』에서 '튜', 『詩經』(20 : 24b)에 '츄'로 되어 있어 [蟹攝 圖 218]에 나오는 四等韻 平聲의 경우와 동일하며, 개모(介母) '-iʷ-'를 취해서 'VF'를 희생시킨 형태이다.[102] 또한 [圖 208]의 '毳 · 脆' 등은 '취'로 되어 있다. 더욱이 [圖 207]의 '贅'는 『訓蒙』에 '췌[cʰüəi]', 『詩經』에 '췌[cʰüəi]'로 되어 있다.[103] 일반적으로 'ㅊ' 뒤에서는 합구적 요소가 남아 있다. 이 외에는 모두 합구 요소를 잃어 버려서 '예'로 되었다.

---

102) [역자주] VF를 희생시켰다는 것은 아마도 '綴'이 소속된 합구의 祭韻 '-iwäi' 중 VF에 해당하는 '-äi'를 한국 한자음에 제대로 반영하지 못했다는 의미인 듯하다. 앞에서도 언급했듯이 四等韻과 三等韻(甲)은 합구(合口)의 경우 합구적 요소를 잃어버리며 그 결과 祭韻(合口)는 '예'로 되는 것이 일반적인데 '綴'은 오히려 합구적 요소가 있는 개모를 취하고 VF를 잘 반영하지 않아서 '예'가 되지 않고 '유'가 되었음을 가리킨다.

103) 다만 『華東』, 『三韻』, 『奎章』에서는 그 음이 '취'이다. 현대의 음은 '췌'이다.

『切韻』의 중고음 체계에서는 三等韻 乙類에 해당하는 운(韻)이 두 가지 있었다. 하나는 Karlgren 씨의 소위 α-형, 즉 三·四等 兩屬韻에 속하는 것이고 다른 하나는 Karlgren 씨의 소위 β-형 운(韻)이다. 그리고 이 β-형 운(韻)들은 庚韻을 제외하면 순경음화를 일으킨다. 그래서 여기서는 순경음화(f)를 기준으로 하여 A-부류의 운을 다음의 두 가지로 나눈다.

- 三等韻(乙) : 仙(乙), 鹽(乙), 庚(三), 祭(乙), 宵(乙) - 'Ⅲ乙'로 표시
- 三等韻(f) : 元, 嚴(凡), 陽(乙), 戈(三),[104] 廢 - 'Ⅲf'로 표시

三等韻(甲)과 四等韻을 본따서 『切韻』, 『一切經音義』, 한국 한자음을 대비하면 다음 표와 같이 된다.

攝	開 口					
	三等韻(乙)			三等韻(f)		
	切韻	慧琳	韓國	切韻	慧琳	韓國
山	仙(乙) -ĭän	仙(乙) -ĭan	언	元 -ĭen	仙(乙) -ĭan	언(안)
咸	鹽(乙) -ĭäm	鹽(乙) -ĭam	엄	嚴(凡) -ĭem	鹽(乙) -ĭam	엄
梗	庚(三) -ĭäng´	庚(三) -ĭang´	영			
宕				陽(乙) -ĭâng	陽(乙) -ĭang	앙
果				戈(三) -ĭâ	戈(三) -ĭa	아
蟹	祭(乙) -ĭäi	祭(乙) -ĭai	에	廢 -ĭei	祭(乙) -ĭai	예(애)
効	宵(乙) -ĭäu	宵(乙) -ĭau	요			
	合 口					
山	仙(乙) -ĭwän	仙(乙) -ĭwan	원	元 -ĭwan	仙(乙) -ĭwan	원(완)
咸						
梗	庚(三) -ĭwang´	庚(三) -ĭwang´	영			
宕				陽(乙) -ĭwâng	陽(乙) -ĭwang	왕

104) 戈韻 三等韻인 戈(三)에는 순음자(脣音字)가 없지만 여기에 포함시킨다.

果				戈(三) -ǐwâ	戈(三) -ǐwa	와
蟹	祭(乙) -ǐwäi	祭(乙) -ǐwai	웨	廢 -ǐwɐi	祭(乙) -ǐwai	웨
効						

이 표를 보면 四等韻 및 三等韻(甲)과 마찬가지로 慧琳의 『一切經音義』는 『切韻』에 나오는 三等韻(乙)과 三等韻(丙)의 구별을 폐기했다는 점, 한국 한자음도 이 점에서는 『一切經音義』와 일치한다는 점을 알 수 있다. 한국 한자음에서 四等韻 및 三等韻(甲)과 차이 나는 부분은 요음(拗音) 'y'를 탈락시키고 있다는 점이다. 이는 앞서 서술했듯이 개모 '-ǐ-'가 '-ɯ-'로 수용되며 이 '-ɯ-'가 주요 모음인 'ㅓ', 'ㅏ', 'ㅟ', 'ㅘ'에 흡수105)된 것이다. 또한 주요 모음(V) 'ㅓ(ə)'는 이 경우에도 중국음 '-ä'를 반영하고 있다. 다만 梗攝의 庚韻, 蟹攝의 廢韻(開口), 効攝의 宵韻에서는 '영', '예', '요'가 되어 요음 'y'를 나타내고 있어서 위의 원칙에서 벗어난다.

특이한 예 중 중요한 것에는 다음과 같은 것이 있다.106)

(1) [山攝 圖29](Ⅲ乙)에 '罥'(견『訓蒙』), '孔'(혈『訓蒙』)이 있다.

(2) [山攝 圖36](Ⅲ乙)에서 순음자(脣音字)는 모두 '연, 열'이다.107)

(3) [咸攝 圖76](Ⅲ乙)에서 '鉗 · 箝' 등이 '겸'인 것은 중국어에서 '-ǐ-'가 '-i -'로 변화한 후의 신형인 듯하며 (1)도 마찬가지이다. 또한 '芡'은 『訓蒙』에서 '감', 『華東』, 『三韻』, 『奎章』, 『玉篇』에서 '검', 『玉篇』의 속음으로는 '감'이다.

(4) [咸攝 圖77](Ⅲ乙)에서 羽母의 '炎'은 '염', '曄 · 爗'은 '엽', '饁'은 『訓蒙』

---

105) [역자주] 5.2.1.3.의 뒷부분 내용을 참고할 수 있다.
106) [역자주] 앞의 표를 기준으로 각 섭(攝)의 표준형에서 벗어나는 것을 중심으로 논의한다.
107) 5.2.1.3. 참고. [역자주] 5.2.1.3.에서 개모 '-ǐ-', '-ǐ-'가 한국 한자음에서 어떻게 반영되는지 표로 정리한 것을 보면 순음자(脣音字)가 특이한 모습을 보인다.

에서 '넙', 『詩經』에서 '엽'이다. 이때의 'y'는 위의 (3)을 참조할 수 있다.

(5) [梗攝 圖111](Ⅲ乙)의 '戟·隙·郤·郄·屐·劇' 등은 '극'이다. 이것은 梗攝의 대표형이 '영~역'이라는 점에 대비하여 주목할 가치가 있다. '극' 은 'kĭak´〉kĭäᵞk〉kĭik'으로 바뀐 결과를 적고 있는 듯하다. 이것은 梗攝과 曾攝의 합류와 관계가 있다.

(6) [蟹攝 圖201](Ⅲ乙)에서 溪母의 '憩·揭' 등과 群母의 '偈·碣'가 '게'임 에 비해 見母의 '猘·罽·綱'는 '계', 影母의 '瘞'는 '예'로 되어 있다. 이 또 한 (3)에 준하여 생각할 수 있다.

(7) [効攝 圖230, 231, 236](Ⅲ乙)은 규칙성 있게 '요'로 되어 있는데 이 '요' 는 '-ĭau'를 반영하고 있는지 또는 '-ĭau'가 '-ḭau'로 변화한 형태를 반영하 고 있는지 알 수 없다.

(8) [山攝 圖45](Ⅲf)의 月韻에 '羯·揭'(갈), '碣·竭·楬'(갈), '訐·钀'(알)이 있고 [圖46](Ⅲf)에 '謁·暍·瘀…'(알)이 있다. 다만 '蠍·歇·猲·蝎'은 '헐' 이다.

(9) [山攝 圖47](Ⅲf)에서 순음(脣音)은 平聲에서 '번'으로, 上聲과 去聲에서 '반', '판' 또는 '만'으로 나타남으로써 일견 성조의 차이에 따라 '언'과 '안' 이 나뉘는 것처럼 보이지만 入聲에서는 '髮·發'이 '발', '韈·襪'이 '말'임 에 비해 '筏·罰·伐' 등은 '벌'로 되어 있어서 반드시 그런 것만은 아닌 듯 하다.108) '번, 벌'은 어떤 단계를 나타낸 것인지, 순경음화가 일어나기 전 단

---

108) 다만 『一切經音義』에서 平聲의 경우에는 반절 하자(下字)로 '袁(-ĭʷɐn)'을 많이 사 용하는데 上聲과 去聲의 경우에는 거의 脣音字밖에 없다는 점은 단순한 우연의 일치일까? 入聲의 경우에도 脣音字가 주된 것이며 상당수는 이 元-月韻 가운데서 택하고 있지만 그 중 '蕃八反'이라고 되어 있는 것이 있다. 또한 '戨'의 반절 하 자에 '月'을 사용하고 있는 것도 주목된다. [역자주] 각주의 내용 중 '元-月韻'은 月韻이 平聲인 元韻에 대응하는 입성운(入聲韻)임을 나타내기 위한 표현인 듯하 다. 앞에 나오는 반절 하자 '袁'이 元韻에 속하므로 결국 『一切經音義』의 반절 하 자에 공통점이 있다고 할 수 있다. '蕃八反'의 '八'은 山攝에 속하지만 月韻이 아 닌 黠韻(대응하는 平聲韻은 刪韻)에 속한다.

계(pǐen)인지 아니면 순경음화가 일어난 후의 단계(fɯen?)인지 알 수가 없다. 순경음화를 일으킨 후에는 개모 '-ǐ-'가 소실되었다고 생각되므로 '＊fan'과 같은 형태가 상정되는데 여기에는 '반'이나 '판'이 적당하다. 아마도 '반' 또는 '판'은 '＊fan'이라는 형태를 전하고 있다고 생각된다. 그렇지만 (8)의 '알' 등에 따르면 元韻(月韻)의 V(주요 모음)는 당(唐) 이전 시기에는 'ɐ'였던 것 같으므로 순경음화 이전 형태라고 생각하는 것도 가능하다. 이 문제는 어찌되었든지 간에 여기서도 층위의 차이에 따른 예를 볼 수 있다.

(10) [咸攝 囯83](Ⅲf)의 '欠'은 '흠'이다. 이것은 '欽'(흠)의 유추이다. [囯 84](Ⅲf)의 '枕'(흠 『訓蒙』)도 마찬가지이다.

(11) [咸攝 囯84](Ⅲf)의 '俺·裺'은 '암'이다. '脅·脇' 등은『三韻』,『奎章』에서는 '협'이지만 '협'으로 되는 경우도 있다. [咸攝 囯85](Ⅲf)의 '鍤·𪗶'은 '맘'이다.

(12) [宕攝 囯129](Ⅲf)의 '蹻·属·噱·臄·醵'은 '갹'이다. 이것은 (3)에 준한다. [宕攝 囯130](Ⅲf)에서 曉母의 平聲, 上聲, 去聲이 모두 '향'(香·響·向…)으로 된 것도 동일하다. 다만 曉母에는 많다.

(13) [蟹攝 囯209](Ⅲf)의 '刈'는『訓蒙』,『類合』,『詩經』에 '애'로 되어 있다. 이것은 '艾'(애)의 유추라고 생각할 수도 있지만 廢韻이 '-ǐɐi'였던 단계를 표시하고 있다고 말할 수도 있다.

(14) [蟹攝 囯210](Ⅲf)의 경우 (13)과 동일한 廢韻이 순음(脣音)에서 '폐'로 되어 있는 것은 순경음화를 일으킨 형태가 아닐까 생각되지만 'y'가 나온 이유는 불분명하다.

이상은 개구(開口)의 경우인데 종종 요음(拗音) 'y'가 나타난다.[109] 이것은 '-ǐ-'가 시대의 흐름에 따라 점점 '-i-'로 바뀌어 간 것을 반영하고 있다고

---

109) (3), (4), (6), (11), (12) 등이 그러하다.

생각된다. 梗攝의 '영', 効攝의 '요' 역시 이와 동일하다고 해석할 수 있다. 그러나 梗攝에는 한 편으로 '극'과 같이 개음(介音) '-ï-'를 보존하여 V(주요 모음)를 희생시킨 예도 있다.[110] 또한 効攝의 경우에는 '-ïau'의 단계에서도 '요'를 생각할 수 있을 듯하다.

합구(合口)의 경우에 특이한 예는 다음과 같다.

(15) [山攝 圖43](Ⅲf)의 正齒音(二等)은 모두 '연'과 '열'이다.

(16) [梗攝 圖113](Ⅲf)의 합구(合口)에서도 梗攝은 '영'이다.

(17) [蟹攝 圖206](Ⅲf)의 '衛·鞙·篲'는 '위'이다. 이것은 止攝과의 혼효라고 생각된다.[111]

(18) [山攝 圖49](Ⅲf)의 '腕·畹'은『訓蒙』에서 '완'이며 '曰'은 '왈'이다. 이것은 元韻(月韻)의 고형인 듯하다.[112]

(19) [宕攝 圖138](Ⅲf)의 '蒦'은『訓蒙』과『華東』에서는 '약'이고『三韻』과『奎章』에서는 '확'이다. '약'은 중국음 'yao'의 형태에서 만들어진 듯하다.『華東』의 화음(華音)에 '야'(yao)라고 되어 있다.

(20) [果攝 圖155](Ⅲf)의 '瘸'는 '가'이다. 이것은 유추형이다.

(21) [蟹攝 圖211](Ⅲf)의 '濊·穢·薉·獩'는 '예'이다. 이때의 'y'에 대해서는 알 수 없다.

5.2.4 주요 모음(V) : B-韻類

B-운류(韻類)는 A-운류 이외의 운(韻)을 총괄하여 하나의 부류로 설정한

---

110) [역자주] 梗攝 三等韻(乙)의 MV는 '-ïä-'이므로 이것이 '으'로 나오기 위해서는 V (주요 모음)인 'ä'가 제대로 반영되지 않고 대신 개모 'ï'가 보존되었다고 보아야만 할 것이다.

111) [역자주] '衛·鞙·篲'과 동일한 성모인 羽母의 경우 止攝의 三等韻(乙) 合口에서는 음이 '위'로 나타난다.

112) 일본 오음(吳音)에서 '元'이 'グワン(gu-wan)'인 것 등을 참조.

것이다. 따라서 A-운류와 같이 일관된 것은 찾기 어렵다. B-운류의 특징 중 하나는 A-운류와는 달리 二等韻(專屬)이 없으며 또한 四等韻도 없다는 사실이다. 즉 B-운류에서는 一等韻과 三等韻밖에 없다. 그리고 V(주요 모음)의 성격은 대체로 중모음(mid) 또는 고모음(high)이다.

一等韻에서는 {ə, o, u}의 세 모음이 구별된다. 이 중 'ə'는 臻攝의 痕韻(合口는 䰟韻), 曾攝의 登韻(開合 모두), 流攝의 侯韻에서 찾을 수 있다. 'o'와 'u'는 通攝의 冬韻과 東韻에서 볼 수 있다. 遇攝의 模韻은 'o'라고 생각되지만 이 것에 짝이 되는 'u' 운(韻)은 빠져 있다. 또한 Karlgren 씨는 冬韻을 '-uong', 模韻을 '-uo'라고 했는데 이것은 근거가 그다지 유력하지는 않다. 여기서는 冬韻을 '-ong', 模韻을 '-o'로 한다.

三等韻의 V(주요 모음)는 복잡하다. 일단 Karlgren 씨의 복원음(復原音)을 토대로 해 보면 다음 표와 같다.[113]

攝	開口		合口		V	f[114]
臻攝	眞(甲)	-iĕn	諄(甲)	-iʷĕn	ĕ	
	眞(乙)	-ïĕn	諄(乙)	-ïʷĕn	ĕ	
	欣	-iən	文	-ïʷən	ə	f
深攝	侵(甲)	-iəm			ə	
	侵(乙)	-ïəm			ə	
曾攝	蒸(甲)	-iəng´			ə	
	蒸(乙)	-ïəng´	職(乙)	-ïʷək´	ə	
止攝	支(甲)	-iie̯	支(甲)	-iʷie̯	ie̯	
	支(乙)	-ïie̯	支(乙)	-ïʷie̯	ie̯	
	脂(甲)	-ii(ɑ)	脂(甲)	-iʷi(ɑ)	i(ɑ)	
	脂(乙)	-ïi(ɑ)	脂(乙)	-ïʷi(ɑ)	i(ɑ)	
	之(甲)	-ii(β)			i(β)	
	之(乙)	-ïi(β)			i(β)	
	微	-ïəi	微	-ïʷəi[115]	ə	f

---

113) 다만 개모 '-i-'와 '-ï-'의 대립, '-ng´'와 '-ng'의 대립을 도입하기로 한다. [역자주] 이 두 가지는 Karlgren은 인정하지 않았던 것으로서 앞에서 이미 상술한 바 있다.

攝	開口		合口	V	f[116]
流攝	尤(甲)	-iəu		ə	
	尤(乙)	-ïəu		ə	f
	幽	-iĕu		ĕ	
通攝	東(三·甲)	-iung		u	
	東(三·乙)	-ïung		u	f
	鍾(甲)	-iong		o	
	鍾(乙)	-ïong		o	f
遇攝	虞(甲)	-iu		u	
	虞(乙)	-ïu		u	f
	魚(甲)	-io		o	
	魚(乙)	-ïo		o	

위 표에서는 Karlgren 씨의 재구(reconstruction)를 약간 수정했다. 가령 微韻
은 趙元任 씨의 설에 따라 '-iəi'로 했으며 幽韻은 성모(聲母)의 형태를 보고
저자 개인의 견해에 따라 '-iĕu'로 수정했다. 鍾韻은 '-iʷong'로 하지 않고
'-iong'로 단순화했다. 또한 脂韻과 之韻의 구별에 대해서는 여러 가지 제
안이 있다. 가령 李榮 씨는 脂韻에 '-i', 之韻에 '-iə'를 할당하고 있다. 그러
나 충분히 납득할 수는 없다. 부록의 <자료음운표>에서는 Karlgren 씨를
본따서 脂韻은 '-i(α)', 之韻은 '-i(β)'로 해 두었다.

이제 이 상태대로 인정한다면 {ĕ, ə, ię, i(α), i(β), u, ɑ}의 일곱 종류가 된
다.[117] 여기에 덧붙여 'ə'는 순경음화의 조건이 되는 경우와 그렇지 않은
경우가 있어서 이것을 구별하지 않으면 안 된다. 즉 다음과 같은 것이다.

---

114) 'f'는 순경음화를 일으키는 운(韻)을 가리킨다.
115) 微韻의 V(주요 모음)를 'ə'로 한 것은 趙元任 씨의 「Distinction within Ancient Chinese」
(『HJAS』 Vol. V, 1940)에 나온 학설을 따랐다.
116) 'f'는 순경음화를 일으키는 운(韻)을 가리킨다.
117) [역자주] 그러나 저자는 이 7개의 주요 모음(V)을 모두 설정하지 않고 적당히 첨
삭하여 5개로 수정한다. 이하 내용에서는 'ə'를 두 가지로 구분하는 문제와 'ię,
i(α), i(β)'를 따로 설정하는 않는 문제를 다루게 된다.

ə(f)	痕韻(文韻)	微韻	尤韻(乙)
ə	侵韻	蒸韻	

특히 蒸韻은 F(운미)가 경구개음인 '-ng´'였다고 생각되며, 운미와의 조화를 생각하면 'ə(f)'와는 달랐고 더 앞에서 발음되는 모음이 바람직하다. 여기서는 '·'을 덧붙여서 이 모음을 임시로 'ə̌'라고 표시하여 'ə(əf)'와 구별한다.

止攝의 상황은 매우 복잡한데 支韻의 '-iĕ̯'를 잠시 V(주요 모음)가 'ĕ'라고 하고 F(운미)가 'Ø'라고 한다면 '-iĕ'라는 주요 모음은 불필요하게 된다. 脂韻의 '-i(α)'와 之韻의 '-i(β)'는 아마도 F(운미)가 'i'라고 생각되므로 각각의 V(주요 모음)를 임시로 脂韻은 'ĕ', 之韻은 'ə̌'라고 하면 된다. 이때 之韻은 '-iəi-, -ïəi'라고 함으로써 微韻의 '-iəi'와 구별해야만 한다. 또한 脂韻과 之韻은 육조(六朝) 시대에 이미 합류해 버린 방음(方音)이 존재했다. 양(梁)의 『玉篇』과 陸德明의 『經典釋文』에서 그러하다. 따라서 脂韻과 之韻은 서로 상당히 가까웠던 듯하다.

이렇게 하여 三等韻의 V(주요 모음)는 {ĕ, ə̌, ə, u, o}의 다섯 가지가 된다. 이제 一等韻과 종합적으로 표시하면 다음 표와 같이 된다.

等	V	F	−n		−m	−ng´		−∅		−i		−u	−∅		−ng	
		開合		w			w		w		w	w	u	o	u	o
I	ə		痕	霓		登	登					侯				
	u														東(一)	
	o													模		冬
III	ĕ	−1ĕ−	眞(甲)	諄(甲)				支(甲)	支(甲)	脂(甲)	脂(甲)	幽				
		−ïĕ−	眞(乙)	諄(乙)				支(乙)	支(乙)	脂(乙)	脂(乙)					
	ə̌	−iə−			侵(甲)	蒸(甲)				之(甲)						
		−ïə−			侵(乙)	蒸(乙)	職(乙)			之(乙)						

等	V	F (開合)	-n (w)	-m	-ng′ (w)	-Ø (w)	-i (w)	-u	-Ø (u)	-Ø (o)	-ng (u)	-ng (o)
III (f)	ə	-iə-							尤(甲)			
		-ïə-	欣	文			微	微	尤(乙)			
	u	-iu-							虞(甲)		東(三甲)	
		-ïu-							虞(乙)		東(三乙)	
	o	-io-								魚(甲)		鍾(甲)
		-ïo-								魚(乙)		鍾(乙)

이 표에는 빈칸이 매우 많다. 이제 조금만 힘을 기울이면 더욱 정연한 것도 만들어질 듯하다. 예를 들어 만약 'u, o'를 'ə'의 어떤 변이음(variants)라고 생각하면 더욱 더 줄이는 것이 가능하다. 가령 冬韻의 '-ong'는 '-ng'의 연구개음(또는 구개수음)적인 성격으로 인해 '-əng'에서 실현된 것이라고 할 수 있다. 이것은 登韻의 '-əng′'과 모순되지도 않는다.118)

또한 東韻 '-ung'을 '-wəng'이라고 한다면 一等韻의 東韻(一)과 冬韻은 'ə' 칸으로 올라가고 三等韻의 東韻(三)과 鍾韻도 'ə' 칸으로 올라간다.119) 模韻의 '-o'를 'ə'로 해석하는 것은 무리이지만 之韻을 '-wə'로 해석하는 것은 지장이 없을 것 같다. 이렇게 되면 之韻도 'ə' 칸으로 올라간다. 三等韻의 虞韻과 魚韻도 동일한 방식으로 각각 '-iwə'와 '-iə'라고 한다면 모두 'ə' 칸에 감으로써 一等韻(I)의 V(주요 모음)는 'ə' 하나, 三等韻(III)은 최소한 'u, o' 칸은 필요가 없어진다. 그러나 이러한 조치는 너무나도 기교적인 것에 불과하다.

118) [역자주] 登韻 '-əng′'는 '-ng'가 경구개음적인 성격을 띠기 때문에 冬韻과는 달리 그 앞의 'ə'가 'o'로 바뀌지 않음을 설명할 수 있다는 취지인 것 같다.
119) [역자주] 東韻(一·三)은 현재 표에서 주요 모음(V)이 'u'인 칸에, 冬韻과 鍾韻은 주요 모음(V) 'o'인 칸에 소속되어 있다.

等	V	-n 切	-n 慧	-m 切	-m 慧	-ng′ 切	-ng′ 慧	-ø 切	-ø 慧	-i 切	-i 慧
I	ə	痕	痕			登	登				
	u										
	o										
III	ĕ -iĕ-	眞(甲)								支(甲)	脂(甲)
	ĕ -ïĕ-	眞(乙)								支(乙)	脂(乙)
	ə̆ -iə-			侵(甲)		蒸(甲)					之(甲)
	ə̆ -ïə-			侵(乙)		蒸(乙)					之(乙)
III(f)	ə -iə-		眞(甲)		侵(甲)		蒸(甲)				脂(甲)
	ə -ïə-	欣	眞(乙)		侵(乙)		蒸(乙)		微		脂(乙)
	u -iu-										
	u -ïu-										
	o -io-										
	o -ïo-										

等	V		-u 切	-u 慧	-ø 切	-ø 慧	-ng 切	-ng 慧	-ng 切	-ng 慧
I	ə		侯	侯						
	u				模		東(一)	東(一)		
	o					模				冬
III	ĕ -iĕ-		幽							
	ĕ -ïĕ-									
	ə̆ -iə-									
	ə̆ -ïə-									
III(f)	ə -iə-		尤(甲)	尤(甲)						
	ə -ïə-		尤(乙)	尤(乙)						
	u -iu-				虞(甲)	虞(甲)	東(三·甲)	東(三·甲)		
	u -ïu-				虞(乙)	虞(乙)	東(三·乙)	東(三·乙)		
	o -io-				魚(甲)	魚(甲)			鍾(甲)	鍾(甲)
	o -ïo-				魚(乙)	魚(乙)			鍾(乙)	鍾(乙)

120) 여기서는 開口만 제시한다. 合口도 이에 준한다. [역자주] 표의 내용이 많아서 원문의 표를 둘로 분리한다.

『切韻』의 중고음 체계는 A-운류의 경우와 동일하게 당대음(唐代音)을 반영하는 慧琳의『一切經音義』에 이르면 대규모의 변화를 입는다. 앞의 표는 이러한 추이의 발자취를 개괄적으로 살펴본 것이다. 여기에 따르면 다음과 같은 개신이 이루어졌다.

(1) 一等韻에서는 東韻과 冬韻이 합류했다. 그 결과 一等韻에서는 V(주요 모음)의 'u'와 'o' 중 어느 한 쪽이 소실했다. 그러나 이러한 V의 단순화는 三等韻까지는 미치지 않았다. 다만 三等韻도 얼마 안 있어 'u'와 'o'의 합류가 일어나서 魚韻과 虞韻, 東韻과 鍾韻은 하나로 합쳐졌다. 慧琳의『一切經音義』는 그 이전 단계에 속한다.

(2) 三等韻에서는 대대적인 변화기 일어나 V(주요 모음)는 'ə'로 통일되었다.

㉠ 臻攝은 眞韻(乙)과 欣韻(乙)이 합쳐져서 眞韻(甲)과 眞韻(乙)의 대립 하나로 되었다.

㉡ 深攝과 曾攝에서는 그대로 이동했다.[121]

㉢ 止攝의 변화가 가장 크다. 支韻, 脂韻, 之韻, 微韻의 구별은 폐지되고 甲類와 乙類의 대립만 남게 되었다.

㉣ 流攝에서는 幽韻이 尤韻(甲)에 합류했다.

요컨대 慧琳의『一切經音義』에서는 V(주요 모음)가 {ə, u, o}의 세 가지로 되었다.

---

121) 'ɤ'가 'ə'로 바뀌었다. [역자주] 深攝과 曾攝 안에서 각각 대립하던 侵韻 甲乙, 蒸韻 甲乙의 부류는 그대로 유지하되 주요 모음의 음가만 'ɤ'에서 'ə'로 바뀌었음을 지적하고 있다.

B-운류에서는 A-운류와 같은 완전한 평행 관계가 보이지 않으므로 각 운섭(韻攝)별로 서술하기로 한다.

臻攝의 一等韻 중 開口에 속하는 것[122]은 한국 한자음에서는 두 가지로 나타난다. 하나는 '은'(入聲은 '을')으로 나오는 경우인데 [臻攝 圖241]의 '根¹ · 跟¹ · 齦²'(근), '痕¹ · 鞎¹ · 垠¹'(흔), '麧⁰ · 齕⁰ · 紇⁰…'(흘), '恩¹'(은)에서 볼 수 있다.[123] 이에 대해 '온'으로 나타나는 예도 세력이 강하다. [臻攝 圖 241]의 '墾² · 懇² · 艮³'(곤), '很² · 恨³'(혼)과 [臻攝 圖242]의 '吞¹'(톤)이 그러하다. 이들 예에서도 알 수 있듯이 '은'과 '온'은 성모(聲母)나 성조의 구별에 따른 것은 아니다. 이것은 중국음 'ə'를 적는 두 가지 방법이며 시대적인 차이가 있다.

중국음 '-ən'을 표시하는 데는, 최세진(崔世珍)의 『四聲通解』 등을 보아도 '은'으로 하는 것이 정석이기 때문에 '은'이 새로운 방법이고 '온'은 예전 시기의 사음(寫音)이다. 중국음에 있어서는 '-ən(~-ət)'이 중고음 이래로 별반 변화를 보이지 않았기 때문에 '은'과 '온'의 두 가지 전사법은 오로지 한국어 모음의 변동과 관련된다. 'ᄋᆞ(ɒ)'는 중기어에서는 그 음가가 '[ʌ]'였지만 더 오랜 시대에는 '[ə]'에 가깝게 발음되었다고 생각된다. 적어도 중국어 '-ən'을 받아들이는 데 있어 '은'보다 '온'이 더 적합한 시대가 있었던 것이다. 그러다가 모음 'ᄋᆞ'의 변동에 따라 '온'이 이미 '-ən'을 나타내는 데 부적당하게 되었기 때문에 이번에는 좀 더 가까운 '은'을 사용하게 되지 않았을까 한다.

---

122) 중고음으로는 '-ən~-ət'이다.
123) 한자 옆의 숫자는 성조를 나타낸다. [역자주] 참고 사항에서도 밝혔듯이 1은 평성, 2는 상성, 3은 거성, 0은 입성이다.

一等韻의 合口에 속하는 것[124) 역시 開口와 동일한 상황에 있다. 여기서는 開口의 '은(ɯn), 온(ɐn)'에 대해 그 합구형 '운(un＝wɯn), 온(on＝wɐn)'[125)이 보인다. 다만 합구(合口)에서는 '온'이 강력하다.

[臻攝 圖243, 244]의 아후음(牙喉音)에서는 예외적으로 '운'이 보일 뿐 나머지는 모두 '온'이며 入聲도 동일하다. 가령 '裩'은 『訓蒙』에 '군'으로 되어 있지만 다른 문헌에는 '곤'으로 되어 있다. '군'은 근세음인 듯하다. 入聲의 '淈·窟'(굴)은 '屈'에 유추된 것이다.

[臻攝 圖245, 246]의 설두음과 來母의 경우에도 '온'과 '올'이 주류를 이룬다. 다만 '屯·臀·飩·芚', '盾·遁', '鈍·遯…'은 음이 '둔'이다. 또한 '嫩·媆·腝'(눈), '訥·肭…'(눌)에서도 '운'이 나온다.[126) [臻攝 圖247]의 치두음에서도 같은 양상이되 다만 '樽·罇·劇·燇·踆·鱒' 등은 '준'이다.

[臻攝 圖248]은 순음자(脣音字)의 경우이다. 원칙적으로 순음자(脣音字)는 한국 한자음에서 개구(開口)이지만 여기서는 예외이다. 그러나 入聲의 '脖·勃·孛' 등은 '불'이다.[127) 이러한 순음자는 '운'과 '울'이 우세하다. 다만 '本·畚'은 '본', '沒·歿' 등은 '몰'이다.

이상에서 본 '온'과 '운'의 관계 역시 개구(開口)의 경우와 동일한 사정이다.[128)

삼등운(三等韻) 開口는 『切韻』에 眞韻과 欣韻, 臻韻의 세 가지 운(韻)이 있

---

124) 중고음으로는 '-wən~-wət'이다.

125) [역자주] '운(un)'과 '온(on)' 옆에 굳이 '＝wɯn, ＝wɐn'을 표기한 것은 '운'과 '온'이 각각 '은(ɯn)'과 '온(ɐ)'에 합구 요소인 'w'를 덧붙인 것으로서 서로 개합(開合)의 대응형임을 나타내기 위함이다.

126) '硉'을 '률'이라고 하는 것은 유추이다.

127) [역자주] [臻攝 圖248]의 순음자(脣音字)는 다른 경우와 달리 합구(合口)이지만 入聲의 '脖·勃·孛'만큼은 다른 경우와 같이 개구(開口)의 모습을 보인다는 뜻이다.

128) [역자주] '온'과 '운'도 한국어 모음의 음가 변화와 관련된다는 의미이다. 자세한 것은 결론의 6.2.에서 언급된다.

다. 다만 上聲과 去聲에는 臻韻에 상당하는 운목(韻目)이 없다.[129] 그러나 臻韻(入聲은 櫛韻)에는 正齒音(二等)의 글자들만 있고, 正齒音(二等)의 글자는 去聲에도 있으며 去聲에서는 震韻에 들어가 있다.[130] 또한 平聲과 入聲의 경우 震韻에 대응하는 眞韻과 質韻에 正齒音(二等)이 빠져 있다. 즉 臻韻과 櫛韻은 원래 眞韻과 質韻에 속함이 온당한 것이다.[131] Karlgren 씨는 臻韻(櫛韻)에 특별히 '-iĕn(-iɛt)'이라는 음가를 부여했다.[132] 그런데 臻韻(櫛韻)이 실제로는 眞韻(質韻)과 다르게 실현되었다고 해도 체계상으로는 眞韻(質韻)에 속하도록 해야 하기 때문에 여기서는 '-iĕn(-iĕt)'[133]으로 해 두고 특별히 다루지는 않는다.[134]

그러나 眞韻에는 甲類와 乙類의 구별이 있어서 결국은 三等韻 開口에 眞韻(甲), 眞韻(乙), 欣韻의 세 가지가 있게 된다. 그리고 欣韻은 소위 β-형 운이다. 다만 순음자(脣音字)는 보통 合口의 文韻에 속해 있으며 文韻은 순경음화

---

129) [역자주] 즉 平聲인 臻韻에 대응하는 上聲韻과 去聲韻이 없다는 뜻이다. [圖 270]을 보면 平聲인 臻韻에 대해 上聲은 軫韻, 去聲은 震韻을 표시하고 있지만 軫韻과 震韻은 원래 平聲인 眞韻에 대응하는 上聲韻, 去聲韻이며 이것을 [圖 270]의 上聲, 去聲 자리에 임시로 가져다 놓은 것뿐이다.

130) [역자주] 이 사실은 [圖 270]을 참고할 수 있다.

131) [역자주] 眞韻(質韻)과 臻韻(櫛韻)을 비교하면 正齒音(二等)의 출현 여부에서 완전한 상보적 분포를 이루고 있다. 眞韻(質韻)은 正齒音(二等)이 나타나지 않지만 臻韻(櫛韻)은 正齒音(二等)만 나타나는 것이다. 또한 臻韻(櫛韻)은 대응하는 上聲이나 去聲도 없다. 이러한 사실을 감안할 때 분포상의 편중을 보이는 臻韻(櫛韻)이 원래는 眞韻(質韻)에 속했다고 해석하는 편이 온당하다는 것이다.

132) 바로 아래에서 설명할 (8)의 내용 참고.

133) [역자주] 이것은 眞韻(質韻)의 운모와 동일하다. 다시 말해 체계상으로 臻韻(櫛韻)을 따로 설정하지 않고 眞韻(質韻) 속에 포함시키겠다는 것이다.

134) 黃淬伯 씨의 『慧琳一切經音義反切攷』 137장 뒷면에 따르면 慧琳의 『一切經音義』에는 '侁'(所隣反)이 있고 去聲에는 '櫬'(初恡反)이 있어서 『一切經音義』에서는 眞韻에 속한다. [역자주] '侁'은 臻韻字인데 반절 하자(下字)로 쓰인 '隣'은 眞韻에 속한다. 마찬가지로 '櫬'은 臻韻에 대응하는 去聲의 震韻字인데 반절 하자로 쓰인 '恡'은 眞韻에 대응하는 去聲의 震韻字이다. 이를 통해 『一切經音義』에서는 臻韻이 眞韻과 동일하다는 사실을 알 수 있다.

를 일으킨다.

이제 三等韻 開口에 속하는 음이 한국 한자음에서는 어떻게 나타나고 있는지 일반적인 개요를 보이면 다음과 같다.

眞(甲)	-ĭĕn	인	眞(乙)	-ĭĕn	은	欣	-ĭən	은
質(甲)	-ĭĕt	일	質(乙)	-ĭĕt	을	迄	-ĭət	을

眞韻(甲)의 특이한 예로는 다음이 있다.

(1) [臻攝 圖249]의 喩母·去聲에 속하는 '胤·酳'은 '윤'이다.

(2) [臻攝 圖253]의 來母·入聲에 속하는 '栗·篥·慄' 등은 '률'이다.

(3) [臻攝 圖254]의 禪母·上聲에 속하는 '蜃'은 『訓蒙』에서 '슌'이다.[135] 또한 穿母·入聲에 속하는 '叱'은 '즐'이다.

(4) [臻攝 圖255]의 精母·入聲에 속하는 '堲·唧'은 '즐'이다. 또한 心母·入聲에 속하는 '膝·𦸐' 등은 '슬'이다.

(5) [臻攝 圖256]에서 '빈'으로 예상되는데도 '빙'으로 나타나는 것에 대해서는 이미 서술했다.[136]

眞韻(乙)의 특이한 예로는 다음이 있다.

(6) [臻攝 圖250]의 見母·平聲에 속하는 '巾'은 '건'이다. 또한 群母·入聲에 속하는 '姞·佶'은 '길'이다.[137]

(7) [臻攝 圖251]의 曉母·入聲에 속하는 '肹·肸'은 '힐'이다. [圖266]에서는 '흘'이다.

---

135) '脣'(슌)의 유추형이다.
136) [역자주] 5.2.2.1.을 참고할 수 있다.
137) 이것은 유추형이다.

(8) [臻攝 圖270]은 平聲에 臻韻이 있고 입성에 櫛韻이 있다. 入聲은 '즐, 슬'로서 규칙에 부합하지만 平聲에서는 '榛‧臻‧蓁' 등이 '진', '莘‧侁'이 '신'이다. 다만 '駪‧甡‧詵‧侁'은 속음으로 '선'이 있다. 이들은 Karlgren 씨의 복원음인 'ṣĭɛn'을 잘 지지해 준다. 그러나 이는 중고음 이전 형태인 듯하다. 去聲에서는 '櫬‧儭‧薽'이 '츤'이지만 '櫬‧齓'은 '친'이다. '-ㅣ'으로 된 형태는 유추형이 많다.

欣韻의 특이한 예로는 다음이 있다.

(9) [臻攝 圖265]의 '乞'은 '걸'이다, '吃‧虼‧肐'(걸『訓蒙』)은 '乞'에 대한 유추이다. '乞'(걸)은 (6)의 '巾'(건)과 더불어 중고음 이전의 형태[138]를 전한 것은 아닐까 한다.

여기서도 한국 한자음의 상황은 慧琳의 『一切經音義』와 정확히 일치한다. 즉 眞韻(乙)과 欣韻이 합류하여 眞韻의 甲類와 乙類만 반영하는 것이다. 앞에 나온 「切韻‧慧琳의 B-운류 대비표」는 『一切經音義』에서 모두 '-ĭə-, -ïə-'로 통일된 것처럼 표시했지만 실제로는 합류의 결과 '-ĭə, -ïə-'가 되었는지 아니면 반대로 '-ĭə̌, -ïə̌-'가 되었는지 판정하기 어렵다. 또한 '-ĭə, -ïə-'라고 해석하기는 했어도 주요 모음(V) 'ə'의 구체적인 음가가 합류하기 전의 음가와 동일한지 어떤지 의문이다. 아무튼 甲類의 경우에는 '-ĭən'이지만 실제로는 '[-in]'으로 들렸을지도 모른다. 또한 乙類는 '-ïə̌n-'으로 해석된다. 한국 한자음의 '-ㄴ'은 乙類의 '-ïə̌n-' 중 MV에 해당하는 '-ïə̌-'의 결합을 '一(ㅡ)'로 나타낸 것이다.

三等韻 합구의 경우는 다음과 같다.

---

138) 재구음이 '＊kĭɛn', '＊kʰïɛt' 정도 되는지 모르겠다.

諄(甲)	-iʷĕn	윤	諄(乙)	-ǐʷĕn	운?	文	-ǐʷən	운
術(甲)	-iʷĕt	율	術(乙)	-ǐʷĕt	?	物	-ǐʷət	울

諄韻(乙)과 術韻(乙)은 예로 제시된 한자도 적고 예외도 많아서 그다지 확실하지가 않다.

諄韻(甲)의 특이한 예로는 다음이 있다.

(1) [臻攝 囝260]의 入聲에 속하는 '怵·㤕'은 '줄'이고 '茁'은 '굴'이다.

(2) [臻攝 囝264]의 平聲에 속하는 '遵·鶳·僎'은 '준'이다. 入聲에 속하는 '卒·崒·啐·崒' 등은 '줄'이다.

諄韻(乙)의 특이한 예로는 다음이 있다.

(3) [臻攝 囝259]의 平聲에 속하는 '麏·麕·麕·囷·箘'은 '균'이고 '䭵'은 '윤'이다. 上聲에 속하는 '菌·箘'은 '균', '筠'은 '균'이다.139) 入聲에 속하는 '颭·汩'은 '율'이다. 이들은 모두 甲類의 형태를 보이지만 上聲에 속하는 '窘·僒'(군)과 '殞·隕·賱·惲'(운)은 乙類의 형태를 전하고 있다.

(4) [臻攝 囝263]의 '蟀·率·帥'은 '솔'이다.140)

文韻의 특이한 예로는 다음이 있다.

(5) [臻攝 囝269]의 '熅·氳·薀·蘊·縕·醞' 등 昷聲字들은 '온'이다. 이는 '昷'에 의한 유추에 기인한 것이다.

(6) [臻攝 囝267]은 순음자(脣音字)의 경우이다. 순음자(脣音字)는 한국 한자

139) '贇'(빈)은 유추형이다.
140) 어쩌면 재구형이 '＊s(ǐ)ʷət'일지 모른다.

음에서는 開口이지만 여기서는 平聲, 上聲, 去聲 모두 '운'으로 되어 있다. 入聲은 고형에서는 '을'이지만 '블, 믈'이 한국어에서 일어난 '브〉부, 므〉무'의 변화를 입어서 모두 '불, 물'이 되었다. 다만 '佛'은『訓蒙』과『類合』에 모두 '불'로 나온다.

　三等韻 合口 역시 한국 한자음은 慧琳의『一切經音義』와 일치한다. 단 원음(原音)이 '-iʷə'는 '유', '-ïʷə'는 '우'로 나타나고 있다.
　이리하여 臻攝은 다음과 같이 정리된다.

	開 口					
	平聲·上聲·去聲			入聲		
	切韻	慧琳	韓國音	切韻	慧琳	韓國音
I	痕 -ən	痕 -ən	온 ¦ 은	沒 -ət	?	¦ 을
III	眞(甲) -iĕn	眞(甲) -iən	인 ¦	質(甲) -iĕt	質(甲) -iət	일 ¦
	眞(乙) -ïĕn	眞(乙) -ïən	은 ¦	質(乙) -ïĕt	質(乙) -ïət	을 ¦
	欣 -iən			迄 -ïət		
	合 口					
I	魂 -uən	魂 -uən	온 ¦ 운	沒 -uət	沒 -uət	올 ¦ 올
III	諄(甲) -iʷĕn	諄(甲) -iʷən	윤 ¦	術(甲) -iʷĕt	術(甲) -iʷət	율 ¦
	諄(乙) -ïʷĕn	諄(乙) -ïʷən	운 ¦	術(乙) -ïʷĕt	術(乙) -ïʷət	울 ¦
	文 -ïʷən			物 -ïʷət		

5.2.4.2　심섭(深攝)

　深攝에는 三等韻의 侵韻밖에 없다. Karlgren 씨는 여기에 '-iəm(~-iəp)'이라는 음가를 부여했지만 앞서 서술했듯이 侵韻에서는 순경음화가 일어나지 않기 때문에 '-iəm(~-iəp)'으로 해야 마땅한다. 侵韻이 한국 한자음에서 어떻게 나타나는지는 대략 다음과 같다.

平聲 · 上聲 · 去聲				入聲			
切韻	慧琳	韓國音		切韻	慧琳	韓國音	
侵(甲) -iəm	侵(甲) -iəm	임		緝(甲) -iəp	緝(甲) -iəp	입	
侵(乙) -ïəm	侵(乙) -ïəm	음	옴	緝(乙) -ïəp	緝(乙) -ïəp	읍	욥

侵韻(甲)의 특이한 예로는 다음이 있다.

(1) [深攝 圉272]의 影母인 '愔'은 '음', 喩母인 '淫 · 婬 · 霪 · 蟫'은 '음', 入聲 · 影母인 '揖 · 挹'은 '읍', 入聲 · 喩母인 '𦙃'은 '읍'이다. '愔 · 挹'은 분명히 유추형이지만 '淫 · 揖'은 매우 기이한 형태이다. 단, 기대되는 '임'과 '입'은 여기서 보이지 않는다. 음절 편향의 예는 아닐까 모르겠다.

(2) [深攝 圉274]의 上聲 · 來母에 속하는 '廩 · 檁 · 懍 · 凜'은 '름'이다.

(3) [深攝 圉275]의 平聲 · 照母에 속하는 '箴'은 '좀', 入聲 · 禪母에 속하는 '什 · 拾 · 褶'은 '습'이다.

(4) [深攝 圉277]의 上聲 · 精母에 속하는 '怎'은 '즘'인데 이것은 중국의 근세음 'tsəm³'이다. 入聲인 '湒 · 緝 · 葺 · 咠 · 檝 · 輯' 등은 '즙'이다. '輯'은 『書經』, 『小學』, 『華東』에서는 '집'이다. 入聲인 '霅 · 習 · 襲 · 隰' 등은 '습'이다.

侵韻(乙)의 특이한 예로는 다음이 있다.

(5) [深攝 圉276]은 正齒音(二等)인데 여기서는 일반적으로 '음'이다. 다만 上聲인 '痒'은 '심'이고 入聲인 '戢 · 戠 · 緝 · 濈'은 '즙', '揖'은 '집'이다. 같은 入聲이라도 '澀 · 澁'은 '습'이다. 正齒音(二等)에서 '음, 읍'으로 된 것은 가령 'tsïəm'의 '-ï-'가 성모인 'tṣ-' 때문에 소실되어 'tṣəm'으로 바뀐 단계를 나타내고 있다.

(6) [深攝 囷278]의 '禀'은『類合』,『書經』에서 '품'이고, '品'은『訓蒙』,『類合』,『書經』,『易經』,『小學』에서 '품'이다.

5.2.4.3 증섭(曾攝)

曾攝은 간단한 듯하지만 의외로 다양한 출현 양상을 보인다. 一等韻 開口의 경우는 다음과 같다.

(1) 우선 '응(~윽)'이 가장 우세하다.

[囷279] 긍 : 拖・縆・絚・亘・堩・肯・肯…

[囷279] 극 : 裓・克・剋…

[囷279] 흑 : 黑

[囷280] 등 : 燈・登・等・鐙・騰・藤・滕…

[囷280] 득 : 得

[囷280] 특 : 愿・忒・貣・特・螣…

[囷281] 능 : 能

[囷281] 릉 : 楞・棱・稜…

[囷281] 륵 : 勒・肋・泐…

[囷282] 증 : 曾・增・憎・贈…

[囷282] 층 : 層・曾・蹭

[囷282] 승 : 僧・鬙

[囷282] 즉 : 則・鰂

[囷282] 측 : 則

[囷283] 붕 : 崩・朋・鵬…

[囷283] 븍 : 北・踣・蔔…

[囷283] 믁 : 墨・默・冒…

(2) 入聲에서는 '억'으로 되는 것이 있다.

[国280] 덕 : 德

[国282] 적 : 賊

물론 이러한 '억'은 중국의 원음 '-ək'과는 의미가 다르다.

(3) 한편 '옥(~옥)'으로 된 예로는 [国279]의 '恒·姮'(홍), '亘'(홍 『類合』), '刻'(국)이 있다.

(4) 또한 '잉(~익)'으로도 나타난다. [国283]의 '憴·懜'(밍), '劾'(획), '塞'(식)이 그 예이다.

臻攝의 一等韻 開口에서 본 바와 같이 중국음 'ə'를 나타내는 것으로는 구형과 신형의 두 가지가 있는데 曾攝에서도 그 두 가지를 볼 수 있다. (1)에 대해 (3), (4)가 그러하다. 다만 曾攝에서는 F(운미)가 '-ng´(~-k´)'이기 때문에 운미의 구개성을 잃은 (3)과 구개성을 'i'로 표시하는 (4)의 두 경우가 있다. 이러한 차이는 중국음 자체에 있는 것이다.

더욱이 曾攝에서는 (2)와 같이 '-ㅕ'이 되는 예가 있다. 중국음과의 대응 관계에서 보자면 '＊-äk'을 추측할 수 있지만 의고적(archaic) 한자음의 흔적인 듯하다. 三等韻의 '-ㅕ'도 동일한 사정이다. 이리하여 一等韻 開口에는 ⓐ '-억', ⓑ '-옥' 또는 '익', ⓒ '-윽'141)의 세 가지 층(層)이 있음을 알 수 있다.

一等韻 合口의 경우는 다음과 같다.

(1) '옹(~옥)'으로 나오는 예에는 [国284]의 '薨·鶊'(홍), '國'(국)이 있다.

(2) '옹(~옥)'으로 나오는 예에는 [国284]의 '弘'(홍), '或·惑'(혹)이 있다.

(3) '욍'으로 나오는 예에는 [国284]의 '肱·軐·厷'(굉)과 '弘·乹'(횡)이 있다.

---

141) 평성, 상성, 거성도 같은 양상이다.

용례는 적지만 개구(開口)의 경우와 평행적이다. ⓐ에 해당하는 의고적 형태는 없어도[142] ⓑ의 단계로서 '-웅(=-wɐng)'과 '-욍(=wɐing)'이 있으며 ⓒ에 해당하는 것으로 '-웅(=wɯng)'이 있다.[143]

三等韻 開口(甲)은 다음과 같다.

(1) '잉(~익)'의 예가 다수이며 부록의 <자료음운표> [표287, 288, 289, 291, 292]를 보기 바란다.

(2) '응(~윽)'으로 나오는 예는 다음과 같다.

[표287]의 '澄'(등 『訓蒙』)은 유추형이다.[144]

[표288] 릉 : 陵 · 綾 · 菱 · 夌 · 凌…

[표289] 증 : 烝 · 蒸 · 拯 · 證…

[표289] 승 : 繩 · 乘 · 鱦 · 升 · 勝 · 承…

[표291] 증 : 繒 · 嶒 · 甑…[145]

[표291] 즉 : 卽 · 鯽 · 蝍 · 堲…

[표292] 붕 : 掤 · 弸[146]

이 중 [표289]의 '증, 승'은 正齒音(三等)의 권설음화 결과, 가령 '蒸'의 경우 'tśi̯ə̇ng´ 〉ṭṣ(ï)əng'의 변화 결과를 반영하고 있다고 생각된다. [표291]은 그것의 유추형인지 모르겠다.

(3) 入聲에서 '역'으로 나오는 것이 있다.

[표287] 텩 : 陟

---

142) [역자주] 만약 있다면 '어'에 대한 합구이므로 '워'와 같은 형태가 나와야 한다.

143) [역자주] 앞에서도 언급되었듯이 저자는 '오'와 '우'가 각각 'wɐ', 'wɯ'와 대등하다는 생각을 갖고 있다. 이렇게 분석하면 開口의 'ᄋᆞ, 으'에 대해 '오, 우'는 合口의 요소 'w'가 덧붙은 것이라고 해석할 수 있기 때문에 開口와 合口의 대응이 잘 이루어진다.

144) 『類合』, 『千字文』의 '딩'이 올바르다.

145) 이들은 유추형이다.

146) 이들은 유추형이다.

[囯288] 력 : 力·男

[囯292] 벽 : 逼·偪·堛·幅·愎··· '愎'은 '퍅'이라는 음도 있다. 또한
'逼·偪·堛·幅'은 '핍'으로 되기도 한다.

三等韻 開口(甲)은 (1)의 '잉(~익)'이 관례이지만 (3)과 같은 의고적 형태도
있다. (3)은 一等韻 開口의 '德'(덕), '賊'(적)과 동일한 시기의 음이다. 또한 (2)
는 중국 근세음의 형태로 가장 개신적인 음이다.

三等韻 開口(乙)은 다음과 같다.

(1) '응(~윽)'이 주류이다. 부록인 <자료음운표>의 [囯285, 286, 290]을
보기 바란다.

(2) 入聲에 '억'이 나온다.

[囯285] 억 : 嶷·礙···

[囯286] 억 : 億·臆·憶···

(3) 入聲에 '역'으로 된 것이 있다. [囯286]의 曉母에 속하는 '㹱·畫·㰥'
(혁)이 그 예이다. 宕攝의 三等韻(乙)에 속하는 曉母字 '香·響·向'이 중국음
'xiāng'에 대해 '향'으로서 'y'를 보이는 것과 같이 曉母는 종종 요음(拗音)
'y'를 나타낸다.

(4) 入聲에서 '익'으로 된 것이 있다. [囯290]의 莊母에 속하는 '昃'(칙)과 山
母에 속하는 '色·嗇·穡···'(식)이 그러하다. 이 한자들은 개모 'ï'가 正齒音(二
等)의 경우 탈락한다는 사실로 설명할 수 있다. 예를 들어 '色'은 'ʂïək' 〉
ʂ(ï)ək´ 〉ʂəⁿk'를 거친 'ʂəⁿk'이 '식'으로 되었다.147) 또한 深攝의 '森'이 'ʂï

---

147) '色'은 근세 북방 관화음에서는 'ʂai³'로 되었기 때문에 '식'은 '＊ʂaik'을 반영한
      것이라고 생각해야 할지도 모르겠다. '＊ʂaik'이라는 형태는 梗攝이 曾攝이 합류
      한 결과이다. 이러한 합류는 근세음의 한 변화이다. A-운류와 B-운류의 두 부류
      사이에서 일어난 합류는 이 외에 蟹攝과 止攝의 三等韻에서도 볼 수 있다. 蟹攝
      과 止攝은 모두 三等韻에서 M(개모)과 F(운미)에 'i'가 나타나기 때문에 V(주요 모

ə̀m¹ 〉 ṣ(ǐ)əm¹'을 거쳐 '슴'이 된 것을 참고하기 바란다.[148]

三等韻 開口(乙)에서는 (1)의 '웅(~윽)'[149]이 대표적이지만 一等韻 開口와 三等韻 開口(甲)에서 서술한 '-억'이 (2), (3)에서 보인다. (4)는 이미 논의했듯이 개모 '-ǐ-'가 소실된 형태를 반영하고 있다. 또한 正齒音(二等)은 '익' 이외에 '윽'도 많은데 대부분이 則聲字로서 이는 유추의 결과라 생각된다.

三等韻 合口는 乙類밖에 없으며 게다가 入聲뿐이다. [圖293]에서 보듯 모두 '역'이다. 이는 여러 차례 언급한 의고형(archaic form)이다. 다만 합구 요소는 탈락했다.

5.2.4.4 지섭(止攝)

5.2.4.의 총설에서 서술했듯이 止攝은 중고음(中古音)에서 미세하게 나뉘어 있었다. 이는 상고음(上古音)에 존재한 여러 가지 운류(韻類)의 구별을 어렴풋하게나마 유지하고 있었기 때문이다. 그러나 慧琳의 『一切經音義』에 따르면 당대(唐代)에는 이러한 상고음의 흔적도 모두 사라지고 단순화를 지향했다. 그러한 모습이 가장 두드러지게 나타나는 것이 바로 止攝의 합병이다. 한국 한자음에서도 『切韻』의 미세한 차이, 즉 支韻, 脂韻, 之韻, 微韻의 구별은 전혀 찾아볼 수 없으며 甲類와 乙類의 대립만이 분명하게 보인다. 그러한 대응 양상을 표로 나타내기로 한다.[150]

음)가 그 사이에서 영향을 받아 탈락했다.

148) [역자주] 이 문제는 5.2.4.2.의 (5)를 참조할 수 있다.

149) '웅'과 '윽'은 각각 '-ǐəng''과 '-ǐək''으로부터 변화했다.

150) 이 표에서 『切韻』은 두 종류의 재구음이 제시되어 있는데 왼쪽은 대체로 Karlgren 씨의 재구음(다만 개모 'ǐ'는 저자의 개인적인 안을 덧붙인 것임)이고 오른쪽은 저자의 시안(試案)이다. 또한 'ḍ'는 치음 중 파찰음과 마찰음, 즉 齒頭音을 가리킨다. 권설파찰음과 권설마찰음, 즉 正齒音(二等)도 대체로 齒頭音에 준한다.

	切韻			慧琳		韓國音	
開	支(甲)	-iię	-iě̃				
	脂(甲)	-ii(α)	-iěi	脂(甲)	-iəi	이	
	之(甲)	-ii(β)	-iəi				
	支d	-iię	-iě̃				
	脂d	-ii(α)	-iěi	脂(甲)d	-iəi(?)	ᄋ	
	之d	-ii(β)	-iəi				
口	支(乙)	-ïię	-ïě̃				
	脂(乙)	-ïi(α)	-ïěi	脂(乙)	-ïəi	의	
	之(乙)	-ïi(β)	-ïəi			(순음은 '이')	
	微	-ïəi	-ïəi				f
合	支(甲)	-iʷię	-iʷě̃				
	脂(甲)	-iʷi(α)	-iʷěi	脂(甲)	-iʷəi	'유, 위' 등	
口	支(乙)	-ïʷię	-ïʷě̃				
	脂(乙)	-ïʷi(α)	-ïʷěi	脂(乙)	-ïʷəi	'위, 웨' 등	
	微	-ïʷəi	-ïʷəi				

이 표에서 설명이 필요한 것은 開口 중 齒頭音의 경우이다. 이것은 후세에 설첨 모음(voyelle apicale) 'ı'로 표시되는 것으로서 한국 한자음에서는 규칙적으로 'ᄋ(ɐ)'에 대응한다. 『一切經音義』의 반절을 보면 반절 하자(下字)는 대부분 같은 부류의 치두음 글자들이다. 일부 예에서 반절 하자로 '移'(平聲), '爾·里'(上聲), '吏·利·志'(去聲)가 쓰이고 있어서 이를 통해 脂韻(甲)에 속한다는 사실을 알 수가 있다.

앞에서 말했듯이 원래 『一切經音義』의 반절은 그 상자(上字)가 'IMV-'를 나타내는 경향이 있음과 동시에, 역으로 그 하자(下字)는 'MVF/T'를 표시할 때 'I'에서 'M'로의 전이(glide)에 주의를 기울여서 'I'와 동일한 부류의 글자를 즐겨 쓰는데 이런 경향은 특히 그 자체로 한 부류를 이루는 경우에 강하다. 치두음 글자가 그런 예 중 하나이다. 이런 사실을 통해 『一切經音義』의 시대에 이미 후세의 '-ı'로 향하는 싹(萌芽)이 있었던 것은 아닌가 생각되기도 한다. 즉 개음의 '-i-'가 벌써 구개성을 잃어 '-ı-'에 근접한 듯하다. 그러나 일본의 한음(漢音)에는 그러한 징후가 없기 때문에 아직 F(운미) 'i'는 지니고 있었음에 틀림없다. 그래서 일단 '-₂əi'라고 해 두었다.

한국 한자음의 'ᄋ'는 물론 이러한 F(운미) 'i'를 잃어버린 형태이다. 이러한 'ᄋ'는 齒頭音뿐만 아니라 正齒音(二等)에서도 보인다. 결국 'ᄋ'는 설첨 모음을 나타내는 것으로서 'ᄋ'가 어떤 이유로 인해 설첨 모음을 나타냈는지는 한국어 모음 'ᄋ'의 변천을 고찰함에 있어 참고할 문제이다.

앞의 표에 나오는 한국 한자음은 대표적인 것을 제시한 것이라서 개별 글자들에 대해 살펴보면 여러 가지 특이한 예가 나온다. 특히 合口의 경우에 많이 나온다.

開口의 甲類에 나오는 이례(異例)는 다음과 같다.

(1) [圖 322](支韻)의 '兒'는 '슥' 또는 'ᄋ'이다. 이 한자는 중고음에서 현대음으로 이르기까지 다음과 같은 변화를 거쳤다.

$$ńi̯ĕ 〉 ńz̧i̯ĕ 〉 ńz̧i̯i 〉 z̧i̯i 〉 z̧i̯i 〉 z̧i̯ 〉 ʐ̣ 〉 ɽ̣ 〉 ər 〉 ər^{151)}$$

'슥'는 아마도 'z̧i̯' 또는 'ʐ̣'의 단계를 나타내고 있다고 생각한다.
(1a) [圖 320]의 '縊'는 '의'인데 『華東』에는 '이'로 나온다.
(2) [圖 323](支韻)의 '舓'는 『訓蒙』에서 '뎨'이다. 이것은 '氏'에 유추되었다.
(3) [圖 336](脂韻)의 '祁'는 '긔'이다.
(4) [圖 344](脂韻)의 '寐'는 '미'이다. 未聲字에 유추된 것일지도 모른다.
(5) [圖 356](之韻)의 '笫'는 『華東』에서 '지'이다. 유추형이다.

開口의 甲類(d)에 나오는 이례(異例)는 다음과 같다.

---

151) [역자주] 'ʐ̣, ɽ̣'에서 글자 아래의 '.'는 해당 자음이 성절성을 지니고 있음을 가리킨다.

(6) [圖325](支韻)의 '廝·澌'는 '싀'이고 '澌'는 『華東』에서 '싀'이다. 이 한 자들은 어쩌면 치두음 글자들이 아직 F(운미) 'i'를 잃어버리지 않은 시기의 흔적은 아닐까 한다. 이 세 글자는 모두 斯聲字들이다. 따라서 '斯' 자체에 '＊싀'라는 음이 있었다고 생각되지만 '斯'는 '亽'로 되어 있다. [圖325](眞韻)의 '濜'는 『類合』에 '치', 『華東』에 '지', 『玉篇』의 두주(頭注) 속음에는 '치'로 되어 있다.

(7) [圖343](脂韻)의 '鬵'는 '지'이다. '齋'에 대한 유추이다.

(8) [圖358](之韻)의 '偲·緦·罳'는 '싀'이다. (6)의 斯聲字와 동일한 상황이다.

이상은 치두음(齒頭音)의 경우이고 正齒音(二等)은 다음과 같다.

(9) [圖324](支韻)의 '差'는 '치' 또는 '촤'이고 '嵯'는 '치'이다. '釃'(싀)는 『華東』에서 정음이 '시', 속음이 '싀'로 되어 있다. '縰'(싀)는 『類合』, 『三韻』, 『奎章』에 '亽'로 되어 있다. '襹'(싀)는 『華東』에 '시'로 되어 있다. '屣'는 '시'이다. 다른 한자들은 모두 '亽'이다. 가령 '籭·灑' 등이 그러하다.

(10) [圖342](脂韻)의 '師·獅·螄·篩'는 '亽'이다.

(11) [圖357](之韻)의 '甾·輜·緇·菑' 등은 '촤', '廁'는 '싀', '漦·梸·使'는 '시'이다. '廁'는 『華東』, 『三韻』, 『奎章』에서 '치'이다. '滓'(직)는 '宰'(직)에 대한 유추이다. 다른 한자들은 모두 '亽' 또는 '亽'이다.

齒頭音과 正齒音(二等)을 통틀어 적어도 '으'와 '의'의 두 가지를 인정할 수 있다. 그리고 '의'가 중국음의 F(운미) 'i'를 보존한 형태이므로 더 예전 층위에 속한다고 생각한다.

開口의 乙類에 나오는 이례(異例)는 다음과 같다.

(12) [圖 319](支韻)의 '技 · 妓 · 伎 · 芰'는 '기'이다. 이것은 '支'에 대한 유추이다.

(13) [圖 337](脂韻)의 '几 · 机 · 麂'는 '궤'이다. 이러한 합구형에 대해서는 알 수가 없다.

(14) [圖 345](脂韻)의 '坒'는 『訓蒙』, 『類合』, 『書經』에서 '븨'이고 『華東』, 『三韻』, 『奎章』에서는 '비'이다.152) 순음자(脣音字)는 乙類에서도 '-의'를 보이지 않는 것이 통칙(通則)이지만 '坒'만큼은 예외이다. 또한 '魅 · 彰'는 '미'이다.

(15) [圖 523](之韻)의 '其 · 俟'는 '기'이다. '其'가 '긔'로 되지 않고 '기'로 된 것은 이 글자가 허사(虛辭)로 빈번하게 사용되었기에 새로운 근세음의 형태가 세력을 갖게 되었기 때문인 듯하다.

(16) [圖 361](微韻)의 '緋'는 『訓蒙』에서 '비'이다. 이는 '非'에 대한 유추이다. '帬'는 『華東』의 속음으로 '패'이다.

합구의 甲類에 나오는 이례(異例)는 다음과 같다.153)

(17) [圖 328](支韻)의 '頍'는 『詩經』에서 '기'이다. 이것은 '支'에 대한 유추이다.

(18) [圖 330](支韻)의 '眭'는 『華東』에서 '훠'이다. '眭'는 『類合』에서 '의', 『華東』에서 '훠', 그 속음으로는 '에'이며 『三韻』, 『奎章』, 『玉篇』에서는 匣母의 '훼'이고 그 속음이 '에'이다.

(19) [圖 332](支韻)의 '諉'(뇌)는 『華東』에서 '위'이며 두주(頭主)에는 '集韻 위'라는 내용이 나온다. '痿'는 '위'이다. '蘂 · 蕊 · 橤 · 蘂'(예)는 『華東』에서는 '쉬'이다. '蠃'는 『訓蒙』, 『類合』, 『易經』에서는 '리', 『華東』에서는 정음

---

152) 『華東』의 속음은 '븨'이다.
153) 『華東』의 '위'는 인위적인 것이다.

254   한국 한자음의 연구

이 '뤼', 속음이 '리'이다. '累'는 『華東』의 속음이 '뤼'이다.

(20) [囮333](支韻)의 '吹·炊·歙'는 『類合』, 『千字文』, 『華東』, 『三韻』, 『奎章』에서 '취'이다. '捶·箠'는 『訓蒙』에서 '췌', 『三韻』, 『奎章』에서 '츄'이다. '惴'는 『詩經』에서 '췌' 또는 '체'이고 『華東』과 『玉篇』에서는 '취', 속음으로는 '췌'이다. '瑞'는 『類合』, 『書經』, 『華東』과 『玉篇』의 속음에서 '셔'이다.

(21) [囮335](支韻)의 '嘴'는 『訓蒙』에서 '췌'이고 '觜'는 『類合』에서 '췌', 『華東』, 『三韻』, 『奎章』에서는 '취'이다.

(22) [囮346](脂韻)의 去聲에 속하는 '季·悸'는 '계'이다. 上聲의 '癸'는 『書經』, 『華東』과 『玉篇』의 속음으로 '계', 『華東』에서는 '귀', 『三韻』, 『奎章』, 『玉篇』에서는 '규'이다.

(23) [囮349](脂韻)의 '椎'는 '퇴', '葵·楑'는 『華東』에서 '쉬'이다. '㶷·縲·壘'는 『玉篇』의 속음으로 '루'이고 '淚'는 『華東』에서 '뤼', 『玉篇』의 속음으로는 '루'이다. '誄·讄·癗·礧'는 '뢰'이다.

(24) [囮350](脂韻)의 '錐·倠'는 『訓蒙』에서 '쵸'이다.

(25) [囮351](脂韻)의 '醉'는 '취', '翠'는 '취', '悴·萃·顇·瘁'는 '췌' 또는 '체', '嘒'는 『華東』, 『玉篇』의 속음으로 '혜'이다.

이상 合口(甲)을 전체적으로 살피면 여러 가지 특이한 예들을 보게 된다. 그런데 그 중 (19)의 '蘂…'(예)와 (22)의 '季…'(계)가 上聲 또는 去聲에 출현하고 (20), (21), (25)의 '췌' 또는 '체' 역시도 上聲과 去聲에서 보인다는 사실로부터 이러한 형태가 측성(仄聲)에 나타난다는 점이 우연은 아니라는 사실을 알 수 있다. '-iᵂəi'는 平聲에서는 '[yi]'로 실현되었지만 仄聲에서는 '[yei]'로 실현되었던 것 같다.[154] 平聲에서는 '[yi]'를 'ㅠ'로 나타내어 그 안에 F(운미) 'i'도 포함한 듯하다.

---

154) (19)와 (22)의 '예'는 합구 요소를 잃어버렸다. 합구 요소는 'ㅊ' 뒤에서만 나타난다.

합口의 乙類에 나오는 이례(異例)는 다음과 같다.

(26) [圄329](支韻)의 '嬀·潙·鬹·鷡'는 '규'이다.155) '犧'는 '의'이고 '庋·庪'는 '기'인데 모두 유추형이다. 上聲에 속하는 '攱·鷶·詭·垝' 등과 '跪'는 '궤'이다. '趏'는 '괴'이다.

(27) [圄331](支韻)의 上聲과 去聲인 '毀·燬·譭·烜·毇'는 '훼'이다.

(28) [圄334](支韻)의 '劓'는 '즈', '衰'는 '최'이다. 上聲에 속하는 '揣'는 『類合』에서 '췌'이고 다른 문헌에서는 '취'인데 현재 음으로는 '췌'이다.

(29) [圄347](脂韻)의 '逵·馗·戣·頯' 등은 '규'이다.156) '嚪'도 '규'이다. '夔·虁'는 '기'이다. '匭'는 『訓蒙』, 『類合』에서 '구'인데 '晷'의 음에 유추된 것이다. 또한 '簋·軌·宄·甌·晷'(이상 上聲)와 '匱·櫃·匵·臾·饋·餽'(이상 去聲) 등은 '궤'이다. '媿·愧·騩'는 '괴'이다.

(30) [圄348](脂韻)의 '帷·洧·鮪·痏'는 '유'이다. 모두 유추형이다.

(31) [圄350](脂韻)의 '衰·蓑'는 '쇠', '榱'는 '최', '帥·率'는 '슈'이다.

(32) [圄362](微韻)의 '虺·卉·虫'(上聲)와 '卉'(去聲)는 모두 '훼'이다. '虺·卉·虫'는 『華東』에서 '회'이다. '磈·畏·崴·碨'는 '외'이다.

합口(乙)에서는 '위'가 주류이다. 그러나 上聲과 去聲에서는 종종 '웨'가 보인다. '웨'는 합口(甲)의 '예' 또는 '웨'와 평행적으로 생각해야 한다. 다만 '웨'는 'ㄱ, ㅎ' 뒤에서는 나타나나 초성이 'ㅇ'일 때는 대부분 '위'이다.

5.2.4.5 류섭(流攝)

流攝에서는 幽韻이 문제가 된다. Karlgren 씨는 幽韻의 음가를 '-i̯ə̯u'로 설

---

155) '嬀'는 『書經』에 '위'로 되어 있다.
156) '頯'는 『易經』에서는 '귀'이다.

정했는데 이것으로는 충분치 않다. 幽韻은『韻鏡』에서 四等韻에 위치하기 때문에 여기서의 三等韻 甲類에 해당한다. 그리고 순음자(脣音字)의 경우 순경음화를 일으키지 않는다. 이러한 사실들을 감안하여 '-iĕu'로 하는 것이 적당하다. 그러나 幽韻은『一切經音義』에서는 이미 尤韻(甲)에 합류하고 있다. 한국 한자음에서는 效攝과 마찬가지로 VF(주요 모음＋운미)가 합쳐졌다.

	切 韻		慧 琳		韓國音
I	侯	-əu	侯	-əu	우
Ⅲf	幽	-iĕu	尤(甲)	-iəu	유
	尤(甲)	-iəu			
	尤乙	-ïəu	尤(乙)	-ïəu	우

一等韻에서 특이한 예는 다음과 같다.

(1) [囯363]의 '扣·叩'는 속음이 '고'이다.

(2) [囯365]의 '鍮·詎·斠'는 '듀'인데 이 중 '鍮'는『玉篇』의 속음으로는 '유'이다. '窬'는『華東』의 속음이 '유'이며 '兜'는『書經』및『玉篇』의 두주(頭注) 속음이 '도'이다.

(3) [囯366]의 '敨'는『訓蒙』에서 '뉴'이고 '蔞'는『詩經』에서 '려'이다.

(4) [囯367]의 '陬·掫' 등은『華東』에서 '츄'이다.

(5) [囯368]의 '母·牡·某·畝·拇·姆'는 '모'이다. 이 중 '畝'는『書經』,『詩經』(8 : 1a),『千字文』에 '묘'로 되어 있다.

여기서 주목해야 하는 것은 (5)의 '모'이다. 黃淬伯 씨는『慧琳一切經音義反切攷』의 105장 뒷면에서 다음과 같이 언급했다.

上聲인 '姥'의 음은 '母'이다. '補'와 '溥'의 두 글자는 '母'를 叶用한다. '拇'

는 反切로 '莫補'라고 읽힌다. '母'와 '拇' 두 글자는 모두 『切韻』에서 厚韻에 속한다.(또한 '牡'도 厚部 글자이다.) 去聲의 '茂'는 반절자가 '莫布'이다. 또한 '懋'는 '茂'와 더불어 모두 음이 '暮'이다. '茂'와 '懋'는 『切韻』의 厚韻에 속하는데 『韻英』157)에 와서 姥韻, 暮韻으로 바뀌었다.(上聲姥字音母 補溥二字 叶用母字 拇讀莫補反 母拇二字 俱在切韻厚韻又牡字亦爲厚部字 去聲茂莫布反 又懋字與之俱音爲暮 茂懋在切韻厚韻 於韻英轉姥暮韻矣)

또한 108장 뒷면에서는 다음과 같이 말했다.

　平聲인 '矛'와 '謀' 두 글자는 模韻(이 책의 觚部)으로 바뀌었고 '侔'와 '眸' 두 글자는 반절로 '暮浮'라 읽히는데 '浮'를 좇아 虞韻(이 책의 拘部)으로 변했다. 上聲의 '拇'와 '牡' 두 글자는 姥韻(이 책의 鼓部)으로 변했고 '負'는 麌韻(이 책의 矩部)으로 바뀌었다. 去聲의 '懋'와 '茂'는 暮韻(이 책의 顧部)이 되었다. 이들은 모두 『韻英』의 독음이다. 무릇 이러한 몇몇 글자 및 그와 음이 동일한 글자들의 音切을 이렇게 표기한 것은 대개 거의가 『切韻』을 답습하여 취한 것이다. 다만 앞의 표를 보면 '模'의 음이 '謀'이고 '姥'의 음이 '母'이며 '茂, 懋'의 음이 '模'로 되어 있다. 이는 당연히 慧琳이 말소리에 의거하여 읽은 음이다. 즉, 당시에 模韻과 侯韻의 두 운이 서로 음이 비슷했고 특히 脣音字는 더욱 변별하기 어려웠던 것인데 따라서 切韻과 切語를 많이 사용한 것은 괴이하지 아니한가?(平聲矛謀二字轉模卽本編觚部 侔眸二字讀暮浮切 隨浮字轉虞卽本編拘部 上聲拇牡二字轉姥卽本編鼓部 負字轉麌卽本編矩部 去聲懋茂字轉暮卽本編顧部 此皆韻英之音讀也 凡此數字及其同聲字之音切著錄是表者 蓋皆襲取於切韻也 但從前表觀之 模音謀 姥音母 茂懋音模 此當爲慧琳隨口擬讀之音 則當時模侯兩韻 音必相近 而脣音字尤難辨 故其多用切韻切語 恬不爲怪歟)

이러한 黃淬伯 씨의 말은 慧琳의 『一切經音義』를 다룸에 있어 시사하는 바가 매우 많다. 그리고 그가 말했듯이 '母・牡・拇・茂・懋' 등의 한자들은 模韻으로 옮겨갔던 것 같다.158) 마침 한국 한자음은 이런 사실을 뒷받

---

157) [역자주] 『韻英』은 당나라 때 간행된 절운 계통의 운서이다.
158) [역자주] 模韻은 遇攝에 속한다. 따라서 '母・牡' 등은 流攝에서 遇攝으로 변한 셈

침하고 있다. '茂·懋'는 음이 '무'로 되어서 불분명하지만 '母·拇'는 앞에 제시된 것처럼 음이 '모'이므로 정확히 模韻의 형태이다. 이러한 특이한 점에 있어서도 한국 한자음이 『一切經音義』와 일치한다는 사실은 주목할 만한 가치가 있다. 또한 이 문제는 李榮 씨의 侯韻에 대한 견해와도 관련이 있다. 李榮 씨에 따르면 侯韻은 『切韻』에서는 '-u'였다가 당대(唐代)에는 '-əu'가 되었다고 한다.159) '모' 역시 侯韻의 음가 변동과 관계가 있다고 생각된다. 이와 관련하여 앞의 (1)에 나온 '扣·叩'의 '고'와 (2)에 나온 '兜'의 '도' 역시 그러한 일환으로 다루어야 할 듯하다.

　三等韻(甲)에서 특이한 예는 다음과 같다.

　(6) [圖374](尤韻)의 '祝·呪'는 '주'이다. '呪'는 『訓蒙』에서 '·축'이다. '醜·魗·臭'는 '취'인데 이때 '-ㅣ(-i)'가 붙는 것에 대해서는 5.2.3.1.의 (2)를 참조할 수 있다.

　(7) [圖376](尤韻)의 '就·僦'는 '취'이다.

　(8) [圖379](幽韻)의 '繆·謬'는 '무'이다. 다만 '繆'는 『詩經』에서는 '규', 『類合』에서는 '류', 『華東』의 속음으로는 '규'와 '류'이다. '謬'는 『中庸』에서 '뉴', 『華東』과 『玉篇』의 속음으로는 '류'이다. '繆·謬' 모두 유추형이다.

　三等韻(乙)에서 특이한 예는 다음과 같다.

　(9) [圖369]의 '尥'는 '규'이고 '馗'는 『華東』에서 '규'이다.

　(10) [圖370]에서 曉母인 '休·鵂·貅' 등과 '豔·畜'는 '휴'이다.160) '有·囿·宥'는 '유'인데 이것은 물론 '有'가 기초이며 개모 '-ǐ-'가 '-i-'로 옮겨

이 된다.

159) 李榮 씨의 「切韻音系」(『語言學專刊』第4種) 142~147쪽 참조.
160) 5.2.2.4. 참고. [역자주] 5.2.2.4. 단원은 존재하지 않는다. 뭔가 착오가 있는 듯하다.

간 근세음의 형태이다.

(11) [国375]의 '緅·聚·掫·甃'는 '츄'이며 유추형이다. '驟'는 『類合』과 『詩經』에서 '취'인데 역시 유추형이다.

(12) [国377]의 '謀·牟·侔·麰·蛑·鍪·眸·矛·鍪·麳'는 '모'이다.

여기서 주의해야 하는 것은 (12)의 '모'로 되는 경우이다. 이 문제에 대해서는 앞에서 인용한 黃淬伯 씨의 언급을 참조하기 바란다. 다만 黃淬伯 씨는 '侔'와 '眸'의 두 글자가 '暮浮反'으로 되어 있기 때문에 虞韻에 포함시키고 있다.161) 또한 '浮'는 『韻英』에 의거해 虞韻에 넣어야 함을 말하고 있다.162) 그러나 '侔·眸'는 물론이고 '謀·牟·侔' 등도 모두 模韻에 속해야 마땅하다. 한국 한자음은 이 점과 관련해서도 '모'로 되어 있어 분명히 模韻의 형태를 보이고 있다.

그렇다면 '浮'와의 관계를 어떻게 생각해야만 하는 것일까? '浮'는 『切韻』에서 성모가 並母이고 尤韻에 속하는 글자이기 때문에 중고음의 형태는 'bʰi̯ə u¹'이다. 李榮 씨에 의하면 'bi̯u¹(bi̯ū¹?)이다.163) 어느 쪽이든지 간에 순경음화를 일으키는 운(韻)이다. 그래서 'bʰi̯ū¹ ⟩ vʰ⒥ū¹'와 같이 된다. 이미 서술했듯이 순경음화를 일으킨 후에는 개모 '-i̯-'가 소실되는 것으로 보이기 때문에 'vʰ⒥ū¹'은 실제로는 'vʰū¹'였다고 생각된다. 그런데 侯韻에 속하는 明母는 같은 侯韻의 다른 글자와는 달리 模韻의 明母로 합류했다.164) 이와 동일한 변화가 '浮'에도 일어남으로써 'vʰū¹'은 'vʰu¹'로 단축(短縮)되었다.

李榮 씨에 따르면 模韻은 중고음에서는 '-o'였는데 당대(唐代)에는 '-u'로 변

---

161) 黃淬伯 씨의 『慧琳一切經音義反切攷』 97장 앞면 참조.
162) 黃淬伯 씨의 『慧琳一切經音義反切攷』 98장 앞면 참조.
163) 李榮 씨의 「切韻音系」(『語言學專刊』 第4種) 147쪽 참조. 다만 李榮 씨는 '-i̯-'를 설명하지 않았다. 'bi̯u¹'은 저자 개인의 견해를 가미한 형태이다.
164) 아마도 'mū ⟩ mu'의 변화를 겪었던 듯하다.

했다.165) 그래서 'vʰuⁱ'는 模韻에 포함시키는 것이 마땅하다. 그렇지만 'vʰ-'를 표시하는 반절자가 모두 虞韻字이기 때문에 반절의 정리 결과로 보자면 虞韻에 들어가 버리는 것이다. 그러나 운(韻)으로서는 이미 직음(直音) 계열의 '-u'로 바뀌었으므로 '侔·眸'의 반절이 '暮浮反'이라고 해도 그 음은 模韻이다.166)

또한 明母는 『切韻』(『廣韻』)에서는 平聲의 경우 尤韻에 있지만 上聲과 去聲의 경우에는 侯韻에 있다. 上聲과 去聲의 侯韻 明母字는 원래 尤韻의 上聲과 去聲에 있었던 것 같다. 尤韻에서는 순경음화가 일어나는데도 불구하고 明母만은 일어나지 않았다. 이것은 通攝의 東韻 三等韻(乙)에서 순경음화가 일어나되 明母만 예외인 것과 정확히 일치한다. 다른 순음인 'p-, pʰ-, bʰ-'는 순경음화가 적용되면 'f-' 또는 'f-'와 비슷한 음으로 되는 반면 明母는 순경음화의 적용을 받아서 微母가 되어도, 특히 장안음에서는 'mb- > ɱv-'가 되어 청각상 'p-'와 '-f-'만큼의 차이는 생기지 않는다. 게다가 뒤에 오는 주요 모음(V)이 'u'인 경우에는 변화 전(mb-)과 변화 후(ɱv-)의 형태가 더욱 더 가까워진다. 주요 모음이 'ə'라든가 'â'일 때는167) 비음 뒤에 생겨난 'v'가 두드러지지만 'u'와 같은 원순모음이 후행할 때에는 일단 微母로 바뀌었어도 곧바로 明母로 되돌아가 버릴 가능성이 있다. 예를 들어 '謀'는 'mïūⁱ > mbïuⁱ > ɱvūⁱ > mbūⁱ'의 단계를 거쳤고 '夢'은 'mïung³ > mbïung³ > mvung³ > mbung³'의 단계를 거쳤다.168) 아무튼 한국 한자음이 이러한 미세한 점에 있어서도 慧琳의 『一切經音義』와 일치하며 당대(唐代)의 음을 충실히 나타내고 있다는 점은 확실히 흥미로운 사실이다.

---

165) 李榮 씨의 「切韻音系」(『語言學專刊』第4種) 142~147쪽 참조.
166) '暮浮反'은 '模(mu³)×浮(vʰuⁱ)→muⁱ'의 발음이 된다.
167) 예를 들면 '微'(ɱvəiⁱ)와 '亡'(ɱvângⁱ) 등이 있다.
168) 졸고인 「唐代長安音に於ける微母に就いて」(『中國文化研究會會報』4-1, 東京敎育大學, 1954)의 28~37쪽 참조. [역자주] 이 논문은 『河野六郎著作集(2)』의 251~261쪽에 수록되었다.

통섭(通攝)

通攝과 遇攝은 V(주요 모음)로 'u' 또는 'o'를 지닌다. 그러나 一等韻에서는 通攝에만 'u'와 'o'의 대립이 있고 遇攝은 模韻밖에 없다. 한편 三等韻에서는 通攝과 遇攝 모두 'u : o'의 대립이 존재한다. 앞서 서술한 것처럼 慧琳의『一切經音義』에서는 一等韻에서 'u : o'의 대립이 사라졌다. 그 결과 아마도 [ʊ]와 같은 모음이 되지 않았을까 한다. 한국 한자음은 이 점에서도 『一切經音義』와 같은 상황이다.

한국어의 '오(o)'는 중기어 모음 조직에 있어서는 원순모음으로서 'ᄋ (ɐ[ʌ])'와 대립하며 또한 모음조화에서는 양모음 계열에 속하면서 음모음 '우(ɯ)'와 대립한다. 이러한 모음조화의 대립 관계로부터 원래는 '오(o) : 우(ɯ)'가 원순후설모음과 원순전설모음의 대립은 아니었을까 하는 의문을 품을 수 있다. 즉 '오'는 원래 후설모음으로서 'o' 또는 'u'를 나타낼 수 있었다고 생각되는 것이다. 한국어를 일본어와 비교하여 확실한 듯한 대응 사례를 찾아보면 한국어 '오'에 대응하는 일본어 'u'의 예가 떠오른다. 가장 흥미로운 것은 한국어의 '곱-(美)'과 일본어 'クハシ(kufa-si, 美)'의 예이다. 혹은 '곶(串)'과 'kusi', '골(谷)'과 'kura' 등도 있다. 이 중에는 차용의 예도 있을 듯하다.

이러한 '오'에 대해 한국어 '우'는 어떠한가? 중국음을 반영하는 경우에는 거의라고 말해도 좋을 만큼 순수한 'u'에는 쓰이지 않고 '-ĭu-'라든가 '-ĭʷə' 또는 '-ĭʷĕ'와 같은 경우에 사용되고 있다. 臻攝의 一等韻에서는 '-ʷə-'도 나타내지만 이것은 근세음의 경우이다. 이처럼 중국음과의 대비 측면에서 보아도 '우'는 중설적이며 게다가 요음(拗音)적인 요소를 포함한 음에 대응하고 있다. 앞에서 추측했듯이 '우'는 원래 'ü' 또는 'ö'와 같은 음을 나타냈다고 하더라도 그다지 억측이라고는 말할 수 없는 것이다.

		切 韻		慧 琳		韓國音
I		東(一)	-ung	東(一)	-ung	옹
		冬	-ong			
Ⅲ		東(三·甲)	-ɨung	東(三·甲)	-ɨung	융
	f	東(三·乙)	-ïung	東(三·乙)	-ïung	웅
		鍾(甲)	-iong	鍾(甲)	-iong	용
	f	鍾(乙)	-ïong	鍾(乙)	-ïong	웅

이제 通攝과 遇攝의 운(韻)들을 다룸에 있어 한국어의 '오'와 '우'에 대해
서는 전술한 것과 같은 배경을 충분히 고려할 필요가 있다. 예를 들어 당
면한 通攝의 경우 一等韻이 '옹'이라고 해도, '옹'이라서 중국음 '-ong'를 나
타낸다고 단순히 말할 수는 없는 것이다. 왜냐하면 한국어의 '옹'은 '-ong'
도 나타낼 수 있지만 '-ung'도 나타낼 수 있기 때문이다. 아마도 한국 한자
음의 '옹'은 慧琳의『一切經音義』와 같은 상태, 즉 '-ŏng'을 표시하고 있는
듯하다.

이에 대해 三等韻의 '융'와 '웅'은 단순한 '-ɨung, -ïung'은 아니고 요음 '-
i-, -ï-'의 영향으로 다소 전설 내지 중설화된 'u'를 나타내고 있는 것이다.
鍾韻의 '용'와 '옹'이 과연 어떤 음을 반영한 것인지 알 수 없지만 문자 그
대로 '-yong'과 '-ong'을 나타낸 것이 아니라는 점만은 확실하다. 중요한 것
은 여기서 東韻(三等)과 鍾韻이 완벽하게 구별된다는 점이며 이 역시『一切
經音義』와 부합하고 있다.

一等韻의 특이한 예에는 다음이 있다.

(1) [囯296](東韻)의 '罿'은『華東』에서 '츙'이다.
(2) [囯298](東韻)의 '潀'은『華東』에서 '종'이며 '潨'은『華東』에서 '중'이
다. '憁'은 '숭'이다.

三等韻(甲)의 특이한 예에는 다음이 있다.

(2a) [圖305](東韻)의 '煜 · 昱'은 '욱'이다.

(3) [圖308](東韻)의 '終 · 螽'은 '종'이다. 이것은 오히려 鍾韻의 형태이다.

(4) [圖310](東韻)의 '絨 · 菘'은 『訓蒙』, 『華東』에서는 '숑', 『三韻』, 『奎章』
에서는 '슝'이다.

(5) [圖314](鍾韻)의 '傭 · 慂'은 '츙'이다. '重'은 '듕 〉즁'의 변화를 거친다.
'穜 · 蝩 · 鮦'은 '즁'이다.

(6) [圖315](鍾韻)의 '醲 · 濃 · 襛 · 穠'은 '농'이다.169)

(7) [圖316](鍾韻)의 '衝 · 罿 · 憧' 등은 '츙'이다. '鶞'은 『訓蒙』, 『華東』과
『玉篇』의 속음으로 '쟝'이다. '束'은 '속'이다.

(8) [圖317](鍾韻)의 '樅 · 鏦 · 從 · 瑽 · 蓯'은 '종'이다. '駷'은 『訓蒙』에서
'송'이다. '促 · 趣 · 數'는 '촉'이다. '粟 · 涑 · 觫'은 '속'이다.

여기서의 '옹, 옥'은 치두음의 영향이다.170) '足'의 현대 북경음 'tsu²'가
중고음(A.C.) 'tsi̯ok⁰'에서 변한 것을 참고할 수 있다.

三等韻(乙)의 특이한 예에는 다음이 있다.

(9) [圖305](東韻)의 曉母字 '畜 · 慉 · 搐'은 '흑'이다. '罦'는 '육'이다.171)
(10) [圖309](東韻)의 '崇'은 '슝'이다. '崈 · 窑 · 漴'은 『三韻』, 『奎章』, 『玉
篇』에서 '죵'인데 '漴'은 『華東』에서는 '충'이다. '矗 · 閦'은 '축'이되 『華東』
에서는 '촉'이다. '縮 · 蓄 · 蹜'은 '슉'이며 속음으로는 '축'이다. '謖'은 '속'

---

169) '農'(농)을 참고.
170) [역자주] 치두음 뒤에서 개모 '-i̯-'가 탈락하여 三等韻(甲)인데도 '옹, 옥'으로 나
    타난다고 보는 듯하다.
171) '有'(유)를 참고.

이다.

(11) [圉311](東韻)의 '風·楓·諷·豊·酆·馮·渢' 등은 '풍'이다. '賵·汎·鳳'은 '봉'이다. '福·腹·複·蝮·服·復·伏' 등은 '복'이다. 여기서의 '풍'은 '*fung' 또는 '*fəng'을 반영하고 있는 듯하다. 그러나 '봉'도 마찬가지로 '*fung'를 나타내고 있다고 생각한다. 특히 入聲에서는 전부 '복'인데 이 또한 '*fuk'을 나타내고 있는 듯하다. 그렇다면 '봉-복'이라는 예전 층위에 새로운 '풍'이 가세한 형국이 될 것이다.

(12) [圉311](東韻)의 '夢·瞢·懜' 등은 '몽'이다. '目·睦·牧·穆' 등은 '목'이다. 이때 '몽-목'에 대해서는 5.2.4.5.의 내용을 참고할 수 있다.

(13) [圉312](鍾韻)의 '韏·挶·挙·局·跼'은 '국'이다.

(14) [圉313](鍾韻)의 曉母字인 '胸·凶·洶·兇' 등은 '흉'이다. 역시 曉母인 '旭·頊·勖·勗'이 '욱'인 것은 알 수가 없다.

(15) [圉317a](鍾韻)에서는 모두 '봉, 복'으로 되어 있다. (11)과 마찬가지로 '*fung'과 '*fuk'을 반영한 것이다.

5.2.4.7 우섭(遇攝)

遇攝에 대해서는 이미 앞 절(5.2.4.6.)과 다른 데서 다루었다. 이제 한국 한자음의 상황을 관찰하기로 한다.

		切 韻		慧 琳		韓國音
Ⅰ		模	-o	模	-u	오
Ⅲ	f	虞(甲)	-iu	虞(甲)	-iu	유
		虞(乙)	-ïu	虞(乙)	-ïu	우
		魚(甲)	-io	魚(甲)	-io	여
		魚(乙)	-ïo	魚(乙)	-ïo	어

慧琳의 『一切經音義』에서는 模韻이 '-u'였으리라는 점은 앞서 李榮 씨의

학설에 따라 尤韻(侯韻)의 明母의 문제를 고찰한 데서도 엿볼 수 있다. 이러한 '-u'에 한국 한자음 '오'가 대응할 수 있다는 점 역시 5.2.4.6.에서 서술했다.
　一等韻의 특이한 예는 다음과 같다.

　(1) [国380]의 '啎'는 『訓蒙』에서 '：어'이다. 魚韻일지 모른다.
　(2) [国382]의 '蠹·斁·肚·杜·殰·莊·土'는 '두'이다. '妒·妬'는 '투'이다.
　(3) [国383]의 '賂'는 '뢰'이다. '-ㅣ(i)'가 붙는 것은 5.2.3.1.의 내용을 참조하기 바란다. '壚'는 『書經』에서 '녀'이다.
　(4) [国384]의 '作'는 '주'이다.
　(5) [国385]의 '誧'는 『華東』에서 '부'이다. '鋪'는 『訓蒙』, 『華東』에서 '푸'이다. '簿·部·蔀·埠'는 '부'이다. '墓'는 '묘'인데 이 음은 기묘하다. 아마도 '廟'(묘)에 대한 연상 때문으로 생각된다.

　一等韻에서 '우'로 된 것이 다소 있다. 이것은 근세음의 형태를 반영한 것이다. 또한 한국어의 '우'가 완전한 후설모음으로 바뀐 시기 이후의 사음(寫音)이다. 덧붙여 『華東』의 '우'는 인위적인 것이다.
　三等韻 중 虞韻(甲)의 특이한 예는 다음과 같다.

　(6) [国395]의 '渝'는 『華東』과 『玉篇』의 속음으로 '투'이다.
　(7) [国396]의 '黈·註·軗'는 '주'이다. '婁·蔞·鏤·縷·僂·屢' 등은 '루'이다.
　(8) [国397]의 '炷·麈·注·鑄·跓·註' 등은 '주'이다. 다만 '主·宝·蛀'는 '쥬'이다.
　(9) [国399]의 '趨·趣'는 '추'이고 '足'은 '주'이다. '取·娶·聚'는 '취'이다. 取聲字는 모두 '취'를 취한다. '[tɕʰy]'의 '[y]'를 나타내는 것일지 모르겠다.

三等韻 중 虞韻(乙)의 특이한 예는 다음과 같다.

(10) [囯393]의 '嘆'는 『詩經』에서 '오'이다. '娛'는 '오'인데 '吳'에 대한 유추이다.

(11) [囯398]의 '毹'는 '슈'이다.

(12) [囯400](f)의 '簠·甫·父·輔' 등은 '보'이고 '脯'는 '포'이다. 이들은 유추라고 생각할 수도 있지만 순경음화한 형태인 '*fu'를 나타낸다고 할 수도 있다. '侮·罞'는 '모'이다.

[囯400]은 순경음화를 일으키는 환경이기 때문에 '無·武·務' 등의 '무'는 'm̥(v)ĭu'를 나타내고 있다. 그런데 5.2.4.5.에서 서술한 바와 같이 주요 모음이 'u'와 같은 모음일 때는 明母로 역행했다. '侮·罞'의 '모'는 그런 형태일지 모른다.

(13) [囯388]의 '猪'는 『訓蒙』에서 '뎨'이다. '豬'(=瀦)는 『書經』에서 '쥬'이다. '除'는 '뎨'인데 오늘날 '제[tʃe]'로 바뀌었다.

(14) [囯390]의 '諸'는 '제'이다. '煮'는 『訓蒙』, 『類合』, 『華東』과 『玉篇』의 속음으로 '쟈'이고 '翥'는 『訓蒙』에서 '쟈'이다. '煮·翥'는 모두 『華東』, 『三韻』, 『奎章』에서는 '져'이며 '者'에 대한 유추이다.

(15) [囯387]의 '譽·豫·預·澦'는 '예'이다. '여'로 되는 경우도 있는데 상세한 것은 부록의 <자료음운표>를 참조하기 바란다.

(16) [囯392]의 '鱮'는 『詩經』(5:9b)에서 '셔'이다. '屪'는 『訓蒙』에서 '쥬'인데 근세음이다.

三等韻 중 魚韻(乙)의 특이한 예는 다음과 같다.

(17) [囯386]의 '筥·莒'는 '게'이다. '圉'는 『書經』에서 '에'이다.

(18) [囯391]은 正齒音(二等)의 경우이다. 여기서는 '오'가 주류이되[172] 다만 '鋤·鉏·耡'는 '서'이다. 이러한 牀母字 '鋤'(서)와 '助'(조)의 대립은 흥미

롭다. 성모도 '鋤'는 'ㅅ'으로 되어 있어 예전 형태이다. 일반적으로 '오'로
된 것은 나중에 더해진 층위이다.[173] 또한 '菹·葅·詛·禣'(저)는 '且'의
음에 대한 유추인 듯하다.[174] '糈'는 『華東』에 '서'로 되어 있는데 이는 분
명히 '胥'에 대한 유추이다.

　虞韻에 대해서는 문제가 없는 것 같지만 순경음화와 관련해서 明母의 역
행이라는 현상이 있었음에도 불구하고 虞韻은 거기에 관여하지 않았다. 다
만 '侮'와 '瞀' 두 글자는 역행 경향을 보이고 있다. 이러한 明母의 逆行은
주요 모음(V)이 'u'와 같은 원순모음일 때 일어나며 만약 虞韻이 '-iu, -ïu'였
다면 당연히 일어나야 하는 것이다. 그런데도 일어나지 않은 것은 虞韻의
주요 모음이 지닌 원순성이 약해졌기 때문은 아닌가 한다.

　한편 魚韻의 경우 일단 Karlgren 씨를 따라서 '-io' 내지 '-ïo'로 했는데 한
국 한자음의 모습은 이것과 맞아떨어지지 않는다. 한국 한자음의 대표형은
앞의 표와 같이 '여'와 '어'이다. 원래 한국어의 '어'는 중국음 '-ä-'에 대응
한다. 적어도 후설원순모음은 아니었다. 아마도 魚韻은 원순성을 지닌 중
설적인 모음이 아니었을까 한다.

　여기서 상기되는 것은 일본 상대(上代)의 특수한 가나 표기법(假名遣) 중
'オ'의 乙類 표기이다. 주지하는 바와 같이 'オ'의 乙類를 표기하는 한자 중
에는 魚韻의 글자가 상당하다. 오노 스스무(大野晋) 씨의 연구에 따르면 'オ'
의 乙類는 [ə][175]와 같은 음이었다고 한다.[176] 이대로는 아닐지 모르지만

---

172) 부록의 <자료음운표> 참조.
173) [역자주] 뒤에서 언급하겠지만 중국 근세음에서는 魚韻이 正齒音(二等) 뒤에서 'o'
　　로 바뀐다. 따라서 魚韻에 대응하는 한국 한자음 '오'도 근세음적 성격의 신형이
　　라고 할 수 있는 것이다.
174) [역자주] [國 392]를 보면 '且'의 음이 '져'로 나온다.
175) [역자주] 국제음성기호로서의 [ə]는 원순의 중설 반폐모음을 나타낸다.
176) 오노 스스무(大野晋) 씨의 『上代假名遣の硏究』(1953) 참조.

魚韻은 원순성이 있었다고 해도 약하며 중설의 중모음이지 않았을까 한다. 한국 한자음에서 魚韻을 '어'로 받아들인 것은 아마도 그러한 약한 원순성을 무시했기 때문인 것 같다.

이제 이 모음을 'ö'로 적는다면 魚韻의 甲類는 '-iö', 乙類는 '-ïö'가 된다. 또한 魚韻의 正齒音(二等)이 '-o'로 되는 것은 아리사카(有坂) 박사가 말했듯이 근세음적인 것이다.[177] 이는 성모인 正齒音(二等)의 영향으로 원순화가 다시 강해졌기 때문이다. 다른 성모는 三等韻에서 'u : o'의 대립이 소멸됨에 따라 魚韻의 'ö'가 상승하고 이것이 다시 원순성이 약한 虞韻의 V(주요 모음)인 'ü(?)'와 합류해서 결국 魚韻과 虞韻이 합병되었다.

5.2.5 성조(聲調, T)

한국 한자음의 성조는 거의 개척되지 않은 영역이라고 하겠다. 현대 한국어의 중부 방언에는 성조가 음운론적으로 존재하지 않지만 중기어에서는 분명히 인정할 수 있으며 현대 남부 방언 중에도 존속하고 있다는 사실은 알려져 있다. 중기어의 성조에 대해서는 저자도 한두 편의 시론을 발표한 적이 있지만[178] 한자음의 성조에 관해서는 아직 논저가 있다는 것을 듣지 못했다. 그 이유는 전래 한자음 자료 중에 방점(傍點)을 지닌 것이 적기 때문이다. 그러나 소수이지만 조금씩 자료도 나오고 있어서 연구의 여지는 충분하다.

한편 현대 한국어에는 성조가 존재하지 않지만 중기어 성조의 차이가 모음의 장단 차이로서 계승되고 있는 모습이므로, 현대 한자음의 모음 길

---

177) [역자주] 이러한 근세음적 변화가 앞의 (18)에서 正齒音(二等)의 경우 한국 한자음에서 '오'로 나타나는 것과 직접적인 관련이 된다고 하겠다.

178) 「諺文古文獻の聲點に就いて」(『朝鮮學報』 제1집)과 「中期朝鮮語用言語幹の聲調に就いて」(金田一博士古稀記念,『言語民俗論叢』, 884~911쪽) 참조. [역자주] 이 두 논문은 『河野六郎著作集(1)』에 수록되었다.

이에 대한 고찰을 통해 어쩌면 어느 정도 결과를 얻을 수도 있을 것 같다. 그런데 현대 한자음의 실상은 특히 장단에 관한 한 혼란스러운 상태라서 단순하게는 정리할 수 없다. 이 문제는 차후의 연구 과제로서 남겨 둔다.

이 책에서는 유감스럽지만 성조에 관해서는 매우 불충분한 서술밖에는 할 수 없다. 여기서는 전래 한자음의 성조를 전하고 있는 『訓蒙字會』와 『孝經諺解』 두 문헌에 나타난 성조 상황을 보고하는 데 머무르고자 한다.

중기 한국어의 성조는 평성(平聲), 상성(上聲), 거성(去聲)의 세 가지이며 저조(低調)와 고조(高調)의 두 가지 단계(level)가 있었다. 평성은 저조(低調), 거성은 고조(高調), 상성은 저고조(低高調)였다. 그리고 방점의 경우 평성에는 점이 없고, 거성에는 점 하나, 상성에는 점 두 개가 각 음절의 글자 왼편에 찍혀 있다. 중기어 문헌에는 이 원칙으로 모든 음절에 방점이 놓여 있었으며 한자음 역시 마찬가지라고 말할 수 있다. 그런데 한글 창제 직후의 문헌에 나오는 한자음은 『東國正韻』의 한자음이었으며 그 성조 또한 중국의 사성(四聲)을 좇아 기계적으로 할당한 것에 불과하다. 따라서 전래 한자음의 성조를 고찰하고자 하는 데에는 전혀 가치가 없다. 얼마 간 시대를 내려서 최세진의 『訓蒙字會』에 나오는 성조를 보면 이것은 『東國正韻』의 사성(四聲)에 의거한 것이 아니고 전래되는 한자음의 성조를 전하고 있는 듯하다. 더욱이 『孝經諺解』를 살펴보면 그 성조가 『訓蒙字會』의 성조와 일치한다. 그러므로 두 문헌에 나오는 성조는 전래 한자음의 성조라고 단정해도 대체로 문제되지 않으리라 생각한다. 이 두 문헌의 성조를 중국 중고음의 사성(四聲)과 비교한 결과를 요약하면 다음 표와 같다.

중고음	한국 한자음	
平 聲	平 聲	[예] 干 간
上 聲	上 聲	[예] 笴 :간
去 聲	上 聲	[예] 幹 :간
入 聲	去 聲	[예] 葛 ·갈

이러한 상황은 신숙주(申叔舟)가 『東國正韻』[179)]의 서문에서 당시 전래 한
자음에 대해 서술한 것으로서 "말소리에는 四聲이 매우 분명한데 한자음
에는 上聲과 去聲의 구별이 없다(語音則四聲甚明 字音則上去無別)"라고 한 내용
과 부합한다. 물론 이 표가 나타내는 것은 대표적인 형태라서 이질적인 예
도 적지 않다. 특히 이 표에서는 거성을 나타내는 방점(一點)을 입성에서만
볼 수 있지만 실제로는 上聲과 去聲의 글자에서도 나타난다. 다만 그 조건
은 분명하지 않다. 그 중 몇몇 예를 제시하기로 한다.

(1) 上聲이면서 去聲의 방점을 지닌 한자

管[囯7], 板[囯16], 阪[囯47-1], 象[囯135-2], 者[囯165], 體·弟[囯214-1], 禮
[囯215], 好[囯220], 草[囯223], 表[囯236], 鳥[囯238], 本[囯248-1], 粉[囯
267], 孔[囯294], 紙·氏[囯323], 此[囯325], 指[囯341], 水[囯350], 起[囯352],
子[囯358], 首·手·守·受·壽[囯374], 酒[囯376], 婦[囯377], 土[囯382], 祖
[囯384], 女[囯389], 主[囯397], 府·父[囯400] 등

(2) 去聲이면서 去聲의 방점을 지닌 한자

觀[囯7], 麵[囯55], 政[囯107-1], 相[囯135-2], 過[囯151], 衛[囯206], 豹[囯
229], 釣[囯238], 印[囯249], 智[囯321], 器[囯327], 地[囯339], 至[囯341], 自
[囯343], 位[囯348], 帥[囯350], 醉[囯351], 志[囯356], 字[囯358], 氣[囯359],
胃·謂·緯·蝟[囯362], 狩·獸[囯374], 副[囯377], 故[囯380], 素[囯384], 捕
[囯385-2], 樹[囯397] 등

이 한자들은 매우 보편적으로 쓰이는 글자들로서 성모와 운(韻)의 성격
에 의한 예외라고는 생각할 수 없다. 다만 『訓蒙字會』에서는 종종 근세음
의 형태를 기록하고 있는데 그 경우에는 중국음의 사성을 따르고 있는 듯
하다. 가령 '肼·광, 囯144), 瓮·토, 囯221)' 등이 그러하다. 또한 산발적인 예
외 중에는 성부(聲符)의 유추에 의한 경우도 있다. 예를 들어 '菌[囯259]'은

---

179) 서울대학교 대학원에서 간행한 영인본 『東國正韻』의 5쪽 참조.

上聲이지만 '困'에 유추되어 平聲이 되었고 마찬가지로 '䢉[圖297]'은 去聲이지만 '農'에 대한 유추 때문에 平聲의 '농'이 되었다.

이상 『訓蒙字會』와 『孝經諺解』를 통해 전래 한자음의 사성(四聲)이 보이는 상황을 살펴보았지만 상성과 거성이 어떻게 동일한 상성으로 실현되었는지, 또한 거성의 방점을 지니는 글자가 상성과 거성 모두에서 보이는데 그 글자들이 왜 거성으로 읽히는지 등의 문제는 앞으로의 과제로서 남겨 둘 수밖에 없다.

5.3 총괄

지금까지 각각의 섭(攝)에 걸쳐 운류(韻類)를 고찰했는데 이것을 요약하면 다음과 같다.

(1) 우선 한국어는 모음이 꽤 풍부한 언어이지만 그래도 중국어처럼 이중모음과 삼중모음이 많은 언어를 나타내려 한다면 모음 조직(vocalism)에 있어 부득이하게 상당한 변화를 줄 수밖에 없다. 따라서 한국 한자음은 그 음상에 있어서 원음으로부터 꽤 동떨어져 있다. 그러나 음상에서 벗어나서 대응 관계를 관찰해 가면 의외로 미세한 구별을 전하고 있는 것도 있다. 한국 한자음이 중국 음운사 자료로서 높이 평가 받는 이유는 여기에 있다.

(2) 개모(介母)는 개합(開合) 및 직요(直拗)의 두 가지 측면에서 고찰할 수 있다. 개합에 대해 보자면 합구(合口)는 아후음(牙喉音)의 글자에서 비교적 보존되는 반면 설음과 치음 글자에서는 합구 요소를 잃어버리는 경우가 많다. 특히 三等韻, 그 중에서도 甲類에서 가장 심하다. 한편 직요의 관점에서는 요음(拗音) '-i-'와 '-ï-'의 대립이 꽤 명확하다. 이것 역시 아후음(牙喉音) 글자에서 두드러지는데 역으로 순음자(脣音字)에서는 그 대립을 거의 볼 수 없다.

(3) 운미(韻尾)는 대체로 중고음의 상태를 충실히 보존하고 있다. 다만 설

내 입성(舌內 入聲) '-t'는 규칙적으로 'ㄹ'로 표시되며 이는 '-t'의 약화를 말해 준다고 하겠다. 음운(陰韻)에서는 效攝과 流攝의 F(운미) 'u'가 주요 모음과 합쳐져서 效攝은 '오', 流攝은 '우'로 되며 이로 인해 效攝과 流攝의 V(주요 모음) 상황을 불분명하게 하고 있다.

(4) 성조는 거의 개척되지 않은 상태이며 다만 전래 한자음의 예전 모습에서 중국어 평성은 한국 한자음에서 평성으로, 상성과 거성은 상성으로, 입성은 거성으로 나타나고 있다.

(5) 운(韻)의 중핵인 주요 모음 'V'는 이상의 개모(M), 운미(F), 성조(T)라는 각 요소와 결합하여 복잡한 전개를 보인다. 각 섭(攝)에 속하는 운(韻)이 한국 한자음에서 어떻게 나타나는지에 대해서는 이미 각 항목에서 서술했다. 그런데 종종 구층(舊層)의 형태와 신층(新層)의 형태가 겹쳐짐으로써 대응이 일견(一見) 혼란스러워 보이기도 한다. 이제 이러한 층위의 차이를 염두에 두고서 각 섭(攝)의 대응을 다시 되돌아보면 다음 표와 같다.

A류	攝	切韻		慧琳		韓國 漢字音			
						a	b	c	d
開口	山	寒	-ân	寒	-ân		안		
	咸	覃	-ậm	覃	-âm	줌(簪)	암		
		談	-âm						
	宕	唐	-âng	唐	-âng		앙		
	果	歌	-â	歌	-â		아		
	蟹	哈	-ậi	哈	-âi		이	애	
		泰	-âi						
	效	豪	-âu	豪	-âu		오		
合口	山	桓	-uân	桓	-uân		완		
	宕	唐	-uâng	唐	-uâng		왕		
	果	戈	-uâ	戈	-uâ		와		
	蟹	灰	-uậi	灰	-uâi		외	왜	
		泰	-uâi						

	攝	切韻		慧琳		a	b	c	d
開口	山	刪 山	-an -ăn	刪	-an		안		
	咸	銜 咸	-am -ăm	銜	-am		암		
	梗	庚(二) 耕	-angʹ -ăngʹ	庚(二)	-angʹ		잉		영
	宕	江	-ång	江	-ang	흑(學)	앙		
	果	麻(二)	-a	麻	-a		아		
	蟹	佳 夬 皆	-ai(ɑ) -ai(β) -ăi	佳	-ai		익	애	예
	効	肴	-au	肴	-au		오 (요)		요
合口	山	刪 山	-ʷan -ʷăn	刪	-ʷan		완		
	梗	庚(二) 耕	-ʷangʹ -ʷăngʹ	庚(二)	-ʷangʹ		욍 웅		
	果	麻(二)	-ʷa	麻(二)	-ʷa		와		
	蟹	佳 夬 皆	-ʷai(ɑ) -ʷai(β) -ʷăi	佳	-ʷai		외	왜	

A류	攝	切韻		慧琳		韓國 漢字音			
						a	b	c	d
開口	山	先 仙(甲)	-en -iăn	仙(甲)	-ian	언(齞) 얼(枿) 날(涅)	연		
	咸	添 鹽(甲)	-em -iăm	鹽(甲)	-iam		염		
	梗	靑 淸	-engʹ -iăngʹ	淸	-iangʹ	익(鷁) (液)	영		익 륵(櫟)
	蟹	齊 祭(甲)	-ei -iăi	祭(甲)	-iai	에(瞖) 여	예		이
	効	蕭 宵(甲)	-eu -iău	宵(甲)	-iau		요		

合口	攝	切韻	慧琳	a	b	c	d
合口	山	先 $-^w$en 仙(甲) $-i^w$än	仙(甲) $-i^w$an			연	
	梗	青 $-^w$eng´ 清 $-i^w$äng´	清 $-i^w$ang´			영	
	蟹	齊 $-^w$ei 祭(甲) $-i^w$äi	祭(甲) $-i^w$ai				유 ~웨 ~예

A류	攝	切韻	慧琳	韓國 漢字音			
				a	b	c	d
開口	山	仙(乙) $-i$än 元 $-i$en	仙(乙) $-i$an	알	언	연 안	
	咸	鹽(乙) $-i$äm 嚴(凡) $-i$em	鹽(乙) $-i$am	갑(𠯢) 압(俺)	엄	염	
	梗	庚(三) $-i$ang´	庚(三) $-i$ang´			영	극(虩)
	宕	陽(乙) $-i$âng	陽(乙) $-i$ang		앙	양	
	果	戈(三) $-i$â	戈(三) $-i$a		아		
	蟹	祭(乙) $-i$äi 廢 $-i$ei	祭(乙) $-i$ai	애(祭)	에	예	
	效	宵(乙) $-i$äu	宵(乙) $-i$au		요		
合口	山	仙(乙) $-i^w$än 元 $-i^w$en	仙(乙) $-i^w$an	완(踠) 왈(日)	원	연	
	梗	庚(三) $-i^w$ang´	庚(三) $-i^w$ang´			영	
	宕	陽(乙) $-i^w$âng	陽(乙) $-i^w$ang		왕	약(戛)	
	果	戈(三) $-i^w$â	戈(三) $-i^w$a		와		
	蟹	祭(乙) $-i^w$äi 廢 $-i^w$ei	祭(乙) $-i^w$ai				위 ~웨

B류	攝	切韻	慧琳	韓國 漢字音			
				a	b	c	d
開口	臻	痕 $-$ən	痕 $-$ən		온		은
	曾	登 $-$əng´	登 $-$əng´	덕(德) 적(賊)	잉 응		응
	流	侯 $-$əu	侯 $-$əu	고(叩)	우	모(母)	
	通	東 $-$ung 冬 $-$ong	東 $-$ung		옹		
	遇	模 $-$o	模 $-$u		오		우

開/合	攝	切韻	慧琳	a	b	c	d
合口	臻	覔　-wən	覔　-wən		온 블(㪍)		운
	曾	登　-wəng′	登　-wəng′		욍 옹		웅

B류	攝	切韻	慧琳	韓國 漢字音			
				a	b	c	d
開口 口	臻	眞(甲)　-iĕn	眞(甲)　-iən	빙(賓)	인		즐(叱)
	深	侵(甲)　-iəm	侵(甲)　-iəm		임		습(拾) 름(廩)
	曾	蒸(甲)　-iəng′	蒸(甲)　-iəng′	역	잉		증(烝) 릉(菱)
	止	支(甲)　-iĕ / 脂(甲)　-iĕi / 之(甲)　-iəi	脂(甲)　-iəi		이		
	止	支d　-iĕ / 脂d　-iĕi / 之d　-iəi	脂d　-ʅəi		의	ᄋ	
	流	幽　-iĕu / 尤(甲)　-iəu	尤(甲)　-iəu		유		
	通	東(三·甲)　-iung	東(三·甲)　-iung		융		
	通	鍾(甲)　-iong	鍾(甲)　-iong		용		ts-옹
	遇	虞(甲)　-iu	虞(甲)　-iü		유		루(婁)
	遇	魚(甲)　-io	魚(甲)　-iö		여		쥬(濡)

B류	攝	切韻	慧琳	韓國 漢字音			
				a	b	c	d
開口 口	臻	眞(乙)　-ïĕn / 欣　-ïən	眞(乙)　-ïən	건(巾) 걸(乞) 선(詵)	은		일
	深	侵(乙)　-ïəm	侵(乙)　-ïəm		음	ʂ옴	
	曾	蒸(乙)　-ïəng′	蒸(乙)　-ïəng′		응		
	曾			억 혁(赩)	윽	ʂ익	
	止	支(乙)　-ïĕ / 脂(乙)　-ïĕi / 之(乙)　-ïəi / 微　-iəi	脂(乙)　-ïəi		의		이

B류	攝	切韻		慧琳		韓國 漢字音			
						a	b	c	d
開口	流	尤(乙)	-ïəu	尤(乙)	-ïəu		우	모(謀)	
	通	東(三·乙)	-ïung	東(三·乙)	-ïung		웅	f봉(鳳)	풍(風) 웅
		鍾(乙)	-ïong	鍾(乙)	-ïong		웅	f봉(封)	웅
	遇	虞(乙)	-ïu	虞(乙)	-ïü		우	모(侮)	
		魚(乙)	-ïo	魚(乙)	-ïö		어	ş오	

B류	攝	切韻		慧琳		韓國 漢字音			
						a	b	c	d
合口(甲)	臻	諄(甲)	-iʷĕn	諄(甲)	-iʷən		윤		
	止	支(甲)	-iʷĕ	脂(甲)	-iʷəi		유		
		脂(甲)	-iʷĕi				~예		
合口(乙) f	臻	諄(乙)	-ïʷĕn	諄(乙)	-ïʷən		운 f을	ş솔(率)	윤
		文	-ïʷən						
	曾	蒸(乙)	-ïʷək´	蒸(乙)	-ïʷək´	역			
	止	支(乙)	-ïʷĕ	脂(乙)	-ïʷəi		위 ~웨	ş외	유 ~웨
		脂(乙)	-ïʷĕi						
		微	-ïʷəi			외(畏)			

이 표에서는 잠정적으로 'a, b, c, d'라는 네 개의 층(層)을 설정했다. 그러나 이 네 개의 층은 어디까지나 기준으로 설정한 것일 뿐 실제로는 그처럼 명확히 나눌 수 있는 것은 아니다. 네 층의 설정 방침을 말하자면 각 섭(攝)의 대응에서 가장 대표적인 형태를 우선 b-층에 두었다. 그리고 이를 기초로 하여 대응상 좀 더 예전 단계라고 생각되는 것을 a-층에 놓았다. 대표적인 형태라고 하더라도 b-층에 있는 다른 섭(攝) 형태와의 균형상 꼭 b-층에 두지 않은 것도 있다. 그러나 아래에서 서술하겠지만 b-층은 대체로 균형 잡힌(symmetrical) 것으로서 어느 정도 공시적(synchronic)인 가치를 지닌다고 생각할 수 있는 반면 a-층은 공시화(synchronization)가 어렵다.180) 한편 분명히 근

---

180) [역자주] 여기서의 '공시적'은 동시대적(同時代的)이라는 의미이며 따라서 '공시화'도 동시대적인 것으로 한다는 뜻이다.

세음의 형태라고 생각되는 것은 d-층에 배치했다. 또한 b-층을 기점으로 하면 그보다 후대형이지만 d-층보다는 앞 단계의 형태를 c-층에 배열했다. c-층은 많은 경우 b-층과 관련 지어 생각해야 하는 것으로서 공시적인 관련성은 부분적으로밖에 말할 수 없다.

이상과 같은 기준을 가지고 앞의 표와 같이 계층화(stratification)를 해 보았는데 여기에는 잘못된 배치도 많이 존재할지 모른다. 그러나 전체적인 형국에 있어서는 어떤 이치를 파악할 수 있을 것이다. 이제 각 섭(攝)의 V(주요모음)에 주안점을 두어 전체를 하나의 표로 묶어 보면 다음과 같다.

等	開合	A-부류 a	b	c	d
I	Ø	ᄋᆞ	아 / ᄋᆡ	애	
I	w		와 / 외	왜	
II	Ø	ᄋᆞ	아 / ᄋᆡ	애	예
II	w		와 / 외	왜	

等	開合	B-부류 a	b	c	d
I	Ø	어	ᄋᆞ / ᄋᆡ		으
I	w		오 / 외		우

等	開合	A-부류 a	b	c	d
III(甲)	Ø	IV 어	여 / 야		이
III(甲)	w		여 / 一		유~웨 / ~예
III(乙)	Ø	아	어 / 아	f아 / 여 / 야	으
III(乙)	w	와	워 / 와	여 / 야	위 ~웨

等	開合	B-부류 a	b	c	d
III(甲)	Ø		이		으
III(甲)	w		유 ~웨		
III(乙)	Ø		으	ş으	이
III(乙)	w		우 위~웨	f ş오	유

이 표에서 다음과 같은 사실들을 알 수 있다.

(1) b-층에서는 A-운류의 一等韻과 二等韻이 '아'(合口는 '와')이고 三等韻(甲)에서는 '여'(合口도 '여'), 三等韻(乙)에서는 '어'(合口는 '위')로 나타난다.

(2) b-층의 B-운류는 一等韻이 'ᄋ'(合口는 '오'), 三等韻(甲)이 '이'(合口는 '유'), 三等韻(乙)이 '으'(合口는 '우')이다. 다만 通攝, 流攝, 遇攝은 合口로 다루고 있다.

즉 b-층의 모음 배치는 균형이 잡혀 있는 것이다.

(3) 그리고 B-운류의 一等韻에서는 b-층과 d-층이 'ᄋ'에 대해 '으', '오'에 대해 '우'로서 완벽한 대립을 보이고 있다. 더군다나 두 층위에서 '으'와 '우'는 대응 가치가 상이하다. 즉 b-층에서 '으'는 중국 원음 '-ïə-'에, '우'는 '-ïwə-'에 대응하는 반면 d-층에서는 '으'가 원음 '-ə-'에, '우'가 '-wə-'에 대응하는 것이다.

(4) 그리고 b-층의 '으'는 正齒音(二等)의 글자에서는 요음(拗音) '-ï-'가 흡수되어 가령 'ṣïə- 〉ṣə-'와 같은 직음(直音) 형태가 됨으로써 一等韻으로 바뀌며 '으'는 'ᄋ'로 변화한다.[181] 止攝의 齒頭音 글자들이 'ᄋ'를 나타내는 것도 결국 동일한 원리로서 이때에는 F(운미) 'i'가 소실된다. 가령 '思'는 'sïəi¹ 〉 sᴣəi¹ 〉sᴣə'의 결과인 'sᴣə'가 'ᄉ'로 바뀌었다.

合口에 대해서도 동일하게 말할 수 있다. 예를 들어 '率'은 'ṣïwĕt 〉ṣïwət 〉ṣwət'의 'ṣwət'가 '솔'로 되었다. 이러한 합구(合口)에서는 '오'가 된다. 순경음화의 결과 요음 '-ï-'가 탈락한 경우 역시 마찬가지이다. 가령 '福'은 'pïuk 〉fïuk 〉fuk'의 'fuk'이 '복'으로 바뀌었다.

(5) A-운류의 三等韻(甲)인 '이'(合口는 '유')와 三等韻(乙)인 '으'(合口는 '우')는 d-층에 두었는데, 梗攝과 蟹攝의 경우는 중국어의 梗攝과 曾攝 및 蟹攝과 止攝의 혼효 결과이다. B-운류의 三等韻과 완전히 동일한 양상을 보이고 있다.

또한 b-층의 상황은 각론의 각 섭(攝) 부분에서 살펴본 것처럼 慧琳의 『一切經音義』 체계와 매우 잘 일치하고 있다.

---

181) 예를 들면 '森'은 'ṣïəm¹ 〉ṣəm¹'의 'ṣəm¹'이 '슴'으로 되었다.

06
결 론

　이상으로 성류(聲類)와 운류(韻類)의 각 요소에 대해 한국 한자음의 상황을 관찰해 왔는데 그러한 관찰에 기반하여 다시 한 번 한국 한자음의 모태론(母胎論)으로 되돌아와 이것을 가지고 결론을 삼고자 한다. 또한 그러한 관찰로부터 한국어 음운 변천의 한 측면을 비추어 찾아낸 두세 가지 문제를 다루기로 한다.

6.1 한국 한자음의 모태론

　1.2.2.에서 아리사카(有坂) 박사의 모태론을 소개할 때 그 정치(精緻)한 논증에 경의를 표하면서도 결론에 갑작스레 찬동하기 어려운 대강의 취지만 서술했다. 그것은 아리사카(有坂) 박사의 논의를 비판하기 위해서는 한국 한자음 전체에 대해 논구해야만 비로소 가능하기 때문이었다. 이제 한국 한자음의 전반을 쭉 훑어봄으로써 아리사카(有坂) 박사의 학설을 제대로 돌아볼 기회가 다시 오게 되었다.

　박사의 학설이 지닌 취약점 중의 하나는 현재 전해지고 있는 한국 한자음이 일본의 한음(漢音)처럼 일정한 시기, 일정한 지역의 중국음을 반영한 것이라고 하는 사고 방식이다. 물론 박사는 그렇게 말하지는 않았으며 또한 한국 한자음의 대표적인 특징을 채택하여 입론(立論)한 것이어서 다른 시기, 다른 지역의 음이 있을 수 있다는 점을 부인한 것은 아니다. 그러나 현재 한국 한자음의 대표적인 특색이 어떤 일정한 모태(母胎)에서 유래한 것이라는 사고 방식이 논의의 근저에 깔려 있음은 숨길 수 없다.

그런데 실제로는 각론에서도 누누이 언급했듯이 신구(新舊)의 여러 층위가 섞여 들어와 있어서 표면상 현저히 보이는 특색이라도 반드시 한 시기의 각인(刻印)이라고 말하기는 어렵다. 물론 그렇다고 해서 여러 시대의 음이 잡다하게 뒤얽혀 있는 것은 아니며, 특히 운류(韻類)의 b-층과 같이 비교적 상호간 조화를 이루는 체계(system)를 지닌 것이 눈에 띄며 그것이 한국 한자음의 인상을 강력하게 결정 짓고 있다고 생각되는 점도 존재하는 것이 사실이다. 게다가 운류(韻類)의 총괄편(5.3.)에서 서술했듯이 b-층의 체계가 慧琳이 지은 『一切經音義』의 체계와 몹시 비슷하다는 것은 매우 주목해야 할 사실이다. 성류(聲類)의 경우는 이러한 특징을 찾아내기 어렵지만 역시 神母와 禪母의 완전한 혼동은 『一切經音義』의 경우와 부합한다.[1]

만약 그렇다고 한다면 慧琳의 『一切經音義』가 나타내는 당대(唐代) 장안음(長安音)이야말로 한국 한자음의 성격을 강력하게 규정한 것이라고 말할 수 있을 것 같다. 다만 이러한 결론을 정당화하기 위해서는 아리사카(有坂) 박사의 송대(宋代) 개봉음(開封音) 학설이 논거로 삼고 있는 점에 대해서 서술하지 않을 수 없다.

박사는 한국 한자음을 당대(唐代) 장안음으로 하는 데 대한 반증으로 한국 한자음이 지닌 비-장안음(非-長安音)적 특성 두 가지와 근세음적 특색 세 가지를 들고 있다. 이러한 다섯 가지 특징은 1.2.2.에서도 제시했지만 논의의 편의상 여기서 요약하자면 우선 장안음적 특징이 아닌 두 가지 점은 다

---

1) 黃淬伯 씨의 『慧琳一切經音義反切攷』 4장 뒷면 참고.

음과 같다.

(1) 당대(唐代) 장안음에서는 비두음(鼻頭音)2)이 'mb-, nd-, n´d´, ngg-'로 바뀌었는데 한국 한자음에서는 순수한 비음이라는 사실

(2) 慧琳의 『一切經音義』에서는 代韻 '-âi'와 泰韻 '-âi'가 혼합되어 있는데 반해 "한국 한자음은 代韻이 'ăi(의)', 隊韻이 'oi(외)', 泰韻이 'ai(애), uai(왜)'로서 서로 구별되고 있다"라는 사실

이 중 (2)의 경우 이러한 구별이 실제 모습을 전한 것은 아니다. 개구(開口)에서는 원칙적으로 代韻 '-ɐi'(이 책에서는 '-ɐi')에 대해 泰韻 '-ai'를 말할 수 있지만 합구(合口)에서는 泰韻도 주로 '-oi'로 되어 있을 뿐 '-uai'(이 책에서는 '-wai')로는 되지 않는다.3) 5.2.3.2.의 (3)에서도 서술한 것처럼 '-ɐi(-oi) : -ai(-wai)'의 대립은 중국음의 구별을 반영하는 것은 아니며 한국 한자음에 있어서의 층위 차이에 의한 것이다. 그리고 b-층에서는 아마도 代韻이든 泰韻이든 모두 '-ɐi(-oi)'였을 듯하다.

(1)의 사항은 박사가 말한 만큼이나 지장이 되지는 않는다. 당대(唐代) 장안음에서 보이는 그러한 비음의 특징4)은 물론 음소적(phonemic)인 것이 아니며 당대(唐代)를 지나면서 세력이 생기긴 했지만 변이음(allophone)의 영역을 벗어나지는 않았다고 생각된다. 그렇기에 한자음의 전통이 장안(長安)에서 중원(中原)으로 복귀한 후 다시 순수 비음으로 돌아갈 수 있었다. 다만 日母와 微母만은 당대(唐代)에 마찰음 'ʑ'와 'v'가 발달하여 비음적 요소를 거의 소실시킴으로써 훗날까지도 순수 비음으로 돌아가지는 않았다.

---

2) [역자주] 두음(頭音), 즉 초성에 오는 비음이라는 의미이다.
3) 앞서 서술한 5.2.3.2.의 (3) 참조.
4) 또한 이 문제에 대해서는 미즈타니 신조(水谷眞成) 씨의 「唐代における中國語語頭鼻音の Denasalization 進行過程」(『東洋學報』 39권 4호, 1957)을 참고할 수 있다.

그것은 차치하고 장안(長安)의 인사(人士) 중에는 'mb-, nd-' 등과 같은 변이음(allophone)과는 다르게 순수한 비음의 변이음을 발음하는 이도 있었음에 틀림없다. 다만 장안 방언(patois)의 하층(substratum)에서 기인한 'mb-, nd-' 등의 변이음이 세력을 지녔기 때문에 티베트인(西藏人)과 일본 유학생들에게는 강한 인상을 주었을 것이다. 신라인의 경우에는 사정이 약간 달랐다. 신라어는 현대 한국어의 전신이며 따라서 현대 한국어의 발음 경향 중에도 유래가 깊은 것이 있을 터이다. 현대 한국어에는 'm-'과 'n-'이 어두에 놓일 때 그 변이음으로서 가끔 'mb-, nd-'가 되는 일이 있다. 예를 들어 무우(大根)를 '[mbu:]', 네 시(四時)를 '[nde:si]'라고 발음한다.

　이러한 특징은 꽤나 오래된 것인 듯하여 고려 시대의 수사를 적었다고 일컬어지는 『二中曆』5)에서는 '三'을 'ㅏ卉(to-i)' 또는 'ㅏ匕(to-hi)', '八'을 'ヂリクニ(tsi-ri-ku-ni)'라고 하고 있다. 이것은 모두 잘못으로서 '三'은 '四', '八'은 '七'이 되지 않으면 안 된다. 그리고 '四'를 나타내는 'ㅏ卉' 또는 'ㅏ匕'는 '네'를 전사한 표기이다. 즉 '[ndəi]'라고 발음한 것을 '[do-i]'로 듣고서 'ㅏ卉'나 'ㅏ匕'로 적은 것이다. 또한 '七'을 나타내는 'ヂリクニ'는 'ヂリクヒ'의 잘못으로 '七닐굽'을 '[ndilgup]'이라고 발음한 것을 'ヂリグビ(dzi-ri-gu-bi)'로 들은 결과이다. 그렇다고 한다면 신라어 자체도 변이음으로서 'mb-, nd-' 등을 가지고 있었으므로 장안(長安)의 비음을 들어도 일본인이나 티베트인처럼 변이음에 헷갈리는 그런 일은 없었다고 생각된다. 다만 앞서 말했듯이 日母만은 비음적 요소가 약화되고 마찰음 'z'가 세력을 지니게 되었기 때문에 'ㅿ(z)'으로 전해진 것 같다.6)

---

5) 신무라 이즈루(新村出) 선생의 「國語及び朝鮮語の數詞について」(『東方言語史叢考』)와 오구라 신페이(小倉進平) 선생의 『增訂朝鮮語學史』 351쪽 참조.

6) 베트남 한자음에서는 한국 한자음과 반대로 微母는 'v-'로 받아들인 반면 日暮는 순수한 비음으로 반영하고 있다. 이것은 日母와 微母가 마찰음으로 완전히 정착되기까지 동요의 시기가 있었고 또한 받아들이는 언어의 음운 태세(態勢)에도 차이가 있었기 때문이라고 생각된다.

근세음적 특징 세 가지로는 다음을 들고 있다.

(3) 止攝의 韻(開口) 중 齒頭音 글자가 'ㅇ'로 되는 사실
(4) 入聲의 운미 '-t'가 '-r'로 나타난다는 사실
(5) 魚韻의 正齒音(二等)이 '-ㅓ'로 되지 않고 '-o'로 되는 사실

이 중 (4)는 아리사카(有坂) 박사의 학설에 따라 말한다고 해도 당대음(唐代音)이라는 점을 부정할 수는 없다. 즉 티베트의 전사에도 역시 '-r'로 되어 있는 것이다.[7]

(3)과 (5)는 분명히 근세음적인 특징이다. 그러나 이것은 새로운 층(層)의 특징이며 예전 층(層)의 흔적도 없는 것은 아니다. (3)의 경우 '厮 · 澌 · 㴴'에 '싀'라는 음이 있고 '偲 · 媤 · 罳'에 똑같은 '싀'가 있다는 사실은 F(운미) 'i'가 탈락하지 않은 단계를 반영하고 있다. 또한 (5)의 경우 '助'(조)에 대해 '鋤'(서)의 존재가 귀중하다. 다시 말해 (3)과 (5)에서는 구층(舊層)이 b-층에 속하고 대표적이라고 생각되는 형태는 새로운 층(c-층)이라고 생각된다.

이와 같이 생각하면 b-층을 곧 慧琳이 의거한 당대(唐代)의 장안음(長安音)이라고 하는 것이 결코 억측은 아니라는 사실을 알 수 있을 것이다. 그리고 당대(唐代) 장안음을 토대로 하고 그 위에 근세음적인 층이 곳곳에 덧씌워져 있는 사실 역시 명확하게 된다. 새로운 층이 송대(宋代)에 더해졌는지 아니면 원대(元代)에 더해졌는지는 아직 불분명하지만 아리사카(有坂) 박사가 말한 개봉음(開封音)의 영향 역시 당연히 유력한 요인으로 생각해도 좋다.

이리하여 맨 처음에 Maspero 학설을 비판할 때 예상한 당대(唐代) 장안음

---

7) [역자주] 티베트의 전사란 당나라 후반기의 서북 중국 방언을 기술한 티베트인(西藏人)의 전사 자료에서 입성 운미가 '-b, -r(d), -g'였음을 가리키는 듯하다. 이를 통해 입성 운미 '-t'가 '-r'로 되어 있다는 점이 당대(唐代)의 음이 아니라는 증거가 될 수는 없음을 말하고 있다. 여기에 대해서는 1.2.2.에서도 언급한 바 있으므로 참고할 수 있다.

의 영향이라고 하는 사실도 한국 한자음의 내적인 분석에 의해 확실히 뒷
받침 되었다.

6.2 한국 한자음으로부터 본 한국어 음운사

한국 한자음을 관찰하노라면 종종 중국음의 변화는 아니고 한국어 자체
의 음운 변화가 투영되어 있다고 생각되는 경우가 있다. 성류(聲類)의 총괄
부분 중 한 항인 4.3.의 ④에서 서술했듯이 '무기음 : 유기음'의 대립이 혼
란스럽기 때문에 예전에는 한국어에 이러한 대립이 없던 시기가 있었다고
추정된다. 그러한 사실은 고대의 한자음에도 반영되어 있는 모습이다.[8] 그
런데 이와 같은 한자음을 역으로 이용하여 모음의 변동을 어느 정도 추구
할 수 있다는 점은 흥미롭다고 하겠다.

이미 서술했듯이 운(韻)의 층(層)을 구별하면 b-층의 체계가 부각된다. b-
층은 慧琳의『一切經音義』체계와 완전히 부합함과 동시에 한국어 모음에
관해 몇 가지 문제를 던져 준다.

(1) 우선 B-운류의 一等韻에 있어 b-층과 d-층 사이에 ' : 으', '오 : 우'
라는 대립이 보인다. 이러한 대립은 중국어 모음 'ə'의 두 가지 반영 방식
이며 b-층의 ' , 오'가 d-층의 '으, 우'보다 오래 되었다. 이렇게 말하는 이
유는 중국어 'ə'를 한국에서 받아들이는 경우 가령 최세진의『四聲通解』에
서는 '으'를 사용하고 있기 때문이다.『四聲通解』는 당시 명대(明代)의 중국
음을 나타낸 운서이기에 그 무렵 중국음의 'ə'를 적는 데에는 한국어로
'으'가 가장 적당했다. 그런데 b-층에서는 동일한 중국음 'ə'를 ' '로 반영
하고 있다. 이것은 한국어 모음에 변동이 있었던 탓이다. 즉 모음 '으'가 b-
층에서는 중국음의 'ə'가 아니라 'ïə'를 나타내고 있다는 점에서 본다면

---

8) 2.1. 참조.

'으'의 성격에 문제가 있지는 않았을까 생각되는 바이다. 그래서 '♀'가 중국음 'ə'를 반영하는 데 가장 적당했던 것이다.

(2) 한편, 모음 '우'는 현재에는 후설원순고모음이지만 b-층에서는 '으'의 슴口로서 'ɨʷə' 또는 'ïu'를 나타내고 있다. 이것은 단순한 후설모음 'u'와는 다른 전설 혹은 중설의 'ü'를 반영한 것이라고 생각된다.9) 모음조화 측면에서 보아도 모음 '오'에 대립하는 음모음으로서 'ü'나 'ö'를 표시했을 가능성이 있다. 이와 관련하여 N. Poppe 교수는 한국어 'ū'10)를 몽고어 'ögeda'(nach oben, aufwärts), 에벤키어의 'ugi'(das Obere) 등 고대 터키어의 'ög-'(loben, preisen)과 비교하여 한국어 'ū'가 '*ög-'으로부터 변화한 것이라고 했다.11) 이때의 비교에는 물론 중기어 형태인 '우(ㅎ)'를 이용해야만 하는데 이러한 대응이 확실히 흥미롭기는 하다.

(3) b-층에서는 모음 '어'가 중국어 'ä'에 대응한다. 그렇다면 이 모음도 원래는 전설적인 모음은 아니었을까 생각된다. 이러한 가설은, '모음조화'에 있어 음모음과 양모음의 대립이 원래 전설모음과 비전설모음의 대립이었던 알타이어적인 상태를 고려할 때 매우 흥미가 간다. 앞서 말했듯이 모음조화에 있어서는 모음 '어'가 모음 '아'에 대립하기 때문에 만약 모음 '어'가 'ä'였다고 한다면 '아 : 어'의 대립은 'a : ä'가 되어 원래의 모습에 가까워진다. 이는 (2)에서 '오 : 우'의 대립이 'o(또는 u) : ö(또는 ü)'인 것과 평행적이다.

---

9) 5.2.4.6.의 내용을 참조.

10) [역자주] '上'을 나타내는 '우'를 가리킨다.

11) Nikolaus Poppe가 지은 『Vergleichende Grammatik der altaischen Sprachen』(Porta Linguarum Orientalium, Wiesbaden, 1960)의 1부인 『Vergleichende Lautlehre』의 S. 107 참조.

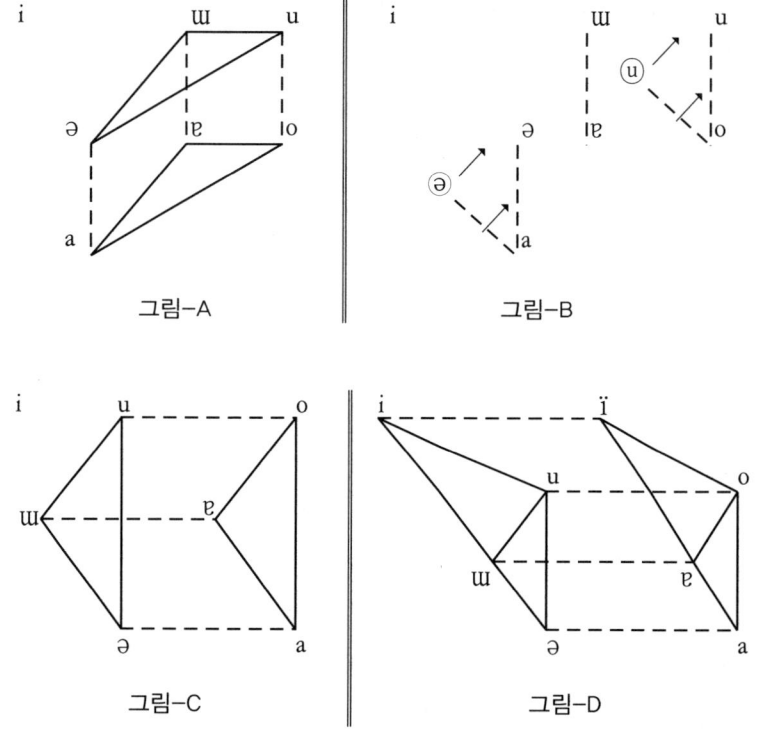

그림-A

그림-B

그림-C

그림-D

　이제 이상의 세 가지 항목을 종합하자면 한국어의 모음이 대대적인 변동을 일으킨 것이 된다. 중기어 모음 체계를 다시 상기하자면 그림-A와 같다. 위의 (2)와 (3)의 변동을 그려 보면 그림-B가 된다. '어'와 '우'는 모두 앞쪽으로 이동하며 그 각도도 대략 동일하다. 이러한 변동을 (1)의 '으'에 적용하면 이때의 '으'는 대략 'e'에 가까운 위치로 옮겨가게 된다. 이것을 정리하여 새로 그림을 그리면 대략 그림-C의 모습이 나온다. 그림-C와 그림-A 사이에 약 90°의 전환이 있었던 셈이며 모음조화의 대립은 '전설 : 비전설'의 완벽한 대립이 된다.

　한편 여기까지는 'i'를 중립으로 다루었는데 사실은 'i'에 두 가지 종류가 있었던 것 같다. 한국어의 'i'는 모음조화의 대립에서는 중립적이긴 하지만

'i'로 끝나는 어간에 접사가 붙을 때는 원칙적으로 접사의 모음이 음모음이었다. 그런데 경어법 접사인 '-시-'는 중기어에서는 양모음을 취함으로써 특이한 예가 되고 있다. 이는 양모음 'i'(*ŋ)의 흔적이리라 생각된다. 만약 그렇다면 그림-C는 다시 그림-D와 같이 바꾸어야만 한다.

이상 아마도 고대 한국어 시기에 일어났으리라 생각되는 모음의 대변동에 대해 서술했다. 여기에는 약간의 상상이 섞여 있을 수는 있지만 한국 한자음의 층위 차이에 의한 모음 음가의 추정이 토대를 이루는 만큼 단순한 가공의 허구는 아니라고 생각한다. 더욱이 이러한 변동이 확실하고 모음 '으'가 'e'와 같은 음에 비정(比定)된다면 다음의 두 가지 점에서 흥미가 있다.

첫째, 종래 한국음의 '으'를 현상 그대로 고찰했기에 三等韻 甲類에 대한 乙類의 개모를 아리사카(有坂) 박사를 좇아 '-ï-'라고 해 왔는데 이 개모의 성격을 재고할 필요성이 생긴다. 王靜如 씨[12]는 乙類의 개모를 甲類의 개모 'i'에 대비해 'ɪ'로 했는데 이러한 학설은 의외로 검토의 가치가 있지 않은가 한다. 아무튼 三等韻 甲類와 乙類의 대립은 근세음에까지 미치고 있다는 사실을 함께 생각하여 모음 '으'의 가치(value)를 재검토해야만 할 것이다.

둘째, N. Poppe 교수는 그의 최근 저서인 『Vergleichende Grammatik der altaischen Sprachen』에서 우랄-알타이어에 넓은 'ä' 이외에 좁은 'e̅'가 있었다는 점을 고찰한 바 있다.[13] 그런데 앞의 모음 체계에서는 한국어 역시 'ä(어)'와 'e(으)'가 있었던 셈이 되어 알타이 비교 언어학에도 어떤 공헌을 하지 않을까 기대된다. 다만 구체적인 대응 사례를 찾아낼 필요가 있다는 점은 말할 것도 없다.

---

12) 그에 따르면 陸志韋 씨도 마찬가지이다.
13) Poppe 교수가 지은 앞의 책 S. 92 참조.

자료음운표

목 차

1. 여기에 제시된 표는 이 연구에 사용된 자료를 정리한 것이다. 『切韻』(『廣韻』)의 체계를 기초로 삼았고 성모(聲母)는 세로에, 운(韻)은 가로에 배치했다.
2. 성모(聲母)와 운(韻)의 음가는 대체로 Karlgren 씨를 따랐지만 그 밖의 연구와 저자 개인의 사견(私見)을 통해 약간 수정한 것도 있다.
3. 배열 방법은 우선 『訓蒙』, 『孝經』에 수록된 한자를 첫째 행에 두었다. 이 두 문헌에서 보이지 않는 한자는 다음 행에 놓았다. 이때 『三韻』, 『奎章』, 『華東』의 세 운서 한자음을 취하고 이들과 다른 것은 주(注)에 명기했다.
4. 여기서의 표에 사용한 부호는 다음과 같다.

~~	밑에 붙임	『孝 經』
————	〃	『訓 蒙』
××××	〃	『千字文』
-----	〃	『類 合』
a	위에 붙임	『論 語』
b	〃	『書 經』
c	〃	『易 經』
d	〃	『詩 經』
e	〃	『中 庸』
f	〃	『小 學』
○	밑에 붙임	『華東』에 없는 것
△	〃	『三韻』에 없는 것
+	〃	『奎章』에 없는 것
( )	〃	『廣韻』에 없는 것

5. 또한 『玉篇』(『全韻玉篇』)의 한자음은 거의 『奎章』과 동일하기 때문에 특별히 필요한 경우에만 주(注)에 표시한다. 주(注)에서 '玉篇(俗音 …)'이라고 된 것은 『玉篇』의 본문에 나오는 속음은 아니고 두주(頭注)의 속음을 가리킨다.

6. 山攝의 表-18 去聲欄에 나오는 다음 예가 가리키는 바는 아래와 같다.

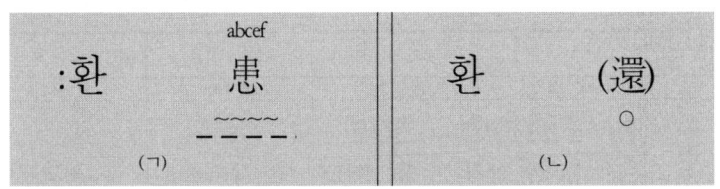

(ㄱ)의 경우 ':환'이라는 음은 『孝經』(~~~)에 나온다. 그 외에는 '환'인데 『類合』(---), 『論語』(a), 『書經』(b), 『易經』(c), 『中庸』(e), 『小學』(f)이 그러하다.* 또한 'ㅇ, △, +'가 없으므로 『華東』, 『三韻』, 『奎章』에도 들어있다. (ㄴ)의 경우 ( ) 안에 있으므로 『廣韻』에는 없다. 또한 'ㅇ'가 붙어 있으므로 『華東』에는 안 나온다.

7. 표의 운섭(韻攝) 뒤에 표시한 4개의 숫자는 표의 정리 번호로서 'A, B'로 크게 구별된다. 'A, B'는 모음이 A-부류(â, a, ɛ, e 등)와 B-부류(ə, ĕ 등)임을 가리킨다.

4개의 숫자 중 첫 번째(1~7)는 운섭(韻攝)을 나타낸다. A-부류의 경우 '1 : 山攝, 2 : 咸攝, 3 : 梗攝, 4 : 宕攝(江攝), 5 : 果攝(假攝), 6 : 蟹攝, 7 : 效攝'이다. B-부류의 경우 '1 : 臻攝, 2 : 深攝, 3 : 曾攝, 4 : 通攝, 5 : 遇攝, 6 : 止攝, 7 : 流攝'이다.

두 번째 숫자(1~5)는 사등호(四等呼)를 가리킨다. '1 : 一等韻, 2 : 二等韻 3 : 三等韻(甲), 4 : 四等韻, 5 : 三等韻(乙)'이다.

세 번째 숫자(0, 1, 3)는 개합(開合)을 지시한다. '0 : 開口, 1 : 脣音, 3 : 合口'이다.

마지막 숫자(0~4)는 위에서 언급한 것 이외에 다른 대립의 유무를 나타낸다. '0'은 대립이 없는 경우이다. 1~4는 대립의 구별을 나타낸다. 가령 一等韻에 있어서 '覃(-âm) : 談(-âm)'의 모음 구별(ậ : â)은 '1, 2'로 표시한다.

[예]

'A1430'은 'A-부류 · 山攝 · 四等韻 · 合口 · 다른 대립은 없음'을 나타낸다.

'A1532'는 'A-부류 · 山攝 · 三等韻(乙) · 合口 · 元韻'을 나타낸다.

8. 본문에 있는 표를 참조할 때에는 표의 일련 번호(1~400)를 이용할 수 있다.

---

* [역자주] (ㄱ)의 내용만 보면 『孝經』뿐만 아니라 『類合』을 비롯한 다른 문헌에서도 마치 ':환'으로 나오는 것처럼 되어 있다. 그러나 『訓蒙』과 『孝經』을 제외한 다른 문헌에는 한자음에 방점이 찍혀 있지 않다. ':환'은 상성의 방점이 찍혀 있으므로 이런 음은 두 문헌에만 나올 수 있다. 따라서 다른 문헌은 방점을 제외한 나머지 부분, 즉 '환'으로만 나타난다고 이해해야 한다.

山攝A1100 一等 開口	平 声	上 声	去 声	入 声
[山：1]	寒 -ân¹	旱 -ân²	翰 -ân³	曷 -ât⁴
見 k-	간 玕滋笨肝妍	간 笴稈(趕)	간 幹	갈 葛
	간 乾玕(虷杆)	간 簳玕駻秆(赶)	간 幹旰沜	갈 鞨濿(轕)
			한 旰	할 割
溪 kʻ-	간 看			갈 渇
	간 刊軒萪	간 侃衎(偘)	간 侃偘看衎	갈 瘂
疑 ng-			안 岸	알 枿
	안 豻犴		안 犴豻啀(研誜)	알 蘖蘗薜
		1) 玉篇(俗 한)	2) 類合 진千字文翰 웃듬 간	4) 類合：書経・小学 할 華東・玉篇 갈俗 할
			3) 華東・三韻・奎章 간	三韻・奎章 갈
[山：2]	寒 -ân¹	旱 -ân²	翰 -ân³	曷 -ât⁴
曉 χ-		한 旱暵燂(罕)	한 漢暵熯	할 喝愒(渴)
匣 γ-	한 寒	한 旱	한 翰骭汗悍駻(銲)	
	한 韓翰邯邗汗(翰駻)	한 (悍)	한 捍扞埠釬瀚閈駻	할 曷褐鶡鞨(害蝎)
				갈 鶡
影 ʾ-	안 安鞍		안 案	알 遏頞堨閼鍻
			안 按	齃(按霭)
	1) 玉篇(人名 갈)	3) 廣韻 呼旱切 χân² 日乾也 父 呼旰切 χân³ 日氣乾 康熙上聲本音	4) 廣韻釬字注云亦作銲	5) 玉篇俗 갈
	2) 廣韻作鞌	旰切也‖呼旰切		6) 華東型 玉篇俗갈
				7) 書経・易経・詩経 갈 (但詩経 20・25・夕 알)
				華東・玉篇俗 갈
			10) 玉篇 할俗 갈 華東・三韻・奎章 할	詩経 갈 華東・玉篇俗 갈
			11) 華東 얼	9) 華東・玉篇俗 갈

[山: 3]	寒 -ân¹	旱 -ân²	翰 -ân³	曷 -ât⁴
端 t-	단 丹襢鼉 단 蕫鄲亶 탄 殫	단 亶廩狚	:단 旦疸 단 鳴愳(癉)	달 怛恒妲呾怛 笪(疽)
透 t'	탄 灘攤攤 탄 嘽嘆(歎)	탄 坦(儃)	:탄 炭 탄 嘆歎(灘)	·달 闥㒓獺(難) 달 澾牽達(鏈)
定 d'-	단 壇 단 檀鼉 탄 彈 탄 撣驒	단 但襢 :탄 袒 탄 誕憚鼉潭	단 但 탄 憚彈僤(詑誔)	·달 蓬 달 達

1) 玉篇(契丹俗 란) 類合 모란 (牡丹) 단　2) 華東 단　3) 華東·三韻·奎章 단　4) 華東 단 玉篇燮단正 단 渾탄俗단　5) 類合 단今音도 小学 단　6) 華東 달 cf. 訓蒙황疸단　7) 詩経·論語 1·5·オ 단 論語又 탄 類合 란 (平声)　8) 華東·詩経 단　9) 類合 탄　10) '疣疸'(但華東 '黃病') cf. 注6)

[山: 4]	寒 -ân¹	旱 -ân²	翰 -ân³	曷 -ât⁴
泥 n-	난 難		난 攤難	날 捺
來 l-	란 蘭瀾欄 란 闌簡櫊斕燗(欄爛)	:란 蠟 란 懶	란 爛瀾讕(爛) 爛瀺	:랄 辣㰄 랄 剌(喇)

1) 類合·千字文 난　2) 玉篇(俗 라)

[山: 5]	寒 -ân¹	旱 -ân²	翰 -ân³	曷 -ât⁴
精 ts-			:찬 讚 찬 贊鄼瓚(囋)	:찰 拶 찰 (唟)

	平 声	上 声	去 声	入 声
清 ts'-	찬 滄餐(嘈)		찬 粲愛燦璨	찰 攃磢
從 dz'-	잔 殘戔	찬 瓚趲	찬 (瓚)	찰 嶻嘖
心 s-	산 珊 산 跚姍(散)	산 饊伞 산 散饊	산 散	살 躠躠挲槃撡 (撒縩)

1) 三韻審母

2) 三韻·奎章精母
3) 訓蒙作撒注云亦作饊
4) 訓蒙:우산(雨傘):산

5) 華東 잘 廣韻 姉末切依誤

山攝A1110 一等 開口合口	平 声	上 声	去 声	入 声
[山：6]	桓 -(u)ân¹	緩 -(u)ân²	換 -(u)ân³	末 -(u)ât⁴
幫 p-	반 鈷般鞶(搬)	반 鉡	반 半絆靽	발 鉢 발 撥鱍襏袚襏發 盋(墢墢坺蹳)
滂 p'-	반 潘泮眷(拚拼)		판 判牉 반 泮 반 泮頖泮胖	발 醗 발 鏺潑
並 b'-	반 盤癠蟠 반 槃样磻鞶磐 鬆般槃繁槃 籊獥蹣(胖弁 蟹澄紦)	반 伴 반 並	반 叛畔伴	발 鈸 발 跋魃軷友拔 胈茇
明 m-	만 鏋鏋鰻蔓	만 滿	만 㬆漫	말 麧抹沫

296 한국 한자음의 연구

	平声	上声	去声	入声
	만 瞞謾踹禮墁 鼻鬘漫鄤構 縵霙)	만 㵝	만 縵墁謾(曼)	말 末昧銇林鞁 昒妹(茉)
		1) 廣韻作粖 2) 詩経 판	3) 廣韻眫 華東판	4) 廣韻作醷 5) 廣韻作潑 6) cf. 黠韻

山攝A1130 一等 合口	平 声	上 声	去 声	入 声
[山：7]	桓 -uân¹	緩 -uân²	換 -uân³	末 -uât⁴
見 k-	관 官筦棺観冠 渲(管)	관 盥	관 鑵	괄 括苦頢
	관 倌	관 管輨	관 観(館)鸛	괄 活髻檜秳聒 鴰适佸秳(髻)
		관 莞脘琯瘝㥁 錧(舘)悺錧斡)	관 貫矔祼館瓘 灌爟冠涫盥	
溪 k'-	관 寬髖	관 款欵窾梡		괄 闊 활 蛞
疑 ng-	완 岏玩忨朊顡 抏		완 玩翫妧忨	
		1) 華東완 玉篇판正완 2) 華東간 玉篇판正간	3) 廣韻作鑵	4) 廣韻 戶括切 yuât⁴ 5) 類合·詩経 활 華東· 玉篇俗활

[山：8]	桓 -uân¹	緩 -uân²	換 -uân³	末 -uât⁴
曉 χ-	환 懽懁 환 歡懽讙		환 喚煥奐渙	활 豁濊
匣 γ-	환 䠖萑芄 환 桓丸獂洹緷 貆梡貆	환 澣浣(濊) 	환 換 환 逭㲊	활 活越佸(秳)
	완 完	완 緩		

影 ˙-	완 豌盌 완 宛蜿蝹	완 椀 원 盌	·완 腕 완 惋捥嫛	
				알 斡 알 捾
	1) 三韻·奎章 作豲 2) 華東완	3) 詩經한 類合한 又音 완 華東완俗한 玉篇 환正완 4) 華東완 玉篇正완 小 学한 (序2·ゥ)	5) 三韻曉母	6) 類合할

[山: 9]	桓 -uân¹	緩 -uân²	換 -uân³	末 -uât⁴
端 t-			·단 鍛碬	
	단 端褍剬耑崯	단 短斷	단 股斷(煅)	
				탈 掇剟咄柮敠 (脫)
透 tʻ-		탄 疃(畽)		탈 脫侻扻(說) (稅)
	단 湍貒			
	단 煓		단 彖椽(緣)	
定 dʻ-			·단 段椴	
	단 團慱剸𣪊漙 鷙摶	단 斷	단 鍛(斷)	
				·탈 奪 탈 敓脫
	1) 詩經作鷻 2) 廣韻說文曰圜也 奎章 擊也義異	3) 訓蒙비단단 注ㄊ俗 呼絳絲 又體 1 片 1 비단 (緋緞) の 緞ㄴ 徒管切 dʻuân²	4) 華東탈 頭 注ㄊ 掇剟 統韻去月 華剟東철 玉篇脫俗철 5) 詩經탈 (7·14·ゥ) cf. tuâi³ 6) 玉篇俗철 7) 華東탈

[山 : 10]

[山 : 10]	桓 -uân¹	緩 -uân²	換 -uân³	末 -uât⁴
泥 n-		난 暖 3) 난 燶烜(煖)	난 烠	
來 l-	란 鑾 d 1) 란 欒灓欒灤圝 2) d	란 卵	란 亂 abcdef 4)	랄 捋 d 5)

1) 類合만 玉篇 란 俗만
2) 類合 난
3) 類合 더울란
4) 書經 난
5) 詩經 랄 又 날

[山 : 11]

[山 : 11]	桓 -uân¹	緩 -uân²	換 -uân³	末 -uât⁴
精 ts-	찬 鑽	찬 纂攢攢攢攢 bde	찬 鑽	찰 纘櫕攥
清 tsʻ-			찬 鑹鐉鑹 d 찬 竄攛 bc	찰 攃攃 de 2)
從 dzʻ-	찬 欑巑巑巑攢 (攢)		찬 攢	
心 s-	산 酸狻(餕) b 산 霰	산 篹算(筭)	산 筭 산 笇 선 蒜 1)	

1) 華東 션 三韻·全章 산
2) 類合 찰 現代字音 찰 e.g. 撮影 촬영

山攝A1201 三等開口	平　声	上　声	去　声	入　声
[山：12]	册 -an¹	潸 -an²	諫 -an³	黠 -at⁴
見 k-	간 蕠菅(釬)[b][d1)]		간 諫澗 간 鐗(磵)	갈 坅 갈 戛扴秸秸鞂[b6)] 嘎頡(恝갸)[7)][8)] 알 鴶[55ㅿ]
溪 k-	간 豻鬝(釬)[2)][3)]			갈 楬鬝 할 劼[b9)]
疑 ng-	안 顔[abdf]		안 雁厂[d4)][4)]	

1) 華東 관
2) 華東 안
3) 華東 한
4) 類合 平声
5) 華東·玉篇俗알 書経
　알
6) 玉篇(俗알) 書経알
7) 華東·玉篇俗알
8) 華東 팔
9) 書経팔 三韻·奎章
　匣毋

[山：13]	册 -an¹	潸 -an²	諫 -an³	黠 -at⁴
(曉 x-				
匣 ɣ-		한 骭 한 攔(擱)[d]	할 黠	
影 ·-		안 晏[a] 안 鷃鴳	알 軋扎摁猰猰[1)] (乳)[2)]	

1) 華東·玉篇俗셜
2) 訓蒙又音軋. cf. 康
　熙 韻會·正韻乙軋
　切義同

[山:14]	刪 -an¹	潸 -an²	諫 -an³	黠 -at⁴
娘 ń-		난¹⁾ 報戁(戁)		날 疧
		1) 廣韻 奴板切		

[山:15]	刪 -an¹	潸 -an²	諫 -an³	黠 -at⁴
莊 tṣ-		잔 殘¹⁾		찰 札蚻紮扎
初 tṣʻ-				찰 察 (ace) 찰 㗂(擦)
牀 dẓʻ-			잔 棧	
山 ṣ-	산 刪訕潸	산 潸	산 訕 산 疝汕²⁾	살 殺 (bcd) 살 煞鎩樧(撒 綱)
		1) 三韻·奎章 牀母	2) 訓蒙 산(平聲) 廣韻 又音平声	

山攝 A1211 二等 開口	平 声	上 声	去 声	入 声
[山:16]	刪 -⁽ʷ⁾an¹	潸 -⁽ʷ⁾an²	諫 -⁽ʷ⁾an³	黠 -⁽ʷ⁾at⁴
幫 p-	반 盤(△) 반 班頒鴿肹斑 (bc) 般稿扳(攽反)	판 板(d) 판 版蝂鈑販(d)		팔 八 (abcdef) 팔 朳捌
滂 pʻ-	반 攀板販	판 販	반 襻(朳扳番)	팔 汃(叭)

並 b'-			발 拔 ᵇᶜ³⁾
明 m-	만 蠻 ᵇᵈᵉ 만 鸞 ²⁾	만 矕	만 慢 ᵇᵈ 만 嫚謾縵	말 眅(栢)

1) 又 păn¹
2) 廣韻作鷩鳥

山攝A1231 二等合口	平 声	上 声	去 声	入 声
[山：17]	刪 -ʷan¹	潸 -ʷan²	諫 -ʷan³	黠 -ʷat⁴
見 k-	관 關 ᵃᶜᵈᶠ 관 屭捥喭 ᵇ¹⁾		관 慣ᵈ州摜串	
(溪 k'-				
疑 ng-	완 頑 ᵇ		완 薍 ²⁾	

1) 華東·玉篇俗환 書経환
2) 訓蒙:란

	平 声	上 声	去 声	入 声
[山：18]	刪 -ʷan¹	潸 -ʷan²	諫 -ʷan³	黠 -ʷat⁴
(曉 χ- 匣 γ-	환 環鬟寰 ᵈ 환 還闋鐶圜鐶 ᵈ 轘鍰鷤(鶇)	환 睆晥睆睆(鋎 ᵈ ³⁾⁴⁾⁵⁾ 櫃) ⁶⁾	환 患宦豢檓 ᵃᵇᶜᵉᶠ 환 擐轘(環鐶洯 宦) ⁰⁺	활 滑 활 猾磆
影 ʔ-	완 灣(關) ¹⁾ 만 彎 ²⁾	완 綰 ⁷⁾		왈 婠膒 ⁹⁾⁹⁾

1) 華東·玉篇俗만
2) 華東·玉篇완俗만三韻·奎章완
3) 華東한
4) 廣韻睆
5) 華東완
6) 華東관
7) 華東·玉篇俗관
8) 華東컨
9) 華東왈

[山:19]	刪 -ʷan¹	潸 -ʷan²	諫 -ʷan³	黠 -ʷat⁴
知 t̂-				
(徹 t̂ʻ-				찰[1] 寁[2]
(澄 d̂-				
娘 n̂-				
				날 豽

1) 廣韻 丁滑切
2) 華東 찰

[山:20]	刪 -ʷan¹	潸 -ʷan²	諫 -ʷan³	黠 -ʷat⁴
莊 tṣ-	잔 跧			
				찰 笽[4]
初 tṣʻ-			찬 篡	
牀 dẓ-		찬 饌[a][2]		
		찬 撰(篹)		
山 ṣ-	싼 檧[1]		싼 訕[3]	

1) 三韻·奎章 산
2) 訓蒙 반 찬:찬
3) 華東·三韻·奎章 산
4) 華東 찰

山攝 A 1202 二等 開口	平声	上声	去声	入声
[山：21]	山 -ăn¹	産 -ăn²	襉 -ăn³	鎋 -ăt⁴

	平声	上声	去声	入声
見 k-	간 閒^{ad} / 간 艱鞎菅觀靬(間晘)^{bcd}	간 簡瀾^{abdef} / 간 柬諫揀	간 襉 / 간· 間覸(閒晘)	
溪 k'-	간 髟 / 한 慳¹⁾			갈 藒楬
疑 ng-		·안 眼		알 齳

1) 類合・華東・三韻・査 章간

[山：22]	山 -ăn¹	産 -ăn²	襉 -ăn³	鎋 -ăt⁴

	平声	上声	去声	入声
曉 χ-				·할 瞎 / 할 勫⁵⁾
匣 γ-	한 閑(閒)^d / 한 嫻榾鷳憪²⁾ / 간 黢	한 限簡^{3) 4)}	한 莧	·할 轄^d / 할 鎋鞈
影 ·-		안 殷		알 閼圔^{6) 7)}

1) 訓蒙 정간·간 華東俗 간 玉篇(俗간)
2) 華東 한
3) 類合・華東・易経 한
4) 華東 한
5) 華東 알
6) 三韻 할
7) 華東 갈 三韻 할

[山：23]	山 -ăn¹	産 -ăn²	襉 -ăn³	鎋 -ăt⁴

	平声	上声	去声	入声
知 ṭ-				찰 哳

徹 t̂'-				찰 獺[4]
澄 d̂'-			·탄 綻[1] 잔 組[2]袒(綻[3])	
(娘 n̂-				
來 l-	란 爛			
			1) 三韻·奎章 잔 華東 찬 俗탄 玉篇 잔 俗탄 2) 華東 = 綻 玉篇 俗탄 3) 玉篇 俗탄	4) 廣韻 他鎋切 華東 달

[山: 24]	山 -ăn[1]	産 -ăn[2]	襇 -ăn[3]	鎋 -ăt[4]
莊 ṭṣ-		·잔 琖[2] 잔 醆㻵		
初 ṭṣ'-		찬 剗[3]鏟[4]弗[5](剷籑[6])	찬 鏟[4]	·찰 刹
牀 ḍẓ'-	잔 虥[1]潺孱[b]僝	·잔 棧[d] 잔 轏僝輚(僝驏)		·찰 鐁[7]
山 ṣ-	산 山[abcde]	·산 産[a]䔧 산 犍嵼滻		
	1) 廣韻 士山切 $ḍẓ'ăn^1$ 又 昨閑切 $ḍẓ'an^1$?	2) 訓蒙 ·잔잔 3) 類合·華東 잔 玉篇 찬 正잔 4) 訓蒙 거홈한:산 類合 되패산 華東 平木器 산 玉篇 찬 正산 鏶也 平木鐵器鉊也 cf. 廣韻 平木器也. 奎章·三韻 損削 去声同. 華東 去声 損削	5) 玉篇 찬 正산 (華東 無) 6) 華東 산	7) 訓蒙 作鏩

[山: 25]	平 声　山 -⁽ʷ⁾ăn¹	上 声　産 -⁽ʷ⁾ăn²	去 声　襉 -⁽ʷ⁾ăn³	入 声　鎋 -⁽ʷ⁾ăn⁴
幫 p-	반 端彪 1)		반 拶 2)	
滂 pʻ-			반 眄(盼) ad3)	
並 bʻ-			판 辦 4)　판 辨	
明 m-				말 抹

1) 又 pan¹
2) 玉篇 반
3) 華東俗변 玉篇(俗변) 論語·詩経 변
4) 訓蒙 판(声点不明)

[山: 26]	平 声　山 -ʷăn¹	上 声　産 -ʷăn²	去 声　襉 -ʷăn³	入 声　鎋 -ʷat⁴
見 k-	관 綸(矜) b1)　환 鰥 bd2)			괄 刮
(溪 kʻ-				
疑 ng-				왈 刖
(曉 χ-				
匣 γ-	환 澴 3)		환 幻(眩) b	

1) 華東판俗환 詩経환
2) 華東·玉篇판俗환 書経환 三韻·奎章판
3) 華東완

[山: 27]	山 -ʷăn¹	産 -ʷăn²	橺 -ʷăn³	鎋 -ʷăt⁴
知 ţ-				찰 窡[1]
(徹 ţʻ-				
(澄 ḑ-				
娘 ń-				날 妠[2]
(莊 tṣ-				
(初 tṣʻ-				
(牀 dẓ-				
山 ṣ-				솰 刷[3]

1) cf. ţʷăt⁴ 廣韻丁
刮切 (tʷăt⁴?)
2) 華東 날
3) 類合上 訓蒙:솨 玉
篇(俗쇄)

山攝A1301 三等甲開口	平声	上声	去声	入声
[山: 28]	仙 -iän¹	獮 -iän²	線 -iän³	薛 -iät⁴
見 k-	견 甄			
溪 kʻ-		견 遣	견 譴 / 견 遣繾	
(羣 gʻ-				
(疑 ng-				
(曉 x-				

(影)·-

喩 j-	연 筵蜒			
	연 延埏綖	연 演衍繽戭(綖)	연[1] 衍延羨	열 枻(拽)
			1) 廣韻于線切蓋誤	

山攝A1501 三等乙開口	平 声	上 声	去 声	入 声
[山：29]	仙 -ĭän¹	獮 -ĭän²	線 -ĭän³	薛 -ĭät⁴
見 k-		：견 (湕)		걸 鍻揭[2]
		건 褰蹇謇嶘		
		：견 (囝)		혈 孑[3]
溪 kʻ-	건 攓	건 衍愆㥦褰蹇 褰(攓蹇)		걸 揭揭[d d]
羣 gʻ-	건 乾[cf] 건 虔犍騝鍵揵(腱)	건 件鍵		걸 傑[bd] 걸 桀墢碣榤渴[4) 4) 4)] 偈杰(揭)[5) 6)]
疑 ng-		언 嗝譺顧	：언 諺[abcdef] 언 彦唁唁(讞)[bd d]	얼 孽闑[bde7)] 얼 糵讞蠥嶭糵[bd] 轊献(巚)[+0]

1) 訓蒙:넘실:건. 康熙字
彙吉典切水也. 義
異　2) 華東韻견　3) 詩経헐 華東韻걸 玉篇
걸俗혈 三韻·奎章걸　4) 華東俗 갈　5) 三韻·奎章漢母 華
東(華音:커)　6) 玉篇俗갈　7) 訓蒙:서:얼얼

[山：30]	仙 -ĭän¹	獮 -ĭän²	線 -ĭän³	薛 -ĭät⁴
曉 χ-	헌 嗎㕧媽[1) 2)]			
影 ·-	언 焉			

疑 ŋ-	언 闕蔫嫣鄢(然) +ㅅ abcdef 언 焉 언 漹			

1) 華東언 玉篇俗언
2) 華東현

山攝 A1301 三等甲開口	平 声	上 声	去 声	入 声
[山: 31]	仙 -ĭän¹	獮 -ĭän²	線 -ĭän³	薛 -ĭät⁴
知 t̂-	전 遭遭鱣(亶)	전 展輾檀(襄)	뎐 驏 전 襢	
				텰 哲 bde 9) 철 喆蜇 10)
徹 t̂ʿ-	천 梴 d 2)	천 蔵 7)		철 撤徹聅
澄 d̂ʿ-	뎐 塵 d 3) 전 纏/廛躔輾(纒纏) 4)b5)		전 邅繵	철 轍徹撤撤 11)ad 11) 12)

1) 類合젼
2) 詩経연
3) 詩経·華東·三韻·奎章젼
4) 類合뎐
5) 書経뎐
6) 類合뎐 詩経젼
7) 華東젼
8) 訓蒙:뎐子 華東·三韻·奎章젼
9) 類合·書経텰 詩経·中庸·華東·三韻·奎章철
10) 華東절
11) 類合텰
12) 類合텰 詩経철 論語뎐(?)

[山: 32]	仙 -ĭän¹	獮 -ĭän²	線 -ĭän³	薛 -ĭät⁴
娘 ń-		년 辴(蹍跈) 4)5)	뎐 碾 3) 년 輾	
日 ńź-	션 然 abcdef 1) 연 燃艱 2) 3)	션 爛 d 6)		열 熱 d 12) xxxx
來 l-	련 鱹	련 輦 7) xxxx		렬 蛚烈劣 bdf 8) ----+ㅅ

	련 ᶜ ᶜᵈ 連聯漣	련 ᵃ 璉槤(連)	련 (健)	렬 ᵇᶜᶠ⁹⁾ ᶜ⑽ᵈ 列挒冽㤠裂 挒颲捯捯挒(迣)
	1) 華東션 類合·論語· 書經·易經·詩經·中 庸·小學又三韻·奎章 연 2) 華東션 類合·三韻· 奎章연 3) 華東션 三韻·奎章연	4) 華東던 注碾華或던 玉篇正던 5) 玉篇正던(=躔) 6) 華東션 詩經연 7) 訓蒙不明瞭		8) 類合·書經·小学 녈 9) 書經녈 10) 易經녈 11) 類合녈 12) 華東션 類合·詩経· 三韻·奎章열 千字文열

[山: 33]	仙 -ịän¹	獮 -ịän²	線 -ịän³	薛 -ịät⁴
照 tś-	전 ¹⁾ ᵈ 氈鸇氊 전 ᵈ 餐菇ᅟ氊栴(針)		전 戰 전 顫	절 斷 절 ᵇᶜ⁷⁾ 晢晰浙折(哳 浙)
穿 tśʻ-	천 燀	천 ⁵⁾ ᵈ 闡燀燀燀嘽	천 硟	철 掣
神 dźʻ-				설 ᶜᵈ 舌 설 楪(揲)
審 ś-	션 埏挻扇煽 전 ³³⁾ 羶		션 扇(騸) 션 煽	설 ᶜᵉ 設
禪 ź-	션 蟬 션 ⁴⁾ 鋋單撣禪澶 燀	션 ᵃᵇᶜᵈᵉᶠ 善 蟺(鱔) 션 ᵇᵈ 蕎壇鱓單斷 (膳)	션 ⁵⁰⁾ ᵈ 饍 션 ⁶⁾ᵈ 繕壇膳禪單 (善)	설 ⁷⁾ 折

	1) 訓蒙·類合又華東作 羶 2) 華東·玉篇俗연 3) 訓蒙注曰正音鮮·華 東·玉篇션俗전 三韻 ·奎章션 4) 華東연 玉篇正연	5) 小学 텬	5ᵃ) 訓蒙俗作膳 6) 類合쳔 華東·玉篇 俗쳔	7) 廣韻旨熱切 tśịät⁴ 拗折又屬複姓南涼禿 髪傉檀立其妻抗屈氏 爲皇后‖常列切źịät⁴ 斷而猶連也説文斷也 又㪿 奎章절斷也曲 也拼也毀也夭也封壇 泰‖셜斷猶連

[山:34-1]	仙 -ịän¹	獼 -ịän²	線 -ịän³	薛 -ịät⁴
精 ts-	전 煎 전 湔鬋	전 剪^{d d} 전 翦揃戩錢鬋 (譾揃)	전 箭 전 湔濺煎	
清 tsʻ-	천 韆 천 韆^{abcd}	천 淺^{bd}		
從 dzʻ-	전 錢	전 錢^{bd} 천 踐^{bde} 천 俴^d	전 錢 천 賤^{abce 1)}	

1) 訓蒙:쳔喜쳔

[山:34-2]	仙 -ịän¹	獼 -ịän²	線 -ịän³	薛 -ịät⁴
心 s-	션 仙籼 션 憪鮮鱻辥(公)^d	션 獼癬瘫鮮 션 鮮尠箍辥(西)^a	션 線 션 綫	셜 泄 셜 薛泄緤褻辥^{d d} 泄渫禼蝶暬^{c a e} (契絜綫淺泄)^{bc a e}
邪 z-	션 次¹⁾ 연 涎²⁾		션 羨^d	

1) 華東:연. 注云廣韻:연
玉篇正:연
2) 類合·華東:연 玉篇:션
正:연 三韻·奎章:션

山攝A 三等甲開口	平 声	上 声	去 声	入 声	1311
[山:35]	仙 -ị⁽ʷ⁾än¹	獼 -ị⁽ʷ⁾än²	線 -ị⁽ʷ⁾ät³	薛 -ị⁽ʷ⁾ät⁴	
幫 p-	편 鞭^b 편 鯿篗	변 褊^{d 3)}	변 徧遍^{bd}	별 鼈鱉^{bde} 별 鷩(驚)	

	平声	上声	去声	入声
滂 p'-	편 篇 편 偏翩扁(緶褊)		편 騙	별 瞥潎(潎)
並 b'-	편 便 편 緶梗平論		변 便	
明 m-	면 綿 면 縣楊棉	면 緬沔湎䁇勔(湎)	면 面 면 偭	멸 滅搣

1) 類合 편안편 平声
2) 玉篇(俗면)
3) 詩経·華東편玉篇正편
4) 廣韻·三韻·奎章·章 東作騗 集韻騙·騗 康熙正字通今俗借為 誆騙字
5) 類合 자마줄편(去声)

山攝A1511 三等乙開口	平声	上声	去声	入声
[山: 36]	仙 -ï(w)än¹	獮 -ï(w)än²	線 -ï(w)än³	薛 -ï(w)ät⁴
幇 p-			변 變	별 別
滂 p'-		변 鶣		
並 b'-		변 辮 변 辨辯(緶)	변 弁 변 卞駢朴汴辧昪匝忭頯(忭柿)	별 別
明 m-		면 免冕辡? 면 免勉俛(勉免)		

1) 三韻·奎章 並母
2) 訓蒙作蜿
3) 訓蒙(字音缺) 暫寄 於蕝

山攝A 1331 三等甲合口	平 声	上 声	去 声	入 声
[山:37]	仙 -i̯ʷän¹	獮 -i̯ʷän²	線 -i̯ʷän³	薛 -i̯ʷät⁴
見 k-			견 絹	
溪 kʻ-				결 缺(缺)ᵈ¹⁾
羣 gʻ-		견 蜎		
(疑 ng-				1) 廣韻又苦穴切 kʻi(u)et⁴

[山:38]	仙 -i̯ʷän¹	獮 -i̯ʷän²	線 -i̯ʷän³	薛 -i̯ʷät⁴
曉 χ-	현 翾㬻嬛嬛譞ᵈ (忓嬛猨)¹⁾²⁾			혈 威ᵈ
影 ·-	연 蜎悁ᵈ			
喻 j-	연 鉛鳶ᵇᵈᵉ 연 沿㳂揎蝝椽緣(鳶)ᵇ	연 兗渷沇梡ᵇ ᵇ³⁾	연 揳緣	열 悦ᵇ 열 說閲ᵃᶜᵈᵉ ᵈ
	1) 華東견(華音젼) 2) 華東견/俗현(華音젼)	3) 書経운		

山攝A 1531 三等乙合口	平 声	上 声	去 声	入 声
[山:39]	仙 -i̯ʷän¹	獮 -i̯ʷän²	線 -i̯ʷän³	薛 -i̯ʷät⁴
見 k-		권 卷錖捲³⁾	권 眷卷ᵇᵈ⁴⁾ ᵃᵇᶜᵈᵉ ᶠ ⁵⁾ 권 睠錖ᵈ	
溪 kʻ-	권 棬棬(圈)			

羣 gʻ-	젼	權㩲 (bd de)		
	권	跧婘卷鬃蜷 (d) 拳(捲) (2)	권 圈	권 㢧 (ab)
	관	顴 (2)		
(疑 ng-)				
(曉 x-)				
(影 ·-)				
羽 ɦ-	원	貟 (d)		원 院(衒) (6)
	원	圜圓洀(阮)		원 瑗援媛

1) 三韻漢母
2) 訓蒙 샘(셈):관 (上声?)
3) 類合上声권 又거들
4) 訓蒙:켠·쇽·켠
5) 訓蒙:켠:권
6) 訓蒙:녀게·원 注曰俗
稱衒 ㅣ本作行院北京
南北西三院有妓其夫
皆樂工 cf康熙谕海
音院. 又衒谕海音杭
俗呼衒衒樂人也

山攝A1331 三等甲合口	平 声	上 声	去 声	入 声
[山: 40]	仙 -i̯wän¹	獮 -i̯wän²	線 -i̯wän³	薛 -i̯wät⁴
知 t̂-		:뎐 轉 (d 3)	젼 囀傳轉	쳘 輟綴掇啜惙 (5 cd) (d) 餟裰剟醊嚟 (錣)
(徹 t̂ʻ-)				
澄 d̂ʻ-			:뎐 傳 (bd 4)	
	젼 傳 (af 1) 연 椽 (2)	젼 篆瑑		

314 한국 한자음의 연구

1) 類合·千字文·論語· 小學뎐 華東·三韻· 奎章뎐 2) 訓蒙·類合 연 華東· 玉篇뎐俗연 三韻·奎 章뎐	3) 訓蒙·類合·千字文뎐 詩経·華東·三韻·奎 章뎐	4) 類合뎐去声 書経뎐 詩経·華東·三韻·奎 章뎐	5) 類合텬 華東·三韻· 奎章철 6) 類合去声又音텬 華 東·三韻·奎章철 7) 類合·易経텬 詩経 텬(1·8·少)

[山：41]   仙 -iʷän¹   獮 -iʷän²   線 -iʷän³   薛 -iʷät⁴

娘 ń-				셜 吶⁵⁾
日 ńź-	션 擩¹⁾ 션 壖嬬(蠕壖 耎擩)	션 輭楎(蠕)¹⁾¹⁾¹⁾ 션 輭軟蝡瑌⁴⁾ 愞(瑌)		셜 炳⁶⁾
	연 瑌	연 耎(懦)	연 瑌	셜 蓺⁷⁾
來 l-				렬 劣⁸⁾
	련 攣ᶜ	련 臠孿ᵈ	련 戀孌(攣)	렬 埒鋝⁹⁾

1) 華東션 三韻·奎章연	4) 類合연			5) 三韻·奎章셜 '言緩' 華東言緩를頭注云統 韻去骨玉篇를言難㈔ 訥同∥셜言緩㈔ 6) 華東셜 三韻·奎章셜 玉篇셜 7) 華東셜俗셜 三韻· 奎章·玉篇셜 8) 訓蒙렬(無声裛)類合 녈 9) 華東·玉篇俗날
2) 此音皆華東션 三韻 及奎章연				
3) 廣韻作瑌				

[山：42]   仙 -iʷän¹   獮 -iʷän²   線 -iʷän³   薛 -iʷät⁴

照 tś-	젼 甄 젼 專顓篿膞鱄ᵇᵉ (剸塼)	젼 剸		졀 柮ᵃ 졀 拙準ᵇ⁶⁾
穿 tśʰ-	쳔 穿川ᵈ ᵃᵇᶜᵈᵉ	쳔 喘 쳔 舛荈(踳)	쳔 釧 쳔 窜穿(串)	쳘 歠 텰 啜⁷⁾

	平声	上声	去声	入声
神 dź-	션 鯅[2]			
審 ś-				셜 說[abde][×××]
禪 ź-	쳔 篅[3] 쳔 邅圖[cd4)4)]	쳔 膞[5] 쳔 歂[5]		쳘 啜[7]

1) 三韻·奎章 牀母
2) 訓蒙·類合·華東션 三韻·奎章 전 玉篇 전正션
3) 訓蒙쳔(!) 三韻·奎章 牀母
4) 三韻·奎章 牀母
5) 華東·三韻·奎章 穿母
6) 華東·玉篇俗壹 類合·書經壹
7) 訓蒙마 실텰(廣韻 姝雪切 źi"ät⁴ 說文曰嘗也爾雅曰茹也禮曰啜菽飲水‖昌悅切tśi"ät⁴茹也‖陟劣切ti"ät⁴言多不正)

山攝A1531 三等乙合口 [山:43]	平　声 仙 -i"än¹	上　声 獮 -i"än²	去　声 線 -i"än³	入　声 薛 -i"ät⁴
莊 tṣ-	젼 跧			졀 茁
(初 tṣʻ-				
牀 dẓʻ-		젼 撰僎譔[1)2)3)]	젼 饌譔(撰)篹[3)]	
(山 ṣ-				

1) 華東·三韻 션
2) 華東 션 玉篇正션
3) 奎章作篡

山攝A1331 三等甲合口 [山:44]	平　声 仙 -i"än¹	上　声 獮 -i"än²	去　声 線 -i"än³	入　声 薛 -i"ät⁴
精 tṣ-	젼 鑴 션 朘[1)]	젼 臇[4)]		졀 蕝(蕞)

清 ts'-			
전 詮銓痊佺悛[b2] 駩筌絟線荃 拴(筅輇跧) [+ +o]			

從 dz'-			
전 全拴[f3] 쳔 泉[cde]	전 雋 연 吮[5]		절 絕[bcde]

心 s-			
션 宣瑄[bd] ̲x̲x̲x̲x̲	션 選翼[bd]	션 選	셜 雪[d]

邪 z-			
션 旋璿璿淀漩[cd b] ̲x̲x̲x̲x̲ 還(漩)[d]		션 漩鏇縼 선 旋	

1) 三韻·奎章 心母　　4) 三韻·奎章 從母
2) 類合 선　　　　　5) 華東·三韻·奎章 전
3) 小學 전 又 던(序2ㅊ)　華東注云集韻嗽曰
　　　　　　　　　연 cf. 集韵 一切以
　　　　　　　　　轉切嗽也

山攝A1502 三等乙開口	平　声	上　声	去　声	入　声
[山: 45]	元 -$i\scriptstyle\eta n^1$	阮 -$i\scriptstyle\eta n^2$	願 -$i\scriptstyle\eta n^3$	月 -$i\scriptstyle\eta t^4$
見 k-	건 鞬揵 건 掲	건 揵寋(塞謇)[1)c (2)]	건 建[bcdef] ̲x̲x̲x̲x̲	갈 羯[b4] 갈 揭 알 訐[5]
(溪 k'-				
羣 g'-		건 鍵 건 揵键	건 健腱[c]	갈 碣[b] ̲x̲x̲x̲x̲

疑 ng-	언 言 ^{abcdef}			갈 蝎褐楬 ^{adf}
		언 蠍鼿 $^{d\,3)}$		알 鑯 $^{6)}$
		1) 三韻·奎章聾母 華東華音견		4) 詩經 알(12·27·ㅎ)
		2) 訓蒙견(平声)		5) 訓蒙注正音·견 類合 알 華東·玉篇갈俗알
		3) 詩経헌 華東·玉篇俗 헌		三韻·奎章 갈
				6) 華東 얼

[山: 46]	元 $-\ddot{i}\upsilon n^1$	阮 $-\ddot{i}\upsilon n^2$	願 $-\ddot{i}\upsilon n^3$	月 $-\ddot{i}\upsilon t^4$
曉 χ-	헌 軒 ^{d}		헌 獻 ^{abd}	헐 蠍
	헌 掀騫		헌 憲(憲)	헐 歇猲(蝎) ^{d}
(匣 γ-			헌 憲(軒) ^{bde}	
影 ·-		언 鼹 ^{d}	언 堰 $^{1)}$	
		언 偃鰋䳐軈蝘 ^{abd}	언 郾(䳐)	
		匽堰		알 謁暍厲闕 $^{2)\,3)}$
				(焆)
			1) 訓蒙·언:언	2) 廣韻腸華東·玉篇俗 갈
				3) 玉篇体 갈

山攝A1512 三等乙闓口	平 声	上 声	去 声	入 声
[山: 47-1]	元 $-\ddot{i}^{(w)}\upsilon n^1$	阮 $-\ddot{i}^{(w)}\upsilon n^2$	願 $-\ddot{i}^{(w)}\upsilon n^3$	月 $-\ddot{i}^{(w)}\upsilon t^4$
幇 p-	번 蕃 ^{cd}			발 髪 ^{d}
(非 f-)	번 蘩			발 發泼 ^{abcdef}
		반 反軬返 ^{abcde}		
		판 阪 $^{d\,2)}$	판 販 $^{4)}$	
		판 坂 $^{3)}$	판 叛	

318 한국 한자음의 연구

滂 p'-	번	旙潘轓 [1) above]			
(敷 f'-)	번	翻翻番幡幡 [d above]			
		反(犿拚)			
				泛 蕃 [+o△ 5) right]	
				반 娺	
				판 汳 [6)]	
	1) 訓蒙·번·번	2) 華東·반体·판		4) 類合·반	
		3) 華東·반		5) 華東·만(華音·완)	
				6) 華東·변(華音·변)	

[山：47-2]	元 $-i^{(w)}\rho n^1$	阮 $-i^{(w)}\rho n^2$	願 $-i^{(w)}\rho n^3$	月 $-i^{(w)}\rho t^4$
並 b'-	번	蘩燔鞶頒 [d d 1)]			벌 筏罰师茷 [bc]
(奉 v'-)	번	煩膰緐薠膰 [b bdf]			벌 伐栰閥垡撥 [abcd]
		番繁璠芉祥 [2) d]			(皤燍) [7)]
		墦樊 [ad]			
				반 飯 [4)]	
			반 飯笄 [3)]	반 餅 [5)]	
明 m-			만 晩	만 萬 [bcdef 6)]	말 襪
(微 η-)			만 婗挽輓	만 万軏蔓曼 [d]	말 袜韤
	1) 訓蒙·빈·번번	3) 華東·번	4) 類合上聲		7) 華東·발
	2) 三韻·奎章非母		5) 華東·三韻·奎章餅		
			廣韻注云又作餅		
			6) 訓蒙·일·만·만		

山攝A1532 三等乙合口	平声	上声	去声	入声
[山：48]	元 $-i^{w}\rho n^1$	阮 $-i^{w}\rho n^2$	願 $-i^{w}\rho n^3$	月 $-i^{w}\rho t^4$
見 k-					궐 蹶厥蕨鱖 [2)d]
			권 眷(睠)		궐 厥阙麕(瓡) [bcd]
溪 k'-					궐 闕 [ad]
			권 綣 [d]	권 券劝綣 [abce]	궐 缺

		元	阮	願	月

羣 g´-			권 圈		켤 橛
				권 圈	켤 鷹櫸(橛)
疑 ng-	원	原羱蚖芫 d e bcd			월 月䏐 abcdf
	원	元邍源嫄沅 d 顒麕𪔛諴(螈) d	원 阮 d1) ××××	원 願愿(謜) abcde b	월 軏
			1) 千字文·詩経완 華東 俗완		2) 訓蒙·손·발·호켤 他 皆'氣逆' 義異

[山:49] 元 -įᵚɒn¹　阮 -įᵚɒn²　願 -įᵚɒn³　月 -įᵚɒt⁴

曉 χ-	훤 喧萱㳣		훤 楦	
	훤 諼塤壎喧諠 讙(嗜㳣晅暖)	훤 暖喧烜讙 d6)		
				헐 颬犵 13) 13)
影 ·-	원 鴛冤 3)	원 菀 df 7) 8)	원 怨 abde	
	원 寃宛蜿怨智 4) 5) 4)	원 婉菀蜿琬宛 d 晼(涴) 10)		
		완 踠豌 11) 11)		얼 嗤
羽 ɦ-	원 垣園棧轅猿 d cd	원 遠 abcdef 12)		월 鉞 bd
	원 爰爰援鶢嫄 abcde		원 遠(瑗)	월 越粤絨樾 bd
				蚖(蚖)
	洹湲(湏湲湲)			왈 曰 abcdef 14)

1) 華東音注塤集韻音玉篇正音詩経類合=塤音
2) 華東音玉篇正音詩経音
3) 訓蒙作鴛
4) 華東俗완
5) 華東·玉篇俗완
6) 詩経 홛
7) 華東·玉篇俗완類合·詩経·小学완
8) 華東俗완
9) 詩経완
10) 玉篇俗완
11) 華東·三韻·奎章완
12) 易経완(但 1·36·7 완)
13) 華東월 玉篇俗월
14) 華東왈 玉篇월正왈 三韻·奎章월他皆왈

320　한국 한자음의 연구

山攝A 1400 四等 開口	平 声	上 声	去 声	入 声
[山：50]	先 -(i)en¹	銑 -(i)en²	霰 -(i)en³	屑 -(i)et⁴
見 k-	견 肩 ^{bd} 견 堅开豜麎鵑 ×××× ^{cd 1)d 2)} (鈃枅)	:견 趼趼襇(繭) ^{f 3)} 견 璽菓蜆(姸蜆) ⁴⁾	:견 見 ^{abcdef}	결 鍥 결 結絜潔楔秸 ^{bd d} ×××× 拮(髻約揳) 길 桔吉 ⁸⁾
		:현 筧 ⁵⁾		
溪 k'-	견 牽汧鵦岍(磬) ^{cd b}		견 俔牽汜 ⁷⁾	결 挈契刬
疑 ng-	연 姸研 ××××	:연 硯 연 研		열 囓 ¹³⁾
		언 齞 ⁶⁾		얼 嵲槷臬辥貀 ^{b c} 陧
				:혈 蠥 ¹²⁾
	1) 三韻·奎章漢母華東 　(華音견) 다.廣韻 　注云又音牽 2) 華東(華音견)	3) 訓蒙더기견 小兒踢 　者俗呼踢 丨子 4) 華東作柬 5) 華東·三韻·奎章견 6) 華東연	7) 華東俗현	8) 訓蒙·갈(蓋길之誤) 　華東·三韻·奎章결 9) 訓蒙注正音결 華東 　·三韻·奎章결 10) 類合혈 11) 廣韻作鍥 12) 類合혈 三韻·奎章 　얼 華東 열俗셜 玉 　篇열俗셜 訓蒙作齧 13) 訓蒙(예)又入聲·얼
[山：51]	先 -(i)en¹	銑 -(i)en²	霰 -(i)en³	屑 -(i)et⁴
曉 χ-		:현 顯蜆 ^{bcde 3)} 현 韅	현 韅	
匣 γ-	현 賢弦絃 ^{abcdef} 현 絃蚿礥(贒) ×××× ^b	:현 峴 ^c 현 晛俔睍(鋧) ^{d d d}	:현 (莧) ^c 현 見現涀哯 ^{bcdef}	혈 纈襭頡齸襭 ^{5) 5) d6) 7) d8)} 絜裛(絜) :힐 故

| 影 ·- | 연 | 烟咽胭 [d] [1] [2] | | :연 | 宴鷰嚥 [cd] | 열 | 噎咽 [d] |
| | 연 | 煙燕閼(膁歟) | | 연 | 嚥醼譙嚥嚥咽 [xxxx] 嚥 [4) | 예 | 蠮 |

1) 玉篇(咽喉俗·인)
2) 訓蒙作胭 연지(胭脂)연
3) 訓蒙作䍓注云通作蜆
4) 廣韻舊

5) 華東·玉篇俗힐
6) 詩経힐 玉篇俗힐
7) 訓蒙(·힐)又音頡
8) 詩経힐
9) 華東·三韻·奎章혈 玉篇혈俗힐

[山:52]	先 -(i)en¹	銑 -(i)en²	霰 -(i)en³	屑 -(i)et⁴
端 t-	뎐 癲巓 [abcd][d]	:뎐 典 [xxxx]	:뎐 (癜) [5] [+△]	뎔 窒闐 [6)][6)
	뎐 顛顛騲真滇 傎瘨		뎐 殿	
透 t'-	텬 天 [abcdef] [xxxx]			텰 鐵鐅
		텬 蚕		텰 銕䮴 [d]
		뎐 腆洟覥腆珽 [b][b)]	뎐 塡 [d]	
定 d'-	뎐 田畋 [bcd][b 1)] [xxxx]		:뎐 電殿奠澱淀 [bcd ad bdf] 甸覥 [xxxx][+△]	뎔 姪昳凸臷 [7)][8)cd4)d0] 絰軼眣哇㹩 [11)][11)11)11)] 挟耋佚䄌 [14)11)11)11)]
	뎐 佃塡寘塡鈿 油塡(瘨) [d2)3)d]	뎐 殄蜓(塡蜓) [bd4)]	뎐 佃鈿闐涏(蜓) [△]	딜 垤跌 [15)]

1) 訓蒙:뎐
2) 詩経뎐(12·6·ㅈ)又뎐 (18·47·ㄱ)
3) 廣韻作寘

4) 類合·書経·詩経딘 華東·玉篇俗딘

5) 康熙正字通都見切 音殿

6) 華東졀(華音져)
7) 華東·玉篇俗딜
8) 華東텰 玉篇正텰
9) 類合·易経·詩経딜
10) 類合·詩経딜 玉篇 俗딜
11) 玉篇俗딜
12) 玉篇俗딜 詩経딜(17·3·ㅈ)又딜(16·9·ㅈ)
13) 華東졀(華音져)
14) 華東텰 玉篇正텰

15) 玉篇俗딜 華東·三韻·奎章텰 玉篇同

15) 華東·玉篇텰俗딜 三韻·奎章텰

[山:53]	先 -(i)en¹	銑 -(i)en²	霰 -(i)en³	屑 -(i)et⁴
泥 n-	년 年 abcef	:년 撚		녈 捏 4)
	년 秊	년 淰	년 晛	녈 涅篞茶硆
来 l-	련 蓮憐 1)2)		:련 鍊	
	련 怜零		련 練揀楝湅(湅) 3)	렬 捩唳庝(攦)
	1)類合년년		3)類合년	4)華東·玉篇俗날
	2)類合년又怜			5)華東·玉篇俗날
				6)華東俗날
				7)類合作篊又茶날玉篇俗날

[山:54]	先 -(i)en¹	銑 -(i)en²	霰 -(i)en³	屑 -(i)et⁴
精 ts-	전 箋		:젼 (牮) 3)	졀 節癤 abcdef
	젼 牋鐫牋牋籛 xxxx			졀 卩㡭㠡鰤
	楱(諓戩戔)			
			쳔 蕉 cde	
清 tsʿ-	쳔 千(撽) abdef		쳔 蒨 ad	
	쳔 阡仟芊(扦)		쳔 茜蒨綪綪	졀 竊 ab acd
				졀 切膲(竊) 4) xxxx
從 dzʿ-	젼 前 bcdef			
				졀 截戳戳 d5)
			쳔 荐洊珒峅祔 c +0	
心 s-	션 先 abcdef	:션 跣 b	션 霰 d	셜 楔牒
	션 躚躚(蹮躚	션 銑洗铣 b b	션 霰先	셜 屑楔蹕偰 e)
	姍姺)			(屑㲎)
	1)華東쳔 玉篇正쳔		3)康熙字案作旬切音	4)華東셜
	2)玉篇正쳔 (=籛)		蕉	5)廣韻戳字注曰或作
				截
				6)廣韻作蹕

山攝A 1410 四等開口 [山: 55]	平 声 先 -(iʷ)en¹	上 声 銑 -(iʷ)en²	去 声 霰 -(iʷ)en³	入 声 屑 -(iʷ)et⁴
幫 p-	변 邊 변 邊邊 편 蝙 편 編徧(褊)	변 匾惼扁(褊)		별 渊閉(彆)
滂 pʻ-		편 片		별 擎(撇)
並 bʻ-	변 跰 변 蹁胼骿骿骿骿 跰	변 辨扁(編) 편 蝙 편 (緶)		별 整徶(批)
明 m-	면 眠 면 瞑	면 丏	면 麵 면 麵眄眄眄眄眄	멸 蠛篾 멸 蔑撠䁾(糜)

1) 三韻・奎章滂母
2) 華東편 惼玉篇正편
3) 訓蒙변・두변白 │豆黑 │豆俗又呼沿藊豆(변・두 국어새사전 藊豆 藊康熙集韻 補典切音匾豆名本草 李時珍曰藊本作扁莢 形扁也)
4) 三韻・奎章변
5) 三韻・奎章幫母華東 (華音펴)

山攝A 1430 四等合口 [山: 56]	平 声 先 -(i)ʷen¹	上 声 銑 -(i)ʷen²	去 声 霰 -(i)ʷen³	入 声 屑 -(i)ʷet⁴
見 k-	견 鵑 견 涓睊鋗稍	견 剈羂羂(狷獧)	견 睊羂狷(悄)	결 (玦) 결 玦潏譎訣鍋 觖鎐駃鴃决 觖映(決)

溪 kʰ- (疑 ng-		경 畎 [b][3] 견 犬 [ab]		결 闋 [d]
	1) 類合연 華東·玉篇俗 연	2) 華東俗현 3) 訓蒙고랑·경(!) 華東 ·三韻·奎章·書経견	4) 華東연(華音원)	5) 華東·玉篇俗혈 6) 類合혈 華東·玉篇 俗혈 7) 玉篇俗혈

[山 : 57]	先 -(i)ʷen¹	銑 -(i)ʷen²	霰 -(i)ʷen³	屑 -(i)ʷet⁴
曉 χ-	현 鋗駽 [d][1]		현 絢昀駽(洵) [a]	혈 血 [bcde] 혈 泬(狋)
匣 γ-	현 玄 [bcd] 현 縣懸玆(法) [d]	현 法鉉琄縘鞙 [c][d] 鞙	현 懸衒 [b] 현 荶睍炫眩玹	혈 穴 [bcd]
影 ·-	연 淵 [abcde] 연 困痏矊蜵蜎(蜵) [b][e]		연 鋗(蜵)	결 抉
	1) 華東연			

咸攝A2101 一等 開口	平 声	上 声	去 声	入 声
[咸：58]	覃 $-\hat{a}m^1$	感 $-\hat{a}m^2$	勘 $-\hat{a}m^3$	合 $-\hat{a}p^4$
見 k-	감 㑋	감 感鹹礠 ^{cdf}	감 紺 감 淦灨	갑 合欸頜輪 ^{2)d3)} 합 閤鴿蛤 ⁴⁾⁵⁾
溪 k'-	감 堪戡嵁 ^{a b} 함 龕	감 坎 ^{cd} 감 輡轗坎頦欿	감 勘 ¹⁾ 감 勘轗	갑 溘盍盉 ⁷⁾⁸⁾⁹⁾
疑 ng-		암 頷(頷)		
			1)廣韻作硇	2)華東합王篇감正篇正합 3)詩經합 4)類合합華東俗합華東 ・三韻・奎章갑 5)華東갑俗합 三韻・奎 章갑 6)類合합 華東・三韻・ 奎章갑 7)華東・玉篇俗합 8)華東俗합 9)玉篇갑俗합
[咸：59]	覃 $-\hat{a}m^1$	感 $-\hat{a}m^2$	勘 $-\hat{a}m^3$	合 $-\hat{a}p^4$
曉 χ-	함 蛤	함 顑		합 欱(哈)
匣 γ-	함 含頜函頷 ^{1)d2)3)} 함 涵涵圅(含膭) ^d	함 撼 ⁵⁾ 함 頷函(憾) ^{3)d}	함 憾琀晗莟(含) ^{ae7)}	합 合郃迨盒 ^{acdef}
影 ·-	암 鵪庵 ⁶⁾ 암 讀媕暗蓭醃 錯盒暗(闇 鵪唵陰)	암 (庵) 암 晻黤揞唵 醃閹䅓)	암 暗 ^e 암 闇(蓊)	암 鰪盦 ¹⁰⁾ 암 姶匌(匼庵 吧)

1) 訓蒙 감함(함?) 2) 訓蒙 淐함 3) 訓蒙 특함 亦作頤 대 廣韻 胡男切 $\gamma\hat{a}m^1$ 說文曰面黃也 ‖ 胡 感切 $\gamma\hat{a}m^2$ 漢書曰 班超虎頭, 燕領說 文曰面黃也、類合 上声, 廣韻頤 胡男 切頭 4) 集韻鳥合切 $\cdot\hat{a}m^1$ 本 作閤	5) 類合감 華東·王篇俗 감 6) 訓蒙나악 又大也	7) 類合·論語·中庸 감 華東·王篇俗감 8) 華東作唅 9) 類合·말구(암?)	10) 訓蒙又音庵亦網也

[咸：60]	覃 $-\hat{a}m^1$	感 $-\hat{a}m^2$	勘 $-\hat{a}m^3$	合 $-\hat{a}p^4$
端 t-	담 耼湛耽酖妉	담 默		담 答畣荅褡
透 tʻ-	탐 探貪	탐 襑嗿 담 黬(醶)	탐 撢憛(餤驔)	탐 咺辖渫 ·담 錔踏
定 dʻ-	담 潭潬壇壜 담·覃墨譚燂(驔壜)	담 禫醰窞毲䏙 倓醰噕(嘾)		담 荅諵遝潛䫲 譚(啗)
	1) 類合·千字文·書経 詩経·華東 탐 王篇 담正탐 易経·中庸 ·三韻·奎章 담 2) 華東탐 王篇담正탐 3) 華東탐		4) 華東담(濁) 5) 華東作探	6) 華東담(濁) 7) 華東담 三韻·奎章담 8) 華東·三韻·奎章담 定母(皆踏 $t'\hat{a}p^4$ 蹋 $d'\hat{a}p^4$ 為一字 $d'\hat{a}p^4$ 参照)

[咸：61]	覃 $-\hat{a}m^1$	感 $-\hat{a}m^2$	勘 $-\hat{a}m^3$	合 $-\hat{a}p^4$
泥 n-	남 南男 남 枏㮎(喃諵)	남 湳		납 納衲 납 䅻軜妠㭆(內)
来 l-	람 婪 람 惏燣 남 嵐	람 壈		랍 拉搚擸儠(拹)

	1) 三韻·奎章作栂
2) 類合(木)栂
3) 訓蒙 연애낟

[咸:62]	覃 -âm¹	感 -âm²	勘 -âm³	合 -âp⁴
精 ts-	잠 簪篸鐕(簪)¹⁾	잠 撍 잠 拶寁		잡 哻 잡 帀迊嘈趀(帀啑)
清 tsʻ-	참 參驂傪(糸)ᵉ ᵈ	참 憯儐朁黲(ᵈ ᵈ 瘩)	참 參(傪傸)	
從 dzʻ-	잠 蠽撍ᵇᵈ²⁾ ³⁾ 즘 蚕⁴⁾	잠 歔蹔		잡 雜(襍)ᶜᵈᶠ
心 s-	삼 毿	삼 糂 合 糝⁶⁾		삽 趿颯靸馺霅 卅靸
	1) 華東즘 2) 類合·書經·華東즘 詩経·三韻·奎章잠 3) 華東즘 4) 華東·三韻·奎章잠	5) 集韻子感切=撍 6) 華東合 三韻·奎章삼		

咸攝A 2102 一等 開口	平 声	上 声	去 声	入 声
[咸:63]	談 -âm¹	敢 -âm²	闞 -âm³	盍 -âp⁴
見 k-	감 甘柑泔ᵇᶜᵈ ¹⁾ 감 苷(疳)	감 敢ᵃᵇᶜᵈᵉ 감 橄澉		갑 蓋
溪 kʻ-	감 坩		감 瞰ᵈ ᵃ⁾ 감 闞(瞰)	갑 磕³⁾ 합 榼⁴⁾
(疑 ng-	1) 訓蒙 감·즛 감		2) 詩経 합 4) 訓蒙 합·합 華東·王篇 감俗합 三韻·奎章 감	3) 華東俗합

328 한국 한자음의 연구

[咸：64]	談 -âm¹	敢 -âm²	闞 -âm³	盍 -âp⁴
曉 χ-	함 憨 ¹⁾ 함 蚶 ²⁾	함 喊(闞²敷)		
匣 γ-	함 酣邯(谽) ᵇ³⁾ ᵃ⁴⁾			합 盍闔嗑盇(黯) ᵃᶜ ᶜ
影 ·-		암 埯揜		

1) 華東·玉篇俗감
2) 玉篇俗감
3) 類合·書經감 華東·玉篇俗감
4) 華東俗감

[咸：65]	談 -âm¹	敢 -âm²	闞 -âm³	盍 -âp⁴
端 t-	담 擔儋甔甔 	담 膽 담 紞礏(甔) 	담 擔 담 甔 단 (担) ³⁾	
透 t'-			탑 毯	탑 榻塌搨(塌) 탑 揢搨罽鱗(塌 鞈峆遢(闒 搨緺) ⁵⁾⁶⁾⁷⁾
	담 聃(耼) 단 坍 †ᵒ⁵	담 菼毯 ᵈ²⁾ 담 緂毯剡	담 瀄歔 ⁴⁾⁴⁾	
定 d'-	담 談痰 ᵈ 담 郯惔錟淡澹錟 餤	담 噉 담 啖啗憺淡憺 惔 ᵃ	담 淡 ᵉ 담 憺惔澹啗(談郯霮)	담 蹋闟鰨蕩(蹋) ᵈ⁸⁾

1) 訓蒙물·어딜 단 康熙
坍或作坍 cf.廣
韻'水衝岸壞'
2) 訓蒙菼:담
3) 訓蒙·성:단 十斗爲一
斛即一|也 通作擔
4) 三韻·全章定母
5) 廣韻作鰌
6) 華東탑 注云華或대
7) 華東탑(華音다)
8) 華東탑(華音타)

자료음운표　329

[咸: 66]	談 -âm¹	敢 -âm²	闞 -âm³	盍 -âp⁴
(泥 n- 来 l-	람 籃襤 람 蘫蘫(艦)藍 豔(襤) 남 藍	람 覽攬燈 람 擥攬(攬覽)	람 濫纜 람 醶憸嘫	랍 鑞蠟 랍 臘牃鵊邋 납 臘
	1)類合·千字文남람 詩 經·華東·三韻·奎 章람			2) 訓蒙납랍 3) 訓蒙나펴남

[咸: 67]	談 -âm¹	敢 -âm²	闞 -âm³	盍 -âp⁴
精 ts- (清 tsʻ- 從 dzʻ- 心 s-		잠 塹 참 塹暫	 잠 暫蹔暫	
	참 塹斬塹 삼 三 삼 參參	참 塹塹 삼 三	삼 三	삽 鼓 삽 卅靸

咸攝A2202 二等 開口	平 声	上 声	去 声	入 声
[咸: 68]	咸 -ăm¹	謙 -ăm²	陷 -ăm³	洽 -ăp⁴
見 k- 溪 kʻ-	감 緘瑊(械)	감 減 겸 齻	 감 歉	 겸 夾郟萊鉩袷 鵊韐(挾侠) 협 袷

| | | | 겹 揲 [9) |
| | | | 겹 恰㤭㤭 (胠) [10) 11) 12)] |

疑 ng-			
	암 㟴慶嵒		
	1) 類合함	2) 華東겸	3) 類合·書經·詩經겹
		8) 華東겹俗혐 三韻·奎 華東겹俗협	
		훈겹	4) 華東俗협王篇(俗협)
		9) 華東감	5) 王篇겹俗협 6) 華東俗협
		10) 華東갑俗흠 王篇俗	7) 華東俗합堅兒
		흠	(廣韻注曰又公合切
		11) 華東갑玉篇겹正갑	‖ 合韻古沓切防捍)
		12) 玉篇겹俗흠	

[咸:69]	咸 -ăm¹	鹽 -ăm²	陷 -ăm³	洽 -ăp⁴
曉 χ-				
		함 闞 +ㅇ		
匣 γ-	함 鹹 [1)]	함 鹻喊豏 [3)]	함 陷(餡) [아 4)]	
	함 咸醎函誠([bcd)] 崲匭) [2)]		함 㿛(掐)	
				협 洽狹陝硤袷 [bd5) b] [b)] 峽硤(蛺)
影 ·-		암 黯(壓厭) [靨]	암 罯	
	1) 訓蒙俗作醎	3) 華東협玉篇감正혐	4) 華東감(次淸)	5) 類合·書經·詩經
	2) 華東作㟴			‥흠華東협俗흠玉篇 협俗흠
				6) 華東합 玉篇(正합)

[咸:70]	咸 -ăm¹	鹽 -ăm²	陷 -ăm³	洽 -ăp⁴
知 ţ-				잡 箚 [6)]
	잠 詀		참 站 [4)]	

자료음운표 331

(徹 ṯʻ-			잠 (𤳊)	
澄 ḏʻ-				
		잠 湛(喑)	잠 㯺詀謙(湛)	
娘 ń-	남 諵喃			

1) 廣韻徒減切
2) 類合담
3) 華東담(華音단)

4) 訓蒙·역참 俗呼水l 馬驛亦曰l木作垚廣韻 立曰l木作垚廣韻 丁聲樹編古今字音對照手册(p.132,脚注1)曰"站"字廣韵陟陷切,注去"俗言獨立",這是今言"站立"的"站",至於"車站"的"站"乃是蒙古語的借詞,方言裏表示聲母是全濁的,與"站立"的"站"清濁有別,来歷不同.
5) 訓蒙正作謙
6) 玉篇잠俗차

[咸:71]	咸 -ăm¹	謙 -ăm²	陷 -ăm³	洽 -ăp⁴
莊 tʂ-			잠 蘸	잡 眨
		참 斬		
初 tʂʻ-				잡 甲扱
				삽 插鍤
牀 dẓʻ-				잡 煠牐
				잡 (閘)
	참 讒饞			
	참 毚巉(劖嶃)	참 嶄	참 儳	
山 審 ṣ-	삼 (釤)	삼 摻穇		삽 歃䈊
	삼 攕摻槮杉霎 穇			삽 霎箑萐

3) =2)但訓蒙·삼
4) 訓蒙通作閘
5) 華東삽

1) 華東삽
2) 類合·華東삽 三韻·奎章잡

咸攝A2201 二等 開口	平 声	上 声	去 声	入 声
[咸：72]	銜 -am¹	檻 -am²	鑑 -am³	狎 -ap⁴
見 k-	감 ^{abd}監礛鑑		감 ^d鑑 감 鑒監	갑 ^{bcdf)}甲胛 갑 押鉀
溪 k'-	감 嵌			
疑 ng-	암 ^{bd}巖 암 (岩壏)			
				1) 訓蒙 갑갑

[咸：73]	銜 -am¹	檻 -am²	鑑 -am³	狎 -ap⁴
曉 χ-				합 嘅²⁾
匣 γ-	함 ^d銜 함 (銜啣嗛)	함 ^d檻艦 함 濫轞轞	함 覽(檻濫)¹⁾	합 ^{b³⁾}狎柙呷 갑 匣⁴⁾
影 ·-		암 黤		압 鴨壓 암 押(魘鵪壓)
			1) 奎章洛蚕華東 감	2) 玉篇(俗압) 3) 類合·書經·華東압 玉篇합俗압 4) 華東·玉篇합俗갑 三韻·奎章합

[咸：74]	銜 -am¹	檻 -am²	鑑 -am³	狎 -ap⁴
澄 ḍ-				잡 喋雴澪⁶⁾
(莊 ts-				
初 ts'-	참 攙(攙)		참 懺貶 삼 鄯⁵⁾	

	肤 dzʻ-	참 嶃嶄鑱(漸 灘)	참 嶃	참 鑱鞿	

	山 sʻ-	삼 衫[3] 삼 毚纔芟(慘 櫼)	삼 睒[4]	삼 釤(刐)	삽 翣啑(喋)

1) 華東·三韻·奎章作 鞿
2) 華東俗삽
3) 訓蒙적삼삼

4) 華東·三韻·奎章作 睒 又去声 tsʻam³ 參照

5) 華東참

6) 華東삽

咸攝A2301 三等甲開口	平 声	上 声	去 声	入 声
[咸：75]	鹽 -iäm¹	琰 -iäm²	豔 -iäm³	葉 -iäp⁴

溪 kʻ-

겸 胘[+△]

(曉 χ-

影 ·-

염 懕猒魘(厭)

염[5][6]bd7) 魘瓶魘

염 厭魘(魘)

염[abde] 厭猒魘

엽 魘厴魘猒[d](摂)

喩 j-

염 鹽閻[1]
염 塩怗[b]櫩欄[2][3]

염[b] 錟㦎[8]
염 琰剡扟(鋏 㦎灩)

염 艶

엽 葉[d]
엽 揲㓨

첨 簷[4]

셤 (擱)[9][+△]

1) 訓蒙염ㄱ
2) 玉篇염正덤·華東無
3) 玉篇염 㨾첨
4) 類合첨 華東·玉篇염 俗첨 三韻·奎章염

5) 類合염ㄱ
6) 華東 엽ㄱ
7) 詩經엽ㄱ
8) 訓蒙염 (平声)
9) 訓蒙·씨·들섭 (康熙揚子方言. 以冉切音 剡. 續也秦晉續折 渭之擱)

咸攝A2501 三等乙開口	平 声	上 声	去 声	入 声
[咸: 76]	鹽 $-\underset{\wedge}{i}\ddot{a}m^1$	琰 $-\underset{\wedge}{i}\ddot{a}m^2$	豔 $-\underset{\wedge}{i}\ddot{a}m^3$	葉 $-\underset{\wedge}{i}\ddot{a}p^4$
見 *k-*		:검 檢[b]瞼 검 (撿) :렴 (臉[3])		
(溪 *k'-*				
羣 *g'-*	검 鈷黔[d][1]鍼[d]鈐[2] 겸 鉗 겸 箝柑(箝柑)	:검 儉[abc] :감 芡[4]		겁 极[6]笈[6]极
疑 *ng-*		엄 隒噞	엄 驗[5]噞	
	1) 華東겸 2) 華東겸 類合금	3) 華東렴 三韻·奎章검 4) 玉篇검(俗감) 華東·三韻·奎章검	5) 類合험 華東염俗험 玉篇엄俗험	6) 華東겁
[咸: 77]	鹽 $-\underset{\wedge}{i}\ddot{a}m^1$	琰 $-\underset{\wedge}{i}\ddot{a}m^2$	豔 $-\underset{\wedge}{i}\ddot{a}m^3$	葉 $-\underset{\wedge}{i}\ddot{a}p^4$
曉 *χ-*		험 險[cde]獫[d]玁[d]譣憸 嶮		
影 *·-*	엄 醃 엄 淹崦閹	:엄 黶 엄 奄[bd]郁掩[bf]揜[ce]晻 渰[d]罨弇崄(崦)	엄 俺(弇)	업 腌
羽 *ɦ-*	염 炎[bd]			엽 曄曅燁[1]熀[d]

鑷 2)

1) 類合 녑
2) 訓蒙이바·들녑 銅田
正音葉 詩経엽

咸攝A230] 三等甲開口	平声	上声	去声	入声
[咸: 78]	鹽 -i̯äm¹	琰 -i̯äm²	豔 -i̯äm³	葉 -i̯äp⁴
知 ṭ-	쳠 霑沾 d 1)			첩 輒鮿𩵋
徹 ṭʻ-	쳠 靦(佔) 2) 3)	텸 誗 a 4) 쳠 調	뎜 靦 5)	
澄 ḍ-				졉 㯡(聶) 6)
	1) 類合텸 2) 華東 졈 玉篇 쳠正졈 3) 華東 댬 玉篇 쳠 正 댬	4) 訓蒙 (平声)·類合텸 論語 텸 華東·三韻 ·奎章 졈	5) 華東 졈 玉篇 쳠 正졈 三韻·奎章 졈	6) 華東 졉
[咸: 79]	鹽 -i̯äm¹	琰 -i̯äm²	豔 -i̯äm³	葉 -i̯äp⁴
娘 ṇ-	념 黏粘 1) 2)			녑 鑷 10) 녑 聶囁躡䋈 10) 10) 11) 12) �選(鍤) 13) 10)
日 ńʑ- *)	염 髥柟 3) 염 𩑾蚺枏 4)	염 染 d 염 冄姌䎃(冄) +0 +0	염 染	녑 讘囁 14) 15)
來 l-	렴 廉鎌簾帘(奩臁) b 5) 6)	렴 斂 bde 7)	렴 殮瞼 +0△	렵 獵鬣 d 16)
	렴 鎌罧匲磏(磏濂) +0△	렴 薟蘞澰㪿 d	렴 斂灔㺔(㺔) 8)	렵 躐擸儠 17)

*) 平·上·去声 華東뎜 三 韻·奎章염	7) 書経넘	8) 類合염 9) 華東俗텸	10) 華東·玉篇俗셥 11) 華東·三韻·奎章·玉 篇作驕華東·玉篇 俗셥 12) 華東俗셥 13) 玉篇俗셥 14) 華東·玉篇俗셥 15) 華東俗셥 奎章·三 韻넘 '訪囁'‖셥 '囁囁' 16) 類合녑
2) 華東뎜玉篇념正뎜 3) 類合염 4) 華東염 5) 書経넘 6) 類合겸 訓蒙注云圖 音겸華東頭注云鎌 同鎌俗겸非玉篇렴 俗겸			

[咸: 80]	鹽 -iäm¹	琰 -iäm²	豔 -iäm³	葉 -iäp⁴
照 tś-	졈 占 (bd)	졈 颭(颭)	졈 占	졉 囁囁慴熱 摺禰(慄) (8)(9)(10)
	쳠 瞻 (d) 쳠 詹噡(譫) (d)(1)(2)			
穿 tś'-	쳠 蟾幨襜忝 (6)(d)		쳠 韂 (6) 쳠 覘幨襜栻韂 (6)	
(神 dź'-				
審 ś-	셤 苫 (3)	셤 陝睒閃覢淰	셤 苫 (7) 셤 閃掞(痁柄)	셥 攝鑷 (ad11)(d12) 셥 葉歙攝鏷(拾鏷) (12)
	졈 痁 (4)			
禪 ź-	셤 蟾 (5) 셤 樿	셤 剡	셤 贍	셥 涉 (bcd)
1) 華東·三韻·奎章· 玉篇作譫 華東셤玉 篇졈正셤 2) 華東셤玉篇졈正셤 3) 華東졈玉篇녑正졈 4) 華東졈奎章셤 5) 訓蒙두터비셤 cf.廣 韻職廉切 tśiäm¹蟾 蝽蝦蟆也…'‖祝占 切 źiäm¹'蟾光月彩'		6) 訓蒙들·애쳠 (平声) cf.廣韻昌豔切 tś'iäm³'鞍小障泥' 又作韂 韂廣韻 又 處占切 tś'iäm¹'廌 膝' 7) 華東졈玉篇셤正졈	8) 華東셥玉篇졉正셥(豔)俗셥(慴) 9) 華東셥 10) 華東텹 11) 類合셤두 論語셥두 12) 華東텹	

[咸: 81]	鹽 $-i̯äm^1$	琰 $-i̯äm^2$	豔 $-i̯äm^3$	葉 $-i̯äp^4$
精 ts-	졈 殲瀸漸熸(蕲)			졉 楪 / 졉 接楫檝葉
	쳠 尖			졉 睫 / 졉 唼婕(倢)
清 tsʻ-	쳠 籤 / 쳠 槧僉懺(簽)		쳠 潛塹槧(蕲)	졉 妾 / 졉 緁踥
從 dzʻ-		졈 漸蕲		졉 (楫) / 졉 捷健婕
	쳠 潛(㰼)			
	셤 燂			
	즘 潛			
心 s-	셤 銛暹纖織纖 / 纖憸幟(霰摻攕)			
邪 z-	셤 爓			

1) 類合심: 書經·詩經·華東셤 玉篇졈 正셤
2) 華東즘 玉篇졈 正즘
3) 華東졈
4) 華東즘 玉篇졈 正즘
5) 華東·三韻·奎章 = 爓 cf. $zi̯äm^1$
6) 類合·千字文·書經·易經·詩經·中庸·華東皆즘 三韻·奎章졈 玉篇졈 正즘
7) 類合 입눈카을 졈、玉篇셤 利 口侯也 鹽‖ 졈 諺也。琰 諺同. 廣韻 息廉切 $si̯äm^1$ 利 口 ‖ 七廉切 $tsi̯äm^1$ 憸憸諛也
8) 華東졈 俗참
9) 華東졈俗참 玉篇俗참
10) 華東졈
11) 玉篇졈俗참
12) 訓蒙通作接

咸攝A2311 三等甲開口	平声	上声	去声	入声
[咸:82]	鹽 $-i\ddot{a}m^1$	琰 $-i\ddot{a}m^2$	豔 $-i\ddot{a}m^3$	葉 $-i\ddot{a}p^4$
幫 p-	펌 砭砭	폄 貶 [d]	폄 窆砭(封)	

1) 類合去声

咸攝A2502 三等乙開口	平声	上声	去声	入声
[咸:83]	嚴 $-ï\upsilon m^1$	儼 $-ï\upsilon m^2$	釅 $-ï\upsilon m^3$	業 $-ï\upsilon p^4$
見 k-			겸 劒 [2] 검 (劍)	겁 (劫) 겁 劫极挢劫朸(刦)
溪 k'-				겁 怯胠(㤲) ㅣ猲 [5]
羣 g'-				겁 跲极笈(拾) [e]
疑 ng-	엄 嚴 [bcd] 엄 籤(噞巖) [1]	엄 儼广𪩘 [d]	엄 釅	업 業 [bcdf] 업 腌鄴業懍

1) 華東염
2) 廣韻梵韻居欠切
3) 類合音華東겁俗音 玉篇겁俗音 三韻·奎章겁(豔)又감(陷) 尙廣韻梵韻去劒切
4) 奎章作蛀
5) 怯胠 廣韻業韻去劫切. 猲 廣韻之韻起法切 ($k'i^{w}\upsilon p^4$?)

[咸:84]	嚴 $-ï\upsilon m^1$	儼 $-ï\upsilon m^2$	釅 $-ï\upsilon m^3$	業 $-ï\upsilon p^4$
曉 χ-	혐 蘝 [1] 험 (忺) 흠 欨 [2]			협 (脇) [*][4] 겁 脅怵㗓脅脅脅 [bd][5][6][7] 劦 [7]

影 ·-

		엄 掩	암 俺俺	업 腌裊㲲
	1) 訓蒙목·뿔험 草菜辛毒戟喉口藏 華東렴辛毒玉篇협辛毒草 ‖렴 菜草(蘁)1藥名 白1(蘁)荅同 2) 華東·三韻·奎章험		3) 廣韻梵韻於劒切 4) 奎章作협,但在업後겹前,當爲협也.三韻作협 8) 華東엽	4) 玉篇협 5) 類合·詩經협書經·玉篇협 6) 玉篇협 7) 玉篇협

<table>
<tr><td>咸攝 A2512 三等乙開口 [咸: 85]</td><td>平 声
凡 -į(ω)ɒm¹</td><td>上 声
范 -ᶻį(ω)ɒm²</td><td>去 声
梵 -ᶻį(ω)ɒm³</td><td>入 声
乏 -ᶻį(ω)ɒp⁴</td></tr>
<tr><td>幫 p-
(非 f-)</td><td></td><td></td><td></td><td>법 法
법 灋</td></tr>
<tr><td>滂 pʻ-
(敷 fʻ-)</td><td></td><td></td><td>범 汎泛氾氾</td><td></td></tr>
<tr><td>並 bʻ-
(奉 vʻ-)</td><td>범 帆
범 凡氾飄(凡机渢渢)</td><td>범 范範軓范犯蘁(軛)</td><td>범 梵帆飄(訊馼)</td><td>법 乏泛姂(疺)</td></tr>
<tr><td>明 m-
(微 ŋ-)</td><td></td><td>맘 鋄(黟)</td><td></td><td></td></tr>
<tr><td></td><td>1) 訓蒙作帆</td><td>2) 華東감(華音간)</td><td>5) 華東평俗핌玉篇범俗핌 6) 華東평俗핌</td><td>3) 訓蒙·범법 4) 華東평俗핌 類合·小学핌玉篇법俗핌</td></tr>
</table>

<table>
<tr><td>咸攝 A2400 四等開口 [咸: 86]</td><td>平 声
添 -(i)em¹</td><td>上 声
忝 -(i)em²</td><td>去 声
㮇 -(i)em³</td><td>入 声
帖 -(i)ep⁴</td></tr>
<tr><td>見 k-</td><td>겸 兼縑蒹
겸 鶼鰜</td><td></td><td></td><td>겹 裌挾(挾夾)
협 頰鋏裌萊挾</td></tr>
</table>

溪 *k̓-*	겸 謙(嗛)[bc]	겸 歉	겸 傔(鎌歉)	겸 愜快恢(嗛)[g][g]
		겸 嗛慊膁		협 篋[*]
(疑 *ng-*				
(曉 *χ-*				
匣 *γ-*	협 嫌[c]			협 協叶勰筴挾[b][d] 侠(夾脅)[xxx]

1) 華東·玉篇俗협
  *華東·三韻·奎章·玉篇겹
2) 華東俗협
3) 玉篇협俗협
4) cf. *kắp*[4]

[咸: 87]	添 -(i)em[1]	忝 -(i)em[2]	㮇 -(i)em[3]	怗 -(i)ep[4]
端 *t-*		뎜 點玷(箴)	뎜 店	뎜 喋跕(沾渫)[6][7]
透 *t̓-*	텸 添	텸 (掭)		텹 帖貼
	텸 (酟)	텸 忝(銛)[bd]	텸 㮇韂忝	텹 怗鉆鉆呫
定 *d̓-*		뎜 簟(簟)[d][3][4]	뎜 蕈	뎝 楪蝶
	뎜 (驔)[+△]	뎜 痁驔檀		뎝 蹀鰈楪㯠揲(螇蝶㯠鰈)
	텸 甜			텹 㯠[10]
	텸 恬[xxx][b][2]			텹 喋蝶謀堞氎 毄疊摯褶襵(諜)[d][11][12]

1) 華東뎜
2) 類合·書經념 千字文
  텸 華東·玉篇텸俗텸
3) 類合뎌
4) 本音不明, 訓蒙:연ᄌᆡ
  ᄉᆞ뎜 俗頻座兒(仮飮 置杮兹)
5) 華東셤(華音션)
6) 華東텹
7) 訓蒙·시·뎜木1蝶]
  華東뎜 '䑕也'. 三
  韻·奎章'林版'. 庸韻
  作㯠'林版'
9) 類合대ᅌᅧ
10) 訓蒙·텹子 小学텹
11) 詩経텹
12) 華東셥

자료음운표 341

[咸：88]	添 -(i)em[1]	忝 -(i)em[2]	㮇 -(i)em[3]	帖 -(i)ep[4]
泥 n-		념 蛄	념 念[bd] ×××	녑 捻 녑 苶敛攝
	덤 鮎[1] 졈 拈[2]	셤 湴[4]		
来 l-	렴 爌[3]			

1) 華東덤 三韻·奎章넘 4) 三韻·奎章審毋
2) 華東덤 玉篇넘 俗덤
　三韻·奎章넘 類合렴
3) 華東·三韻·奎章作爌

[咸：89]	添 -(i)em[1]	忝 -(i)em[2]	㮇 -(i)em[3]	帖 -(i)ep[4]
精 ts-			졈 憯[bd 2]	졉 渫[3]
清 ts'-	쳠 憯[1]			
(從 dz'-				
心 s-				셥 爕屧踥[bd]
	1) 華東杏		2) 類合·書経·詩経· 華東杏 玉篇졈 正杏	3) 類合졉 華東졉頭注云 集韵셔(集韻無此音) 玉篇졉 正졉

342 한국 한자음의 연구

[梗 攝]

梗攝 A 3201 二等 開口	平声	上声	去声	入声
[梗: 90]	庚 -aŋ¹	梗 -aŋ²	映 -aŋ³	陌 -ak⁴
見 k-	깅 羹 ^{bd1)} 깅 杭庚 경 鶊梗 경 廣更 ^{bcd3)}	경 梗綆(莧) ^{d4)} 경 梗哽鯁腰 (航)	깅 更 ⁵⁾	격 格洛嗻觡挌 ^{abdef} 威(假髂) ^{cde7)} 각 髂 ⁶⁾
溪 kʰ-	깅 坑 깅 阬			긱 客 ^{acd} 긱 喀搭(略)
疑 ng-				익 額 익 頟客詻
	1)訓蒙 깅깅 2)訓蒙 경릉 通作杭華 東 三韻 奎章깅 3)類合 고틸깅 千字文 가실깅	4)訓蒙 경 (平声)	5)類合 다시깅 去声	6)訓蒙 각 類合·華東 三韻 격 奎章仝華東 俗 힉 7)廣韻 洛字注云亦作 假
[梗: 91]	庚 -aŋ¹	梗 -aŋ²	映 -aŋ³	陌 -ak⁴
曉 χ-	형 脝亨 ^{cf}			혁 赫嚇嚇(奭) ^{dj} 夾赫 ^{d3)}
匣 γ-	힝 行桁 ^{abcdef1)} 힝 珩 ^{d2)} 형 衡 형 蘅 ^{bd}	힝 杏 ^d 힝 莕荇(行)	힝 行胻	힉 輅(輅挌)
影 ʾ-				익 啞虓 ^{c4)4)}
	1)華東·三韻·奎章형 2)華東 힝 三韻·奎章 ·詩經형			3)集韻郝各切 4)華東역

[梗:92]	庚 -ang¹	梗 -ang²	映 -ang³	陌 -ak⁴
知 t̂-		뎡 打⁵⁾	징 幥(幀)⁶⁾⁷⁾	칙 磔¹⁰⁾
徹 t̂ʰ-	팅 (撑)¹⁾			·틱 (坼)ᶜᵈ ¹¹⁾ 칙 㩧拆¹²⁾¹³⁾
	징 瞠橕橕²⁾³⁾			
澄 d̂-	징 棖振ᵃᵈ⁾⁴⁾			·틱 宅擇澤ᵇᶜᵈ ᵇᵉ ᵇᶜᵈ¹⁴⁾¹⁵⁾¹⁶⁾ 칙 擢(舉坨)¹⁷⁾¹⁸⁾¹⁹⁾
			:뎡 鎗⁸⁾ 징 瞠(瞠)⁹⁾	
	1) 類合팅 華東·三韻· 奎章징 華東俗팅 2) 玉篇징俗팅 橕作撑 3) 華東정 玉篇징正정 4) 華東정	5) 廣韻德冷切別有張 梗切	6) 華東·三韻·奎章作幥 7) 華東정玉篇징正정 8) 華東·三韻·奎章정 9) 華東정	10) 玉篇(俗걸) 11) 易経·詩経 탁 華東· 玉篇칙俗탁 三韻·奎 章칙 12) 華東·玉篇俗탁 13) 玉篇칙俗탁 類合탁
			16) 書経·易経·詩経틱 華東·三韻·奎章칙 玉篇俗틱 類合틱 17) 華東적 18) 玉篇칙俗틱	14) 書経·易経·詩経틱 三韻·奎章칙 華東· 玉篇 칙俗틱 15) 書経·中庸 틱 華東· 三韻·奎章칙 玉篇칙 俗틱 類合틱
[梗:93]	庚 -ang¹	梗 -ang²	映 -ang³	陌 -ak⁴
娘 n̂-	녕 獰			닉 搦
来 l-		:링 冷		

[梗 : 94-1]	庚 -aŋ¹	梗 -aŋ²	映 -aŋ³	陌 -ak⁴
莊 tṣ-				칙 窄
				칙 嘖迮笮諎舴
				蚱(柞唶)
初 tṣʻ-				칙 柵
				칙 䚪
	팅 鐋¹⁾			
	징 鎗槍玱²⁾			
牀 dẓʻ-				
	징 傖䎵崝⁴⁾ ³⁾			
				싁 斷齚齰咋⁷⁾
	1) 訓蒙 팅 注云 俗呼脚	ㅣ 2) cf. 楚耕切 tṣʻaŋ¹		5) 玉篇(俗作)
	華東 鎗 俗注云 銀 ㅣ 당	3) 華東 칭 玉篇 징 正칭		6) 又 tsʻak⁴ 參照
	鎗也	4) cf. 士耕切 dẓʻaŋ¹		7) 奎章 又 칙 大声
[梗 : 94-2]	庚 -(i)aŋ¹	梗 -(i)aŋ²	映 -(i)aŋ³	陌 -(i)ak⁴
山 ṣ-	싱 生笙牲 abcdef bd¹⁾ c			
	鉎甥貹 d	싱 省眚瘖 bc ³⁾	싱 生 ⁴⁾	싁 索 ⁵⁾ e
	성 猩²⁾		싱 生	
	1) 訓蒙 싱싱	3) 廣韻 所景切 三等	4) 廣韻 所敬切 三等	5) 廣韻 山戟切 三等
	2) 訓蒙 싱싱·이성 華東·三韻·奎章 싱 cf. 廣			
	韻 所庚切 ṣaŋ¹ 猩猩能言似豕聲如小兒也 ‖ 桑經切 s(i)eŋ¹ 說文曰猩猩犬吠声又音生			

梗攝A3211 二等 開口	平 声	上 声	去 声	入 声
[梗 : 95]	庚 -(ʷ)aŋ¹	梗 -(ʷ)aŋ²	映 -(ʷ)aŋ³	陌 -(ʷ)ak⁴
幫 p-				빅 伯百 (栢) abd abcdef ad
				빅 迫柏佰眒
				(佰)

滂 pʰ-	핑 閍祊(旁傍)[1]		병 榜趙搒[5]	
	핑 (烹)			빅 拍䰇珀[8][9]
	핑 磅亨澎			빅 (霸)
並 bʰ-				빅 白皛鮊
				빅 鮊
	핑 彭罃樷膀[2]			
	붕 棚[3]			
明 m-	밍 盲蝱[4]	밍 猛		믹 陌
	밍 鄳(宋虻)	밍 蜢艋	밍 孟盟	믹 獏貊蓦驀 (百莫)

1) 詩経 방
2) 三韻・奎章作彭
3) 華東붕玉篇핑正붕
   三韻・奎章핑 cf. 廣
   韻薄耕切又步崩切
4) 訓蒙作烹
5) 華東進舟봉
6) 訓蒙 빅
7) 類合박 玉篇(俗박)
8) 訓蒙・빅・빅
9) 訓蒙오・빡・빅
10) 訓蒙 믹

梗攝A 3231 二等合口	平声	上声	去声	入声
[梗:96]	庚 $-^wang^1$	梗 $-^wang^2$	映 $-^wang^3$	陌 $-^wak^4$
見 k-	굉 觥	굉 礦鑛卝夐瞏		괵 觵馘聝[7]
	굉 觵			
(溪 kʰ-				
(疑 ng-				
曉 χ-				
	횡 諻(薨)			획 謙嘉湝潎 (虢)

346 한국 한자음의 연구

匣 γ-	횡 橫			
	횡 虆鑛哐皇鍠鬫 瓃(衡)	횡 垳	힁 橫	희 嚆
影 ·-				희 摸鑊
	1) 華東俗광 2) 華東俗황 3) 玉篇힁俗핑	4) 華東俗광 5) 廣韻作鈄 奎章핑= 瓃'銅鐵橫'又힁' 金玉樸'玉篇핑作광 非 6) 華東俗광玉篇(俗광)		7) 又 cf. 古鑊切 8) 廣韻一號切華東·三 韻·奎章曉母 9) 廣韻乙伯切三韻奎 章匣母

梗攝A3202 二等 開口	平 声	上 声	去 声	入 声
[梗: 97]	耕 -ăng[1]	耿 -ăng[2]	諍 -ăng[3]	麥 -ăk[4]
見 k-	경 耕[cd 1]	경 耿[d]		격 膈隔
	경 (畊)			격 隔鬲
				혁 革[bcdef 5]
溪 k'-	킹 鏗誙硻硜 (硜)[1)2)3)]			
疑 ng-			영 鞕硬[4]	
	1) 訓蒙不明 2) 華東경玉篇킹正경 3) 華東경		4) 類合경 華東·玉篇俗청 경	5) 類合혁 華東·玉篇격 俗혁 三韻·奎章격

[梗: 98]	耕 -ăng^1	耿 -ăng^2	諍 -ăng^3	麥 -ăk^4
(曉 χ-				
匣 ɣ-	깅 莖[1)] 형 䪫	힝 幸倖[aef]		힉 覈核[d] 힉 (綾) 격 翮[6)]
影 ·-	잉 櫻鸚[2)]罌[d 3)] 잉 罌甇鶯[d]嚶嫈[4)] 罌 영 𦉥[5)]			익 阨[7)](軛) 익 戹厄[d]搤扼軶 (阸㧖)
	1) 類合깅 華東·玉篇형 俗경 三韻·奎章형 2) 訓蒙 잉·무잉 3) 訓蒙 又作鶯 4) 華東영 5) 華東·三韻·奎章잉			6) 華東·三韻·奎章힉 7) 訓蒙隘모개·익 cf.康熙隘又正韻乙革切與阸阨然同.

[梗: 99]	耕 -ăng^1	耿 -ăng^2	諍 -ăng^3	麥 -ăk^4
知 ȶ-	징 丁玎[1)]			덕 謫[3)] 적 摘讁[d 4)]
(徹 ȶʻ-				
澄 ȡʻ-	둥 橙[2)]			
娘 ȵ-	녕 鬡儜[illegible]			

(来 *l-*				

1) 華東정 玉篇징 正정
2) 華東증 玉篇징 正증
   三韻·奎章징

3) 類合덕 華東·三韻·
   奎章적
4) 詩経적

[梗: 100]	耕 -ăng¹	耿 -ăng²	諍 -ăng³	麥 -ăk⁴
莊 *tṣ-*	징 箏箏 〈abe〉 / 징 狰		징 (箏)諍 ³⁾ / 징 (撑)	
				칙 讀 ⁴⁾ / 칙 責簀咋 〈b d〉 / 적 幘 ⁵⁾
初 *tṣʻ-*				칙 策冊 〈ad b〉 ⁶⁾ / 칙 笧(策)
	징 琤錚 ¹⁾			
牀 *dẓʻ-*				싴 賾
	징 崢崝 ²⁾			
山 *ṣ-*				싴 槭槮搣槭 〈c〉 ⁷⁾ / (槭)

1) cf. 楚庚切 tṣʻang¹
2) cf. 助庚切 dẓʻang¹
   類合싱ᄀ
3) 廣韻亦作爭
4) 訓蒙亦作嘖
5) 類合적 華東·三韻·
   奎章칙 玉篇(俗적)
6) 訓蒙·칙·칙
7) 華東속玉篇싴 正令

梗攝A 3212 二等 開口	平 声	上 声	去 声	入 声
[梗: 101-1]	耕 -⁽ʷ⁾ăng¹	耿 -⁽ʷ⁾ăng²	諍 -⁽ʷ⁾ăng³	麥 -⁽ʷ⁾ăk⁴
幫 *p-*	핑 (絣)			벽 (繣) ⁷⁾

滂 pʻ-	병 絣(骍) 붕 繃(棚)		병 迸	벽 擗擘薜(擗) +
	핑 俜砯 평 怦抨匉			
並 bʻ-	핑 輔弸 병 (軿)	병 倂	병 倂(並)	
	1) 華東붕 三韻·奎章핑 2) 華東· 三韻·奎章핑 3) 三韻·奎章鼆母	4) 華東평 5) 華東붕 6) 華東붕 俗빙		7) 廣韻擗下注云俗作 檗

[梗:101-2]	耕 -⁽ʷ⁾ăng¹	耿 -⁽ʷ⁾ăng²	諍 -⁽ʷ⁾ăng³	麥 -⁽ʷ⁾ăk⁴
明 m-	밍 甍萌氓 밍 盳嫇(鼆)			믹 麥脈 믹 衇霡眽覛 (脈)
		명 鼆		
	1) 華東·명	2) 華東·三韻·奎章밍		3) 訓蒙믹·믹

梗攝A 3232 二等 合口	平 声	上 声	去 声	入 声
[梗: 102]	耕 -⁽ʷ⁾ăng¹	耿 -⁽ʷ⁾ăng²	諍 -⁽ʷ⁾ăng³	麥 -⁽ʷ⁾ăk⁴
見 k-				괵 馘 괵 幗摑 국 蟈膕
(溪 kʻ-				
(疑 ng-				
曉 x-	횡 轟輷訇鍧			획 劃豁擭

| 匣 γ- | 횡 緪閔깇㪲㧀坢竑宏鈜呍張(竑宒) | | | 획 獲畫㸦畵畵嘷 |
| 影 ·- | 굉 竑
굉 宏

횡 泓 | | | |

1) 華東·玉篇俗굉
2) 華東·玉篇俗굉 書経굉 (4·68·ㅊ)(闞天)
3) 類合·華東 영 玉篇횡·正영
4) 華東·玉篇俗굉
5) 玉篇(俗굉)
6) 華東俗굉
7) 華東·玉篇俗굉 三韻·奎章횡
8) 類合·書経굉華東·玉篇횡俗굉三韻·奎章횡書経4·9·ㅗ 굉(宏父)
9) 類合횡華東·玉篇俗흥

10) 華東긱玉篇픽正긱(俗긱)
11) 華東긱玉篇픽正긱
12) 華東긱玉篇픽正긱三韻·奎章긱
13) 三韻·奎章픽
14) 三韻·奎章匣母
15) 三韻·奎章曉母

梗攝A3302 三等甲開口	平 声	上 声	去 声	入 声
[梗:103]	清 -jäng¹	静 -jäng²	勁 -jäng³	昔 -jäk⁴
見 k-		경 頸		
			경 勁(緳)	
溪 k'-	경 輕			
(群 g'-				
(疑 ng-				
[梗:104]	清 -jäng¹	静 -jäng²	勁 -jäng³	昔 -jäk⁴
(曉 χ-				
影 ·-	영 嬰瓔纓㷺 영 攖	영 癭		

喩 j-	영	楹贏 d d			익 益 諡嗌鄒 abcdf
	영	益贏嬴籯贏 +0	영 郢涅 [2]		謚膉
					역 繹驛易 ad b4) abcf 5)
					역 睪亦帟 譯 abcde 6)
					懌嶧崢醳場 bd
					圛射嶧襗 de 7)
					익 腋袼液
					익 掖(夜)
					틱 蜴 d 8)
		비	棖 [3]		혁 弈 9)
					혁 奕 d 10)

1) 訓蒙櫻아희영亦作 | 2) 華東정 | | 9) 類合·華東·혁玉篇 | 4) 訓蒙·역역
櫻 | 3) 華東영 三韻·奎章잉 | | 역正혁 三韻·奎章역 | 5) 訓蒙·억7 孝経역
| 玉篇잉 正영 | | 10) 類合·詩経·華東혁 | 6) 華東혁 | 7) 廣韻誤作襗
| | | 三韻·奎章역 | 8) 華東·玉篇역俗틱 詩 経석 三韻·奎章역

[梗：105]	清 -ĭäng [1]	靜 -ĭäng [2]	勁 -ĭäng [3]	昔 -ĭäk [4]
知 ȶ-	뎡 貞 bcf 1)			
	졍 楨楨 d xxxx 2) 3)			
徹 ȶʽ-				쳑 彳
	뎡 檉楨蟶 d 4)d 5) 6)			
	졍 偵䅓(逞)	졍 逞程 10)	졍 逞偵	
		칭 騁 11)		
澄 ȡ-	뎡 呈裎 7)			
	졍 程醒理 d 8) d		졍 鄭 d	
				틱 擲(躑) 12) 13)
				쳑 樀躑躑 9)A 14)

1) 類合·千字文·書経·易経及小学 뎡 華東·三韻·奎章정 2) 詩経정 3) 中庸정 4) 詩経청 5) 詩経·華東·三韻· 奎章정 6) 三韻·奎章정 7) 類合 뎡華東·三韻 ·奎章정 8) 華東·三韻·奎章정 9) 類合·小学뎡	10) 類合령華東俗뎡王 篇정俗령령今不遅 불령 11) 類合빙華東·王篇 칭俗빙		12) 類合텩 華東·三韻 ·奎章쳑 13) 訓蒙·텩·특·텩 亦作 蹢 cf.集韻直灸切 14) 類合텩

[梗:106]	清 -i̯äng¹	静 -i̯äng²	勁 -i̯äng³	昔 -i̯äk⁴
(娘 n̂-				
(日 n̂z-				
来 l-	령 令¹⁾	령 領鎮 d²⁾ 령 袊	령 令 abcdef³⁾	

1) 訓蒙(·령)又平声使也 類合ᄒᆞ야 곰령 平声 千字文ᄒᆞᆯ령
2) 類合·령?
3) 孝経·령 三見 皆去声 点 訓蒙·령 去声点⑴

[梗:107-]	清 -i̯äng¹	静 -i̯äng²	勁 -i̯äng³	昔 -i̯äk⁴
照 ts̑-	정 鉦(竍) d¹⁾ 졍 征鯖脡征正 鵶紅	졍 整 d⁴⁾	정 政 abcdef³⁾ 졍 止 abcdef⁴⁾ 証	젹 灸 bd 쳑 隻 쳑 墌摭拓蹠跖 쳑 尺蚇斥 d b 쳑 (跅) 젹 赤 abcd 셕 射 c
穿 ts̑'-				
神 dz̑'-				

1) 訓蒙·솔판 정射的集 韻諸盈切射的通作正 2) 華東·청
3) 孝経·정 三見 皆去声 点 訓蒙·정솟정(去 声호!) 尚書経諺解 정·ᄉ(政事)亦去声
4) 孝経本文無此字 但 諺解·정ᄒᆞ야

	清 -jäng¹	静 -jäng²	勁 -jäng³	昔 -jäk⁴
審 ś-	셩 聲 bcef		셩 聖 abcdef d	셕 釋蟄 bcef 셕 釋襄嫡梗 덕 適 abcd 3)
禪 ź-	셩 成城誠箴 abcdef acd cde 1) 盛 2) 셩 宬郕		셩 盛晟(城) bde 2)	셕 石鉐 bcdef 셕 碩拓腋 cd d
	1) 訓蒙졍셨셩	2) 訓蒙다 물셩 又去声 戈ㅣ千字文셩홀셩		3) 類合갈덕又마 졸덕 千 字文 마 졸덕 論語·書 經·詩經갑덕 華東젹 玉篇젹(俗젹)三韻 ·奎喜젹 玉篇젹住也至也如也 自得安僾偶爾ㅣ然怡 也嫁也／덕(cf. t(i)ek⁴)從也親也 專也主也意所必從 (=嫡)

	清 -jäng¹	静 -jäng²	勁 -jäng³	昔 -jäk⁴
精 ts-	졍 精 bce 졍 晶旌莑 d	졍 井 ac		젹 跡積 bc d 젹 積惜鯖鯽蹟 9) d 迹
	쳥 菁蜻睛 bdj) 2) 3) 쳥 鶄			젹 祢(鶺) d 10) 젹 躤踖 d d 11)
清 tsʻ-	쳥 清圊 abcd 5)	쳥 請 abf	쳥 倩清	젹 刺 12)
				젹 磧
從 dz-	졍 情 cd	졍 穽 7) 졍 靜彰婧阱竫 abcd e	졍 淨靚穽靚睛 +0 (靘)	젹 籍 d 젹 蹐耤耤 13)
	쳥 晴 6) 쳥 晴(睲)		쳥 請婧	젹 塉瘠 b 14)

	1) 華東·類合·書経· 詩経 쳥(但詩経 10· 2·ㅈ 졍) 三韻·奎章 졍 2) 華東쳥王篇졍正쳥 類合·三韻·奎章 졍 3) 華東·三韻·奎章 졍	7) 訓蒙:함·졍·졍 4) 華東쳥王篇졍正쳥 三韻·奎章졍 5) 類合쳥ㅣ 6) 類合쳥졍	13) 華東蹟 奎章蹟 14) 類合·쳑	8) 訓蒙亦作迹蹟 9) 華東즉王篇졍正즉 10) 類合·쳑 11) 華東·詩経쳑 三韻· 奎章졍 12) 訓蒙:쳐질쳑 又又之 也又ㅣ 探[真]伺也又 去声識ㅣ名ㅣ芒刺 類合又音쳑

[梗:108-2]	清 -ịäng¹	静 -ịäng²	勁 -ịäng³	昔 -ịäĥ⁴
心 s-		성 省俚消(箸 祢) ᅀᅀ	성 性姓 ×××	셕 昔腊潟碣烏 셕 惜
邪 z-	성 錫			셕 席夕穸汐(叼) ×××× +ㅇᅀ 셕 蓆
			1) 訓蒙:셩·셩	2) 康熙無此字訓蒙을 셕 水禽夕ㅣ·다·唳 訓蒙을:야 水禽夜ㅣ

梗攝A3312 三等甲開口	平声	上声	去声	入声
[梗:109]	清 -ị⁽ᵂ⁾äng¹	静 -ị⁽ᵂ⁾äng²	勁 -ị⁽ᵂ⁾äng³	昔 -ị⁽ᵂ⁾äĥ⁴
幫 p-	병 幷枡 ×××ᅀᅀ	병 餅 병 屏銳拼躹 (粌箅)	병 抨拼并(屏)	벽 辟璧璧 ××× 벽 躄
滂 pʻ-				벽 辟癖(霹㛸) +ㅇ
並 bʻ-			빙 聘(娉)	벽 擗闢
明 m-	명 名 명 洺		병 偋	벽 柝辟(鷲)
		1) 訓蒙(병)又上聲瓶蔽也 又去聲屏除去也(ㅍ)eng		2) cf. pʻ(i)eĥ⁴

자료음운표 355

梗攝A3332 三等甲合口	平 声	上 声	去 声	入 声
[梗:110]	清 $-i^w\ddot{a}ng^1$	静 $-i^w\ddot{a}ng^2$	勁 $-i^w\ddot{a}ng^3$	昔 $-i^w\ddot{a}k^4$
(見 k-				
溪 k'-	경 ^{bcdef}傾 경 頃	경 ^d巊 경 頃(裂頃)		
羣 g'-	경 ^d瓊 경 璚^b焭^d裏憬蒬 嫘娊			
(疑 ng-				

梗攝A3501 三等乙開口	平 声	上 声	去 声	入 声
[梗:111-1]	庚 $-i\ddot{a}ng^1$	梗 $-i\ddot{a}ng^2$	映 $-i\ddot{a}ng^3$	陌 $-i\ddot{a}k^4$
見 k-	경 ^d京驚 경 ^{bcd}鷩麖麔 형 ^{bd}荊	경 ^d景境 경 警儆擏(檠) 暻憬頻)	경 ^{abcdef}敬鏡 경 ^d竟境	극 戟 극 撠
溪 k'-	경 ^{bdf}卿		경 ^{bcd}慶	켝 綌 극 隙 극 郤(却)
羣 g'-	경 黥鯨檠(擎) 경 擎劻鯨(檠)		경 競覲倞弊儆(擎)	극 屐 극 劇㦸

	1) 書經·詩經형 華東· 玉篇경体형 三韻·奎 章경 2) 訓蒙등·겸경 3) 集韻撒或从弓亦書 作繄	4) 訓蒙·경ㅈ 5) 類合 경개경	6) 訓蒙 공·겸경	7) 三韻·奎章 見母 8) 廣韻作硜
[梗: 111-2]	庚 -ïang¹	梗 -ïang²	映 -ïang³	陌 -ïak⁴
疑 ng-	영 迎 de		영 迎	역 噎 역 逆縬 bd
曉 χ-				혁 虩 c ³)
(匣 γ-				
影 ·-	영 英 d 영 霙誤瑛	영 影 b 영 (景)	영 暎 ¹) 영 映	
			1) 訓蒙俗作暎	2) 廣韻作呼 3) 華東획俗긱
梗攝A3332 三等甲合口	平 声	上 声	去 声	入 声
[梗: 111-a]	清 -ïäng¹	靜 -ïäng²	勁 -ïäng³	昔 -ïak⁴
曉 χ-		형 夐詗		
影 ·-	영 縈 d			
喩 j-	영 營 bd 영 塋(營)	영 穎 d 영 穎		역 役後疫 bd
心 s-	셩 騂猩垶觲 (垶) abd			

梗攝A3511 三等乙開口 [梗: 112]	平 声 庚 -ḭ⁽ʷ⁾ang¹	上 声 梗 -ḭ⁽ʷ⁾ang²	去 声 映 -ḭ⁽ʷ⁾ang³	入 声 陌 -ḭ⁽ʷ⁾ak⁴
幫 p-	병 兵ᵈ		병 柄	벽 碧
		병 丙昞怲陃陃ᵃᵇᶜᵈ 東窝蛃(昺 柄鉼)ᵃᵇᵈ	병 檘怲(枋)	
(滂 pʻ-				
並 bʻ-	평 平枰垪ᵃᵇᶜᵈᵉᶠ 평 評苹		병 病ᵃ² 평 評(平)	
明 m-	명 明鳴ᵃᵇᶜᵈᵉᶠ ᵇᶜᵈ 명 鵬(朋朋) 밍 盟ᵈ¹	명 皿	명 命ᵃᵇᶜᵈᵉᶠ	
	1)訓蒙 밍·솅 밍 類合 밍 셔밍 千字文 밍 솅 밍 詩 經 밍 華東 밍 王篇 명 正 밍 三韻·奎章 명 cf. 廣韻武兵切 miang³ 盟 約殺牲歃血也周禮 有司盟‖莫更切 mang³ 盟 津		2)訓蒙 :썽 병	3)丁聲樹「古今字音對 照手冊」曰"碧"字廣 韻在昔韻彼役切;項 跋本王仁煦刊誤補 缺切韻在格韻(即陌 韻) 通逆反, 今據改 (p.47, 脚註⑪)

梗攝A3531 三等乙合口 [梗: 113]	平 声 庚 -ḭʷang¹	上 声 梗 -ḭʷang²	去 声 映 -ḭʷang³	入 声 陌 -ḭʷak⁴
見 k-		경 憬囧璟暻 (昊)		
(溪 kʻ-				
(羣 gʻ-				
(疑 ng-				

曉 χ-	형	兄 abcdef					
羽 ɦ- -ŋ尾	영	榮蠑 c			영	泳 d	
	영	瑩 d		영	永 bcdef	영	詠咏縈薔

1) 華東잉

梗攝A3400 四等 開口	平 声	上 声	去 声	入 声
[梗:114]	青 -(i)eng¹	迥 -(i)eng²	徑 -(i)eng³	錫 -(i)ek⁴
見 k-	경 經 bcdef		경 徑 a	격 擊
	경 涇 bd	경 剄	경 經巠徑	격 激擊 bcd
溪 kʻ-		경 磬(縈)	경 謦 bd 1)	긱 喫
			경 警輕(磬)	긱 觳 2)
疑 ng-				역 鶂鷁鵖䴎(霓 3) 4) 5)
				鶃) d 6)
				익 鷁 7)

1) 訓蒙·석경 又경 것경
1) 廣韻作嚖
3) 華東익 玉篇(俗엉)
4) 華東익 玉篇역正익
5) 華東익
6) 詩経격
7) 類合익華東익玉篇역 正익(俗일)三韻·奎章 역

[梗:115]	青 -(i)eng¹	迥 -(ɯ)eng²	徑 -(i)eng³	錫 -(i)ek⁴
曉 χ-	형 馨 1)			혁 赦閴矜 d
匣 γ-	형 刑 abcdef形型硎 bcef	형 脛 b 3)		혁 現 3)
	형 邢鉶陘硎娙踁	형 (踁) 4)	형 脛 5)	혁 檄 6)
	鉶			

	힁 婞淳(悼)		
1) 千字文 힝(?) 2) 訓蒙형 별 형	3) 訓蒙亦作嬰書経경 玉篇형俗경 4) 玉篇형俗경	5) 華東俗경	6) 華東·玉篇俗경

[梗:116]	青 -(i)eng¹	迥 -(i)eng²	徑 -(i)eng³	錫 -(i)ek⁴
端 t-	뎡 丁釘(疔)	·뎡 頂鼎	·뎡 矴矴題	·뎍 婣靮鏑蹢 (葯芍)
	뎡 玎打叮(汀)	·뎡 酊打(芀)	뎡 釘訂定	뎍 的適蓏駒滴 弔芍玓樀商 (吊妬打)
透 tʰ-	텽 聽廳			·텩 趯
			텽 聽	텩 (倜剔惕踢惕 聯(倜)쿔
	뎡 汀鞓			
	뎡 桯綎綖桯(打)	뎡 珽脡挺頲	뎡 (庭)	뎍 逖逷梼(梼 翟)
定 d-	뎡 庭亭聤蜓莛	·뎡 艇		·뎍 荻狄觌觌笛 翟
	뎡 停艇莛葶筳 霆渟綎娗狿 (婷)	뎡 挺鋌梃町訂	뎡 定 廷錠	뎍 籊翟迪蓮籴 頔(曜逿)
				텩 滌踧
	1) 詩経뎡(9·8·ㅎ)又뎡 (1·7·ㅎ) 2) 訓蒙 몯 뎡 又去聲以 ㅣ ㅣ物 3) 訓蒙 뎡:종 뎡 4) 訓蒙 뎡:쯧 뎡 5) 類合 뎡쯩	6) 類合 뎡쯩	7) 訓蒙矴 닫뎡 漢人亦 曰鐵猫亦作矴	8) 訓蒙 뎍 실 뎍 9) 訓蒙:솔·판 뎍 通作的或 作玓射侯正鵠 10) cf. śiaḱᵏ 11) 類合一音 텩 cf. 康熙 又歐陽脩歸田錄打 字當滴耿切。按字 彙誤改音滴
			18) 類合텩 書経·詩経텩 19) 類合 딕쯩 19) 華東·詩経 텩 19) 詩経 텩 20) 易経 텩 21) 易経 텩	12) 詩経텩(1·14·ㅎ)又뎍 (9·19·ㅈ) 13) 類合 딕쯩 13) cf. ɕaḱᵏ 15) 詩経텩 康熙 詩小雅 翟翟毚兎音義他歴反

[梗:117]	青 -(i)eng¹	迥 -(i)eng²	徑 -(i)eng³	錫 -(i)ek⁴
泥 n-			녕 偞	
	녕 寧嚀	녕 顊濘	녕 寗濘(寧)	녁 怒惄
				닉 溺
来 l-	령 靈囹鴒蛉鈴 梗伶瓴聆鈴		령 零	력 靈瘤攊攊曆
	령 霗岭齡靈攊 醽苓泠蛉玲 錂玲蕶輪笭 零令玲蓉鄗 伶怜澪鉿羚 (船舮)		령 (另)	력 酈轢轆塿歷 蘦瀝鬲睥靂 躒齒歷(矲)
		링 冷		륵 礫櫟
1) 訓蒙 신 령 령		2) 類合 령		3) 華東 닉 王篇 녕 正 닉
		7) 華東·三韻·奎章 력 同		4) 訓蒙 닉 又去聲與尿
		8) 詩經록 華東·三韻 ·奎章 력		5) 訓蒙 칙 력 력
				6) 華東俗격

[梗:118]	青 -(i)eng¹	迥 -(i)eng²	徑 -(i)eng³	錫 -(i)ek⁴
精 ts-				적 績勣
清 tsʻ-	청 靑鯖			척 戚鏚
			청 掅	척 戚蹙嘁(城)
			정 靘	
從 dzʻ-				적 寂宗
心 s-	성 星鯹			석 錫蜥淅
	성 腥胜醒篂猩	성 醒	성 醒	석 析皙緆祈
				(晳)
				텩 裼

1) 類合쳥
2) 訓蒙通作腥
3) 書経셩
4) 華東칭
5) 華東·三韻·奎章從母
6) 千字文적
7) 詩経·華東·三韻·奎章셔

梗攝A3410 四等開口 [梗:119]	平声 青 -(i)ʷeng¹	上声 迥 -(i)ʷeng²	去声 徑 -(i)ʷeng³	入声 錫 -(i)ʷek⁴
幇 p-		병 鞞(琕鞞)		벽 壁 벽 甓礔
滂 pʻ-				벽 霹 벽 劈澼
並 bʻ-	병 蛢 빙 傳(娉) 병 瓶屏軿 병 餠軿邢洴箳(駢) 평 蓱 평 萍	병 頻 병 竝並		벽 甓
明 m-	명 模暝暝 명 冥銘頼溟瞑莫 蓂	명 茗 명 酩溟(瞑)	명 暝(瞑)	먹 覓冥帯冪幂 汨蓂塓(冪 懷懱幦)
	1) 訓蒙셩병 병 2) 訓蒙편픙병 (又上声·去声 cf. pʻiáng²·³) 3) 訓蒙명잣 명 cf. 廣韻注曰撲樏果木			4) 訓蒙·벽벽

梗攝A3430 四等合口 [梗:120]	平声 青 -(i)ʷeng¹	上声 迥 -(i)ʷeng²	去声 徑 -(i)ʷeng³	入声 錫 -(i)ʷek⁴
見 k-	겅 扃 겅 駉垌絅	경 熲		격 昊鶪湨矍 (驕鶪)

溪 kʻ-		경 裻縶尙穎綱 (頃)		격 闃 [c]
疑 ng-				
曉 χ-		형 迵		혁 蒿烋殈
匣 γ-	형 鎣 [1] 형 熒縈(濙瑩) [b2)] [3)]	형 迥炯洞(逈) [d]		
影 ·-		형 瀅(熒瀅濙) [4)]		
	1) 類合 형 2) 書經 영 3) 華東 영	4) 華東 영		

宕攝A4100 一等 開口	平声	上声	去声	入声
[宕:121]	唐 -âng¹	蕩 -âng²	宕 -âng³	鐸 -âk⁴
見 k-	강 崗剛^{abcef bdf}網瓯 강 岡鋼亢綱堈_{xxxx}(1)(i) (肮亢頑罡)	강 亢酖肮	강 鋼	각 各閣胳^{abcd d} 각 格袼
溪 kʻ-	강 穅^{abcd}³⁾ 강 康糠瓶(陳)_{xxxx xxx}	강 慷忼	강 炕⁴⁾ 강 抗閌抏亢^{d4)5) 6)} 항 伉^{d 7)}	각 恪^d
疑 ng-	앙 卭昂楊^{bd}		앙 枊	악 萼鍔齶 악 咢愕鄂諤顎崿^d 鵒鰐 堊堮ⁱ⁾ (鍾蕚)
	1)華東·玉篇俗 항 2)華東俗항 3)千字文 강 蓋誤		4)華東·玉篇俗 항 5)類合·千字文·詩経 항 6)華東俗항 易経항 7)詩経항 華東俗항 三韻·奎章 강	8)訓蒙作萼 9)訓蒙作腭 cf.字彙與 齶同(康熙) 10)華東作崿 11)廣韻作蜉 12)華東作堮
[宕:122]	唐 -âng¹	蕩 -âng²	宕 -âng³	鐸 -âk⁴
曉 χ-				학 壑^d 학 郝薅謞垎嚆^{3)d} 嗃曤(瞳曤)⁴⁾ 확 膗⁵⁾
匣 γ-	항 航行魟吭^(術)_{+ød d} 항 桁頏杭	항 沆魟(頏)	항 筕²⁾ 항 吭(桁魟)	학 鶴貉^{cd d 6)} 학 涸狢洛(鶴⁷⁾ 曤) ^{abce 8)}

		앙 块決醯(醶 侠)	앙 醶	악 覺
	1)訓蒙너·계향 다篇海 音杭俗術術術樂人也 (康熙)	2)訓蒙칭향掛衣具亦 作衍廣韻·華東三韻 ·奎章皆作笀	3)玉篇(俗혁) 4)華東曜俗曠학 玉篇 학正확 5)三韻·奎章 학 6)訓蒙注云本國音락 詩経락 7)華東·類合학玉篇(俗학)
		8)訓蒙注云又去聲厭 | 又平聲何也	

[宕:123]	唐 -âng¹	蕩 -âng²	宕 -âng³	鐸 -âk⁴
端 t-	당 當檔璫飮 당 鐺簹(艡)	당 黨讜(党)	당 譡戃當檔(擋)	
透 t'-	탕 湯 탕 鏜	탕 笿	탕 湯鍚湯 탕 盪 당 攩(尚)	탁 橐糪驍鈖 (托祆) 탁 託柝樗拓擇 佗聭(拓祈)
		당 曭戃朣		
定 d'-	당 灙塘堂棠塘 螳塘(腔) 당 唐塘瑭餹溏 儻塘(錫)	탕 盪 탕 愓盪盪	탕 宕踼碭逿(宕)	탁 鐸 탁 劇度㦖澤(擇)
	1)訓蒙·탕 탕 又 더울탕 2)華東·詩経당 王篇탕 正당 3)訓蒙가·合당 注云俗 梻育 | 다 現代中國音 t'áng² (集韻他郎切 肥兒 義別)	4)廣韻不憂 奎章放也 5)華東·三韻·奎章皆作 讜 6)攩廣韻予曠切 yuâng 華東황 7)訓蒙탕 又去聲熱水 灼之也 8)玉篇(俗당)		9)類合닥 10)訓蒙깃바·대·탁注云 俗呼 | 肩다·集韻罷 各切開衣令大也 11)華東注云正韻지拾 也 東쳑 12)訓蒙(玉)又音鐸曆也

[宕:124]	唐 -âng¹	蕩 -âng²	宕 -âng³	鐸 -âk⁴
泥 n-	낭 囊	낭 曩 낭 灢(灢)	낭 儾灢壤	낙 諾

來 *l-*	랑	粮廊螂狼	랑	朗(㮾浪)	랑	浪	락	落絡珞酪樂
	랑	郎崃桹螂鋃			랑	閬塬滝筤(狼)	락	烙洛酪駱剠
		硍浪瑯瑯跟						雒㺞(峉䇳)
		篢						

1) 易經랑
2) 千字文 낭
3) 訓蒙作螂

4) 華東·三韻·奎章作㮾
華東 낭

5) 類合물곁랑(平声)書
經낭
6) 廣韻作閬

7) 類合·詩經락
8) 訓蒙(악) 又音洛悅也
書經 낙 4·55·ㅎ 시ㅁ락
1·24·ㅎ
9) 千字文·書經 낙
10) 華東락 他학
11) 華東락 他각

[宕:125]	唐 -âng¹	蕩 -âng²	宕 -âng³	鐸 -âk⁴
精 *ts-*	장 贓		장 葬	작 作
	장 臧牂戕(牂)	장 馹駔	장 (莊)	
				착 繋鑿
清 *tsʰ-*	창 倉鶬			착 錯
	창 蒼滄	창 蒼	창 倉	착 厝瑳(䏶)刵
從 *dzʰ-*	장 藏			작 昨柞
		장 奘	장 藏(臟贓)	작 酢怍笮筰鈼
				鈼(㤉)
				착 鑿
心 *s-*	상 桑褧	상 顙(嗓嗓)磉		삭 索
	상 蒸嗓	상 (磉)	상 喪	삭 㧓

1) 華東·三韻·奎章作代
2) 訓蒙·상
3) 類合(平声)
4) 類合(平声)
5) 朝鮮造字
6) 鮮明 ll
7) 奎章有理錯三韻安
也
8) 又 *tsâk⁴*

宕攝A4|10 一等開口	平声	上声	去声	入声
[宕:126]	唐 -(u)âng¹	蕩 -(u)âng²	宕 -(u)âng³	鐸 -(u)âk⁴
幫 p-	방 幫綃犎韃(謗 　榜旁芳絅帮 　彭)	방 榜 방 膀莠	방 謗 방 榜(榜)	박 博鎛(塼博)^{acdef} 박 膊塼)爆鎛襮 　鎛博榑薄(膊 　薄)
滂 pʻ-	방 滂榜雱雱雱 　磅(汸旁)			박 澤粕膊 박 膊(薄呪)
並 bʻ-	방 膀螃 방 傍仿踦房旁 　(彭傍)		방 傍傍(旁竝)	박 箔 박 泊亳薄礴簿 　(呪)
明 m-	망 浩沱忙忙邙 　芒砥慶	망 蟒 망 莽睌漭(孟)		막 莫暮膜^{abcdef} 막 鏌摸漠寞寞 　瞙(嘆)塻
		1)訓蒙우왕방即牛牨莱 俗呼芊芳, 廣韻北朗 切牛蕃菜. cf. 華東· 三韻·奎章平聲		2)訓蒙·박공·박 俗呼 l 風 cf.集韻伯各切屋 前版

宕攝A4130 一等合口	平声	上声	去声	入声
[宕:127]	唐 -uâng¹	蕩 -uâng²	宕 -uâng³	鐸 -uâk⁴
見 k-	광 光胱^{bcd} 광 洸輠桄橫	광 廣^{bdef}	광 (廣)	곽 郭擖 곽 椁
溪 kʻ-		광 纊壙^{b 1)} 광 曠曠(絖撗壙)^{bd}		곽 鞹霍^{b d 2)} 곽 廓漷(壙)^{3)+△ 4)}
		1)訓蒙광平聲		2)廣韻注·訓蒙注共本 作霍 3)類合곽 4)類合곽 華東·王篇 俗곽

[宕:128]	唐 -uâng¹	蕩 -uâng²	宕 -uâng³	鐸 -uâk⁴
曉 x-	황 荒肓㠩帆 ^bcd 1)	황 謊 ^2) 慌腕㠯(㡆)		확 虇 ^5) 확 霍靃薔璜攉 ^b5)6)4)7) 灌 ^5) 곽 㼖 ^8)
匣 γ-	황 黃皇潢陲篁蝗凰蟥 ^bcd.bd c	황 慞		확 鑊穫 ^cd 9)
	황 璜惶堭堭煌鍠騜瑝簧湟徨偟堭(瑝驫喤) ^bd d	황 晃榥滉氉攃(皇)	황 攪壙潢 ^3)4) +Δ +Δ +Δ	확 濩獲 ^d
影 ˙-	왕 汪 왕 尢		왕 汪	확 矆蠖 ^b 확 鑊蠖
	1)類合 고황향ᅘ	2)廣韻謊呼晃切·呼光切又許昉切	3) cf. tâng³ 4)廣韻=攪華東황	5)華東·玉篇俗곽 6)書經곽 7)詩經곽 8)訓蒙·곽 蓋곽之誤 9)訓蒙·확 蓋확之誤

宕攝A4500 三等乙開口	平 声	上 声	去 声	入 声
[宕:129]	陽 -i̯ang¹	養 -i̯ang²	漾 -i̯ang³	藥 -i̯ak⁴
見 k-	강 薑疆韁碙姜(韁) ^bcde d	강 繈		각 腳
	강 畺壃繮殭橿蠮畺	강 繈鏹	강 彊	각 腳 각 蹻屬 ^d 8)
溪 kʿ-	강 羌蜣 ^b2)3) 강 (慶) +ㅇ			각 卻却

羣 gʻ-	강 强^e 강 彊_{bcde}	강 彊	강 (糨)⁵⁾ 강 强⁶⁾	약 嚛蹻膠曒^d
疑 ng-	앙 仰^{b 4)}	앙 仰⁷⁾		학 瘧⁹⁾ 학 虐_{bdf}¹⁰⁾

1) 康熙無此字. 暫寄於
　兹
2) 訓蒙作卷
3) 訓蒙作蜣

4) 類合(平声)

5) 訓蒙昙雩. 다. 康熙篇
　海其亮切强去聲與
　糨同.
6) 類合힘쓸강上聲
7) 訓蒙앙 又去聲資也
　悖也.

8) 三韻·奎章漢母
　華東斗玉篇약正학.
　三韻·奎章약.
9) 華東·類合·書經·
　詩経及小学皆학. 三
　韻·奎章약玉篇약正
　학

宕攝A⁴⁵⁰⁰₄₃₀₀ 三等乙開口	平 声	上 声	去 声	入 声
[宕:130]	陽 -i̯ang/(i̯ang¹)	養 -i̯ang²(-i̯ang²)	漾 -i̯ang³(-i̯ang³)	藥 -i̯ak⁴(-i̯ak)
曉 χ-	향 杳鄉^{bd adf} 향 蚵	향 饗享^{de bcd 3)} 향 營蚵同鄕	향 向珦嚮鄕	학 謔^{d 6)}
影 ·-	앙 鴦怏映^d 앙 央殃怏鉠霙^{d c} 　 泱^d	앙 鞅鉠缺快^b	앙 快鉠	약 約葯^{acd}
甲-i̯ang/i̯ak 喩 j-	양 陽楊揚羊洋^{bcd bcd bcde abcd bde} 　 烊 양 暘颺䬊詳䬊^b 　 煬錫影瘍鷄^d 　 (易痒霷)	양 養^{abcdf} 양 痒癢瀁(懩)^b	양 養⁴⁾ 양 漾恙恙暘場^b 　 樣養⁵⁾	약 藥躍鑰淪籥^{bcd cdf d} 약 礿禴淪爚^{cd}

1) 華東·三韻·奎章作霙
2) 華東作鍚

3) 廣韻作亨

4) 訓蒙(양)又去聲[父母]
　又共]
5) 廣韻·華東作樣

6) 華東학

宕攝A4300 三等甲開口	平 声	上 声	去 声	入 声
[宕:131]	陽 -iǎng¹	養 -iǎng²	漾 -iǎng³	藥 -iǎk⁴
知 t̂-	댱 張 ^{abc1)} 쟝 餦張 ^d	댱 長	댱 帳 ⁷⁾ 쟝 張 탕 脹漲 ¹⁰⁾	탁 著 ¹⁶⁾ 착 着
徹 t̂'-			탕 韔 ^{d 11)} 탕 悵暢幽 ^{12 cd13) bcd 14)}	
	챵 長 ²⁾	챵 昶錶 ^{d 15)}	챵 韔(場) ^{d 15)} +△	챡 碀(踏) ^{17) 18)} 쟉 踔
澄 d̂-	댱 長 腸(場) ^{bcdf3) b4) 5)} 쟝 萇場暘 ^d	댱 丈杖 ^{c 7) b6)} 쟝 仗	쟝 仗長杖	챡 著
	1) 類合·千字文·論語·書 経及易経댱 2) 華東쟝 3) 類合·千字文·書経·易 経及小学댱 詩経쟝他 쟝 4) 類合쟝ㅈ댱 千字文· 書経他쟝 5) 類合·千字文 댱他쟝	6) 類合길댱上声 他쟝 7) 訓蒙·댱댱ㅈ·類合· 易経댱他쟝 8) 類合·書経댱他쟝	9) 訓蒙·獄ㅈ댱 類合·千 字文 댱他쟝 10) 類合댱他쟝 11) 詩経쟝他쟝 12) 類合·탕他쟝 13) 類合통·탕댱ㅈ·易経탕 詩経쟝他쟝 14) 書経·易経탕 詩経·他 쟝 15) 集韻丑亮切	16) 訓蒙作着 類合·탁他 챡 17) 華東쟉 18) 集韻勅畧切
[宕:132]	陽 -iǎng¹	養 -iǎng²	漾 -iǎng³	藥 -iǎk⁴
娘 ɲ̂-	냥 孃娘		양 釀 ¹²⁾	
日 ńź-	샹 瓤 ¹⁾ 양 禳瓤 ^{2) 3)} 양 穰瓤劻攘 ^{d bd}	샹 壌攘 ^{b 9)} 양 穣	샹 讓 ^{ab 13)}	샥 若弱箬 ^{15) 16)} 약 都蒻(嫋蒻) ^{abcdf bc}
來 l-	량 梁粱粮凉娘 (樑) ^{bd4) 4a) df 5)}	량 兩 (輛) ^{abcde 10) 11)} +△		략 掠

량 良 糧凉飂 量跟輮 ××××	량 蛹晒(俩枾)	량 亮諒掠恨絅 兩量凉(京) ××××	략 略暑翏蟜(剗) ××
1) 華東平·上· 去샹 入략 三韻·奎章 平·上·去 양 入 약	9) 書経양	12) 三韻양 醞酒 泥냥 喩양 類合양 千字文 論語·書経 양	15) 論語·書経·易経·詩 経·小学 약
2) 訓蒙作襟誤	10) 千字文·書経냥		16) 書経·易経약
3) 訓蒙양 헛(叢術)양	11) 廣韻·集韻無此字· 康熙音兩與兩韻同·韻 會東也匹也又車数	13) 書経냥	17) 書経낙
4) 書経냥			
4a) 訓蒙作梁			
5) 華東랑			
6) 書経·易経냥			
7) 小学냥			
8) 書経량			

[宕:133]	陽 -iâng¹	養 -iâng²	漾 -iâng³	藥 -iâk⁴
照 tś-	쟝 章 彰漳鄣鍏 ××××	쟝 掌 ××××	쟝 嶂	쟉 酌勺繳 ××
	쟝 漳樟墇障 		쟝 障埤瘴	쟉 灼斫妁焯灼
	麈鄣(嬅)			禚(訢妁)
穿 tś'-	챵 菖(娼)	챵 廠	챵 唱	
	챵 昌倡猖閶 	챵 敞氅氅鼜驚 (惝)	챵 倡	
				쟉 綽輟婥
(神 dź-				
審 ś-	샹 商傷觴 ××××	샹 賞(晌) ××××		샥 爍鑠
	샹 賓殤湯鷃		샹 餉向饟	
禪 ź-	샹 裳甞償 ××××	샹 上	샹 上 	샥 杓勺
	샹 常尚鱨徜 (嬣)		샹 尙償	샥 勺沟
				쟉 妁
1) 孝経쟝 華東·類合 ·書経쟝 玉篇쟝正 챵	2) 訓蒙·샹·금·샹	5) 訓蒙·향·野鎮正音샹 華東俗향 類合·書 経향 玉篇俗향	7) 訓蒙·쟉 又上聲華東 俗쟉
	3) 訓蒙·냣·샹 玉篇(俗 향)	6) 玉篇俗향	8) 華東쟉
	4) 訓蒙(:샹) 又上聲升 也		9) 訓蒙·샤·약·샥 類合 쟉

宕攝A4500 三等乙開口	平 声	上 声	去 声	入 声
[宕:134]	陽 -i̯âng¹	養 -i̯âng²	漾 -i̯âng³	藥 -i̯âk⁴
莊 tṣ-	장 裝粧[1] 장 莊[ade]庄[2]妝		장 壯[cd]	
初 tṣʻ-	창 瘡 창 創	:창 搶 창 剩(㨻) 챵 磢	창 刱創愴凔[6]	
牀 dẓʻ-	상 牀[cd][3] 상 床[4]		:장 狀[7]	
山 ṣ-	상 霜[cde] 상 鷞鸘驦騻 솽 孀[5]	상 爽[bd]鷞塽(騻)		
	1) 廣韻粧 三韻·奎章作粧 千字文庄 수밀장♀ 2) 華東·三韻·奎章作庄 3) 三韻·奎章장 玉篇장 正상 華東·易經·詩經상	4) 類合·千字文·華東·상 三韻·奎章장 玉篇장♀正상 5) 華東·三韻·奎章상 現代中國音 ṣuang¹	6) 廣韻作滄 7) 類合얼굴상, 今장·상 両用, 상俗音. 書狀서장·狀啓장계: 狀態상태·形狀형상 等	

宕攝A4300 三等甲開口	平 声	上 声	去 声	入 声
[宕:135-1]	陽 -i̯âng¹	養 -i̯âng²	漾 -i̯âng³	藥 -i̯âk⁴
精 ts-	쟝 將[abde][1]漿[df][2] 쟝 蔣醬	쟝 槳[5] 쟝 奬樠蔣	:쟝 醬[6]將	.쟉 爵[bcde]雀[d] 쟉 爝
清 tsʻ-	창 槍[3] 창 蹌[d]槍 쟝 鏘[d]瑲[d][4]蹡蔣 장 斨[bd]			.쟉 鵲[d] 쟉 捉[8]碏皵(猎)[8]

從 dzʱ-	쟝 墻嬙檣薔 쟝 牆廧艢 쟝 戕		ː쟝 匠	쟉 嚼 쟉 皭

1) 訓蒙又平聲ː쟝·ㅊ쟝
2) 訓蒙쟝ː
3) 訓蒙챵챵
4) 華東챵同[鏘](鏘華東쟝)詩經챵
5) 訓蒙쟝(平声 !!)
6) 訓蒙ː쟝쟝ː{俗呼甜}도ː쟝ㅣ油·ᄭᆞ쟝類合(平声)
7) 訓蒙쟝신ː쟝
8) 華東쟉
9) 訓蒙ː쟉ː

[宕:135-2]	陽 -i̯ɑng¹	養 -i̯ɑng²	漾 -i̯ɑng³	藥 -i̯ɑk⁴
心 s-	샹 廂相緗箱 샹 湘緗襄瓖 양 驤	샹 顙 샹 想	샹 相	쟉 削
邪 z-	샹 翔庠 샹 詳祥	샹 象襐 샹 像蟓襐漾 (樣)		

1) 訓蒙(ː샹)本平聲ㅁㅁ샹孝経상
2) 華東·玉篇俗양
3) 玉篇샹俗양
4) 千字文양華東·玉篇샹俗양三韻·奎章샹
5) 訓蒙ːㅅㅣ샹ːㅆ

宕攝A4510 三等乙開口	平声	上声	去声	入声
[宕:136]	陽 -i̯⁽ʷ⁾ɑng¹	養 -i̯⁽ʷ⁾ɑng²	漾 -i̯⁽ʷ⁾ɑng³	藥 -i̯⁽ʷ⁾ɑk⁴
幫 p- (非 f-)	방 方坊蚄肪枋	방 昉放	방 舫 방 放	
滂 pʱ- (敷 f-)	방 芳妨	방 紡 방 髣彷仿	방 訪妨	
並 bʱ- (奉 vʱ-)	방 房魴 방 防坊		방 防	박 縛
明 m- (微 m̃-)	망 亡鋩(忘) 망 芒莣硭汒望望	망 網輞 망 罔惘蝄蝄魍	망 望 망 妄聖忘	

1) 廣韻作蝄
2) 詩経·12·17·ᅌᅵ 막

宕攝A4530 三等乙合口	平声	上声	去声	入声
[宕:137]	陽 -ɪ̯ʷâng¹	養 -ɪ̯ʷâng²	漾 -ɪ̯ʷâng³	藥 -ɪ̯ʷâk⁴
見 k-		광 迋	광 誑悵(迋)	곽 彏攫矍(懬) 확 钁
溪 kʻ-	광 匡筐(眶) 광 恇劻眶		광 (眶)	곽 躩
羣 gʻ-	광 狂 광 軭		광 諲	곽 臒
(疑 ng-				

1)康熙玉篇祛王切顈篇
曲王切…玉篇門閤也
顈篇門木也. 訓蒙
문션광俗呼門ㅣ

2)三韻·奎章羣毋. 華
東次清.

3)訓蒙구레광 cf. 集韻
區旺切腹中寬
4)三韻·奎章見毋.

5)華東·玉篇俗확(臒易
怪확)華東각
6)三韻·奎章곽
7)華東각玉篇곽正각
8)廣韻大視華東확 驚兒
奎章·彏 驚顈ㅣㅣ

[宕:138]	陽 -ɪ̯ʷâng¹	養 -ɪ̯ʷâng²	漾 -ɪ̯ʷâng³	藥 -ɪ̯ʷâk⁴
曉 χ-		황 怳	황 況 황 況貺(兄)	확 彏懬
影 ·-		왕 枉		확 蒦彏(嬳)
羽 ɦ-	왕 王	왕 往(㹩)	왕 王 왕 迋旺旺(汪)	약 籰

1)訓蒙(왕)注…去聲

2)集韻鬱縛切
3)華東약俗확(華音완)
三韻·奎章확

[江 攝]

江攝A4200 二等 開口	平 声	上 声	去 声	入 声
[江:139]	江 -ang¹	講 -ang²	絳 -ang³	覺 -ak⁴
見 k-	강 江扛矼缸 ¹⁾	강 講	강 絳洚	각 覺角桷
	강 杠汖釭矼	강 搆構	강 虹降	각 觕較輆玨穀
	(缸)			榷摘榷傕
		항 港 ³⁾		(暞殼)
溪 kʻ-	강 腔			
	강 控悾羥 ²⁾	강 (控)		각 殼毃毃碻毃
				礐埆(殼)
				확 碻 ⁴⁾
疑 ng-				악 嶽樂
	앙 峖			악 岳鸑
	¹⁾訓蒙注云亦作杠	³⁾華東·王篇강俗항三		⁴⁾類合·易経학華東·
	²⁾華東·王篇俗강	韻·奎章강		王篇각俗학 三韻·奎
				章각
[江:140]	江 -ang¹	講 -ang²	絳 -ang³	覺 -ak⁴
曉 χ-	항 肛			학 設(設)
	항 谾肛 ¹⁾²⁾	항 傋		
		항 (攏) ⁵⁾		
匣 γ-	항 缸 ³⁾	항 項	항 巷 ᵃᶜᵈ	
	항 降䡔(項) ᵈ⁴⁾	항 峆	항 衖閧 ⁶⁾	학 嶨皡皢嚳 ⁷⁾
				혹 學鷽 ᵃᵇᶜᵉ⁸⁾
				혹 (礐) ⁹⁾
				각 确 ¹⁰⁾
影 ʼ-				악 偓
				악 渥握偓箹喔

				葯黰[11]齷
	1) 華東흥(華音흥注云洪韵去東) 2) 華東·玉篇俗강 3) 訓蒙항항 4) 類合항복항 平声	5) 訓蒙:멜:항俗作夯集韻虎項切山東謂擔荷曰摃或作扛通作傋	6) 三韻·奎章作鬨 10) 華東·三韻·奎章학 玉篇(俗각) 11) 三韻·奎章作齷廣韻注又作齷	7) 華東학同礐. 礐華東혹 8) 華東·類合·論語·書経·易経·小学皆혹 千字文학 三韻·奎章·中庸학 9) 華東·三韻·奎章학 訓蒙댓:가:치혹 即練鵲俗呼山鵲又音握(cf.廣韻又於角切)

[江 : 141]	江 $-ang^1$	講 $-ang^2$	絳 $-ang^3$	覺 $-ak^4$ 5)
知 $\hat{t}$-	장 椿[2a]		장 戇[3](惷)	탁 卓[*6]啄[d*7](瘃椓[d*8]) 착 斲[bd9*]涿諑[10*]捔[ad*]琢[11] 倬[d*12](啅[13]踔[14]斸)
徹 $\hat{t}$ʻ-	창 惷			착 逴[*]趠[*]踔[*]
澄 $\hat{d}$ʻ-	당 幢[1] 장 撞[2]橦		장 撞[4]	탁 濁[d*15] 착 擢[*16]濯[d*17]鐲[18]
	1) 華東·玉篇장俗당三韻·奎章장 2) 類合당玉篇장俗당 2a) 華東·三韻·奎章장		3) 類合당華東·玉篇俗당 4) 華東俗당三韻·奎章清 17) 類合·詩経탁 18) 華東俗탁 * 華東·玉篇俗탁	5) 入聲華東·三韻·奎章及玉篇皆착 6) 類合탁 7) 類合·詩経탁 8) 詩経탁 9) 類合탁 書経특詩経촉(cf. 斸 $\hat{t}\underset{\wedge}{i}ok^4$) 10) 華東俗탁 11) 類合·論語·詩経탁 12) 詩経탁 13) 玉篇俗탁 14) 類合탁 15) 類合·詩経탁 16) 類合탁

[江：142]	江 -ang¹	講 -ang²	絳 -ang³	覺 -ak⁴
娘 ń-	낭 聽			낙 搦 ²⁾
來 l-	랑 瀧 ¹⁾			락 犖
	¹⁾訓蒙(상)又音랑			²⁾華東낙玉篇낙正낙

[江：143]	江 -ang¹	講 -ang²	絳 -ang³	覺 -ak⁴
莊 ts-				착 捉稚檋斮 ⁶⁾⁷⁾⁸⁾
初 tsʻ-	창 窓 ¹⁾ 창 愡窻摐鏦 총 囪 ²⁾			착 娖擉齪(齰) ⁸⁾
牀 dzʻ-	창 淙 ³⁾			착 鋜 ⁹⁾ 착 浞漸鷟簎 ⁹⁾¹⁰⁾
山 s-	상 瀧 상 艭慞 ⁴⁾ 솽 雙 d 5)			삭 朔愬(㕰) ¹¹⁾ 삭 欶嗽矟數箾 ¹²⁾
	¹⁾訓蒙창창 ²⁾三韻·奎章창 ³⁾三韻·奎章장 ⁴⁾華東솽玉篇상正솽	⁵⁾類合·詩經·三韻· 奎章상華東쌍玉篇 상正쌍 今俗音쌍	⁹⁾華東착 ¹⁰⁾華東착玉篇착正착 ¹¹⁾集韻色角切 ¹²⁾華東삭	⁶⁾華東착 ⁷⁾華東착玉篇착正착 ⁸⁾廣韻作齰 又別有 齰字開口其義異

江攝A4210 二等 開口	平 声	上 声	去 声	入 声
[江：144]	江 -⁽ᵂ⁾ang¹	講 -⁽ᵂ⁾ang²	絳 -⁽ᵂ⁾ang³	覺 -⁽ᵂ⁾ak⁴
幫 p-	방 邦 abcd			박 剝駮駁曝爆 bcd d
滂 pʻ-	방 胮		팡 胖 ¹⁰⁾	박 璞樸朴璞䨻 b (鏷)

並 b⁻		방 棒蚌⁶⁾		박 黿䖳(鮁䖳)⁷⁾⁸⁾
	방 龐逄龐¹⁾	방 棓玤蜯耩		박 撲⁹⁾的炮暴爆 (豹)
明 m⁻		망 厖		막 邈(貌藐)ᵈ
	방 厖ᵈ²⁾			
	방 駹狵尨哤³⁾⁴⁾ᵈˢ³⁾			

1) 三韻·奎章滂毋
2) 華東·詩經·방 玉篇 망正방 三韻·奎章망
3) 華東방 玉篇 망正방
4) 華東방 三韻·奎章망
5) 詩経방 玉篇 망正방
6) 訓蒙亦作蜯
10) 華東·三韻·奎章방
7) 華東·玉篇俗북(廣韻又房六切注士海魚名)
8) 集韻弼角切
9) 廣韻作撲注士亦作撲(撲?)

［果 攝］

果攝A5100 一等開口	平声	上声	去声	入声
［果:145］	歌 -â¹	哿 -â²	箇 -â³	
見 k-	가 歌柯哥 가 謌苛䑓舸(哦)	가 哿舸笴	가 箇个个個	
溪 kʻ-	가 珂 가 軻	가 可 가 岢軻坷	가 坷軻	
疑 ng-	아 我䳘蛾 아 莪哦娥我俄 峨	아 我 아 䠷硪	아 餓	

1) 訓蒙 기
2) 華東·三韻·奎章作蛾
3) 玉篇 기
4) 玉篇(俗개)

	平声	上声	去声	入声
［果:146］	歌 -â¹	哿 -â²	箇 -â³	
曉 χ-	하 訶呵	하 歌	하 (蘭) 하 呵	
匣 γ-	하 何河荷䒹 하 河苛	하 荷	하 賀禍(荷)	
影 ·-	아 阿 아 娿疴綱(荷)	아 襖婀娿䅒裛 (猗)		

1) 王篇하[俗]가
2) 華東俗가
3) 華東·王篇俗가
4) 華東가
5) 華東·三韻·奎章作婀
廣韻注去亦作阿
6) 訓蒙·박핫하 ○集
韻許箇切婆蘭艸名

	平声	上声	去声	入声
［果:147］	歌 -â¹	哿 -â²	箇 -â³	
端 t-	다 多		다 癉(憚)	
		타 軃		

透 *tʻ-*	타 他 cd¹)		타 拕(佗)
	타 佗扡它蛇(拖) c²)		
定 *dʻ-*		다 爹 ⁵)	
			다 大
	타 馳詫馱 ³) ⁴)	타 鉈 ⁶)	타 馱 ⁹)
	타 馳鼉鮀鮀陀 de d	타 柁柁扡(拖 陁) ⁷)	
	驒沱池酡迱 d bcd		
	佗(迤跎酡陁 坨鼉) d		

1) 類合(本)佗　　5) 訓蒙(平声)
2) 華東 ㄷ　　6) 訓蒙本作柁
3) 類合(本)馳　　7) 華東作陁
4) 玉篇馱(俗作馱音 태)
8) 集韻丁賀切, 同韻説
　文勞病也或从心亦作
　癉
9) 玉篇(俗作馱音데)

[果:148]	歌 -â¹	哿 -â²	箇 -â³
泥 *n-*	나 挪 d d d		
	나 那儺(難)	나 橠娜那袲(袳儺)	나 奈那(柰)
來 *l-*	라 羅羅籮鑼 d d		
	라 儸鑼羅攞囉(纙)	라 欏砢㰘(𩨚 玃)	라 邏
		1) 華東가(華音커)玉篇 라正가	

[果:149]	歌 -â¹	哿 -â²	箇 -â³
精 *ts-*	자 (嗟) ¹)		자 佐左作 d⁶) c
		좌 左 abcde⁵)	
清 *tsʻ-*	차 搓		
	차 蹉瑳磋 d ad	차 瑳	차 磋
從 *dzʻ-*			
	차 醝瘥瘥鄽鹺 d ②		차 (蹉)

		平 声	上 声	去 声	入 声
	사	篖艖嵯篖(㪍)			
	사	醝			
心 s-	사	抄			
	사	娑浐(造嶯抄 鈔(樣)		사 些(娑)	

1) 訓蒙나자又音·잠又 音匝
2) 華東·三韻·奎章作嗟
3) 華東作鄭廣韻鄭字 注厺或作鄪木贄
4) 廣韻獻字注厺郗作㦗

5) 類合·千字문좌論語 ·詩経·中庸자書經 ·易経좌華東·三韻 ·奎章·玉篇자玉篇 (俗좌)

類合·千字문좌 詩経 자

果攝A5110 一等 開口		平 声	上 声	去 声	入 声
[果:150]		戈 -(u)â¹	果 -(u)â²	過 -(u)â³	
幇 p-	파	波(波)		파 簸	
	파	嶓番㵎(㰉膰)	파 跛皺駊	파 播㳸	
滂 pʻ-	파	坡			
	파	頗玻(阪)	파 回頗(岥)	파 破	
並 bʻ-	파	婆(㮕)		파 (㜅)	
	파	鄱皤			
明 m-	마	魔磨(麿)		마 磨	
	마	摩麿罪(塺塺)	마 麼(麿)	마 麼	

1) 集韻通木切波䓖菜名
2) 訓蒙큰림금파俗呼 榍| 果似|林擒而大(榍樓本作頦㜅. cf.康 熙榍字)
3) 訓蒙:매마又礪石曰| 石又平聲治石 類合글 마(平声)
4) 現代中国音 mo²

5) 集韻步타切婆蘭艸 名

果攝A5130 一等 合口	平 声	上 声	去 声	入 声
[果:151]	戈 $-u\hat{a}^1$	果 $-u\hat{a}^2$	過 $-u\hat{a}^3$	
見 k-	과 戈[bd]鍋埚[1)] 과 過[2)]輠(過)	과 菓 과 果[abce]裹[d]蜾[d](剿倮)	과 過[abcdef 9)] 과 裹	
溪 k'-	과 科[a]窠蝌 과 薖[d]	과 顆	과 課(騍[10)]) 과 堁	
疑 ng-	와 訛[bd]譌吪[d]鈋囮		와 臥	
曉 χ-		화 火[bcd]	화 貨[be 11)]	
匣 γ-	화 和[abcdef] 禾[b 3)] 화 咊龢(鉌) 와 倭[4)]渦窩萵 와 踒	화 禍[bde] 화 祸[5)]夥[6)]輠(骩 輠[7)]髁) 와 婐[8)]	화 和 와 涴(汙[12)])	
	1) 玉篇(俗 의ᄏ [와?]) 2) 類合(平聲) 3) 訓蒙 회ᄏ[화] 4) 玉篇(俗 왜)	5) 類合 화(去声) 華東·玉篇 俗 과 6) 華東 과 頭注 去 集韵 고 玉篇 화 正 과 7) 華東 同 輠 화 (平声) 玉篇 화 正 과 8) 玉篇(俗 과)	9) 孝経 三見、과 二見 과 一見(25·ウ) 10) 訓蒙 아 뭇 과 牝馬歲課生駒故曰課馬 俗加馬 (康熙 正字通. 苦臥切 音課. 俗呼牝馬 即 草馬 ....)	11) 訓蒙 자 홧 화 12) 廣韻 涴字注曰 亦作 汙
[果:152]	戈 $-u\hat{a}^1$	果 $-u\hat{a}^2$	過 $-u\hat{a}^3$	
端 t-		타 (睡[3)]) 타 埵鬌揉綵朶 朶[c]揣(躲捶)	타 剁	
透 t'-	타 詑	타 妥[d 4)]媠䴱嫷橢墮	타 涶 타 唾	
定 d'-		타 惰 타 隋[bd]垛種隨	타 (稞[7)]) 타 惰[b]	

泥 n-	나 挼		나 （糯懦）
	나 捼		나 愞㮂
来 l-	라 螺瘰	라 倮瘰蓏	
	라 蠃㿔鏍覶	라 腂蠃嬴癯	라 摞
	蠡[1]	蠃（蠡）	
	로 䙻[2]		
	파 腡		

1) 十字文上새로 類合· 華東·三韻·奎章 라
2) 集韻又姑華切手指 文（義同）
3) 康熙五音類聚丁果切 音朵耳垂也又耳聰也
4) 類合·타
5) 訓蒙·라
6) 訓蒙·라（平声）
7) 集韻徒臥切
8) 類合·악훌라

果 : 153	戈 -uâ[1]	果 -uâ[2]	過 -uâ[3]	
精 ts-			좌 挫䂳	
清 tsʻ-		좌 脞[3]	좌 剉莝	
從 dzʻ-		좌 坐[4]	좌 坐[4]	
			좌 座	
	좌 痤[1]			
	차 鹺[2]			
	차 瘥			
心 s-		솨 鏁[5]		
		솨 璅（鏁環）[7]		
	사 簑梭[d]			
	사 莎唆			

1) 華東·三韻·奎章솨
2) 華東솨·玉篇차·正韻솨
3) 書経솨
4) 孝経솨 1·ォ·솨 2·ォ 訓蒙안솔:좌 止也行 ｜又去聲止也又｜ 罪
5) 類合·솨
6) 易経·詩経솨
7) 類合·易経·詩経솨
8) 廣韻鏁字注云俗作 鏁

果攝A5500 三等乙開口	平　声	上　声	去　声	入　声
[果：154]	戈 -ïä¹			
見 k-	가 迦			
溪 kʻ-	가 呿			
羣 gʻ-	가 伽茄¹⁾			

1) 廣韻注曰茄子菜可食
又音加‖古牙切 ka¹
荷莖又漢稹姓有茄羅
氏 奎章 '笑葉莖'
三韻가菜名

果攝A5530 三等乙合口	平　声	上　声	去　声	入　声
[果：155]	戈 -ïᵂä¹			
(見 k-				
(溪 kʻ-				
羣 gʻ-	가 癍			
曉 χ-	화 靴¹⁾ 화 鞾²⁾			

1) 訓蒙 신화
2) 類合(木) 靴신화

384 한국 한자음의 연구

[假 攝]

假攝A5200 二等 開口	平声	上声	去声	入声
[假:156]	麻 -a¹	馬 -a²	禡 -a³	
見 k-	가 家加叚笳痂 枷袈茄(䂁)	가 檟	가 駕檺嫁架假	
	가 嘉瘕麚椵駕 跏迦珈(佳)	가 摜嘏椵賈瘕 椵(假)椵	가 價傢賈	
溪 k'-			가 髂	
疑 ng-	아 牙衙芽		아 砑	
	아 枒(㧪漄)	아 雅疋厊	아 迓訝御衙	
	1) 訓蒙가사가ㅎ(아. 숯가산가)	2) 華東·玉篇俗하 3) 玉篇(俗하)	4) 類合이ㅜ	
[假:157]	麻 -a¹	馬 -a²	禡 -a³	
曉 x-			하 罅	
	하 呀翖	하 闠	하 嚇諕議(諕)	
匣 γ-	하 遐蝦霞瑕鰕	하 下夏廈	하 夏下	
	하 鍜騢椵椵遐 (假)		하 暇芐	
影 ·-	아 鴉	아 瘂		
	아 鵶丫	아 啞	아 亞椏啞蛏逗	
	1) 華東아 2) 訓蒙새·요하 通作蝦 3) 詩経 19·2·ㅓ하 (假 以盜我聞頌) 康熙 與遐通	4) 訓蒙아·래하 又去聲 降也 [去声] 玉篇 下下之俗하) 5) 訓蒙녀름·하 又去聲 大也 又中國日ㅣ類 合녀름하 (去声) 6) 類合곤집하ㅜ(去声) 7) 訓蒙亦作啞	8) 訓蒙하 (平声) 華東 하 9) 華東하 10) 類合·書経·詩経 가 華東·玉篇俗가	

[假:158]	麻 -a¹	馬 -a²	禡 -a³	
知 ț-			자 炻	
			차 吒咤妊(奼)	
		타 (打)		
徹 ț'-			차 侴	
		차 妊(奼)	차 蘣佗	
澄 ḏ-	다 茶			
	차 搽			
	차 搽(沮)			
娘 ṇ-		나 挐挐笯(拿)		

①訓蒙차다 玉篇차俗다 華東·三韻·奎章차 ②廣韻作澄 ③華東俗다 玉篇차?俗다 ④類合·華東·三韻·奎章타 ⑤華東俗타 ⑥訓蒙炻·其炶·록·자亦作炻 ⑦華東·玉篇俗타 ⑧華東俗타 ⑨訓蒙차(平声)字彙補丑亞切音蛇(康) ⑩類合·타華東·玉篇俗타

[假:159]	麻 -a¹	馬 -a²	禡 -a³	
莊 ts-	자 渣(皶)	자 鮓(蚱)	자 榨	
		자 (苴)	자 醡溠咋	
	쟈 摣			
	챠 (齇)瘥			
	차 柤			
			사 詐	
初 tș'-	차 叉杈靫(釵)		차 (汊)	
	차 差鎈艖(瘥杈)		차 (跉差)	
牀 dẓ-			자 乍楮蝫詐	

山 s-			
차	楂査苴 [6][7][8]		
사	槎 [9]		
사	渣沙裟紗 [d10][bcd11][12][13]		
사	魦砂瓷髿 [14] (莎) [d15]	사 灑(洒)	사 (廈)嗄 [25]

1) 訓蒙즈싀자 亦作柤 華東사 玉篇 차 正사 三韻·奎章 차
2) 訓蒙비·지자
3) 訓蒙:명·잣(模櫨)쟈 華東사 玉篇 차 正사 三韻·奎章 차
4) 集韻·廐 莊加切
5) 華東사 玉篇 차 正사
6) 華東사 玉篇 차 正사
7) 類合 華東사
8) 華東자
9) 訓蒙톱·졑사 邪斫木 又 柙也 亦作楂

10) 訓蒙뫼·도기자 俗呼 蟆│ (現代中國語 ma³- cha³)
11) 訓蒙상·엇사
12) 訓蒙·블·애사 又·일사 又與砂同
13) 訓蒙가·숫사
14) 訓蒙삿사
15) 廣韻作魦 詩經(莎雞)集韻 師加切

16) 訓蒙뫼·도기자 俗呼 蟆│ (現代中國語 ma³- cha³)
17) 廣韻作酸
18) 華東사
19) 華東사 玉篇 자 正사
20) 類合·華東사 玉篇 자 正사 三韻·奎章 자
21) 訓蒙사 (平聲)
22) 類合·華東사
23) 華東사
24) 華東사 玉篇 자 正사
25) 玉篇 (俗하)

假攝 A5210 二等 開口	平 声	上 声	去 声	入 声
[假:160]	麻 -(ʷ)a¹	馬 -(ʷ)a²	禡 -(ʷ)a³	
幫 p-	파 笆芭(疤) [1] / 파 巴鈀豝(把) [d]	파 把	파 弝欛靶 / 파 霸覇(伯杷爸) [5] / 패 (壩) [6]
滂 pʻ-	파 葩妑		파 (帕) / 파 帊怕
並 bʻ-	파 爬杷琶 [xxxx]		파 杷耙(罷欛) [c][7] [+◯Δ]
明 m-	마 麻蟆(螞) [dʃ][2][3] [+◯Δ] / 마 (蟆)	마 馬(瑪螞) [acd][4] [+◯Δ] / 마 碼	마 禡 [8] / 마 禡傌 [d]

1) 訓蒙반·효파 類合 파 효파
2) 訓蒙俗呼蝦│亦作蟆
3) 訓蒙찰·미마(廣韻裏 平聲)

4) 訓蒙뫼·도기마 cf. 現代中國語螞蚱 mǎ-cha¹
5) 補切康熙又俗讀若馬 平聲)
6) 千字文霸 패 華東 玉篇(俗패)
7) 華東·三韻·奎章 파
8) 類合 파 (上聲)

假攝A5230 二等 合口	平 声	上 声	去 声	入 声
[假：161]	麻 $-^{\omega}a^{1}$	馬 $-^{\omega}a^{2}$	禡 $-^{\omega}a^{3}$	
見 k-	과 呱[cd1)]蝸[2)] 과 騧[d3)]緺媧[4)](䯄)	:과 寡[abcdef] 과 冎剮		
溪 k'-	과 誇夸[d]姱(侉恗 荂)	:과 銙 과 髁跨骻	:과 胯[7)](袴[8)]) 과 跨	
疑 ng-		:와 瓦[d]	:와 宼[9)]	
曉 x-	화 花 화 華譁(𧬫)		:화 化[bcef]	
匣 γ-	화 華[abcde]鏵 화 驊鋘		:화 樺 화 摦吴[d]𡴶華鱯(嫿槬[e]擭吳)	
		:과 踝[6)]		
影 ·-	와 蛙窪(摦[5)]) 와 窊洼哇(娃 䵷鼃汙)			
	1) 訓蒙苽:외과 2) 類合·華東와 玉篇正와 3) 詩経와 4) 華東俗와 5) 集韻烏瓜切	6) 玉篇화 正과 華東과 三韻·奎章화	7) 訓蒙 다리:과 又兩股間 又音庫 8) 訓蒙(:고) 又音:과 9) 訓蒙 디새:닐:와 廣韻作瓦 '泥瓦屋' 康熙本作宼 俗作宼	
[假：162]	麻 $-^{\omega}a^{1}$	馬 $-^{\omega}a^{2}$	禡 $-^{\omega}a^{3}$	
知 $\hat{t}$-	좌 檛[1)] 좌 簻[1)](撾[1)])			
莊 ts-	좌 髽			

山 ṣ-			솨 寠[2]		
			사 㾦傻		
	1)華東·玉篇俗솨	2)三韻·奎章솨			

假攝A 5300 三等甲開口	平 声	上 声	去 声	入 声
[假:163]	麻 -ia¹	馬 -ia²	禡 -ia³	
喩 j-	야 (爺)[1]	야 野也 冶 abcd acdef[2]	야 夜(㖷) bcdef [3]	
	야 邪耶瑘釾鄒	야 埜	야 射	
	枒斜(捓㖿㖿)			
	1)訓蒙通作耶	2)類合(平声)	3)康熙篇海音夜見龍龕	
			手鏡. 埤雅凡鳥朝鳴	
			曰嘲夜鳴曰㖷	

假攝A 5300 (5310) 三等 開口	平 声	上 声	去 声	入 声
[假:164]	麻 -ia¹	馬 -ia²	禡 -ia³	
(娘 n̂-)				
日 nź-		야 若惹(喏) [1]		
(来 l-)				
明 m-		먀 乜		
		1)華東야		

假攝A 5300 三等甲開口	平 声	上 声	去 声	入 声
[假:165]	麻 -ia¹	馬 -ia²	禡 -ia³	
照 tś-		쟈 蒢 abcdef [3]	쟈 拓灸 d[9] [6]	
		쟈 赭 d	쟈 樜蔗(庶遮) [7]	
穿 tś'-	챠 遮			
	챠 車 1)			
	챠 硨	챠 䡴䡵哆撦(奓) d 4)		

神 dź-	샤 蛇[d] 샤 虵		샤 射盧[abdef 8] 샤 躲貰	
審 ś-	샤 賒[2] 샤 奢舍	샤 捨舍	샤 舍[abcd 10] 샤 賖	
禪 z-	샤 闍	샤 社[abcde]		

1) 訓蒙(거) 俗又音챠　　3) 孝經(皆去声点)　　5) 類合(上声)
2) 訓蒙 샤 (샤?)　　4) 華東 챠　　6) 訓蒙 :쟈 (:쟈?)
　　　　　　　　　　　　　　　　　7) 玉篇(俗 저)
　　　　　　　　　　　　　　　　　8) 訓蒙 擧:쌰(:샤?)没 9) 訓蒙 샤 샹上ㄹ샤
　　　　　　　　　　　　　　　　　　言則去聲射物則入聲 10) 訓蒙 :샤(上缺)

[假:166]	麻 -ia¹	馬 -ia²	禡 -ia³	
精 ts-	챠 嗟[bcdf 1] 저 罝[d 2]	쟈 㐲餌(姐)[3 4] 져 姐[6]	챠 借[d] 챠 唶[8]	
清 tsʿ-		챠 且[acde]	쟈 藉[c 10] 챠 稽	
心 s-	샤 些(尖)	샤 寫(鍚)[d 7] 샤 瀉	샤 卸瀉[11]	
邪 z-	샤 斜 샤 衺邪[abcd]	샤 灺	샤 謝榭謝[d b]	

1) 類合·華東·易経·小学 챠 詩経 챠 書経 챠
　(1·74·ㄱ): 챠 (3·1·ㅊ)
2) 詩経 져 華東·玉篇 챠
　俗 저 三韻·全章 챠
3) 華東 챠 俗 저 玉篇 쟈 俗 저
4) 華東 쟈 俗 저
5) 華東 쟈 俗 저 玉篇 쟈 俗 저
　三韻·全章 쟈
7) 訓蒙 :쓰 :싸

6) 華東·玉篇 쟈 俗 저 三韻·全章 쟈
8) 集韻 洗野切
9) 華東 쟈
10) 類合(平声)
11) 玉篇(俗 아)

[蟹 攝]

蟹攝A6101 一等 開口	平声	上声	去声	入声
[蟹:167]	咍 -ấi¹	海 -ấi²	代 -ấi	
見 k-	기 該垓陔絃晐 峐祴侅䩦胲 (畡)	기 改(陔胲)	
	개 剴	개 溉摡(剴)
	히 荄	:개 緊
溪 kʰ-	기 開		기 欯
		:개 愷鎧	개 慨㦐鎧嘅
		개 凱塏閶(豈)	히 (咳)
疑 ng-	애 皚騃猷(霑)		애 磑硋閡(碍)

*華東개注云礼韵히
俗同
華東개注云俗히
玉篇기俗히 | 類合히 | 華東기王篇기俗히
三韻·奎章기王篇기
俗히 廣韻户来切
ɣấi |
| 詩経히 | |
| 三韻·奎章기 | |

[蟹:168]	咍 -ấi¹	海 -ấi²	代 -ấi³
曉 χ-		히 海醢	
	히 咍		
匣 γ-	히 孩頦		
		히 亥	히 瀣劾
影 ˑ-	이 哀		이 愛
		이 欬毐(娭璦)	이 曖僾璦薆

애 埃		
애 唉欸	애 (靄藹)	
1) 華東해俗티	4) 華東이	
2) 華東이	5) 華東애	
3) 華東애		

[蟹:169]	咍 -ɒi¹	海 -ɒi²	代 -ɒi³	
端 t-			디 戴	
			디 襶	
		대 (歹)		
透 tʻ-			태 態	
	티 胎鮐台邰		태 貸	
定 dʻ-	디 臺撞		태 代黛袋(玳)	
	디 薹儓籉	디 待	디 岱騰袋瑇	
	태 苔怠	태 怠	태 逮埭靆(迨)	
	태 浩懛駘跆	태 駘殆迨棣紿 (逮靆)	碾棣瞫詒	
	1) 類合티 티?	5) 原熙俗音正誤歹音過	6) 訓蒙티ホ作帒	11) 華東티俗뎨玉篇티俗뎨
	2) 訓蒙딕티ホ作金	長箋今誤讀等在切爲	7) 訓蒙帒티못티ホ作	12) 玉篇티正티＝壤(華
	3) 訓蒙作始	好字之反	帒帒	東無此字, 壤華東티)
	4) 華東태	6) 訓蒙티(平声)	10) 華東티	
		7) 玉篇티俗뎨		

[蟹:170]	咍 -ɒi¹	海 -ɒi²	代 -ɒi³	
泥 n-		내 鼐		
	내 能	내 乃迺(薺)	내 耐褦能(桃)	
来 l-	릭 來麳		릭 睞倈(來)	
	릭 萊騋棶徠倈(俫)			
	래 峽		릭 賚	
	1) 書經니		3) 類合·詩経·三韻·奎	
	2) 書経니		章릭 書經니華東릭	
			俗릭 玉篇릭	

[蟹:171]	咍 -ậi¹	海 -ậi²	代 -ậi³	
精 ts-	지 災栽哉 / 지 裁灾(裁哉菑)	지 宰(載) / 지 縡崐載	지 載 / 지 再縡	
清 tsʰ-	치 猜偲	치 緈 / 치 采採寀彩髮(採)	칙 菜 / 치 埰(采寀)	
從 dzʰ-	지 裁財才 / 지 纔材嶊	지 在	지 裁 / 지 載在截栽	
心 s-	시 鰓顋毸(顋) 鬖愢愢 / 시 題		시 塞 / 시 簺 / 새 賽	

1) 華東재
2) 類合스 華東새俗스 下새音同玉篇치俗스
3) 華東새(俗스)玉篇 치俗스
4) 訓蒙지ᄫ(지?)又鑑 去聲
5) 華東재
6) 訓蒙ᄶᆡ·샹·지
7) 玉篇 시俗스
8) 三韻·奎章시
9) 訓蒙ᄶᆡ·ᄀᆞᆫ·지 通作寀 集韻子亥切殺也通 作寀
10) 訓蒙주·긴·지 通作寀 集韻子亥切殺也通作寀
11) 訓蒙ᄉᆡᆺ·시 邊界又入 聲防ㅣ
12) 類合·華東·三韻· 奎章시

9) 訓蒙ᄶᆡ·샹·지
10) 類合·계우ᄌᆞᇢ

蟹攝A611 一等 開口	平 声	上 声	去 声	入 声
[蟹:172]	灰 -(u)ậi¹	賄 -(u)ậi²	隊 -(u)ậi³	
幫 p-	비 杯 / 비 桮盃(环)		비 背(輩) / 비 䡬	
滂 pʰ-	비 坏醅 / 비 肧鉟		비 配 / 비 妃	
並 bʰ-	비 培陪 / 비 裴徘㟝(褢阣)	비 琲痱‖ 㟝(培)	비 (焙) / 비 (琲) / 패 悖佩 / 패 琲字地情誖 背(北倍抜)	

자료음운표 393

明 m-	미	梅媒煤莓(酶	미	毎(苺)	미	妹昧微	
		每)					
	미	枚玫脢謀罳	미	浼	미	昧毎莓瑁脢	
		靡鋂醿				(韎汭)	

1) 華東·三韻·奎章作坏
2) 訓蒙·듕믜 又上聲常也니·을믜

3) 蒲罪(賄韻)·薄亥(海韻) 兩切·珹·痱 賄韻·倍儕海韻
4) 訓蒙·쌀·기미(平声!) 集韻母罪切.
5) 詩経·華東매

6) 訓蒙비(平声!)
7) 孝經又·패(盖一 吏缺) 華東패
8) 訓蒙亦作珮 類合 (又)珮 華東비
9) 華東비
10) 華東비

11) 華東비王篇패正비(敗走俗비)
12) 類合(平声)
13) 訓蒙비(平声)
14) 訓蒙蝐·뮈·못모本作 瑁맵俗呼玳비
15) 華東매

蟹攝A6131 一等合口	平 声	上 声	去 声	入 声
[蟹:173]	灰 -uâi¹	賄 -uâi²	隊 -uâi³	
見 k-	괴 傀瑰瓌			
			궤 憒⁵⁾	
溪 k'-		괴 傀	괴 塊	
	괴 恢詼詼㷇魁盉	괴 魁	괴 凷(磈)	
疑 ng-	외 鬼峗(隗)	외 頠隗嵬		
	위 桅⁴⁾			
			의 磑⁶⁾	

1) 類合외 華東·王篇俗외
2) 華東·王篇俗외
3) 玉篇俗외
4) 華東·三韻·奎章외
5) 華東궤俗궤
6) 華東·三韻·奎章의

[蟹:174]	灰 -uâi¹	賄 -uâi²	隊 -uâi³	
曉 χ-	회 灰	회 賄	회 誨晦	
	회 虺烋(㧖)	회 脢悔	회 悔醋頮(沬)	
匣 γ-	회 迴			
	회 回洄迴佪蛔	회 瘣匯鬼	회 潰迴績闤	
	佪²⁾		(繪隤)	

	灰 -uậi¹	賄 -uậi²	隊 -uậi³	
端 *t-*	되 鎚 퇴 磓碩堆搥敦 (追槌)		디 對磓 디 (敦)	
透 *t'-*	퇴 推煻 퇴 推	퇴 腿	퇴 退	
定 *d'-*	퇴 頽瘨 퇴 積隤魋犤 (隤焞)		디 隊霩對懟鐓 鐜(懟駾)	
泥 *n-*	뇌 捼(挼)	뇌 錗鮾(脮)	뇌 鋖(脮)	

			abcdef 6)
			시 內
來 l-	리 雷䨓(攂) bcd 5) d	리 儡 4)	리 耒(攂)
	리 瓃䡞(䨓) d	리 磥䨻蕾櫑 4) (䨓䨓)	리 類櫑酹砅 (礌)
	1) 書經뇌	3) 類合주릴뢰	6) 類合ㄴ」ㅜ
	2) 訓蒙·귄뢰 又去聲俗 稱ㅣ鼓붑·티·다	4) 玉篇뤼正뢰 華東뢰 5) 玉篇뤼(俗뢰)	

[蟹:177]	灰 -uâi¹	賄 -uâi²	隊 -uâi³	
精 ts-	최 嗺朘朘		좨 晬稡綷 4) 5) 5)	
清 ts'-	최 崔催縗隚(衰) ad	최 皠漼璀(縗洒) d d 3) d	좨 倅淬焠啐 4) 7) 8) 9)	
從 dz'-	최 摧催(漼) cd	죄 罪 abcd / 죄 臯		
心 s-	쇠 挼䡞 / 싀 毸 12) +4		쇄 碎誶	
	1) 奎章=緌廣韻緌字 注云亦作衰 2) 華東싀毸ㅣ	3) 華東죄	4) 華東쇠玉篇좨正쇠(俗쇠) 5) 華東쇠 6) 華東쇠玉篇좨正쇠(俗쇠) 7) 類合죄華東쇠玉篇좨正쇠(俗쇄) 8) 訓蒙·쉬華東쇠玉篇좨正쉬 9) 華東쇄	

蟹攝A6102 一等 開口	平　声	上　声	去　声	入　声
[蟹：178]			泰 -âi³	
見 k-			:개 蓋 abcde 개 匄丐(匂蓋盍)	
溪 kʻ-			개 磕愒(礚嘅)	
疑 ng-			:애 艾 d1) 애 (㤚)	
(曉 χ-				
匣 γ-			:해 害 abcde 해 妎	
影 ·-			애 藹壒暍露曤 df	
			1) 類合(平声!)	
[蟹：179]			泰 -âi³	
端 t-			:디 帶 acdf1) 디 禘螮 1)	
透 tʻ-			:태 汰 abcd 태 泰忲太(大) bcdf	
定 dʻ-			:대 大 abcdef 2) 대 汰	
			:태 軑 3)	
泥 n-			:내 柰 4) 내 奈 b	
來 l-			:리 癩瀨 5) 5)	

	平聲	上聲	去聲	入聲
			로| 賴籟籟 [b5] [5]	
			1) 華東대 2) 孝經諺解注大夫·태우·卿·태우(5·ㅐ)·태위(24·ㅐ) 3) 華東태三韻·奎章대	4) 訓蒙作檞 멋써通 作柰 廣韻注去俗 作柰 5) 華東래 6) 書經뇌
[蟹:180]			泰 -âi³	
(精 ts-				
清 tsʻ-			채 蔡(縩) [ab1]	
(從 dzʻ-				
(心 s-			1) 類合채	

蟹攝A6112 一等 開口	平聲	上聲	去聲	入聲
[蟹:181]			泰 -(u)âi³	
幇 p-			패 貝 [bcd] 패 沛旆狽佩茷 [acd] [d] [di]	
滂 pʻ-			패 霈浿(肺)	
並 bʻ-			패 斾 [d]	
明 m-			미 眛沫(昧) [cd2] 1) 三韻·奎章並母 2) 華東매	

蟹攝A6132 一等 合口	平　声	上　声	去　声	入　声
[蟹:182]			泰 -uâi³	
見 k-			괴 鱠檜栝澮䯐 　 廥䢭會獪 회 僧膾檜	
溪 kʻ-			괴 磈(塊)	
疑 ng-			외 外	
曉 χ-			홰 譮噦歲珝	
匣 γ-			회 繪 회 會檜(繢)	
影 ·-			외 濊薈	

1) 華東·玉篇俗회]　　6) 訓蒙·則회]類合(又)鱠
2) 書経회]華東·王篇俗　　회]詩経회]華東·玉篇
　괴]　　　　　　　　회]俗회]三韻·奎章괴]
3) 華東·王篇俗회]　　　7) 類合·詩経회]華東괴]
4) 華東俗회]　　　　　俗회]三韻·奎章괴]
5) 王篇(俗괴)華東·三　　8) 類合 밧괴]千字文 밧외]
　韻·奎章괴]　　　　　　正회]
9) 詩経회]10·16·才회] 20·5
10) 詩経회] 17·22· ঠ
11) 華東회]王篇외]正회]
12) 詩経회]·華東회]王篇외]

[蟹:183]			泰 -uâi³	
端 t-			뒤 祋	
透 tʻ-			태 蛻蛻駾(脫 稅兒)	
定 d-			태 兌靰鋭	

| (泥 n-
來 l- | | | 리 酹
1) 華東뒤(華音뒤)詩經曹風、侯人、何戈與
袯袢(7·14·ㄱ). 恨韻? 尚. cf. *tuât*⁴(奎章탙) | |

[蟹:184]			泰 -u$\hat{a}i^3$	
精 *ts*-			최 最(榱榱)	
(清 *ts'*- 從 *dz'*-			최 蕞	
(心 s-			1) 華東최 2) 華東최王鑑최正최	

蟹攝A6201 二等 開口	平 声	上 声	去 声	入 声
[蟹:185]	佳 -ai¹	蟹 -ai²	卦 -ai$_\alpha^3$	
見 *k*-	개 街 개 佳	기 解	기 解繲 히 懈廨	
(溪 *k'*- 疑 *ng*-	애 崖厓 애 厓(睚捱)		애 睚	
(曉 χ- 匣 γ-	히 鮭䏁鞵 혜 鞵	히 解蟹 히 獬邂澥嶰	히 邂解	

影 ·-		:애 矮 [8]		
	애 嫛 [5]		이 㗂阮(阨) [d][13]	
	1)類合·千字文가 2)華東해 3)類合(又)鞵혀華東해 俗音从革(혜) 4)華東해俗音从革(혜) 王篇히俗혜三韻·奎 章히 5)華東왜	6)訓蒙히(平声!)作蝸 類合(又)蝸 華東혜 7)華東혜 8)華東·三韻·奎章왜	9)華東개 10)華東개王篇키俗히] 11)華東개注云華本개 我俗히 王篇키俗히] 類合·小学히 三韻·奎 章키 12)華東개 三韻·奎章키 13)華東애	
[蟹:186]	佳 -ai¹	蟹 -ai²	卦 -ai$_α^3$	
(知 $\hat{t}$-				
(徹 $\hat{t}^c$-				
澄 $\hat{d}^c$-		채 鷹豸		
娘 $\hat{n}$-		:내 孋 내 妳		
[蟹:187]	佳 -ai¹	蟹 -ai²	卦 -ai$_α^3$	
莊 ʦ-			:채 債 [5] 채 (責)	
初 ʦ^c-	채 釵靫叉 치 差 [1]		채 差瘥瘥 [+ɒ]	
牀 ʣ^c-	지 柴 [2] 싀 柴 [3]		지 眦	
山 ṣ-		새 灑躧(洒) [d][4]	새 曬 [+ɒ]	

			쇄 曬洒(晒灑)
	1)華東쇄 2)華東새 玉篇지(俗스) 3)訓蒙·書經스) 華東새 (俗스) 玉篇지(俗스) 三 韻·奎章지	4)詩経·小学새 類合 (又)洒쇄	5)類合쇄 6)詩経쇄 6·3·재 새 8· 10·タ 7)華東새

蟹攝A6211 二等 開口	平 声	上 声	去 声	入 声
[蟹:188]	佳 $-^{(\omega)}ai^1$	蟹 $-^{(\omega)}ai^2$	卦 $-^{(\omega)}ai^3_q$	
幇 p-		패 擺捭		
滂 p'-			패 派 3)	
並 b'-	패 牌簿 패 簾	패 罷	패 秤棑 패 輝	
明 m-		민 買賣 1)華東매 2)訓蒙민(平声!)	매 賣 3)玉篇(俗파)	

蟹攝A6231 二等 合口	平 声	上 声	去 声	入 声
[蟹:189]	佳 $-^{\omega}ai^1$	蟹 $-^{\omega}ai^2$	卦 $-^{\omega}ai^3_q$	
見 k-	괘 媧緺蝸騧	패 柺拐	괘 卦挂掛詿罣 (絓)	
溪 k'-	괘 喎 와 閣			
(疑 ng-				
(曉 χ-				

匣 ɣ-		히 夥[7]	홰 繣[9](畫[10]罫) 화 畫[11]	
影 ·-	왜 蛙[1]鼃[2](哇[3]娃[4]洼[5])			
	1) 華東왜注云 古韵왜 玉篇괘正왜(俗와) 2) 華東왜 玉篇괘 俗왜 3) 華東왜 玉篇괘 正왜 4) 玉篇(俗와) 5) 華東괴 廣韻注曰又 王詭切 奎章(華音홰)	6) 廣韻求蟹切? 康熙正字通古買切 非上聲 7) 華東홰	8) 玉篇(俗와) 9) 華東회 10) 華東괘 11) 類合·千字文화 華東 홰注云韵會홰 三韻·奎章홰	

蟹攝A6202 二等 開口	平 声	上 声	去 声	入 声
[蟹: 190]	皆 -ăi[1]	駭 -ăi[2]	怪 -ăi[3]	
見 k-	기 稭[1] 기 皆[abcef]偕[cd]薢喈[d]荄[2] 堦[3]楷[4]湝[d5]䫥 (械[6]) 계 階[bcd 7] 히 痎[8]		:개 介[bcd]疥价芥[11] 개 玠夼魪价[d]髲 (恝念) :계 界(犗[12]) 계 誡戒[c 13][bcde 14]屆[bd]械	
溪 kʻ-	기 揩[9] 기 緒[9]偕[9]	기 楷[9]鍇[9]	기 劾[15]揩[15]	
疑 ng-		:애 騃[10]		
	1) 類合·易経·詩経히 華東·玉篇기 俗히 2) 類合히 3) 華東기 俗音从華(계) 玉篇기 俗계	10) 類合이 4) 華東·玉篇기 俗히 5) 詩経히 6) 華東개 俗从華(계)	11) 千字文 계 좃 개 12) 集韻居拜切 7) 華東기 俗音从華(계) 玉篇기 俗계 三韻·奎章기	13) 類合 경계 계 14) 類合 경 곗 계 15) 華東히 8) 華東개 俗히 玉篇기 俗히 三韻·奎章기 9) 華東개

[蟹:191]	皆 -ăi¹	駭 -ăi²	怪 -ăi³	
曉 x-			회 譮³⁾	
匣 γ-	히 骸¹⁾ 히 諧艇	히 駭絞駴(𢫦)²⁾	히 械薶釜礑⁴⁾ 혜 薤	
影 ˙-			이 呃(詑) 애 噎	
	애 挨⁵⁾			
	1)廣韻作挨	2)華東해	3)華東회 4)類合계華東해俗계 王篇히俗계	5)類合·華東·三韻·奎 章히 6)華東·三韻·奎章이
[蟹:192]	皆 -ăi¹	駭 -ăi²	怪 -ăi³	
莊 tʂ-	지 (齋)¹⁾ 지 齋(齊)²⁾		채 瘵祭⁶⁾⁷⁾	
初 tʂʻ-	치 差³⁾			
牀 dʐ-	시 豺⁴⁾ 제 儕⁵⁾			
山 ʂ-			쇄 鍛殺(𩐤)⁸⁾⁹⁾	
	1)訓蒙집지燕居茅舍俗 通作齋學宮有東西1 康熙海篇音齋茅舍也 2)廣韻齋字注云経典通 用齊也 3) cf. tʂai¹ 4)華東새俗싀王篇지 俗싀三韻·奎章지		5)華東·王篇지俗제 三韻·奎章지	6)詩経제 7)王篇채 姓也周大 夫邑名(官名좨) 8)華東새 9)中庸새

蟹攝A6212 二等開口	平声	上声	去声	入声
[蟹:193]	皆 -⁽ʷ⁾ăi¹	駭 -⁽ʷ⁾ăi²	怪 -⁽ʷ⁾ăi³	
幫 p-			ᄲᅵ 拜 ^bd^ 비 扒	
滂 pʻ-			비 湃 ^③^ 패 浿 ^④^	
並 bʻ-	비 排 ^1)^ 비 俳		비 憊䠶(粫) ^5)^ ᄲᅵ 憊 ^c⑥^ 패 鞴 ^8)^	
明 m-	미 霾 ^d②^ 미 埋薶 ^2)^		미 韎 ^d7)^	
	1)華東배 2)華東매		3)華東패 4)廣韻作浿 5)華東·玉篇俗비 6)類合비·華東·三韻	·奎章비·王篇비(?)俗ᄲᅵ 7)華東매 8)華東·三韻·奎章비

蟹攝A6232 二等合口	平声	上声	去声	入声
[蟹:194]	皆 -ʷăi¹	駭 -ʷăi²	怪 -ʷăi³	
見 k-	괴 乖		괴 怪佐硍壞 ^be b^	
溪 kʻ-			괴 蒯嘳蕢(蔽。 塊) ^+0^	
疑 ng-			왜 聵 ^③^	
曉 x-			홰 虺 ^4)^	

	平 声	上 声	去 声	入 声
匣 γ-	회 懷褱樓槐^{abcde} 淮濊^{bd}		회 壞⁵⁾	
影 ·-	왜 (歪)²⁾			

1) 玉篇(俗□). cf. yuâi¹
2) 康熙字彙鳥乖切音
   歲不正也

3) 華東회 三韻·奎章외
4) 華東회
5) 類合회

蟹攝A6203 二等 開口	平 声	上 声	去 声	入 声
[蟹:195]			夬 -ai³_β	
見 k-			개 犗	
(溪 k'-				
(疑 ng-				
(曉 x-				
(匣 γ-				
影 ·-			:애 餲 애 喝嗄	
[蟹:196]			夬 -ai³_β	
(知 t̂-				
徹 t̂'-			:태 蠆^{d)1)} 쳬 懘²⁾	
(澄 d̂-				
(莊 tṣ-				
(初 tṣ'-				
牀 dẓ'-			채 寨³⁾ 치 砦(柴)^{d)}	

1) 詩經태 華東·三韻·
   奎章채
2) 華東체
3) 華東채 三韻·奎章치

蟹攝A6213 二等 開口	平声	上声	去声	入声
[蟹:197]			夬 -$^{(ω)}ai^3_β$	
幫 p-			패 敗	
(滂 pʻ-				
並 b'-			패 敗 (bcd) 패 唄	
明 m-			매 邁 勱 (bd)	

蟹攝A6233 二等 合口	平声	上声	去声	入声
[蟹:198]			夬 -$^{(ω)}ai^3_β$	
見 k-			괘 夬獪(獪) (c)	
溪 kʻ-			괘 快噲駃 (c d)	
(疑 ng-				
(曉 χ-				
匣 γ-			화 話 (bd 1)	
(影 ·-				
			1) 類合·書経·詩経卦 華東·三韻·奎章卦	
[蟹:199]			夬 -$^{(ω)}ai^3_β$	
(莊 tʂ-				
初 tʂʻ-			최 嘬	

蟹攝A630 三等甲開口	平　声	上　声	去　声	入　声
[蟹:200]			祭 -ĭäi³	
(見 k-				
(溪 kʻ-				
(羣 gʻ-				
疑 ng-			:예 藝_{abdf} 예 勢藝薿嚱 　　(襻)	
(曉 x-				
(影 ·-				
喻 j-			:예 勩_{cd bf d} 예 曳裔泄洩拽 　詍跇瀆呭(栧 　拽枻詍潝) :톄 靾 1)訓蒙어·치·톄俗呼ㅣ子 通作替	

蟹攝A650 三等乙開口	平　声	上　声	去　声	入　声
[蟹:201]			祭 -ĭäi³	
見 k-			계 猘猘猘猘	
溪 kʻ-			계 憩揭甈(愒愒)	
羣 gʻ-			계 偈(碣)	
(疑 ng-				
影 ·-			예 瘞_d 1)華東제	

408 한국 한자음의 연구

蟹攝A6301 三等甲開口	平 声	上 声	去 声	入 声
[蟹：202]			祭 -ǐäi³	
(知 ṯ-				
徹 ṯʻ-			쳬 傺𥱼 1) d 2)	
澄 ḏ-			·톄 𩢷 3) 쳬 滯(𥺰) d 4)	
(娘 ṅ-				
來 l-			:례 例礪 a5) b 6) 례 㓽 d :려 蠣 7) 려 厲勵㩉癘 bcd 8) b9) 7) 7) 𠛬𤻴 7)	

1) 華東졔玉篇쳬正졔　4) 類合·뎨
2) 詩経쳬 3·4·ㅈ又뎨 5·　5) 訓蒙·례 ㅅ·례 類合·녜
　13·ㅂ　　ㅅ·녜
3) 華東·三韻·奎章쳬　6) 華東·례 類合·三韻·
　　　　　　　　　奎章·려 書経·녀
　　　　　　　7) 華東·례
　　　　　　　8) 華東·례 書経·녀

[蟹：203]	(齊 -ǐäi¹)	(海 -ǐäi²)	祭 -ǐäi³	
照 tś-			:졔 制 bcd 1) 졔 淛製㯡㓽 f 2) cd (喇晰) c 3) +ㅁ d 4)	
穿 tśʻ-		치 眦 2)	쳬 掣瘈 c	
(神 dź-				
審 ś-			:셰 世貰 abcf 셰 㽃 bc 5)	

	平聲	上聲	去聲	入聲
禪 ź-	셰 移[1]		:셰 誓[bd6] ᄸ 噬筮[cd7] [bcd8] 셔 逝忕澨遾[a] [b10]	
	1)廣韻齊韻成鼹切(cf. 鼹人ᄾ切)華東뎨 玉篇셔正뎨	2)廣韻海韻昌紿切蓋 類隔. 李棠切韻音 系[-ịᴧi(=-ịᴧi)?] 昌紿切	3)小学데序·1·ㅈ 4)詩経 10·16·ㅈ 集韻征 例切 5)類合셔 6)訓蒙 딩·셴:셰 華東셰 類合·書経·詩経·三	韻·奎章셔 7)易経·華東셰 8)書経·華東셰(易経 셔!) 9)書経·華東셰 10)華東셰

[蟹:204]			祭 -ịᴧi[3]	
精 ts-			:졔 祭穄[abcdef] 졔 [c]際	
(清 ts'-				
(從 dz'-				
(心 s-				
(邪 z-				

蟹攝 A6311 三等甲闘口	平 聲	上 聲	去 聲	入 聲
[蟹:205]			祭 -ị(ʷ)ᴧi[3]	
幫 p-			폐 蔽(弊)[abdf]	
(滂 p'-				
並 b'-			폐 弊獘幣敝[1] [b] [acd]	
明 m-			:몌 袂[c]	
			1)廣韻作獒	

蟹攝A6531 (6331) 三等乙合口	平声	上声	去声	入声
[蟹：206]			祭 -i̯$^{\omega}$äi^{3}(-i̯$^{\omega}$äi^{3})	
見 k-			궤 劌[1]鱖蹶[d](撅)	
(溪 k'-				
(羣 g'-				
(疑 ng-				
(曉 χ-				
(影 ·-				
羽 ɦ-			위 衛[bcd]躗 위 彗 예 轊	
甲 -i̯$^{\omega}$äi			-i̯$^{\omega}$äi^{3}	
喩 j-			예 銳[2]叡[2]睿[be2)] 1) 華東귀 2) 華東예 (華音쉬)	

蟹攝A6331 三等甲合口	平声	上声	去声	入声
[蟹：207]			祭 -i̯$^{\omega}$äi^{3}	
知 t̂-			체 綴[d1)]醊畷餟	
(徹 t̂'-				
(澄 d̂'-				
照 tś-			췌 贅[d2)]	
(穿 tś'-				
(神 dź'-				

審 ś-			:셰 ^d稅悅 셰 說稅 :예 蛻
(禪 ź-			
日 ńź-			예 芮汭枘蜹

1) 類合異 詩経斉 20·24 3) 訓蒙:공:셰 :셰
  ·ヮ   4) 華東셰俗예三韻·
2) 詩経剤 華東·三韻·   奎章셰玉篇셰(俗예)
  奎章剤 今音剤   5) 華東셰

[蟹:208] 祭 -$i^{w}\ddot{a}i$³

精 ts-			제 絶(篸)
清 tsʻ-			쥐 毳脆脆竁(錢)
(從 dzʻ-			
心 s-			:셰 歳 셰 繐繐
邪 z-			셰 篲彗

1) 華東셰玉篇제正체 3) 詩経체
2) 玉篇제正체(華東無) 4) 華東셰俗혜

蟹攝A6502 三等乙開口	平 声	上 声	去 声	入 声
[蟹:209]			廢 -$i^{w}ɐi$³	
(見 k-				
(溪 kʻ-				
(羣 gʻ-				
疑 ng-			:예 乂	

			예 艾 ^d	
			애 刈 ^{d 1)}	

1) 類合·詩経애 華東
·三韻·奎章예

蟹攝A6512 三等乙開口	平 声	上 声	去 声	入 声
[蟹:210]			廢 -ĭ⁽ʷ⁾ɒi ³	
幇 p- (非 f-)			폐 廢癈	
滂 pʻ- (敷 fʻ-)			폐 肺 폐 柿	
並 bʻ- (奉 vʻ-)			폐 吠	
(明 m- (微 ɱ-				

蟹攝A6532 三等乙合口	平 声	上 声	去 声	入 声
[蟹:211]			廢 -ĭʷɒi ³	
曉 χ-			훼 啄 ^{d 1)} 훼 顮 ²⁾	
影 ʾ-			예 濊 예 穢薉薉	

1) 詩経·華東훼]
2) 華東희]

자료음운표 413

蟹攝A6400 四等 開口	平声	上声	去声	入声
[蟹:212]	齊 $-(i)ei^1$	薺 $-(i)ei^2$	霽 $-(i)ei^3$	
見 k-	계 鷄笄稽[1] 계 雞[2]枅마[3]		·계 薊 :계 髻 계 計係繼繫 契(紒癋)	
溪 k'-	계 溪[4]谿 계 谿嵠磎	:계 啓稽[7] 계 棨綮	:계 契[8] 계 挈(挈)	
疑 ng-	예 霓[5]猊鯢[6] 예 倪蜺齯輗 麑兒棿	예 掜	예 詣羿睨甈 堄(帠)	
	1) → $k'(i)ei^2$ 玉篇(留止俗히) 2) 類合(又)鷄 3) 三韻·奎章作乩 4) 類合(又)谿	7) 訓蒙니·마조·숟:계下拜首至也又平聲留止也考也 5) 訓蒙又入聲·엳類合(又)兒	8) 訓蒙又音乞 6) 訓蒙예(不明)	
[蟹:213]	齊 $-(i)ei^1$	薺 $-(i)ei^2$	霽 $-(i)ei^3$	
曉 χ-	혜 醯 혜 (醯)			
匣 γ-	혜 奚[1]豯[2]媄[2]傒 𥡴[3]兮鼷豯 (畦徯謑) 계 蹊[4]	혜 徯謑	혜 楔[5]繫[5]盻(係) :계 系[6]	
影 ·-	예 鷖翳繄瞖 緊(翳)		:예 曀[7] 예 翳瞖医嫕 韓緊(瘱) :에 (饐) 에 殪[8]壒[9]	

1) 論語히 華東·玉篇 俗히 2) 華東俗히 3) 千字文히 玉篇(俗히) 4) 華東혜 俗게 三韻· 奎章혜		5) 玉篇혜 俗게 6) 華東혜 俗게 王篇혜 俗게 三韻·奎章혜 7) 類合예 詩經·華東· 三韻·奎章예 8) 詩經예 9) 華東에

[蟹:214-1]	齊 -(i)ei¹	薺 -(i)ei²	霽 -(i)ei³	
端 t-	뎨 衹堤 뎨 碨鞮騠 더 低氐眡柢	:뎨 氐隉觝 더 底詆坻眡柢 弤軧(氐陂 底)祇	:뎨 帝 더 柢(祇)	
			:뎨 嚏蔕蝃 뎨 諦蔕寠	
透 tʻ-	톄 眱 뎨 梯 뎨 鷈	:톄 體涕 톄 體綗(躰)	톄 替髢剃涕屜 蓬螮(禘禠)	

1) 易経·詩経·華東뎨 三韻·奎章뎨 2) 訓蒙亦作騠 3) 華東뎨	4) 三韻·奎章뎨 5) 訓蒙·刊혜:뎨又音 質聽不聽方文作底 6) 訓蒙(平声反)三韻 奎章뎨 7) 三韻·奎章作疷 華 東뎨	9) 華東뎨 10) 易経톄 2·72·ゥ但又 뎨 3·66·ォ 9) 孝経·뎨二見(2·ォ, 2·ゥ)但 2·ゥ 四體 :톄·니

[蟹:214-2]	齊 -(i)ei¹	薺 -(i)ei²	霽 -(i)ei³	
定 dʻ-	뎨 啼蹄綈梯鶙 (踶蹄) 뎨 嗁蹄提堤題 媞屪苐醍提 夷禔緹騠折 鯷蝭鯷鯷 (镝睼鸝梯)	:뎨 弟娣 뎨 悌	:뎨 第悌娣 뎨 弟睇踶題 鯷(提梯)	

자료음운표 415

더 詆[6]		:뎌 髢棣[d9) d10)]	
	뎌 遞(递)	뎌 遰締絺鉃[ae11)]	
		杕遞逮(彲)[d ace12) 13)]	

1) 廣韻作褋
2) 華東·三韻·奎章題
3) 集韻田黎切
4) 華東=鶾

5) 華東'木推'康熙正韻杜兮切音題木椎也
6) 華東졔

7) 訓蒙·太·례·뎨 小学뎨 1·1·ㅈ 又졔序 1·ㅅ
8) 華東·三韻·奎章作鷅
9) 訓蒙亦作髢

10) 詩経뎨 1·24·ㅎ 但又뎨 6·26·ㅈ
11) 論語 뎨 1·24·ㅎ
12) 易経 뎨 4·40·ㅈ
13) 華東뎨

[蟹:215]	齊 -(i)ei¹	薺 -(i)ei²	霽 -(i)ei³	
泥 n-	니 泥[bcd1)]			
	니 埿鼜(呢)[2) 3) △]	니 褹坭泥濔[d8) 9) 10)] (泥濔)	니 泥埿迡(濔)[7) 7)]	
來 l-	례 㔭茶(鶳)盠[4) c5) 4)]	례 禮醴鱧[abcdef 12) bd13) d14)]	:례 欐荔(梾)[4) 4)]	
		례 澧[b 13)]	례 隸	
	려 藜黧邌藜驪璨鴷(鑫)[bd6) 7) 7) 7)]	려 蠡欚[b 15) 7)]	려 麗戾蠡緣唳浍攦候颲(攦颲)[d7)bde 7) 7) 7)]	
			:예 隸[16)]	

1) 類合·書経·易経(1·40·ㅈ)及詩経(2·18·ㅎ)니. 但易経(4·2·ㅎ)華東녜
2) 華東녜俗니
3) 華東녜
4) 三韻·奎章려
5) 易経·三韻·奎章려
6) 書経녀華東례
7) 華東례

8) 詩経(2·21·ㅎ)·華東녜玉篇니正녜(俗몌)
9) 詩経(9·28·ㅈ)共녜 華東몌
10) 詩経(5·10·ㅎ)녜
11) 孝経八見皆去声, 訓蒙二見共去声.
12) 類合·書経녜
13) 書経녜
14) 訓蒙亦作蠡
15) 華東례書経녀

16) 千字文예(!)華東례 三韻·奎章례

[蟹:216]	齊 -(i)ei¹	薺 -(i)ei²	霽 -(i)ei³	
精 ts-	졔 虀擠[1)]	:졔 濟[abcd 12)]	:졔 霽齊[b 12)]	
	졔 齏賫韲齏躋隮[cd bd]	졔 批癠(泲)	졔 擠	
			不 (泲)[d 14) 7ㅈ△]	

清 ts'-		쳬 泚玼	쳬 切聻 +0
	처 妻 acdef4)		
	처 妻淒妻悽 縷𡣿		처 妻 4)
			제 砌 15)
從 dz'-	제 臍蠐(臍) 5)	제 薺 d	제 嚌劑𪗆皆齊 d
	제 齊 abdf)	제 鮭(齊)	瘤憒(薺) d
心 s-		셰 洗 d	셰 細 b
		셰 洒	셰 壻
	서 西棲犀 bcd7)d8)d9)		서 栖(婿) 18)
	서 栖 9)		
	시 嘶		
	시 (斯澌)		
	ㅅ 撕		

1) 訓蒙字不明
2) 華東俗지 類合(又)責
3) 玉篇제俗지
4) 華東쳬
5) 無可徵, 暫假汦𣲙玆
6) 類合제지
7) 訓蒙섯녁셔. 書経·華東셔

8) 訓蒙거느릴제又건닐제上聲||盛貌去聲涉也事遭也. 類合건녤제又건닐제(共上聲)
9) 三韻쳬
8) 華東세
9) 類合(又)棲. 華東셰
10) 三韻·奎章스ㅣ華東

11) 訓蒙바들?? 亦作擠 詩経(2·21·7)
12) 類合쳬華東쳬 三韻·奎章同
13) 셰俗스ㅣ
14) 三韻·奎章스ㅣ華東 셰俗스ㅣ

蟹攝A6410 四等開口	平 声	上 声	去 声	入 声
[蟹:217]	齊 -(iʷ)ei¹	薺 -(iʷ)ei²	霽 -(iʷ)ei³	
幫 p-	비 螕𪃟篦鎞 +0&			
	비 鎞幌萆			폐 蔽
	폐 陛𨁝			폐 閉箅

滂 pʻ-	피 批[1)			
	비 礣剕鏕鈚 (攃)		비 媲睥湃(鱉)[1) 1) d7) 8)	
並 bʻ-	비 鞷[1)			
	비 鞞柛膍[1)			
		폐 陛椑		
		폐 髀髀(狴)	벽 薜[9)	
明 m-	미 迷麛(謎)[bcd4) 5)	미 米[b5)		
	미 瀰	미 眯絖洣[6)	미 謎	

1)華東삐俗비 5)書經미(旦 1·45·ㅋ몌 7)華東'水名'폐:'動兒
2)華東俗비   (?)華東몌俗미 삐 詩經(12·8·ㅋ)삐
3)訓蒙(去声!)三韻·奎 6)華東몌俗미 8)華東삐
章비 華東삐俗비 9)三韻·奎章폐
4)華東몌

蟹攝A6430 四等合口	平 声	上 声	去 声	入 声
[蟹:218]	齊 -(i)ᵂei¹	薺 -(i)ᵂei²	霽 -(i)ᵂei³	
見 k-	규 閨[1)			
	규 圭珪邽袿[bcd4) 5) b)			
	窐		계 桂[7)	
溪 kʻ-	규 睽奎刲(暌)[c) D) c) 2)			
(疑 ng-				
曉 χ-			혜 嘒暳[d	
匣 γ-				

影 ·-

휴	攜携蠵鑴 雟酅觿		혜 慧惠	
규 睚 규 難			혜 憓蟪蕙譓 (橞)	
유 娃				

1) 華東귀
2) 華東궤
3) 類合(又)樵
4) 華東혜(華音히)
5) 訓蒙이·짱규俗指菜 田曰菜ㅣ正音菱 類合규華東귀俗규 三韻·奎章휴玉篇 휴(俗규)
6) 華東계(華音기)玉篇유正계

7) 訓蒙:계피:계 類合 겨슈계
8) 華東셰(華音쉬)

[効 攝]

効攝A7100 一等 開口	平声	上声	去声	入声
[効:219]	豪 -âu¹	晧 -âu²	号 -âu³	
見 k-	고 高 膏 皐羔 鮮纛篙槹	고 稾	고 誥告	
	고 臭爸鏧(睪 澤糕)	고 暠杲薰縞 (皓縞稿)	고 部縞膏(浩)	
溪 k'-	고 尻	고 考(拷挎) 고 燺 고 敠拷栲薧 (薧) 立 槁	고 犒 고 鎬靠	
疑 ng-	오 熬敖螯(敖) 오 敖遨驁鼇慠 嗷謷螯(璈) 고 翱		오 鳌 오 傲螯覧螯 (傲敖)	
	1) 三韻·奎章作廒 2) 類合·詩經고 華東· 玉篇오俗고 三韻 奎章오	3) 書經立(華東去声俗 立) 玉篇고俗立 4) 玉篇고正立 5) 集韻苦浩切 6) 類合立 華東·三韻 ·奎章고	7) 訓蒙고·喜고고 笞也 報也語也又入聲 示也 8) 玉篇(俗平) 9) 玉篇고俗立	
[効:220]	豪 -âu¹	晧 -âu²	号 -âu³	
曉 χ-	호 蒿薅	호 好	호 好 호 耗(耗)	
匣 γ-	호 豪號嘷壕 호 蠔濠嶕(蠔 譹)	호 昦 호 晧暤鎬浩 顥灝鄗滈 (皞皓澔縞)	호 號 호 号(呺臬臯)	

影 ·-	오 爐[3]	:오 襖媼[5]	오 奧懊隩隩	
	오 鑣廜。	오 懊燠夭[6]	오 燠墺澳	
	1)訓蒙일홈:오又ㅣ令 又召也又平聲ㅣ泣 又大呼也 2)廣韻作堉 3)廣韻作燠	4)訓蒙立美也又去 聲愛而不釋也 5)玉篇(俗운) 6)華東오	7)華東·王篇俗오 8)王篇俗오	

[効:221]	豪 -âu¹	晧 -âu²	号 -âu³	
端 t-	도 刀舠[d]	:도 擣島[b8)b9)] :도 擣[ad]		
	도 魛切裯(幍)[d]	도 倒搗(鴟)[bd]	도 到禱倒	
透 t'-		:토 討(韜)[b 10)]	:토 (套)[12)]	
	도 饕			
	도 洮韜絡謟洮[bd] 叨弢慆慆慆[bd] 綯挑(桃)[d+]			
定 d'-	도 陶桃濤萄(淘)[d6)bd]	:도 道稻[abcdef11)d]	:도 盜[bd13)]	
	도 咷綯逃裭軺[cd b7)b] 靴掏檮晌朝[d] 鼗匐峊(酶)[d] 鞠鉤)[d]	도 葆	도 導壽燾悼蹈[d ef] 燾㥁纛(道 陶)[e d]	
	1)華東도王篇도正도正 2)類合(又)韜 3)華東注ㅗ懷本縮俗 ㅛ非 4)華東帽名도 5)華東도 6)訓蒙字不明 又音 姚音ㅣ人名 7)類合도망도	8)廣韻作擣 9)廣韻作島 10)華東도王篇도正도 11)訓蒙ㅗ:ㅊ도·도릿 :도又·긷도	12)王篇(俗투)現代語 套語투어外套외투 等 13)訓蒙도즉正 類合 도적도	

[效:222]	豪 -âu¹	晧 -âu²	号 -âu³	
泥 n-		ㄴ 腦(璃)		
	ㄴ 猱獶猱玃	ㄴ 惱碯碯(懦)		
			노 臑	
來 l-	로 撈	로 老耄(鵠)	로 澇(撈)	
	로 劳涝牢簩竂	로 橑恅	로 嫪澇勞僗	
	簝(轑轑)			
	리 牢			
	료 醪	료 轑潦		

1) 書經上
2) 華東로
3) 類合·詩經·華東·三韻·奎章皆로 玉篇(俗로) 現代語牢固ㅚ고·牢因ㅚ수 等.
4) 華東로 玉篇로 正로 三韻·奎章로

5) 訓蒙마矢노
6) 書經노
7) 廣韻·華東·奎章 三韻枕 集韻栳桍 栁器或从竹也
8) 康熙字彙補力倒切 音老
9) 訓蒙로 正音老
10) 三韻·奎章로 詩經로

11) 訓蒙作臑, 華東·三韻·奎章同, 音上
12) 訓蒙이ㅂ·됴ㅣ 搞ㅣ 銅軍, 蓋=簩

[效:223]	豪 -âu¹	晧 -âu²	号 -âu³	
精 ts-	조 糟	조 早澡藻蚤棗	조 竈	
	조 醩遭	조 藻璪繰繰	조 躁趮	
清 tsʻ-		초 草驓		
		초 艸		
			조 糙	
	조 操	조 懆懆(懆)	조 操造趥鄵	
從 dzʻ-	조 曹槽螬艚	조 皂造		
	조 嘈漕(嶆)	조 艁(皂)	조 漕	
			초 (螯)	
心 s-	소 搔繅		소 髹譟臊埽 掃(燥氄)	
	소 騷繰溲鼬 鮟慅	소 嫂燥帚掃		

	平聲	上聲	去聲	入聲
	수 (騪)[1]	수 嫂[6]		
	조 縢[2]		조 嘿[11]	

1) 華東·奎章소
2) 華東·玉篇소 俗조 三韻·奎章소

3) 訓蒙:대·초:조
4) 玉篇(俗슈)
5) 易經조(1·10·ㅈ)玉篇소俗조 現代語 乾燥건조
6) 華東·三韻·奎章소 玉篇(俗슈)

7) 訓蒙亦作灶
8) 訓蒙:조따:조
9) 華東소俗조
10) 華東·玉篇소俗조
11) 華東·玉篇소俗조 三韻·奎章소

効攝 A7110 一等 開口	平聲	上聲	去聲	入聲
[効:224]	豪 -âu¹	晧 -âu²	号 -âu³	
幫 p-		보 寶保堡褓[bde][bcde] 보 珤垜絑鴇[d] 褓鴇[2]	보 報[de][3]	
	포 襃褒[d]			
(滂 p'-				
並 b'-	포 袍 포 (曓)	포 抱[bd]	포 暴抱[bd] 포 虣曓瀑(暴 醵)	
明 m-	모 毛[bdef] 모 髦毛旄氁甋[d][bd] (旄)	모 薅[+0]	모 帽[bd] 모 蓉毛甋瑁冒[bd] 旄媚鵲䲹耗甋)[d]	

1) 訓蒙보:빗보
2) 華東作鴇
3) 類合(平聲)

効攝A7200 二等 開口	平 声	上 声	去 声	入 声
[効:225]	肴 -au¹	巧 -au²	效 -au³	
見 k-	교 交 膠郊教 교 蛟莌鵁皎咬 輷膠扴莐荞	교 狡鉸 교 絞佼攪莐姣 (挍膠)	교 教 窖酵覺 교 校鉸較珓 (校窂榷)	
溪 kʻ-	교 骹磽 교 敲墝	교 巧	교 敲磽(磽墝 骹)	
疑 ng-		요 (咬) 요 巏	요 樂	
	오 聱謷磝(謷)			
暁 χ-			효 孝 哮 효 嗃	
	효 庨虓嗃哮泬 嘐(哮嘵烋 鄗詨謼) 효 髐			
匣 γ-	효 餚 효 肴崤殽筊爻 淆		효 效効數恔傚 (傚恔) 교 校	
影 ʾ-	요 坳 요 (凹)	요 拗	요 靿袎効(拗)	

[効:227]

	有 -au¹	巧 -au²	效 -au³	
知 ť-	됴 嘲[1] 죠 啁	죠 獠獠[5][6]	죠 罩箪罦[7][8][9]	
徹 ťʰ-			쵸 趫踔[9][9]	
澄 ď-			됴 槕[10] 죠 櫂	
娘 ń-			됴 鬧[11]	
	뇨 撓(撓)[2] 노 呶怓碯[3][3][3] 요 鐃[4]	뇨 撓(撓)	뇨 撓淖(撓)	

1) 華東·三韻·奎章됴
2) 華東됴
3) 廣韻作泀
4) 華東·三韻·奎章뇨
5) 華東豆 王篇王 正됴
6) 華東豆 注云 夷種曰
  쟌 育獹曰쟌(華音)
7) 詩経·華東됴
8) 華東됴
10) 訓蒙亦作櫂 類合(文)

櫂됴 華東·王篇됴
俗됴 三韻·奎章됴
11) 訓蒙亦作吏

[効:228]

	有 -au¹	巧 -au²	效 -au³	
莊 ts-		죠 爪爪[d] 죠 瑵	죠 笊[11] 좌 抓[10]	
	죠 罺(篥)			
初 tsʰ-	쵸 鈔[1] 쵸 讙抄	쵸 炒 쵸 燢謅	쵸 抄鈔(鈔)	
牀 dz-	소 巢[bcd][2] 쵸 轈勦巢(漅)[3]			
山 s-	소 弰宵鞘蛸[4][5][6] 쇼 捎髾筲顠[7] 쵸 梢(鞘)[7]	쇼 (稍)[8]	쇼 稍[11]	

1) 訓蒙尭㝹	8) 華東㝹王篇仝正仝	9) 華東盃
2) 類合‥書経‧易経‧		10) 華東‧三韻‧奎章조
詩経‧華東仝 王篇尭		11) 類合‧華東尭
正仝 三韻‧奎章尭		
3) 王篇尭正仝 華東尭	9) 華東‧三韻‧奎章仝	鞭丨華東‧三韻‧奎
(!)	王篇(俗尭)	章仝 王篇仝俗尭
4) 華東‧三韻‧奎章仝	6) 訓蒙가毫仝又音仝	7) 華東‧三韻‧奎章仝

效攝AT210 二等 閤口	平 声	上 声	去 声	入 声
[效:229]	肴 -au¹	巧 -au²	效 -au³	
幫 p-	포 苞 (cd) 포 包杞	포 飽 (abcdj)	포 爆爆虣 (d) 표 豹 표 虪	
滂 pʻ-	포 脬泡 (1)(2) 포 胞抛		포 (砲疱) (5) 포 礟	
並 bʻ-	포 庖咆皰炮跑 (d df d) (麃麅) 포 匏㿺靴 (4)(4)	포 鮑靶	포 胞鉋	
明 m-	모 茅蝥 (bcd) 모 罞蟊(菲)	묘 卯戼夘卵茆 (bd d)(bd d)	모 貌 (b) 모 皃頯	
1) 訓蒙或作脬 2) 訓蒙字作浌 3) 華東丑	4) 華東丑丁	5) 訓蒙(平声)		

效攝A 7500 (7300) 三等甲 開口	平 声	上 声	去 声	入 声
[效:230]	宵 -ĭäu¹(-ĭäu¹)	小 -ĭäu²	笑 -ĭäu³(-ĭäu²)	
見 k-	교 驕嬌 (acdef) 교 憍橋鷮 (d)	교 矯皦撟蟜 (bde) 譑蹻 (d)		

	溪 k'-			
	皿 鞽			
	皿 趬蹺			
羣 g'-	皿 橋蕎		皿 轎	
	皿 喬僑鱎螹	皿 (絇)	皿 嶠	
	(劭招)			
甲 -i̯äu				
(見 k-				
溪 k'-	皿 曉			
	皿 蹺		皿 趬	
羣 g'-	皿 翹翹			
疑 ng-			요 敽	

1) 訓蒙 皿 yy 皿

[効:231]	宵 -i̯äu¹(-i̯äu)	小 -i̯äu²(-i̯äu)	笑 -i̯äu³(-i̯äu)	
曉 x-				
	효 囂枵歊獢嗃			
	(熇驕驍)			
影 ·-	요 夭	요 夭		
	요 妖祅訞(媄寏)	요 殀		
羽 ɦ-				
	효 鴞			
	효 (鴞)			
甲 -i̯äu				
影 ·-	요 要			
	요 腰娑喓楆䙅		요 要約	

| 喩 j- | 요 | 窈誂軺陶瑤
鸐 | 요 | 窅溔瞭 | 요 | 曜 | |
| | 요 | 遙傜繇颻窯
珧鰩銚姚搖
怊蕛嗂猺輸
(隃徭軺䍃) | 요 | | 요 | 燿鷂爓㿿(姚) | |

1) 華東俗皿
2) 華東作突
3) 訓蒙亦作輵 華東·玉篇俗立
4) 訓蒙도又音姚隼1人 5) 華東丘田罣名
6) 訓蒙少叚又平聲1 1少好貌
7) 訓蒙通作燿燿廣韻作曜

效攝A7300 三等甲開口 [効:232]	平 声 宵 -ịäu¹	上 声 小 -ịäu²	去 声 笑 -ịäu³	入 声
知 ƫ-	됴 朝 acdf1) 됴 (旦)2) +oʌ			
徹 ƫ'-	툐 超 3)			
澄 ɖ-	됴 朝潮 be4) 5) 됴 晁鼂 bd 6)	됴 兆 b 6) 됴 肇趙旐眺 bd7) d8) d 垗(挑)	됴 召 bd 10)	
(娘 ɳ-				
日 ńź-*	쇼 橈 c 요 蕘 d 요 饒橈擾(橈)	요 擾繞遶嬈 b		
來 l-		료 燎 bd 9) 료 憭嫽	료 爒燎燎癆寮 (橑嫽繚廖螺)	

428 한국 한자음의 연구

* 華東효 類合 ·三韻·奎 章及經書 諺解요	1) 類合·千字文·論語· 易經·小学요 詩経 ·華東·三韻·奎章요 2) 書経요 3·50·ㅈ(以 旦代某之身 [金勝]) 4·39·ㅈ(予旦以多子 [洛誥]), 2·20·ㅈ(坐 以待旦 [太甲上]), 1· 33·ㅈ(正月朔旦[大禹 漢]. 詩経요 4·21·ㅜ· (土曰昧旦 [鄭風])	6) 類合·書経요 華東· 三韻·奎章요 7) 類合요ㅋ 書経요 8) 千字文요 9) 書経요 類合요 千字文요 9) 訓蒙요 契요 書経요 中庸·華東·三韻·	10) 類合·書経·詩經요 華東·玉篇俗요 奎章요 華東·三韻·奎章요 ″ 類合요

[効:233]	宵 -i̯äu¹	小 -i̯äu²	笑 -i̯äu³	
照 ts´-			盃 照詔毀	
	盃 昭釗(炤)		盃 炤(曌)	
	孟 鉊招			
		立 沼		
穿 ts´-		孟 麨		
	孟 怊			
	丘 弨			
(神 dź-				
審 ś-	仚 燒		仚 燒	
		仚 少	仚 少	
禪 ź-				
	仚 韶磬佋沼(昭)	仚 紹佋袑(昭)	仚 邵召劭卲	

1) 類合·書経·詩経·中
庸요 華東요
2) 華東요 玉篇요 正요
3) 玉篇요正요(華東無
此字 =昭)
4) 華東요
5) 類合·千字文·書経요
6) 詩経·華東·三韻·
奎章요
7) 訓蒙·仓요 又主聲
野火也

8) 詩経요 華東·玉篇·
요俗요 三韻·奎章
요
9) 華東요(華音坐)

10) 訓蒙(平声)

[効:234]	宵 - įäu¹	小、-įäu²	笑 -įäu³	
精 ts-			盃 醮噍譙癄(消)	
	盃 焦蕉鷦椒(礁)			
	盃 臕唯鐎熮疂焦	盃 勦刀勦刀勦力漅	盃 醮鷦噍越稝(瘠焦)	
清 ts'-	盃 鍫東	盃 情愀	盃 陗峭睄哨俏	
	盃 葰憔(鍬)			
從 dz'-	盃 樵憔		盃 誚	
	盃 顦譙噍(瘠樵)		盃 噍(譙)	
心 s-	仚 宵霄焇		仚 笑鞘	
	仚 消捎逍瘠銷	仚 小	仚 哭肖韒(題)	
	硝蛸哨(肖俏)			
	盃 綃			
	1)訓蒙半盃盃類合파	8)華東소	9)訓蒙가들仚(平声!)	
	盃盃		類合仚華東俗盃	
	2)訓蒙盃(去声!)		10)華東·三韻·奎章作	
	3)訓蒙고盃盃		哭	
	4)現代中國音 chiao¹		11)書経·中庸仚華東俗	
	5)訓蒙亦作粜即飯車		盃	
	一名橈音妾		12)華東·玉篇俗盃	
[効攝A7310 三等甲開口]	平 声	上 声	去 声	入 声
[効:235]	宵 -įäu¹	小、-įäu²	笑 -įäu³	
幫 p-	표 飆標猋杓標	표 標標嘌		
	熛(飄)			
滂 p'-				

並 b'-	票漂標剽飄 懷影標斸標田 嘌	標醥鰾膘 (剽)	剽影漂慓剽勳	
	瓢漂 剽飄	鰾 摽(薰)	驃(嘌票)	
明 m-		眇渺淼杪 杪貌(紗)	妙玅	

1) 廣韻作奧
2) 類合丘?
3) 類合丕華東·玉篇 俗丕

[効:236]	平 声	上 声	去 声	入 声
	宵 -ïäu¹	小 -ïäu²	笑 -ïäu³	
幫 p-	鑣臕䴗 儦滮蔗(藨 麃)	表	俵	
(滂 p'-				
並 b'-		蔗殍芋		
明 m-	苗描貓 緢猫		廟 庙	

1) 訓蒙作䏶 注曰正作 臕
2) 詩經丕(5·22ㅈ)又丕? (4·1ㅈ)
3) 訓蒙丕正音毛(cf. mau¹)
4) 訓蒙苗·吳音

效攝A7400 四等 開口	平声	上声	去声	入声
[效:237]	蕭 -(i)eu¹	篠 -(i)eu²	嘯 -(i)eu³	
見 k-	교 徼 ᵉ¹⁾ 교 驍澆憿嬈 ²⁾ ³⁾ ³⁾ (澆憿) ⁴⁾ 효 皐 ᵈ ⁵⁾	교 皦 ⁶⁾ 교 皎璬皦(噭) ᵃᵈ	교 叫徼 ᵈ¹⁰⁾ ¹⁾ 교 警噭(噭橋) ¹¹⁾	
溪 kʻ-			교 竅 ¹²⁾	
疑 ng-	요 堯嶢憢 ᵃᵇᵉ		요 澆	
曉 x-	효 嘵憢 ᵈ	효 曉 ᶠ		
匣 ɣ-		효 皛潒 ⁿ		
影 ʼ-	요 幺怮蔓(幺紗) ✕✕✕	요 杳窅窈偠腰 ᵍ⁾ ᵈ⁾ (坳窔)	요 窔(窔窔)	

1) 訓蒙:汉교 邊也又遇
辛曰游ㅣ平聲ㅣ辛
中庸요 15·ㅎ 華東·
玉篇俗요
2) 華東·玉篇俗요
3) 華東·玉篇俗요
4) 玉篇俗요
5) 詩経효 華東·玉篇교
俗효三韻·奎章교
6) 訓蒙각又上声音皎鉄
衣也史語ㅣ報마呈
오·다
7) 華東요(華音얀)
8) 千字文교華東·玉篇俗
교
9) 類合아득효묘.一音교
10) 詩経규 華東·玉篇
俗규
11) 玉篇俗규
12) 類合규 華東·玉篇
俗규

[效:238]	蕭 -(i)eu¹	篠 -(i)eu²	嘯 -(i)eu³	
端 t-	됴 琱鵰 ⁱ⁾ 됴 ᄀ澗雕彫琱 ᵃᵇ (敦) 됴 貂	됴 鳥 ᵇᶜᵈ 됴 蔦 ᵈ	됴 釣 ᵈ 됴 吊蔦(吊) ᵇᵈ ✕✕✕	

	됴 䚛(照)			
透 t'-				
			쵸 糶朓	
	됴 桃洮挑朓佻 庣庞銚	됴 朓篠	쵸 榮覜趒(跳)	
定 d'-	됴 篠洮蜩鯈條	됴 窕挑掉嬥桃 (挑)	쵸 鋽	1) 訓蒙作銅 注曰水作銅剛
	됴 勻調肇(絛)		쵸 藋掉調筱耀 (篠)	2) 無可徵. 暫託於玆.
	됴 (齠綹)			3) 詩経됴
	됴 迢髫苕岧			4) 華東됴玉篇됴正됴
				5) 千字文됴됴
				6) 華東요(華音얃)
[効:239]	蕭 -(i)eu¹	篠 -(i)eu²	嘯 -(i)eu³	
泥 n-			쵸 尿	
		뇨 㲈嫋嬲褭 嬈(梟)	뇨 (溺)	
來 l-	료 僚鷯	료 蓼	료 鐐	
	료 聊肖膫膠漻遼 憀寥料璙獠 撩廖寮鐐篻 璙澪暸窶翏 繚𥂥穀嘹嫽 (轑鳿嫽漻聊)	료 了瞭繚繚撩	료 嬈料嘹累	1) 類合·書経료
				2) 千字文료됴룡룡ㅈ
				3) 類合됴료. 又헤아릴료ㆁ
[効:240]	蕭 -(i)eu¹	篠 -(i)eu²	嘯 -(i)eu³	
精 ts-		쵸 湫		
(清 ts'-				
(從 dz'-				
心 s-	쇼 簫蠨 蕭彌瀟鷫 箾蕭	쇼 篠諔謏	쇼 嘯 歗	1) 訓蒙쇼쇼 2) 訓蒙·詩経·華東·三 韻·奎章作蠨 3) 三韻·奎章作蕭

臻攝 B1100 一等 開口	平 声	上 声	去 声	入 声
[臻: 241]	痕 .- ən¹	很 -ən²	恨 -ən³	沒 -ət⁴
見 k-	근 根跟			
			근 艮	
溪 k'-		큰 豤²⁾ 큰 墾懇		
(疑 ng-				
(曉 χ-				
匣 γ-	흔 痕 흔 鞎根	흔 很 ³⁾	흔 恨	흘 麧齕⁴⁾ 흘 紇(𦙾)
影 ˙-	은 恩 ¹⁾			

1) 訓蒙은 혯은
2) 訓蒙 나흘큰 又音銀 (平声!)三韻·奎章큰
3) 類合·三韻·奎章 書経 皆作很 類合 성낼흔
4) 訓蒙 又音頡

[臻: 242]	痕 - ən¹	很 - ən²	恨 - ən³	沒 - ət⁴
(端 t-				
透 t'-	튼 呑			
(定 d'-				
(泥 n-				

臻攝 B1130 一等 合口	平 声	上 声	去 声	入 声
[臻: 243]	䰟 - uən¹	混 - uən²	恩 - uən³	沒 - uət⁴
見 k-	곤 昆蜫 곤 晜褌崐鵾	곤 (滾) 곤 縣㬜袞緄		골 骨榾 굴 滑汨㾹扢⁴⁾

				(搰)
	琨鯤錕(崑 混)	鮌輥鯀碅 錕(鮫)		
	군 (梶)			굴 涃
溪 kʰ-	곤 坤	콘 閫	곤 困(閫)	쿨 顝矻
	콘 髡	콘 壼梱細悃 梱齫(捆細)		쿨 窟
疑 ng-				올 兀
				올 扤杌屼矹 虺
	1) 類合곤ㄱ 2) 類合=禪곤三韻· 奎章곤	3) 華東군(華音군)	7) 三韻골濁也又水出 貌又골泊也康熙= 汨	4) 華東올王篇俗올 5) 華東올王篇골正올 華東·三韻·奎章·易 經作厇

[臻:244]	昆 -uən¹	混 -uən²	慁 -uən³	汉 -uət⁴
曉 χ-	혼 昏婚閽			홀 笏
	혼 惛楯殙(昏 唔)			훌 忽吻惚(智 笏囵)
匣 γ-	혼 餛(塊)	혼 混渾	혼 園	홀 橌
	혼 寛渾(昆繜)	혼 鼲繉焜棍 煇	혼 慁涒	홀 (核)
		곤 棍		쿨 鶻
影 ·	온 (瘟)		온 搵	
	온 溫(昷榅瑥)	온 穏		올 膃榅
	1) 奎章皆从昏	2) 類合平声 3) 華東東木혼頭注云 棍棒曰華골東곤 三韻·奎章혼東木		4) 訓蒙·홀·홀 5) 華東왈王篇(俗골) 6) 類合골華東·王篇 홀俗골三韻·奎章 홀

臻攝B[130] 一等合口	平声	上声	去声	入声
[臻:245]	䰟 -uən¹	混 -uən²	慁 -uən³	沒 -uət⁴
端 t-	돈 墩驐^{cde}		돈 頓^{d 7)}	둘 柮
	돈 敦惇犉(犉)¹⁾		돈 敦	둘 咄(頓)¹³⁾
透 t'-				
	톤 㬿(㬿)ᵈ	톤 畽朓⁴⁾	톤 (涽)¹⁰⁾	
	톤 㬿		톤 (裎)¹¹⁾	
	톤 犉²⁾			
定 d-	돈 豚(魨)ᶜ	돈 囤沌⁵⁾		둘 堗
	돈 犆軘燉炖 庉(純)ᵈ	돈 (敦豚)		둘 突揆腯鈯^{cd}
	똔 屯臀鈍ᶜ ᶜ ³⁾			
	똔 芚	똔 盾逎遯(遂)⁶⁾ ⁷⁾ ⁸⁾	똔 鈍逎遯(頓 腯)ᵇᶜᵈᵉ ¹²⁾	

1) 華東亦軨韻똔
2) 華東톤
3) 華東·三韻·奎章돈

4) 華東돈
5) 華東돈
6) 華東돈
7) 華東돈 玉篇돈正돈
8) 華東돈

9) 類合돈ￗ
10) 華東군(華音둔)頭
注云唐韻正군玉篇正
군
11) 華東·三韻·奎章돈

12) 類合돈

13) 玉篇둘單干冒|(
俗号)

[臻:246]	䰟 -uən¹	混 -uən²	慁 -uən³	沒 -uət⁴
泥 n-	논 麞¹⁾			눌 訥ᵃ ¹⁰⁾
			눈 嫩𡠖腇⁸⁾	눌 朒(吶豽)[△]
來 l-	론 論崘掄(侖^{ᵃ ²⁾ ³⁾ ⁴⁾ ⁵⁾} 侖淪圇)⁷⁾		론 論⁹⁾	
				룷 硉¹¹⁾

1) 華東눈
2) 千字文논
3) 玉篇론正룬華東作
崙

4) 華東룬
5) 華東룬玉篇룬正룬
6) 華東룬書経눈
7) 華東룬玉篇룬俗룬

8) 類合눈ￗ
9) 類合(룬)又去聲

10) 華東눌黠韻頭注云
統韻去骨
11) 華東(華音룷)

[臻: 247-1]	魂 -uən¹	混 -uən²	慁 -uən³	沒 -uət⁴
精 ts-	존 尊 [ce 1)]			졸 崒 [cd]
				졸 稡
	존 樽 [c 2)]			
	존 罇鐏(鶴) [d 1)]	존 剸樽噂譐 [5)]	존 焌焌 [7) 7)]	
		尊傳(繜) [5)]		
清 tsʰ-	촌 村 [3)]		촌 寸	
	촌 (邨)	촌 忖刌 [d]		
				졸 誶 [9)]
				졸 卒猝
從 dzʰ-			존 鐏 [8)]	
	존 存 [bcde]			졸 捽
	준 蹲 [d 4)]			
		존 鱒(墫) [d 6)]	존 鱒	
	1)奎章존責也존=罇·樽	5)華東존	7)華東존	9)訓蒙不分明.三韻
	2)訓蒙존존 類合(=罇)존	6)詩経존	8)華東·三韻·奎章존	精母 奎章精母訓蒙通作卒
	3)訓蒙亦作邨			
	4)類合즛그릴존			

[臻: 247-2]	魂 -uən¹	混 -uən²	慁 -uən³	沒 -uət⁴
心	손 孫蓀飧猻 [abedf 1) d]		손 巽潠噀遜 [bc bf]	솔 窣(邺) [2)]
	손 (餐飧)	손 損 [abc]	悹(嘆)	
	1)訓蒙손·즛손			2)華東솔

臻攝B1110 一等 脣口	平声	上声	去声	入声
[臻: 248-1]	魂 -(u)ən¹	混 -(u)ən²	慁 -(u)ən³	沒 -(u)ət⁴
幫 p-		분 本畚 [acdef 3) 4)]		
	분 (錛) [1)]			
	분 奔 賁犇 [acde 2)]	분 苯(磻轒)	분 奔	

자료음운표 437

滂 pʻ-			
		분 噴	블 朏(胐)
분 噴歕		분 湓	
並 bʻ-			
분 盆			
분 葐溢		분 坌	
			블 脖(頹脖)鵓
			블 勃渤埻醇
			悖浡誖桲
			荸艴

1) 訓蒙·향괴분俗呼ㅣ子 cf. 現代中国語 pên¹ '手斧'　2) 類合 드릴 복ᅐ(?)　3) 孝経七見皆去声点　4) 訓蒙·분 華東·三韻·奎章 분 玉篇(俗번)　5) 三韻 並母　6) cf. 現代中国語脖 (po²) 子　7) 不明, 今暫託於玆　8) 訓蒙 블ᅐ

[臻:248-2]	蒐 -(u)ən¹	混 -(u)ən²	恩 -(u)ən³	沒 -(u)ət⁴
明 m-				
				물 汲殁(圽勿)
	문 門			
	문 捫樠虋璊	문 澣(憫)	문 悶懣(門)	
	蘴(虋汶)			
		만 (瞞)		

1) 訓蒙·아ᄃᆞᆯ 흘:만 集韻瞞母本切暗也　2) 華東俗민 玉篇俗민 類合·易経 민

臻攝B1301 三等甲開口	平声	上声	去声	入声
[臻:249]	真 -iĕn¹	軫 -iĕn²	震 -iĕn³	質 -iĕt⁴
見 k-		긴 緊		길 吉拮(韯佶)
溪 kʻ-			긴 螼(螼)	길 詰蛣趌
(羣 gʻ-				
(疑 ng-				

曉 χ-					힐 欦

影 ·-	인	因 茵 姻 abcde d d 인 鞇 禋 闉 駰 ba 湮 烟 氤 絪 陻 堙 嬋 諲 㮡 歅 十		·인 印 3)	일 一 壹 abcdef de

喻 j-	인 寅 夤 臏 螾 b1	·인 引 蚓 bcd 2) 2) 인 演 戭 縯 鈏 +0 (螾)螾	인 靷 牫(紖)孕) d 윤 胤 酳 bd 4) 4)	일 溢 bde 7) 일 逸 佚 佾 軼 b 鎰 泆(妷)

1) 三韻·奎章 作煙
2) 訓蒙共·인(去声点·!) 3) 訓蒙·인·인
4) 華東 인俗음
5) 王篇길俗음 炎徵
螾|猺(蚕)(增)
6) 華東·王篇俗길 類合
힐
7) 詩経 19·2·ㅊ(周頌
維天之命,假以溢
我)臺注云 春秋傳
作恤

臻攝B1501 三等乙開口	平声	上声	去声	入声
[臻: 250]	真 -i̯ĕn¹	軫 -i̯ĕn²	震 -i̯ĕn³	質 -i̯ĕt⁴

見 k-	건 巾 d 1)			

| (溪 k'- | | | | |

| 羣 g'- | 근 懃 蕲 墐(今) | | 근 僅 覲 殣 瑾
bd
d d
鐘 廑 墐(葷
蕲) | 길 姞 佶
d 3) d |

| 疑 ng- | 은 銀
2)
은 誾 崎 垠(齗) | | 은 憗
d | |

1) 十字文긴; 詩経건華東·王篇근俗건三韻·奎章 근 2) 訓蒙은은 3) 詩経걸

[臻: 251]	真 -ĭĕn¹	軫 -ĭĕn²	震 -ĭĕn³	質 -ĭĕt⁴
曉 χ-			흔 釁 흔 舋衅(釁)	힐 肹(肸)
匣 γ-	혼 礥¹⁾			
影 ·-				을 乧²⁾ 을 乙(㐅)³⁾
	1)廣韻下珍切華東힌 (華音힌)		2)訓紫을又音軋俗又 呼燕子	3)廣韻乧字注云説文 本作乙

臻攝B1301 三等甲開口	平 声	上 声	去 声	入 声
[臻: 252]	真 -ĭĕn¹	軫 -ĭĕn²	震 -ĭĕn³	質 -ĭĕt⁴
知 t̂-	딘 珍¹⁾ 진 珍鎭(畛)^{b2)}		진 鎭塡塡⁶⁾	딜 鉒^{d8)} 질 窒挃垤桎^{cd9)d8)}
徹 t̂ʻ-		진 辴(疢)⁵⁾	진 疢趁(趂疹)^{d7)}	질 扶咥眣^{c10)}
澄 d̂-	딘 陳塵^{abde3)d4)} 진 敶(陳蟙塡)^{xxxx}	진 紖眹⁵⁾	진 陳陣診⁶⁾	딜 帙姪¹¹⁾¹²⁾ 질 秩絰袟袠^{bd13)} 姟(秩)¹⁴⁾
	1)千字文딘 華東·三韻· 奎章진 2)類合·書經딘 3)類合·千字文·論語· 書經딘 詩経·中庸· 華東·三韻&奎章진	5)華東친	6)類合딘 7)類合딘	8)詩経질 華東·三韻· 奎章질 9)類合·易経딜 詩経 질
		4)類合딘 詩経·華東· 三韻·奎章진	12)類合딜 華東·三韻· 奎章질又 d(i)et⁴参 眣 13)詩経질 類合·書経딜 14)華東二姪	10)易経딜 11)類合딜 華東·三韻· 奎章질

[臻: 253]	真 -ĭĕn¹	軫 -ĭĕn²	震 -ĭĕn³	質 -ĭĕt⁴
娘 n̂-		닌 紉		닐 暱昵怩(怩 尼柅)^{db}

日[1] ńź-	신	仁人 acdef abcdef[2] ××× ××			:신	刃訒 e	실	日 abcdef[8] ××××
			인 忍 abd		인	認軔切軔 b d 牣(肭)	일	馹和
來 l-	린	鄰麐鱗 abcd df[3][4]	린	嶙(燐窜)	:린	悋(膦)[6]		
	린	炒轔嶙粦 磷瞵麐璘 騛潾(隣)[5] d			린	遴吝磷粦 d bc[7] 燐藺鱗蟒 瞵獭剌躪 (恡踳潾)		
								률	栗篥 abdf[9]
								률	桌慄凓飈 bd[10] 鷅溧揀(飍)

審 ś-	신	伸紳娠身	신	哂			실	失室
	신	申呻	신	矧				
禪 ź-	신	辰晨宸鷐	신	腎	신	愼		
		臣						
	신	麎	신	祳脤	신	脣脤		
	순			盧				

1) 訓蒙신령신 三韻禪
母亦或脉뎐
2) 訓蒙二音:별신 日月
會次又北 │北極也
‖ 미·르地支属龍
類合 별자리신 千字
文 미르진 論語·書
経·詩経·中庸신·但
書経 1·45·才(星辰)
又 3·19·才(壬辰)진

4) 類合 딘 (平声)
5) 訓蒙 疹딘 (正字通
俗疹字康熙)
6) 華東·三韻·奎章신
3) 訓蒙신핫신 三韻
或脉뎐

7) 華東·書経奎玉篇
질 正출
8) 訓蒙(때) 又音質聽
不聽
9) 易経딜 華東·三韻·
奎章질
10) 類合딜 華東·三韻·
奎章질 廣韻之日切
'水蛭' ‖ 丁密切'蛭
蛛'

[臻: 255]	眞 -ịĕn¹	軫 -ịĕn²	震 -ịĕn³	質 -ịĕt⁴
精 ts-	진 津		진 進	
	진 璡	진 藎	진 晉搢縉瑨	
			璡 (晉盡)	즐 唧
清 ts'-	친 親			칠 七漆榛
			친 親	칠 柒
從 dz'-	진 蟒	진 盡		질 疾
	진 秦	진 盡 (儘)		질 嫉疾
心 s-	신 辛薪		신 信 訊頤	실 蟋
	신 新		신 迅㣊汛 (謱囲)	실 蝨
				슬 膝
				슬 郅藤
邪 z-			신 燼	
			신 賮藎 (贐)	

1)訓蒙ㄴㄹ진 水渡又 氣(涎)진 2)孝経진三見(3:オ愛 敬盡於事親,26:オ生 民之本盡矣;18:ウ進 思盡忠)又tsiĕn²,³ 參照.	三韻精母'極也皆 也縱也今也'‖從母 '竭也終也悪也'‖ 去·精'竭也又 '之' 或邪.	3)訓蒙(平声친)又婚姻 家相謂曰 家去聲 5)詩経진苹東진	6)訓蒙書式作漆 7)訓蒙오칠칠 8)訓蒙웃나모·칠俗作 漆

臻攝 B 1311 三等甲開口	平 声	上 声	去 声	入 声
[臻:256-1]	眞 -ẓ$i^{(ω)}$ĕn¹	軫 -ẓ$i^{(ω)}$ĕn²	震 -ẓ$i^{(ω)}$ĕn³	質 -ẓ$i^{(ω)}$ĕt⁴
幫 p-	빈 濱檳鑌(瀕) ᵇᵈ 빙 賓 ₓₓₓₓ ᵃᵇᶜᵈʲ1)		빈 殯 6) 빈 儐擯(髩) ᵈ 빙 鬢 7)	필 必^{acef}飶 ᵈ ₓₓₓₓ 필 畢筆蓽韠 ᵇᵈ 趯蹕潷玼 潷彈縪鏎 畢(韠)
滂 pʰ-	빈 繽			필 匹 ᵇᶜᵈ 8) 필 (疋)
並 bʰ-	빈 嬪椠 ᶜᵈ ᵗᵒᐢ 빈 頻蘋妼蠙 顰嚬(矉) ᵈ³ ᵇᵈ4) 빙 蘋嬪	빈 臏 빙 牝 ᵇᶜᵈ5) 2)		필 柲 9) 필 邲比歃荙 ᵈ 佖駜飶怭 泌

1)千字文빙 類合·論語 ·書経·易経·詩経·小 学並華東·三韻·奎 章皆빈 2)千字文빙 3)訓蒙뭉구리·밤빙大 萍也沈曰浮曰藻 文宗御釋及字會말	5)書経·易経·詩経並 華東·三韻·奎章皆빈 · -왐빈(1)類合·詩経 빈 其他皆빈 4)訓蒙빙빙女官次扵 妃又마느·리빙太子 及王妃曰書経· 詩経·其他빈	6)訓蒙삥·솟빈(삥·소 殯所) 7)類合·華東·三韻· 奎章빈	8)類合=疋필필 9)訓蒙ᄌ루·질·필戈戟 柄亦作鈑廣韻屬也 集韻戈戟也一曰弱 也或从金

[臻:256-2]	眞 $-i^{(\omega)}\breve{e}n^1$	軫 $-i^{(\omega)}\breve{e}n^2$	震 $-i^{(\omega)}\breve{e}n^3$	質 $-i^{(\omega)}\breve{e}t^4$
明 m-	민 民 abcdef	민 泯 d 민 僶黽澠脗 1) 1)華東은 華東·三韻· 奎章作脗		밀 蜜 d 밀 謐醯

臻攝B1511 三等乙開口	平 声	上 声	去 声	入 声
[臻:257]	眞 $-i^{(\omega)}\breve{e}n^1$	軫 $-i^{(\omega)}\breve{e}n^2$	震 $-i^{(\omega)}\breve{e}n^3$	質 $-i^{(\omega)}\breve{e}t^4$
幫 p-	빈 彬斌份豳 a 邠霦瑀(贇)			필 筆 필 鈚柀(笔)
(滂 p'-				
並 b'-	빈 貧 abde			필 弼(佛拂) b d 2)
明 m-	민 旻 d 민 珉岷罠閩 b 緡旼瘽忞 d d 錎(玟緡)	민 敏 abde 민 愍愍憫閔 abd 敃暋潣(昏 b 湣)		밀 密 bcde 밀 藍宓(密) xxxx ° 2)奎章'大也輔也勇也壯 一伐人名 ｜肸' 廣韻悲'輔也'又胇 '胇肸大皃.'
	1)詩経作瘽			

臻攝B1331 三等甲合口	平 声	上 声	去 声	入 声
[臻:258]	諄 $-i^{\omega}\breve{e}n^1$	準 $-i^{\omega}\breve{e}n^2$	稕 $-i^{\omega}\breve{e}n^3$	術 $-i^{\omega}\breve{e}t^4$
見 k-	균 均鈞袀(勻 de bd1) 畇營龜) d			귤 橘 b 3) 귤 繘鐍 c 1)
溪 k'-		균 (稛)		

444 한국 한자음의 연구

(羣 g̣-			
(疑 ŋ-			
曉 χ-			
			홰 汧戒(睕)
(影 ˑ-			
喻 j-			
	윤 匀昀(尹)	윤 尹允狁(鈗蟫) abd bcd d	율 聿鴥遹驈 滴矞霱 bd⁴⁾ d⁵⁾bd⁶⁾ d⁷⁾
			휼 鷸繘
	1)詩経근(17·7·ㅈ)	2)正韻羽敏切	8)華東音 3)訓蒙舌音
			9)華東音玉篇音正音 4)書経音
			10)華東音玉篇音正音三韻奎章音 5)詩経音(10·8·ㅂ)又音(6·25·ㅈ)
			11)三韻奎章音 6)書経音華東音玉篇音正音
			12)廣韻況必切他見母 7)詩経音

臻攝B1531三等乙合口	平 声	上 声	去 声	入 声
[臻: 259]	眞 -i̯ʷen¹	軫 -i̯ʷen²	震 -i̯ʷen³	質 -i̯ʷet⁴

見 k-	균 龜 균 龜稟頵¹⁾			
溪 ḳ-	균 囷²⁾ 균 箘			
羣 g̣-		균 窘僑 균 麏箘 ⁵⁾		
影 ˑ-	윤 齋 빈 贇³⁾			

자료음운표 445

	平声	上声	去声	入声
羽 ɦ-		운 殥隕霣慎 (bcd)		율 颭汩

均 筠 4)
1) 華東균
2) 訓蒙균(上声点!) cf.集韻又 $g'_{ï}\tilde{e}n^2$ 巨隕切(準)
3) 華東·奎章빈 cf. $p_{ï}\tilde{e}n^1$
5) 訓蒙균(平声!) cf.集韻區倫切 $k_{ï}^{w}\tilde{e}n^1$
4) 華東·王篇윤俗균三韻·奎章윤

臻攝B1331 三等甲合口

[臻:260]	平声 諄 $-_{ï}^{w}\tilde{e}n^1$	上声 準 $-_{ï}^{w}\tilde{e}n^2$	去声 稕 $-_{ï}^{w}\tilde{e}n^3$	入声 術 $-_{ï}^{w}\tilde{e}t^4$
知 ţ-	쥰 屯窀迍 1)2)			줄 怵窋 츌 絀 6) 굴 黜 d7)
徹 ţʰ-	츈 鞝杶櫄(楯) 3)b4) 츈 椿 5)			튤 黜 b8) 츌 怵
澄 ḑ-				튤 茱 츌 术 9)

1) 華東쥰頭注云集韻튤王篇쥰正튤
2) 華東쥰頭注云集韻튤王篇쥰正튤類合튤
3) 華東·王篇俗쥰
4) 書経튤
5) 訓蒙튤나모츈 類合츈나모츈
6) 華東츌三韻穿母
7) 廣韻徹筆切(怵窋絀竹律切)類合
8) 華東·三韻·奎章튤
9) 類合튤
華東츌王篇츌正튤

[臻:261]	諄 $-_{ï}^{w}\tilde{e}n^1$	準 $-_{ï}^{w}\tilde{e}n^2$	稕 $-_{ï}^{w}\tilde{e}n^3$	術 $-_{ï}^{w}\tilde{e}n^4$
(娘 ń- 日 ńź- 1)	슌 犉瞤 d2)	윤 蝡(蠕) 5)	슌 閏 b 윤 潤 c	

來 l-	륜 淪輪 [bd 3) cd] / 륜 [bdef 4) cde] 倫論綸掄			률 律 / 률 律 緯綷 (嵂率) [bd / bdef]

1) 華東音
2) 華東音
3) 書經音
4) 千字文은 ? 書經音
5) 廣韻頓字注去或作 蠢
6) 類合법은률又륜려 률書經音

[臻: 262]	諄 -i̯ʷen¹	準 -i̯ʷen²	稕 -i̯ʷen³	術 -i̯ʷet⁴
照 tś-	쥰 諄 [d 1)] / 둔 肫 [e 2)]	쥰 準 / 쥰 准埻純	쥰 稕	
穿 tśʰ-	츈 春 [bdef]			츌 出 [abcdef]
		쥰 蠢 [b 5)] / 쥰 膌踳惷(睧) [6) 7) 8)]		
神 dź-	슌 脣 [d] / 슌 漘釗(唇)	슌 盾楯 [d 8) 9)] / 슌 楯	슌 順 [abcdef] / 슌 楯(楯) [+0]	슐 術 [abdef 11)] / 슐 述术泬潏 [12)] / 튤 秫
審 ś-			슌 舜蕣 [abcdef 10)] / 슌 瞬瞚眴	
禪 ź-	슌 蓴醇鷻 [3) b d] / 슌 純純錞 [abcde 4)] / 淳焞 [순]			

1) 詩経·華東音玉篇 쥰? 正슌?
2) 訓蒙音두鳥臟廣韻 鳥藏‖슌章懇誠‖ ‖ 中庸쥰
3) 訓蒙音슌
4) 華東音츈
5) 類合슌과 華東音츈俗 쥰
6) 華東音
7) 類合슌 華東音
8) 訓蒙本作楯
9) 訓蒙 ; 방핑슌 又與 盾同
10) 訓蒙 ; 슌치
11) 廣韻食聿切 d̥i̯ʷet = 秫‖直律切 d̥i̯ʷet 藥名玉篇音正音 cj 華東音藥슐 → d̥i̯ʷet
12) 華東 ; 三韻 ; 슐章音슐 華東俗音츌 玉篇音俗 츌

臻攝B1531 三等乙合口 [臻:263]	平 声	上 声	去 声	入 声
	諄 $-i̯^{w}ĕn^1$	準 $-i̯^{w}ĕn^2$	稕 $-i̯^{w}ĕn^3$	術 $-i̯^{w}ĕt^4$
山 ṣ-				술 蟀 [鐂]²⁾ [帥]³⁾ 슐 率 帥

1) 類合·詩経·華東숗 王篇숗正숗三韻· 奎章숗
2) 類合·書経·詩経· 中庸·小学·華東숗 千字文숗등
3) 類合·易経·小学· 華東숗訓蒙(令) 又音率領也

臻攝B1331 三等甲合口 [臻:264]	平 声	上 声	去 声	入 声
	諄 $-i̯^{w}ĕn^1$	準 $-i̯^{w}ĕn^2$	稕 $-i̯^{w}ĕn^3$	術 $-i̯^{w}ĕt^4$
精 ts-			쥰 儁俊 쥰 晙餕晙駿 魏	
清 tsʿ-	쥰 遵僎鷷 츈 皴 츈 遵竣峻捘 踆(趡)			츌 卒殚崒
從 dzʿ-				츌 崒踤誶
心 s-	슌 荀郇詢峋 珣洵恂	슌 筍²⁾ 笋簨箕篦 桴 雋³⁾	슌 鐵 峻濬浚埈 鵕(峼恂駿)	슌 鐵 슌 郵戍珹貹
邪 z-	슌 旬 슌 巡馴徇楯 紃洵楯		슌 殉徇徇(楯 胸)	홀 恤 툘 誐

1) 訓蒙·哥·슌令作笋
2) 類合(朩)筍 (去声)
3) 華東·易経·詩経쥰 王篇숗正숗三韻· 奎章숗
4) 華東·類合·書経· 中庸쥰
5) 華東·書経·詩経쥰 王篇(俗쥰)
6) 華東·類合·書経·
7) 王篇숗正숗華東無 奎章=峼

8) 類合·詩経 쥰
9) 華東俗音王篇(俗音)
10) 華東·王篇俗音
11) 華東俗·類合(朩郵)· 王篇俗音他숗
12) 華東·三韻·奎章숗

臻攝B1502 三等乙開口	平声	上声	去声	入声
[臻:265]	欣 -ïən¹	隱 -ïən²	焮 -ïən³	迄 -ïət⁴
見 k-	근 斤筋 근 筋釿	근 謹墐 abcdef 2) 근 董懂亝(瑾 亝)	근 靳 근 斤墐肋	글 訖 b 6) 걸 吃(虼肌) 7)8)9)
溪 k'-				걸 乞挈 10)11)
羣 g'-	근 芹 d 근 勤懃懂瘽 bdf 禋靳(僅廑 廑)	근 近 abcef 4)	근 近 4) 근 (僅)	
疑 ng-	은 圻垠齦猵 鄞(鬪訢) 1) 흔 齗	은 听	은 垽	을 疙屹仡(疑) 12)13)d14)

1) 訓蒙(근 cf. k'ən²)又
音銀齒根   2) 類合•금子(?)   5) 訓蒙근(平声)
3) 三韻•奎章去声•羣
母   4) 訓蒙깃가•을•근上
聲 ㅣ之也 三韻上
聲 "不遠" ‖去声 "ㅣ
之" (蓋訓蒙誤)   11) 訓蒙(•게)又音乞 开
國名 三韻•奎章己
12) 華東•玉篇俗喜
13) 華東•玉篇俗喜 類
合喜   14) 詩経喜 玉篇俗喜   6) 華東•類合•書経喜
7) 華東•三韻•奎章글
玉篇글俗喜
8) 現代中国語虼蚤ko⁴tsau
9) " 肌膌ko⁴-po⁴
10) 訓蒙又去聲與人物
也 類合•論語걸 華
東•玉篇글俗喜걸 三韻
•奎章글

[臻:266]	欣 -ïən¹	隱 -ïən²	焮 -ïən³	迄 -ïət⁴
曉 χ-	흔 听 d 흔 欣忻訢炘		흔 脪 2) 흔 焮	흘 迄釳胕忔 d 汔(訖) cd4) 3)
影 ·-	은 殷慇癮殷 abcde d	은 癮 1) 은 隱磤穩癮 bcde	은 億隱穩	

자료음운표 449

	(骰碨)	嶙灍轒(殷穩)		
		1) 訓蒙作癮	2) 訓蒙腫起㫄作瘇又音布摘醫㫄作臀	3) 華東믈 4) 易経㫄 4·1·ㅊ(井汔至亦未繘井)又얼 4·69·ㅊ(未濟小狐汔濟)

臻攝 B1512 三等乙開口	平 声	上 声	去 声	入 声
臻: 267	文 -ï^(ω)ən¹	吻 -ï^(ω)ən²	問 -ï^(ω)ən³	物 -ï^(ω)ət⁴
幫 p- (非 f-)	분 分餴 분 錛	분 粉	분 糞 분 湓慎奮濆(奔)	블 不 불 弗緐散綼綈蔶翇翇冹柭颮苐(沸弨芳)
滂 p'- (敷 f'-)	분 芬紛㲋肦衯翁蒶硄㸮雰(棼)	분 忿	분 湓忿	블 怫 불 茀柭翇刜髻鬃佛蹄(殟)
並 b'- (奉 v'-)	분 墳潰焚殯扮籲 분 汾氛蕡頒積鳻蕡芬蕡蚡萘肦蚡輻(弅慎麢鶰)	분 (坌) 분 慎扮齧蚡墳坋(積箠)	분 坌 분 分坋	블 佛 블 怫坲㹟佛哱(殟)
明 m- (微 ŋ-)	문 文聞紋蚊蟁蟁閿(賚閿)	믄 吻 믄 刎抆(忞脗搵)	문 問釁閿 문 絻汶紊枝娩(免文)	믈 物 믈 勿芴岉吻沕
	1) 華東·三韻·奎章作吩 廣韻注立亦作吩	5) 訓蒙:분분 6) 訓蒙:믄ㄷ	7) 訓蒙(믄)又去聲名達日名┃	20) 類合·千字文·論語·易経·詩経·中庸·小学皆블 華東·三韻·奎章블

2) 華東·三韻·奎章作汾
3) 玉篇是俗갈青雀. 鶬同
4) 訓蒙本作養

9) 千字文·經書諺解 皆블
10) 詩經블王篇(俗是)
11) 書經·詩經블
12) 華東·玉篇俗是

13) 詩經블
14) 類合·詩經블
15) 詩經블
16) 類合·易經·詩經블 華東·三韻·奎章블

17) 易經·詩經블
18) 華東俗블
19) 類合·書經블
20) 華東·三韻·奎章블 他皆블

臻攝B1532 三等乙合口	平声	上声	去声	入声
[臻:268]	文 $-\ddot{\imath}^{\omega}\partial n^1$	吻 $-\ddot{\imath}^{\omega}\partial n^2$	問 $-\ddot{\imath}^{\omega}\partial n^3$	物 $-\ddot{\imath}^{\omega}\partial t^4$
見 k-	군 君 軍 皸菌 군 (麇)³⁾	군 (攟)⁶⁾	군 攈捃皸	굴 厥屈蹶(蕨¹⁾)
溪 k'-				굴 (錕)⁹⁾
		군 麇⁷⁾		굴 屈詘蛡(絀)
羣 g'-	군 裠⁴⁾ 군 羣帬宭(麇)		군 郡	굴 倔崛裾堀 掘(屈)
(疑 ng-	1)訓蒙山金군 2)訓蒙군父군 千字文 군쓴 3)華東군 4)廣韻作裵	6)華東군 7)華東군 華東·三韻 奎章作麇 5)易經本作群	8)華東군華東·三韻 奎章作攟	9)集韻曲勿切
[臻:269]	文 $-\ddot{\imath}^{\omega}\partial n^1$	吻 $-\ddot{\imath}^{\omega}\partial n^2$	問 $-\ddot{\imath}^{\omega}\partial n^3$	物 $-\ddot{\imath}^{\omega}\partial t^4$
曉 x-	훈 勳纁薰 훈 薫曛勛熏 煇獯醺煮 臐(煇)		훈 訓 훈 焄勳(馴¹⁾)	휼 颭欻(欻)
影 ʔ-		운 惲	온 醞縕 온 慍溫(溫蘊) 榅韫煴)	울 尉蔚 울 鬱爩苑 尉鬱(蔚)
	온 熅氳韞蘊 (輼)	온 蒕縕韞緼 醞(宛慍)		
羽 ɦ-	운 雲耘云		운 暈餫²⁾	

운 萺蘰郎妎 紒箕貟法 (熕)	운 杶顚顃	운 運鞿郫貟 韻(熕韵)	올 颶 [4]
		1) 華東㐫 2) 玉篇(俗훈)	3) 類合(市)鬱 千字文을 4) 華東을 玉篇을正을

臻攝B1503 三等乙開口	平 声	上 声	去 声	入 声
[臻: 270]	臻 -ǐĕn¹	軫 -ǐĕn²	震 -ǐĕn³ [7]	櫛 -ǐĕt⁴
莊 tʂ-				즐 櫛 즐 濟桺 [8]
	진 榛 진 臻溱嫈鱵 鞶			
初 tʂ'-			츤 櫬襯(親) 친 櫬齔	
牀 dʐ-	진 蓁 [2]			
山 ʂ-				슬 瑟璱 슬 颶璱
	신 莘駪駪籼 甡牪詵侁 鮮姺(莘)			
1) 三韻作榛 =榛 2) 三韻作榛 3) 詩経선華東俗선 4) 詩経선 5) 詩経선華東俗선 玉篇俗선 6) 華東俗선		7) 廣韻初勤切在震韻 中	8) 華東·三韻·奎章作 櫛	

[深 攝]

深攝B 2500 三等乙開口	平 声	上 声	去 声	入 声
[深:271]	侵 -i̯əm¹	寢 -i̯əm²	沁 -i̯əm³	緝 -i̯əp⁴
見 k-	금 金今襟 금 衿禁(紟)	금 錦	금 禁襟	곱 汲給級 급 急伋
溪 kʻ-	금 衾 금 欽嶔鈜			곱 潝(肶) 읍 泣
羣 gʻ-	금 琴禽橋噖 금 襟捡擒黔 芩(胗)	금 噤懍唫	금 (妗) 鈐噤紟(衿)	급 及 급 笈(芨)
疑 ng-	음 吟 음 唫崟	음 (吟)	음 吟	곱 岌(圾)

1) 玉篇(姓김)
 2) 類合·書經·詩經·
 小学音 華東·玉篇 俗音
 3) 現代中国音 chʻin²

4) 訓蒙:금
 5) 華東音(華音인)
 6) 華東音(華音긴)

7) 集韻巨禁切

8) 華東·王篇俗音
 9) 類合·書經·易經· 詩經音 華東·王篇 音 俗音三韻·奎章音
 10) 孝経三見(去=見·平=見)
 11) 三韻羣母

深攝B 2500 (2300) 三等甶開口	平 声	上 声	去 声	入 声
[深:272]	侵 -i̯wəm¹(又 -i̯əm²)	寢 -i̯wəm²(又 -i̯əm²)	沁 -i̯wəm³(又 -i̯əm³)	緝 -i̯wəp⁴(又 -i̯əp⁴)
曉 χ-	흠 歆 흠 廞			흡 吸 흡 噏歙翕潝 闟(挹)
影 ʔ-	음 音陰 음 露暗(솜) 암 瘖	음 飲	음 窨飲 음 蔭暗瘂廕	읍 邑浥 읍 悒唈裛鈒

자료음운표 453

	平 声	上 声	去 声	入 声
羽 ɦ-				음 燡熠[d 5)]
-i̯əm/-i̯əp(甲)				
影 ˀ-	음 愔			음 揖挹[ad d]
喻 j-	음 淫霪婬蟫[abcʔ]			음 煮[d]

1) 訓蒙마실ᄂᆞᆷ音又去聲 以川之也, 類合音 又머길ᇰᄅ去聲, 華東 (去)임ㅣ之
2) 訓蒙(平声)
3) 三韻·奎章作癊/廣韻 注云ᄒᆡ作癊
4) 廣韻誤作癊 類合(体)癊
5) 詩経音華東·玉篇俗 音(又廣韻羊入切 i̯əp 4))

深攝B2300 三等甲開口	平 声	上 声	去 声	入 声
[深:273]	侵 -i̯əm¹	寢 -i̯əm²	沁 -i̯əm³	緝 -i̯əp⁴
知 t̂-	팀 砧¹⁾		침 揕	칩 縶馽[d]
	침 碪			
	심 椹²⁾			
徹 t̂ʻ-	침 琛綝郴睒[d]	침 踸(貯)	침 闖⁵⁾	칩 縶
				립 澁霎(霫)⁶⁾
澄 d̂-		짐 朕(䑍)[bd4)]	짐 鳩	
				팀 蟄[d 7)]
	침 沈沉霃湛³⁾			칩 佩⁸⁾

1) 類合팀 華東·三韻 奎章침
2) 華東·三韻·奎章침
3) 類合·十字文·書経 팀 詩経침
4) 書経팀 詩経짐
5) 華東音 玉篇침正音
6) 華東침
7) 類合不明 詩経짐 華東·三韻·奎章침
8) 華東音

[深:274]	侵 -i̯əm¹	寢 -i̯əm²	沁 -i̯əm³	緝 -i̯əp⁴
娘 n̂-			님 賃(恁)	
日¹⁾ńź-		심 姙餁袵 임 任諹壬紝 (絍)	심 絍任(姙) 임 姙諹袵	입 入廿(卅)
		님 稔⁴⁾		
來 l-	림 林臨霖 립 琳淋(琹)		림 臨	립 立粒笠苙 립 醯竝(雺)
		름 廩(標)⁵⁾ 름 懍凜		

1)平·上·去三
聲華東심
他임入聲
華東십他
입

2)訓蒙맛살:심又平聲
壋也當也頁也
3)書経님

4)華東심三韻·奎章입
王篇(俗엽)
5)集韻力錦切訓蒙둘
6)書経늠

7)千字文·書経·易経님
8)書経님
9)類合갈님

[深:275]	侵 -i̯əm¹	寢 -i̯əm²	沁 -i̯əm³	緝 -i̯əp⁴
照 tś-	짐 斟¹⁾			집 執鷙
	침 鍼²⁾ 침 針箴葴	침 枕	침 枕針	
				즙 汁
穿 tś'-		침 (沈) 심 瀋		
神 dź-		심 葚 심 (椹黮)		
審 ś-	심 深溹(潑)	심 (蟫) 심 沈審瞫諗 淰(忱)	심 深	
				습 涅濕

자료음운표 455

禪 ź-	심 諶[bd 5)] 忱[bd 6)] 煁[d] 심 甚[10)]	심 甚[abcd] 	십 十[abcdef 11)] 습 什[d] 拾[12)] 褶
	1) 華東·三韻·奎章침 2) 訓蒙俗作針類合(俐)針 3) 書経졈華東·玉篇俗졈類合졈ᅀ 4) 易経심구(3·7·ㅈ) 5) 書経팀詩経·華東침 6) 類合·書経팀詩経華東침玉篇심正침	7) 訓蒙·버·개·침又去聲 以首據物 類合·버개 침(去声) 8) 華東십玉篇침正심 三韻·奎章침 9) 華東침 10) 類合上声		11) 訓蒙書式作拾 三韻·奎章合玉篇십 他皆십 12) 玉篇(什物俗音)

深攝 B 2500 三等乙開口	平声	上声	去声	入声
[深:276]	侵 -ĭəm¹	寢 -ĭəm²	沁 -ĭəm³	緝 -ĭəp⁴
莊 tṣ-	줌 簪[c 1)] 좀 撍(簪)			즙 戠 즙 戢[d] 觯[d] 馺 집 (楫)[d 2)]
初 tṣʽ-	춈 嵾參[d]	춈 墋磣	춈 讖	
		참 讖[d] (去声)		
牀 dẓʽ-	좀 涔 좀 岑 진 梣			
山 ṣ-	合 參葠[abd] 合 森葠摻穇 (浸槮渗鬖) 심 痒		合 渗罧	合 澁澀鈒[3)]
	1) 訓蒙漢俗音 잔 千字 文作箴			2) 詩経1·6·ㅈ康熙又側立 切音戢·詩周南麤斯 羽槮槮令 3) 類合合

深攝 B2300 三等甲開口	平 声	上 声	去 声	入 声
[深:277-1]	侵 -ȋəm¹	寢 -ȋəm²	沁 -ȋəm³	緝 -ȋəp⁴
精 ts-	침 祲㮦¹⁾	줌 (怎)	침 浸濅祲(湛)^{cd 3)}	집 喋潗 줌 㴐(㨰)
清 tsʻ-	침 侵駸綅^{bcd d}	침 寢寑鋟 침 鋟^{ad† 2)}	침 寑^{*)} 침 沁(沁)⁴⁾	줌 緝^{d 6)} 줌 葺䒟咠
從 dzʻ-				집 集^{bd} 집 鎍 줌 㰱^{bd 7)} 줌 輯^{pt 8)}
		심 蕈^{+oʌ}		
	1) 華東作㮦	2) 訓蒙·침 又:침	3) 廣韻作濅 4) 華東·玉篇俗심 5) 華東심 *) 訓蒙(平声)	6) 詩経合(16·2·ㄱ) 7) 訓蒙·㰱 注去亦作檝 他皆作檝 8) 詩経音書経·小学· 華東集
[深:277-2]	侵 -ȋəm¹	寢 -ȋəm²	沁 -ȋəm³	緝 -ȋəp⁴
心 s-	심 心^{abcd†}	심 沁		습 靍
邪 z-	심 蕈(燖)^{d 1)} 심 尋鐔潯鱏 鄩灊(燂鱘 蕈樳)			습 習^{abcd†} 습 褶^{be}隰^{bd}隰翋褶 褶靋
	1) 訓蒙作蕈			

深攝B2500 三等乙開口	平 声	上 声	去 声	入 声
[深: 278]	侵 $-\ddot{i}əm^1$	寢 $-\ddot{i}əm^2$	沁 $-\ddot{i}əm^3$	緝 $-\ddot{i}əp^4$
幫 p-		픔 稟 ^{b 1)}		
滂 p-		픔 品 ^{bɔf 2)}		

1) 類合·書經 픔
2) 類合·書經·易經·小
   学 픔 (但 易経 1·19·9
   픔) 華東·三韻·奎章
   픔

[曾 攝]

曾攝 B3100 一等 開口	平声	上声	去声	入声
[曾:279]	登 -əng¹	等 -əng²	嶝 -əng³	德 -ək⁴
見 k-	긍 桓絚絚(揯)		긍 亙¹⁾絚絚(恒)	극 械
溪 k'-		긍 肯肎(肻)ᵇᵈ		극 克剋(可)ᵇᶜᵈ, 긕 刻
(疑 ng-)				
曉 x-				흑 黑ᵇᵈ
匣 γ-	흥 恒(姮)ᵇᶜᵈᶠ			힉 劾
			1) 類合亙	2) 類合·千字文·華東극 三韻·全韻극 現代音각
[曾:280]	登 -əng¹	等 -əng²	嶝 -əng³	德 -ək⁴
端 t-	등 燈, 등 登簦氈甀(嶝鐙灯)ᵇᶜᵈᵉ	등 等ᵉᶠ	등 鐙甏³⁾, 등 嶝隥橙磴(璒)	득 得ᵃᵇᶜᵈᵉ, 덕 德ᵃᵇᶜᵈᵉᶠ, 덕 悳, 득 蠹ᵇᵈ, 득 忒貳(貣)ᵇᶜᵈ
透 t'-				
定 d'-	등 鼟, 등 騰藤(疼藤), 등 縢藤滕塍謄螣膡廖		등 鄧蹬鰧	

	登 -əng¹	等 -əng²	嶝 -əng³	德 -ək⁴
				특 特 蟘 螣 (bd⁴⁾ d)
	1) 訓蒙亦作癃 2) 訓蒙듕듕集韻徒登切竹器		3) 訓蒙·등·즛:등	4) 類合··千字文·詩経·小学특書経득(?) 1·12· オゥ一本作득

[曾:281]

	登 -əng¹	等 -əng²	嶝 -əng³	德 -ək⁴
泥 n-	능 能 (abcdef)			
來 l-	릉 楞楞稜稜¹⁾		릉 (稜)	륵 勒肋(骊)²⁾ 륵 扐仂艻玏 泐(泐)³⁾
	1) 華東·三韻蒸韻			2) 康熙篇海歷得切音勒 3) 廣韻作玏·別字有泐字·凝合·異字.

[曾:282]

	登 -əng¹	等 -əng²	嶝 -əng³	德 -ək⁴
精 ts-	증 曾矰罾 (abd)¹⁾ 증 增憎曾增 (d ad) (獸噌)			즉 則 (abcde⁵⁾)
清 ts'-			층 蹭	즉 (則)
從 dz'-			층 贈 (d)	즉 鰂鰂蠈⁶⁾ 적 賊 (bd⁷⁾)
	층 層曾(嶒)²⁾³⁾⁴⁾			
心 s-	승 僧 승 髻			식 塞 (abcde⁸⁾)
	1) 訓蒙·증(声矣不明) 2) 類合一作曾 3) 華東증嘗也 4) 玉篇층正증(華東無此字!)	5) 玉篇즉常也法也傲也法共可法語助七月律名夷|(則|微也以下俗音)孝経二즉但즉二見10·才²(民是則)之·則天之明)類合법즉즉一音즉즉十	字文법즉즉 論語·書経·易経·詩経·中庸音즉(但易経4·15·才小学1·3·ゥ즉)現代音語助즉法則·法當効즉 6) 華東적玉篇즉正적	7) 類合··千字文·書経·詩経及華東적王篇즉正적三韻·查章즉 8) 訓蒙(시)又入聲防|

曾攝B3110 一等開口	平 声	上 声	去 声	入 声
[曾：283]	登 -(u)əng¹	等 -(u)əng²	嶝 -(u)əng³	德 -(u)ək⁴
幫 p-	붕 崩 bd1)			북 北 abcde4)
			붕 堋(塴)	
(滂 p'-				
並 b'-	붕 朋 堋 abcdef 2)			북 踣 5)
	붕 鵬 鬅			북 菔 蔔 犕 匐 5)5)5)
明 m-				믁 墨 6)
				믁 默 冒 纆 万 7)c
				(嘿) 7)
			밍 懵 愣 3)	
	1)書経붕王篇(俗붕)	3)三韻·奎章作書		4)玉篇(俗북)
	2)王篇(俗붕)			5)華東북
				6)訓蒙·먹·믁王篇(俗믁)
				7)玉篇(俗믁)

曾攝B3130 一等合口	平 声	上 声	去 声	入 声
[曾：284]	登 -ʷəng¹	等 -ʷəng²	嶝 -ʷəng³	德 -ʷək⁴
見 k-	굉 肱 bcd 1)			국 國 abcdef
	괵 軱(左) 2)			
(溪 k'-				
(疑 ng-				
曉 x-	훙 薨 d			
	훙 (薨)			
匣 ɣ-				흑 或 惑 abcde ae
	횡 弘(軱) bc 3) 4)			
	1)訓蒙·華東·三韻·奎 章及書経·詩経굉	類合·書経(1·45·ㅈ)· 易経(4·34·ㅈ)긍 母 ㄷ·集韻苦弘切 2)華東·三韻·奎章溪	3)類合훙 書経·易経훙 4)華東굉 王篇劃正굉	

曾攝B3500 三等乙開口	平声	上声	去声	入声
[曾:285]	蒸 -i̯əng¹	拯 -i̯əng²	證 -i̯əng³	職 -i̯ak⁴
見 k-	긍 矜 (bde 1) 긍 兢 (bd)			극 棘㦸 (d cd) 극 殛悈堲㥓 (b d) (草)
(溪 k'-)				
羣 g'-				극 極 (bcde)
疑 ng-	응 凝 (cde 2)		응 凝	억 嶷礙礙(疑)

1) 千字文 자령승
2) 華東잉

曾攝B3500 (3300) 三等甲開口	平声	上声	去声	入声
[曾:286]	蒸 -i̯əng¹(-i̯əng'¹)	拯 -i̯əng²(-i̯əng'²)	證 -i̯əng³(-i̯əng'³)	職 -i̯ak⁴(-i̯ak'⁴)
曉 χ-	흥 興 (bcdef)		흥 興	혁 魊畫(嚇) (b)
影 ·-	응 膺鷹 (bcde d 1) 응 應蠅(膺) (2)		응 應膺 (bcd)	억 億臆 (bcd 5) 억 憶繶醷薏 檍抑 (abde)
甲 -i̯əng				
喩 j-	승 蠅 (d 3)		잉 孕 (bc) 잉 媵媵 (4)	익 弋翌翼杙 (bcd bcdj) 익 翊廙黓鈬 (bcd bcdj)

1) 訓蒙응(去声点!)
2) 類合일뎡응平聲
3) 訓蒙·類合·詩経合
華東·玉篇응·俗合
三韻·奎章응
4) cf. dzi̯əng³
華東잉同剖 類合
剖유어잉
5) 訓蒙·억·억

462 한국 한자음의 연구

曾攝B3300 三等甲開口	平声	上声	去声	入声
[曾:287]	蒸 $-i\partial\acute{\eta}^1$	拯 $-i\partial\acute{\eta}^2$	證 $-i\partial\grave{\eta}^3$	職 $-i\partial k^4$
知 $\hat{t}-$	딩 徵 abe1) 징 癥			직 稙 d6) 쳑 陟 bd7)
徹 $\hat{t}^\prime-$	칭 僜 2)			틱 勅鶒 bc8) 9) 칙 敕飭拭鷘 d10) df11)
澄 $\hat{d}^\prime-$	징 瀓憕徵 bcd3) 등 澄 4)		징 瞪 5)	딕 直 abcd12)

1) 訓蒙·믈·일·딩 又召也
明也 證也·書明 | 又
音批五音 類合·論
語·書経·딩 中庸·華
東·三韻·奎章·징 | 2) 華東·등·玉篇·칭·正等 | 5) 華東·증 | 6) 華東·식·注去·華又·시 |
		3) 類合·書経·易経 ·딩 詩経·징		7) 類合·千字文·書経·뎍 詩経·쳑
		4) 類合·千字文·딩·華東 ·三韻·奎章·징		8) 千字文·書経·易経·틱 華東·三韻·奎章·칙
				9) 類合·틱·華東·三韻· 奎章·칙
				10) 類合·틱·詩経·쳑
				11) 類合·小学·틱·詩経·쳑
				12) 類合·千字文·論語· 書経·易経·小学·딕 詩経·華東·三韻·奎 章·직

[曾:288]	蒸 $-i\partial\acute{\eta}^1$	拯 $-i\partial\acute{\eta}^2$	證 $-i\partial\grave{\eta}^3$	職 $-i\partial k^4$
娘 $\hat{n}-$				닉 匿慝 ab5)
日 $\hat{n}\hat{z}-$ 1)	잉 仍芿(陾㭁) d d2)			
來 $l-$	릉 陵綾菱(蔆) bcde 4) 릉 淩夌凌䔲 浚鯪(倰)		릉 (凌)	력 力朸 abdef6)

1) 華東·싱 | 2) 華東俗音·詩経·응 | | |
	3) 書経·易経·능		
	4) 廣韻＝蔆·訓蒙·시 ·근·치릉俗呼菠𦵏·茱 又呼赤根菜又呼菠 菜·別字		5) 類合·솝길·릭
			6) 類合·書経·녁·千字 文·녁ㅎ

[曾:289-1]	蒸 -iəng¹	拯 -iəng²	證 -iəng³	職 -iək⁴
照 tś-				직 職織 (bdf bff) 직 藏械
	증 丞 (bd) 증 蒸菭胗脀 (d) 1)	증 拯鞏 (c)	증 證	
穿 tś'-	칭 稱佛 (bcde) 2)		칭 秤 7) 칭 稱	
神 dź-			싱 賸 8)	식 食 蝕 (abcdef) 9)
	승 繩秉 (bd abcd) 3) 승 澠 증 蘂滕(膡) 4) 5) 층 騬 6)		승 乗鼀嵊(㽒) 3)	
	1) 華東脬 2) 千字文 친(?) 3) 訓蒙 틍승 又去聲車 ｜三韻·奎章증(玉 篇無증音)	4) 華東合 5) 玉篇증正合 cf. 上註 6) 華東合玉篇증正合	7) 訓蒙通作稱 8) cf. iəng³ (類合· 華東잉)	9) 訓蒙又音四

[曾:289-2]	蒸 -iəng¹	拯 -iəng²	證 -iəng³	職 -iək⁴
審 ś-				식 式拭飾 (bdf d) 식 識軾(栻) (bcd)
	승 升 (abcd) 승 昇陞勝 1)		승 勝 縢 (abcdj) 1) 승 藤	
禪 ź-				식 殖植 (bde) 식 寔湜埴 (b)
	승 承丞 (bcde)			
			1) 訓蒙이·릴승 ｜負又 優過也又戴 ｜.鳥名 又平聲塡也 類合 (土)이·릴又견딀승 平聲	

曾攝 B3500 三等乙開口 [曾:290]	平 声	上 声	去 声	入 声
	蒸 -iəng¹	拯 -iəng²	證 -iəng³	職 -iək⁴
莊 tṣ-				쥭 莭 츽 乑 츽 稷昃側 (bdf) 칙 昃 (ba²) (xxxx)
初 tṣʻ-				츽 測側㲋(廁) (de cf d) (xxxx)
牀 dẓʻ-				쥭 崱
山 ṣ-		合 殛		식 嗇穡 (b bd) 식 色濇 (abdf) (xxxx)
				1) 華東칙 2)廣韻作廁 千字文·書 経칙 易経칙(4·32·ᵗ) 又측(2·71·ʳ)華東·三 韻·奎章측

曾攝 B3300 三等甲開口 [曾:291]	平 声	上 声	去 声	入 声
	蒸 -iəng¹	拯 -iəng²	證 -iəng³	職 -iək⁴
精 ts-			증 甑	직 稷 (acd) (xxxx) 쥭 鯽 쥭 即喞唧(蝍) (+A bdf) (xxxx)
(清 tsʻ-				
從 dzʻ-	증 繒 1) 증 嶒 층 鄫 2)			쥭 堲 (b)

| 心 s- | | | | 식 息 bcdef |
| | | | | 식 熄腺(媳) |

1) 華東중三韻·奎章중
2) 華東중玉篇중正중

曾攝B3310 三等甲중口	平 声	上 声	去 声	入 声
[曾:292]	蒸 -ị$^{(w)}$əng^1	拯 -ị$^{(w)}$əng^2	證 -ị$^{(w)}$əng$^{'3}$	職 -ị$^{(w)}$ək^4
幫 p-	빙 冰 cd			벽 逼偪幅楅 1)2)3)4) 湢
滂 p'-	붕 掤(掤) d			벽 塳 5) 벽 愊楅副畐 6)7)7)
並 b'-	빙 砯 빙 凭馮憑溤 cd		빙 凭	벽 愎腷糒 8)9)9) 핍 (煏) 10)
(明 m-)	1) 類合=偪다ㄷ뢐핍又 音핍千字文핍華東핍 俗핍玉篇俗핍 2) 華東핍俗핍玉篇벽	正핍俗핍 3) 華東핍俗핍玉篇俗 핍 4) 華東핍	5) 華東핍玉篇벽正핍 6) 華東핍玉篇벽正핍 7) 華東핍 8) 華東핍玉篇벽正핍 9) 類合팍華東핍俗팍	玉篇벽俗팍 7) 華東핍玉篇벽正핍 10) 華東핍玉篇벽正핍 三韻·奎章벽

曾攝B3530 三等乙合口	平 声	上 声	去 声	入 声
[曾:293]	蒸 -ịʷəng^1	拯 -ịʷəng^2	證 -ịʷəng$^{'3}$	職 -ịʷək^4
曉 -x-				혁 洫侐(淢) d 역 閾

466 한국 한자음의 연구

				역 減[1]
(影··				역 域
羽 ƙ-				역 蜮惐棫緎 (減)

1) 廣韻況逼切疾流‖ 雨逼切又減波勢, 奎章역疾流‖혁仝 (洫)革東역疾流三 韻역仝. 詩経역 又 三韻혁＝洫

[通 攝]

通攝B4101 一等 開口	平 声	上 声	去 声	入 声
[通:294]	東 -ung¹	董 -ung²	送 -ung³	屋 -uk⁴
見 k-	공 公工功蚣 곰 玒귀缸(紅) 攻		공 貢 공 贛漬虹矼 ☒(贛塡鵤)	곡 穀轂谷 곡 穀設(軬槷 穀槷螢珏)
溪 kʻ-	공 崆 공 空箜崆椌 悾倥溿	공 孔 공 倥(空悾)	공 控 공 控倥空	곡 哭
(疑 ng-		1) 訓蒙·孝経共去声点、	2) 華東喜	3) 訓蒙又作穀 4) 訓蒙又作峪音-욕
[通:295]	東 -ung¹	董 -ung²	送 -ung³	屋 -uk⁴
曉 χ-	흥 (哄) 흥 烘箜	흥 嗊	흥 烘	흑 熇
匣 γ-	흥 紅虹鴻紅 烘洪(溄) 흥 鍃訌澒涬	흥 汞 흥 澒鴻	흥 閧 흥 哄(渒)	흑 榍 곡 穀觕彀
影 ʼ-	옹 翁螉鶲 옹 (鶲)	옹 塕 옹 蓊滃	옹 瓮罋 옹 雍罋	옥 屋 옥 剭(阿)
	1)集韻呼公切 2)訓蒙濂 ㅅ!위 흥俗作 洪發	시위나·다	3)華東作閧 4)訓蒙作罋	5)華東·玉篇俗 곡 6)類合곡 華東·玉篇俗 곡
[通:296]	東 -ung¹	董 -ung²	送 -ung³	屋 -uk⁴
端 t-	동 東蝀 동 涷蝀	동 蝀 동 董懂蕫	동 棟涷涷湩 동 (蝀)	

468 한국 한자음의 연구

透 tʻ-	동 通[bcef]	동 桶	동 痛	
	동 逪侗恫痌[bd]	동 桶		
				독 秃鵚
				독 詸
定 dʻ-	동 同童憧銅[abcdef bcdf d]	동 動[abcef]	동 峒衕[4)]	독 獨讀髑讀[bcde][5)cdf][6)]
	桐峒瞳[bd][4)]			犢牘韣瀆
				牘
	동 峒罿橦潼[1)]	동 桐(瞳洞)	동 洞恫調(動)[xxxx]	독 韣殰蕫犢[b]
	瞳橦酮鉰			匵瀆
	羵橦絧(戙)[2)]			
	膧膧軦)仝			
	동 筒箵[3)]		동 慟	

1) 華東音
2) 華東頭注云廣韻동
(廣韻他紅切無此字)
3) 華東동

4) 訓蒙뫼·동동 俗稱山
ㅣ通作洞又平聲崆ㅣ
山名

5) 華東독玉篇독正독
6) 訓蒙又去聲句ㅣ
7) 訓蒙독(無去声兵)

[通:297] 東 -ung¹ | 董 -ung² | 送 -ung³ | 屋 -uk⁴

泥 n-			농 齈[3)]	
來 l-	롱 𦉈籠聾嚨[1)]	롱 窿籠		록 祿鹿漉轆[abcde bcd][4) 5)]
				簏麓碌盝[bdb][7)]
	롱 籠朧瀧礱	롱 攏曨(驡)[2)]	롱 弄礱哢	록 漉睩瑔麗
	穬蘢櫳龍			碌盝谷摝
	欐瓏曨鑨			角(錄)穌(摝)
	(龐)			騄(角)[8)]

1) 訓蒙攏 廣韻注云亦
作攏
2) 華東作攏
3) 訓蒙(平声)
7) 訓蒙通作漉
8) 華東騄
4) 孝経독訓蒙녹녹千字文·書経녹
5) 類合·書経녹
6) 書経록(!)

[通:298] 東 -ung¹ | 董 -ung² | 送 -ung³ | 屋 -uk⁴

精 ts-	종 鬷鬆			족 鏃
	종 葼騣㚇豵[d dd]	종 緫㮇輗[3) 3)]	종 㯶椶(粽)	
	椶駿㷨㗇			

	平声	上声	去声	入声
	緵槭髮(㚇 椶嵸)			
	총 (總)	총 ^{bd}總摠傯(摠 傯傯摠縱)	총 傯	
清 *ts'-*	총 葱聰囱 ^{d bcde}			
	총 息璁驄(怱 怱匆)		총 謥憁	
從 *dz'-*				족 瘯族簇
				족 ^{bcd}族
	총 叢 ^{bc}			
	총 藂藂潫篬 (藂) ²⁾			
心 *s-*			송 送 ^{de}	今 速鯫鯨橀 ^{bcd d d} 遫凍(鯨遫)
	송 憁			
1)華東音 2)華東音	3)華東音			

通攝84111 一等開口	平 声	上 声	去 声	入 声
[通:299]	東 -ung¹	董 -ung²	送 -ung³	屋 -uk⁴
幫 *p-*		봉 琫菶(鞛蜯) ^d		복 卜 ^{bd 1)} 복 濮撲(轐) ^d
滂 *p'-*				복 醭 ^b 복 扑墣撲(擈)
並 *b'-*	봉 蓬篷 ^d 봉 莑芃艕(芃 ^d 逢蜂) ^d	봉 唪 ^d		복 僕 ^{cd} 복 暴曝瀑 ²⁾

明 m-	몽 曚矇			목 木沐 (abcdef d)
	몽 蒙冡濛曚 曚朦鸏懞 罞幪雺霧 朦(曚髳) (bcdf d)	몽 蠓濛懞(幪)	몽 霿	목 雹鶩霂森 (d d)
				1) 訓蒙접목·목
				2) 類合(去)又音목

通攝B4102 一等 開口	平聲	上聲	去聲	入聲
[通:300]	冬 -ong¹		宋 -ong³	沃 -ok⁴
見 k-	곡 攻 (acd)			곡 梏告 (c acd1) 곡 牿 (c)
溪 k-				곡 酷牿嚳(鵠) 2)
(疑 ng-				
曉 χ-				흑 熇
匣 γ-				흑 嚳 곡 鵠 (de 3)
影 ʾ-				옥 沃鋈 (bd d)
				1) 訓蒙(고)又入聲示也
				2) 類合·흑 華東·王篇俗 흑
				3) 類合·詩經·中庸·華 東곡 三韻·金韻흑
[通:301]	冬 -ong¹	腫 -ong²	宋 -ong³	沃 -ok⁴
端 t-	동 冬 (bdf) 동 鼕		동 湩 2)	독 篤竺督毒 (毒) (bcde 3)
透 tʿ-			통 統 (bc)	

	平声	上声	去声	入声
定 d'-	동 形 동 佟蓉憧彤			독 儱磇 둑 毒蝳
泥 n-	농 農膿 놈 襛穠			
來 l-				록 濼
	1) 類合·千字文롱	2) cf. tung³		3) 類合녹?
[通:302]	冬 -ong¹		宋 -ong³	沃 -ok⁴
精 ts-	종 宗		종 綜 종 猣	
(清 ts'-				
從 dz'-				
	종 賨琮悰漴 淙懵鬉			
心 s-			舍 宋	
			1) 類合(平聲)	

通攝B4112 一等開口	平声	上声	去声	入声
[通:303]	冬 -ong¹	腫 -ong²	宋 -ong³	沃 -ok⁴
幫 p-				폭 襆
(滂 p'-				
並 b'-				복 僕
明 m-			몽 霁+	

通攝 B4501 三等乙開口	平　声	上　声	去　声	入　声
[通:304]	東 -ǐung¹		送 -ǐung³	屋 -ǐuk⁴
見 k-	_{ad abcd bcd} 궁 弓躬宮 궁 躳躬¹⁾			⁴⁾ bd 국 菊鞠掬鵴 국 鞠菊鞠阢 菊踘
溪 k'-	d 궁 穹 궁 芎		궁 跨躬(曲) ·	b 국 麴 국 (麴曲)
羣 g'-	bcdef ²⁾ ³⁾ 궁 窮藭窮			국 麴踘
(疑 ng-				
	1)華東作躬 2)三韻·奎章作窮 3)三韻·奎章作藭			4)訓蒙·子흑국

通攝 B⁴⁵⁰¹ (4301) 三等甲開口	平　声	上　声	去　声	入　声
[通:305]	東 -ǐung¹(-ǐung¹)		送 -ǐung³(-ǐung³)	屋 -ǐuk⁴(-ǐuk⁴)
曉 x-				d bcd ⁴⁾ 흑 慉畜(搐)
影 ·-				bd 욱 燠柚 a d 욱 郁彧燠薁 d ⁵⁾ 澳隩棫(奧) +△
羽 ɦ-	d d 융 雄熊			욱 囿
甲 -ǐung				
喩 j-	d1) b2) ³⁾ ³⁾ 융 融肜瀜(融) +			bcdeb) d 욱 育毓鬻 욱 粥鬻堉⁷⁾ 욱 煜昱
	1)類合음華東俗음 2)華東·玉篇俗음·書経 음 3)華東·玉篇俗음	3)華東·玉篇俗음	6)千字文흑 7)華東흑	4)華東흑 5)詩経음·康熙又與燠 同

通攝B4301 三等甲開口	平声	上声	去声	入声
[通:306]	東 -įung¹		送 -įung³	屋 -įuk⁴
知 t̂-	듕 中 [abcdef 1)]		즁 中	듁 竹 [df 10)]
	튱 衷忠 [b 2)] [abcdef 3)]		츙 衷	튝 筑 [bd 11)] 츅 竺筑
徹 t̂-	츙 仲 [d]			츅 蓄稸薳(畜) [d 12)] [c 13)]
澄 d̂-	튱 蟲种冲 [bd 4)] [5)] [6)] 츙 沖蛊爐(冲) [bd 7)]		듕 仲(妯) [abde 8)] [9)]	듁 逐軸妯舳 [cf 14)] [d 15)] [16)] [16)] 杻碡 [d 17)] [18)] 츅 鱁筑薳
	1) 訓蒙·孝経·類合· 千字文·論語·書経· 易経·小学듕詩経· 中庸·華東·三韻· 奎章音 2) 訓蒙·書経튱華東 ·三韻·奎章音 3) 訓蒙·孝経·類合·千 字文·論語·書経·易 経·小学듕中庸·華 東·三韻·奎章音	4) 訓蒙·類合·書経 튱詩経·華東·三 韻·奎章音 5) 訓蒙冲주를튱(廣 韻种'稚也,或作 冲')華東·三韻· 奎章音 6) 書経튱	8) 類合·論語·書経 듕詩経·中庸·華東 ·三韻·奎章音 9) 康熙篇海直衆切音 仲 16) 華東·三韻·奎章音 17) 詩経·華東·三韻· 奎章音 18) 訓蒙·(듁)又音軸	10) 類合·小学듁詩経 華東·三韻·奎章츅 11) 類合·書経튝詩経· 華東·三韻·奎章츅 12) 類合·더튝듁; 13) 易経듁 14) 類合·千字文·易経 小学듁華東·三韻· 奎章츅 15) 類合·듁詩経·華東· 三韻·奎章츅
[通:307]	東 -įung¹		送 -įung³	屋 -įuk⁴
娘 n̂-				뉵 肭㤖忸朒 [b] (蝹蚴)
日 ńẑ- [1)]	슝 戎 [bcde 3)] 융 羢駥狨絨 (㲨)			슉 肉 [4)]
來 l-	륭 窿			륙 六 陸 [abcdef 5)] [bcd 6)]

474 한국 한자음의 연구

	룡 隆癃癅癃 cdf 2)		룍 嚛嚠樚穋 ab6) d 蔘螚傡
1)平声 華東音 入声 華東音	2)華東·三韻·奎章作癃 3)三韻·奎章·類合·千 字文·書経·易経·詩 経·中庸音		4)類合·三韻·奎章·육 5)書経·小学육 6)書経육

[通:308]	東 -iung¹		送 -iung³	屋 -iuk⁴
照 tś-	즁 죵 衆霙 abcde 終蟲 ××××	즁 衆 abcdf	죡 粥 2)
				죡 祝 abd
穿 tś'-	츙 茺 d 츙 充琉㤝 ××××	츙 銃 1) ××××	
				츅 祝 b
				슉 俶琡 bd ××××
(神 dź'-				슉 叔俶 abd d ××××
審 ś-				슉 儵倏朮
禪 ź-				슉 熟孰淑塾 b ae d f ××××××××
				슉 璹婌
			1)訓蒙호·통·츙 俗呼火 ㅣ又曰ㅣ筒.(音平声!) 現代中国音 ch'ung³ (廣韻䎩也·集鎮斎 穿也)現代朝鮮音 츙	2)訓蒙·죡·죡

通攝B4501 三等乙開口	平 声	上 声	去 声	入 声
[通:309]	東 -iung¹		送 -iung³	屋 -iuk⁴
(莊 tṣ-				
初 tṣ'-				측 齺齱 3) 4)

林 dz^-

山 ṣ-

종 崇 宻(㵯) bcdef 1) 2)			슉 縮菆龐翍踔 슉 謖 5) 6) 7)

1) 類合·書經·易經·詩經·中庸·小学·華東皆音 玉篇音正音

2) 華東音 玉篇音正音

6) 華東俗音

3) 華東音玉篇音正音
4) 華東音
5) 類合·詩經音·華東·玉篇俗音
7) 華東·玉篇俗音

通攝B4301 三等甲開口	平 声	上 声	去 声	入 声
[通:310]	東 -i̯ung¹		送 -i̯ung³	屋 -i̯uk⁴
精 ts-				즉 璺跾蛓䪿 顑蹴 d
(清 tsʻ- (從 dzʻ- 心 s-	숑 嵩松娀(鵞) d d 1) 송 馘菘 2) 2)			슉 蕭䓘凤 슉 宿鷫驌龐 鱐 bde bcdef 3) bdf
	1) 詩経音華東·玉篇俗音 2) 華東音三韻·奎章音			3) 千字文音슉

通攝B4511 三等乙開口	平 声	上 声	去 声	入 声
[通:311]	東 -i̯ung¹		送 -i̯ung³	屋 -i̯uk⁴
幫 p- (非 f)			뵥 福腹幅輻 蝠 복 複葍鍑輹 福(復) bcde4)cd cd +o f d d	
	퐁 風楓(䳨) bcdef 1) +o▵		퐁 諷	

	풍 颿(凬)○△		풍 風	
滂 pʻ- (敷 fʻ-)			봉 䫻 3)	복 蝮 bcde 복 覆副 ××××
	풍 豐 bcd 풍 酆豐灃夑豐 (鬵靈)			
並 bʻ- (奉 vʻ-)	봉 汎		봉 鳳	복 服 鵬 䐁 復 abcdef 5) abcd 복 伏 處 狀 馥 bde 鞴 澓 沃 箙 璅 蔔 狀(狄 坱冭) d
明 m-	풍 馮渢		몽 夢 b 몽 寢曹(懜) abde	목 目 睦 首 牧 abcdf bf bcd (簪) 목 穆繆
	몽 曹夢懜(懜) 2)			

1) 訓蒙:새:매몽. 詩経 晨風之風
2) 類合(亦)懜

3) 華東作昍

4) 訓蒙:목.목
5) 訓蒙作蔔 類合蔔蔔
6) 訓蒙다와.가.목(康熙 無此字,暫寄於兹)

通攝B4502 三等乙開口	平 声	上 声	去 声	入 声
通:312	鍾 -i̯ong¹	腫 -i̯ong²	用 -i̯ong³	燭 -i̯ok⁴
見 k-	공 恭 abcdef 공 龔供共	공 拱 공 䡋碧嵏珙 栱 c 1)	공 供	국 鞏搗拳(捧 楬)
溪 kʻ-	공 蛩簋 +o	공 恐 abcde 공 恐	공 恐	곡 曲(蚰胊) bdef 2) 곡 䶵 +o

羣 g'-	꽁 筇蛬			
	꽁 蛩邛玒(銎)		꽁 共	
				국 局
				국 跼
疑 ng-				옥 玉獄
	옹 顒喁(噑)			옥 (鈺)

1) 類合ゃᅌ

2) 訓蒙 오·옴·쾅(不明. 暫寄於玆)
3) 訓蒙·옥·옥
4) 訓蒙·옥·옥

通攝B 4502 (4302) 三等甲開口	平 声	上 声	去 声	入 声
[通:313]	鍾 -i̯oŋ¹(-i̯oŋ¹)	腫 -i̯oŋ²(-i̯oŋ²)	用 -i̯oŋ³(-i̯oŋ³)	燭 -i̯ok⁴(-i̯ok⁴)
曉 x-	흉 胷			
	흉 凶洶恟說	흉 洶詢兇(訩)	흉 (呴)	
	兇訩匈(詾 呴瓾)			
				욱 旭
				욱 頊勖(勖)
影 ·-	옹 饔鷱癰		옹 壅	
	옹 邕雍噰喁 灉癕雝雝	옹 擁雍	옹 雍灉(鞧祵)	
甲 -i̯oŋ, -i̯ok				
喻 j-	용 容墉鎔傭	용 勇涌甬踊 蛹	용 用	욕 浴谷
	용 溶庸鏞廊 蓉瑢公頌戜 (榕)	용 恿惝埇俑 (湧叟踊簫 桶)		욕 欲鵒慾

1) 訓蒙·용(康熙又巻上 聲.戰國策夫癰疽癰 腫肬疾.釋文癰委勇 反)
2) 訓蒙作踊
3) 訓蒙·모·욕·욕
4) 訓蒙·(퐉)又作峪音 ·욕
5) 類合一作慾

通攝B4302 三等甲開口	平 声	上 声	去 声	入 声
[通:314]	鍾 -i̯ong¹	腫 -i̯ong²	用 -i̯ong³	燭 -i̯ok⁴
知 t̂-		둉 塚 ²⁾ bd 3) 츙 冢		쥭 瘃斸斸钃 ⁶⁾
徹 t̂ʻ-		둉 寵 bc4)		쥭 丁 ⁷⁾
澄 d̂ʻ-	츙 傭		츙 褧	튝 (蠋) 쥭 躅躑(趗)
	쭁 重橦蟽(銅) ¹⁾	둉 重 abcdef 5)	쭁 重	
	1) 類合 어러분둉(平)	2) 華東·三韻·奎章音 3) 書経둉 詩経츙 4) 類合·千字文·書経 ·易経둉 華東·三 韻·奎章音	5) 類合·千字文·論語 ·書経·易経·小学 둉 詩経·中庸 華東 ·三韻·奎章音	6) 華東쥭 7) 華東쥭 8) 訓蒙·튝 쥭 蠋 1集 韻厨玉切 9) 類合·易経튝
[通:315]	鍾 -i̯ong¹	腫 -i̯ong²	用 -i̯ong³	燭 -i̯ok⁴
娘 n̂-	눙 醲 d1) d 농 濃襛穠禯			쇽 辱褥 ad3) 4)
日 n̂ʐ-	용 茸	용 宂㮆唇黇(茸) b		욕 蓐蓐鄏縟溽
來 l-	룡 龍 bcde 룡 龍 巃 2)	룽 壠 룡 隴(龍)		룍 綠 d 룍 錄淥鵱騄 菉籙磟
	*) 華東平上去 용 入声욕	1) 類合룽 2) 華東룽		3) 孝経諺解 20·9·룍 을 4) 訓蒙 뇨·욕

[通:316]	鍾 -iong¹	腫 -iong²	用 -iong³	燭 -iok⁴
照 tś-	죵 鍾鐘	죵 腫種踵	죵 種	
				쵹 燭
				쵹 屬曯噣(屬爥)
穿 tś'-				쵹 觸
				쵹 歜
	츙 衝衡衝憧 轞穜稦			
神 dź-				쇽 贖
審 ś-	숑 舂			
	숑 椿踳惷(鰆)			
				쇽 束
	쟝 鱪			
禪 ź-				쇽 屬
				쇽 蜀轈襡璹(蠋)
		죰 尰瘇		
	용 鰫慵(廭)			

1) 易経동 華東·玉篇俗용 동
2) 類合·詩経용 華東·玉篇俗용
3) 華東·玉篇俗용
4) 華東俗용
5) 華東·三韻·奎章숑 華東頭注云洪韵쟝 東俗쟝玉篇숑俗쟝
6) 華東용 三韻曰毋

7) 訓蒙시을죵 俗稱ㅣ 田又上聲 삐용俗稱 撒ㅣ삐셰·타 類合 시을죵又삐죵(何れ 리上聲)
8) 詩経흉(12·14·オ)三 韵照·毋

9) 類合·千字文旦들쇽
10) 書経·華東쵹玉篇正쵹
11) 華東쵹玉篇쇽正쵹 奎章·玉篇作鞼
12) 華東·三韻·奎章作 襡華東·三韻쵹
13) 華東쵹
14) 詩経·華東쵹玉篇正쵹

[通:317]	鍾 -iong¹	腫 -iong²	用 -iong³	燭 -iok⁴
精 ts-	죵 蹤			죡 足
	죵 縱(樅嵷)	죵 (嵷)	죵 縱	

清 tsʻ-	촁 樅鏦從瑽 (d1)(2)(3) (從)			쵹 促(趣數)
從 dzʻ-	죵 從 (abcdef)		죵 從	
心 s-	숑 蚣淞鬆髮 (5) (蚣)(4)	숑 悚竦鎪擻 (6)(d)(7) 숑 駷 (8) 죵 從		슉 粟 (abd) 슉 涑倐
邪 z-	숑 松 (abd)		숑 頌誦訟 (d)(d↑)(abcd9)	슉 續俗 (bcd)(bc↑) 슉 黃 (d)

1) 詩経·華東죵王篇正
  죵
2) 華東죵王篇죵正죵
3) 華東죵
4) 華東죵
5) 三韻숑
6) 千字文숑
7) 類合용華東·王篇
  俗용
8) 三韻·奎章숑
9) 訓蒙숑

通攝B4512 三等乙開口	平声	上声	去声	入声
[通:317a]	鍾 -ï̯ong¹	腫 -ï̯ong²	用 -ï̯ong³	燭 -ï̯ok⁴
幫 p- (非 f-)	봉 封鞏鞌對 (abd)(d)	봉 覂泛	봉 鞌封	
滂 pʻ- (敷 fʻ-)	봉 峯鋒丰蜂 (d) 烽 봉 鑾夆 1)	봉 捧		
並 bʻ- (奉 vʻ-)	봉 縫 (d)(d) 봉 逢夆(湮)	봉 奉 (cd)	봉 俸幢縫	복 樸 복 樸

1) 三韻·奎章作熢

止攝B6301 三等甲開口	平声	上声	去声	入声
[止:318]	支 $-\ddot{\imath}\ddot{\imath}e^1$	紙 $-\ddot{\imath}\ddot{\imath}e^2$	寘 $-\ddot{\imath}\ddot{\imath}e^3$	
見 k-		기 枳		
溪 k'-		기 企跂 3)d	기 企跂蚑	
羣 g'-	기 歧	기 衹示岐底 bcd 蚑軝芪跂 d 2) 蚔伎 +△		
(疑 ng-				

1) 華東底 디(華音 디)
2) 華東 지
3) 類合(又)跂

止攝B6501 三等乙開口	平声	上声	去声	入声
[止:319]	支 $-\ddot{\imath}\ddot{\imath}e^1$	紙 $-\ddot{\imath}\ddot{\imath}e^2$	寘 $-\ddot{\imath}\ddot{\imath}e^3$	
見 k-	긔 羈 긔 畸羇奇	긔 掎剞 d	긔 徛 4) +△ 긔 寄
溪 k'-	긔 踦(鼓) 긔 危攲崎嶬 (榿)	긔 綺 ×××	
羣 g'-	긔 騎 1) 긔 奇琦碕錡 (埼隑崎) +△	긔 錡 d 긔 埼	긔 騎 1) 긔 芰 5)
		긔 技妓 b 긔 伎 d	
疑 ng-	의 儀 abdef 2) ××××	의 蟻 3)	의 義 abcef ××××

| | | | 의 宜鵜漄崖
(麗)
+의 | 의 螘錡嶬艤
犠轙 | acde
의 議誼 | |
| | 1)訓蒙들긔又去聲馬軍
2)類合의긔 | 3)訓蒙亦作螘類合(又)
螘 | 4)訓蒙긔(平声)
5)華東俗긔玉篇(俗긔) | |

止攝B 6501 (6301) 三等重開口	平 声	上 声	去 声	入 声
[止:320]	支 -ïie¹(-ïie¹)	紙 -ïie²(-ïie²)	真 -ïie³(-ïie³)	
曉 χ-			흐 戲 bd	
	bd b 희 犠義巇戲 曦(犧) +의 xxxx			
影 ˙-		d3) 의 椅		
	의 漪猗椅旑 樟歌	be d 의 倚猗旑	의 倚	
甲 -ïie (曉 χ- 影 ˙-			의 縊 4)	
喩 j-	이 移槬廖匜 1) 이 施詑瓺迤 b,2) 酏虵虵(訑 施虵) d	이 酏迤匜肔 崺(迤)	abcdef 이 易傷肔(施)	
	1)廣韻作槬 2)廣韻作迤	3)訓蒙교의(支椅)의	4)華東이(華音이)玉 篇(俗의)	

止攝B 6301 三等甲開口	平 声	上 声	去 声	入 声
[止:321]	支 -ïie¹	紙 -ïie²	真 -ïie³	
知 t̂-	디 知蜘 abcdef1) 2) xxxx		디 智 bj 10) 지 (知)	
徹 t̂ʰ-	치 螭			

澄 ḏ-	치 摛螭魑灑[3)3)3)3)]		
	디 池[bd4)]		
	지 [d5)]廌跢(箷)		
	티 馳[d6)]		
	치 䭾[7)]	치 豸�搋陊杝[8)c9)d] 阤鴟	치 (䭾)[d]

1) 類合·千字文·論語·書経·易経·小学디詩経·中庸·華東·三韻·奎章지
2) 類合디華東·三韻·奎章지
3) 華東·玉篇俗리
4) 類合·千字文·書経디詩経·華東·三韻·奎章지
5) 類合디
6) 類合디ㄷ千字文티詩経·華東·三韻·奎章지
7) 玉篇(俗체)
8) 類合티
9) 易経테華東俗체
10) 訓蒙·디·헷디類合·書経·小学디華東·三韻·奎章지

[止:322]	支 -iie[1]	紙 -iie[2]	眞 -ĭie[3]
娘 ń-		니 旎	
日 ńź-		싀 爾通[abcdef6) bcde7)]	
		이 尒迩[2)]	
	슈 兒[d1)]		
	ㅇ 呪[2)]		
來 l-	리 籬璃(箷籭)[3)4)]	리 邐巁	리 詈離[d]
	리 離醨慄䍦[bcde5)d] 鸝縭襹蘺 霾离蘿欐[cd] 蠡孋漓灕 攡曬蠃(盠 縭)		리 荔

1) 類合슈ㅈ千字文ㅇ華東ㅅ注曰華本싀音今俗音ㄴㄹㄹ音皆做此 詩経·三韻奎章이
2) 華東싀
3) 訓蒙쥬빗리
4) 華東싀 類合·論語·書経·易経·詩経·中庸·小学及三韻·奎章이 訓蒙亦作尒
5) 華東싀 類合·其他이
6) 華東레玉篇리ㅍ레
7) 訓蒙·尓·리리俗呼 爾|cf.廣韻爾字注曰尒邇…
8) 書経니

[止:323]	支 -iie¹	紙 -iie²	眞 -iie³	
照 tś-	지 肢柂(榰)枝	지 咫		
		지 紙		
	지 支胑提氏 鵄椿	지 只坁軹枳 抵砥(柢疧)	지 忮觶	
	치 厄		치 真	
穿 tśʻ-	치 眵	치 侈		
神 dź-		시 禗虒(咶) 뎨 舐		
審 ś-	시 絁 시 施施覘	시 豕 이 弛	시 翅 시 施啻	
禪 ź-	시 匙(鍉) 시 提題禔	시 是 시 氏 시 諟(衹)	시 豉	

1) 訓蒙ㅅ짓지
2) 訓蒙지짓지 華東지 俗치 三韻·奎章 치
3) 玉篇(施戚施俗이)
4) 集韻常支切
5) 訓蒙本作帋千字文作紙
6) 華東作坁
7) 華東作砥
8) 華東·玉篇俗디
9) 華東시 俗디 三韻· 奎章시 廣韻·三韻· 奎章作紙
10) 訓蒙正音始 類合· 俗이 三韻·奎章시
11) 華東지
12) 華東·玉篇지俗기
13) 華東·玉篇지俗치
14) 易経티 詩経치(1·3 ㅎ)지 (12·21·ㅈ)華東 지俗치
小学이 華東·玉篇시

止攝B6501 三等乙開口	平 声	上 声	去 声	入 声
[止:324]	支 -iie¹	紙 -iie²	眞 -iie³	
(莊 tṣ-				

初 *ts'-*	치 差嵯[d1)]			
(牀 *dz'-*				
山 *ṣ-*	싀 釃徙[d2)][3)]			시 屣
	싀 躧[4)]			
	ㅅ 簁	ㅅ 躧韆纚縰[5)]		
		鞭屣徙(徙)		

1) 詩経치 (参差荇菜1·1
·オ)但又치 (差池其羽
2·4·オ)康熙同音
2) 華東시俗싀
5) 華東·王篇ㅅ俗싀
3) 華東싀類合(又)篩
ㅅ三韻·奎章ㅅ
4) 華東·王篇ㅅ俗싀

止攝B6301 三等甲開口	平聲	上聲	去聲	入聲
[止:325]	支 -iie¹	紙 -iie²	寘 -iie³	
精 *ts-*	ㅈ (觜)[1)]	ㅈ 紫		
	ㅈ 訾頿些酇觜	ㅈ 訿些呰跐批	ㅈ 積	
清 *ts'-*		ㅊ 此[bcdef]		
		ㅊ 佌玼泚[d][d][d3)]		
	ㅈ 雌[d]		ㅊ 刺[5)]	
			ㅊ 刾刺諫	
		ㅵ 跐[+△]		
從 *dz'-*	ㅈ 疵骴[b]			
	ㅈ 玼跐		ㅈ 漬呰骴齜	
			(眦)	
心 *s-*	ㅅ 鵝[acdef]	ㅅ 壐	ㅅ 賜[a4)]	
	ㅅ 斯虒霹磃	ㅅ 徙壐[4)]		
	(廝澌)[2)]			
	싀 廝			
	싀 澌			

1)『廣韻』顯字注曰俗作
　髭
2)『華東』쓰
3)『詩経』華東不王篇
太正不
4)『王篇』(俗쉬)
5)『訓蒙』가·싀·지 不辣芒
亦作棘通作刺
6)『類合』치『華東』지王篇
不正지 (俗치)

止攝B6311 三等甲閉口 [止：326]	平声 支 $-i^{(\omega)}ie^1$	上声 紙 $-i^{(\omega)}ie^2$	去声 眞 $-i^{(\omega)}ie^3$	入声
幇 p-	비 畢(尽) 비 稗箄裨痺 錍	비 箄臂 비 得傳	비 臂	
滂 p'-		비 諀庀仳	비 譬	
並 b'-	비 睥 비 陴埤裨郫 紕	비 螕 비 庳	피 (辟) 피 避	
明 m-	미 獼 미 彌粟采嬰 瀰(麋)	미 弭瀰 미 洠芈敉(彌)		

1)『訓蒙』구무·비『康熙正
字通』布非切音畢女
子陰
2)『訓蒙』亦作膍膍

止攝B6511 三等乙閉口 [止：327]	平声 支 $-i^{(\omega)}ie^1$	上声 紙 $-i^{(\omega)}ie^2$	去声 眞 $-i^{(\omega)}ie^3$	入声
幇 p-	비 碑羆 피 陂 피 詖	피 彼 피 髀儷	비 賁 피 彼詖陂跛	
滂 p'-	피 鈹 피 披旇破	피 玻披	피 帔	

並 b'-	피 疲疲 ××× 피 罷	피 被 bd 피 (骴)	피 鞁髮 6) 피 被(骸)	
明 m-	미 麋麋 미 麋靡 靡釀 ×××× × (糜)	미 靡		

1) 訓蒙빗비
2) 訓蒙옹·당·이피 蓄水 爲丨 又音坡不平也
3) 廣韻作麋
4) 華東비三韻·奎章 滂母
5) 華東·三韻·奎章鞤 母
6) 三韻·奎章비

止攝B6331 三等甲合口	平 声	上 声	去 声	入 声
止:328	支 $-i^{w}ie^1$	紙 $-i^{w}ie^2$	寘 $-i^{w}ie^3$	
見 k-	규 萑[1)] 규 規摫崣[2)] ××××			
溪 k'-	규 窺[2)] 규 闚[c 2)]	규 跬[2)] 규 頍[d 3)]		
(羣 g' (疑 ng-				

1) 訓蒙·졉동쌔규俗呼 子丨通作規華東刊 (俗규)
2) 華東刊(俗규)
3) 華東刊(俗규)詩経 기

止攝B6531 三等乙合口	平 声	上 声	去 声	入 声
止:329	支 $-i^{w}ie^1$	紙 $-i^{w}ie^2$	寘 $-i^{w}ie^3$	
見 k-		궤 攱鶺[d] 궤 詭垝祪佹[d 2)] 庪[+o] 기 庋 기 庪	괴 (劾)[4)]	
	규 嬀潙[b 1)]			

溪 k'-				
	규 麜(虧)$^{bcd2)}$			
羣 g'-		궤 跪$^{3)}$		
疑 ng-	위 危^{bce}			
	위 峗	위 硊頠	위 僞	
	의 厜			

1) 書經위(1·7·ㄱ)華東
   귀俗규
2) 類合·千字文·書經·
   易經·詩經亨華東
   귀俗亨玉篇규俗亨
3) 華東귀俗궤
4) 華東기玉篇괴正기

止攝B6331 三等甲合口	平 声	上 声	去 声	入 声
[止:330]	支 $-i^\omega ie^1$	紙 $-i^\omega ie^2$	寘 $-i^\omega ie^3$	
曉 χ-	휴 觿$^{1)}$			
	휴 隳$^{1)}$隳$^{1)}$眭$^{2)}$			
影 ·-			훼 恚$^{3)}$	
(喩 j-)				

1) 華東휴(俗휴)
2) 華東휴頭注曰 1 陽
   휘仰日휘)
3) 類合의華東휘俗에
   三韻·奎章匣毋玉篇
   휘俗에

止攝B6531 三等乙合口	平 声	上 声	去 声	入 声
[止:331]	支 $-i^\omega ie^1$	紙 $-i^\omega ie^2$	寘 $-i^\omega ie^3$	
曉 χ-		훼 毀$^{2)}$燬$^{d\ 3)}$	훼 毀$^{6)}$	
		훼 譭烜(烓)$^{4)\ 4)}$		
	훠 麾撝(戲)$^{bd\ c}$			
影 ·-			위 餧$^{7)}$	
	위 逶萎矮倭$^{1)\ d}$ ^{d}	위 委骩^{d}	위 (委骩)	
	위 委			
羽 fi-	위 爲^{abcdef}			
	위 潙	위 蔿鄬闠遠$^{5)}$	위 爲	

	1) 類合의ㅑ	2) 華東引俗引千字文 회ㅑ	6) 華東引	
	4) 華東引俗引 5) 玉篇됴正위	회ㅑ 3) 華東引俗引詩経혜 (1·11·�8)	7) 訓蒙作鑀머·긴위正 作鑀俗作喂	

止攝B6331 三等甲合口	平 声	上 声	去 声	入 声
[止:332]	支 $-i^wie^1$	紙 $-i^wie^2$	真 $-i^wie^3$	
(知 $\hat{t}$-				
(徹 $\hat{t}$'-				
澄 $\hat{d}$-				
	쥬 鬠甄		듀 錘 쥬 縋腿硾(磓)	
娘 $\hat{n}$-			뇌 諉	
日 $\hat{nz}$-		:예 蘂 예 蕊蘂(榮)		
	위 痿			
來 l-			류 累	
	리 蠃	류 絫累樏藟		
	1) 華東引(俗쥬) 2) 華東引(俗리)	3) 華東위俗예 4) 華東위 5) 華東됴(俗듀) 6) 書経듀華東引(俗듀)	7) 華東引俗퇴 8) 華東위注云集韻위 玉篇뇌正위 9) 華東뤼	
[止:333]	支 $-i^wie^1$	紙 $-i^wie^2$	真 $-i^wie^3$	
照 $\hat{ts}$-		췌 搥箠 쥬 (槌箠錘)	쥬 惴	
穿 $\hat{ts}$'-	츄 吹炊 쥐 (歙)		쥬 吹	

490 한국 한자음의 연구

(神 dẓ-

(審 ś-

禪 ź-

	牀 ⊥ 陲 侲 ^bcd3) 3) 3)	牀 菫 ^6)	牀 瑞 ^b8) ⊼ 睡 ^9)	
	1)訓蒙·불츄又去聲鼓ㅣ類合·千字文·三韻·奎章췌華東췌(俗쥬) 2)類合쥬華東췌(俗쥬)三韻·奎章췌 3)華東췌(俗쥬)	4)華東췌(俗쥬)三韻·奎章쥬 5)華東췌(俗쥬) 6)華東췌(俗쥬)注云唐韻쉬	7)詩経췌(12·6·ウ)又쳬(6·23·オ)華東·玉篇췌俗쳬 8)類合·書経서華東췌(俗쥬)俗서玉篇쥬俗서 9)類合·三韻·奎章쥬華東췌(俗쥬)	

止攝B6531 三等乙合口	平 声	上 声	去 声	入 声
[止:334]	支 $-i^{\sim w}ie^1$	紙 $-i^{\sim w}ie^2$	寘 $-i^{\sim w}ie^3$	
莊 ṭṣ-	仄 劑			
初 ṭṣʻ-	최 衰			
		췌 揣 ^1)		
(牀 dẓ-				
(山 ṣ-		1)類合췌華東췌(俗쥬)今音췌		

止攝B6331 三等甲合口	平 声	上 声	去 声	入 声
[止:335]	支 $-i^{\sim w}ie^1$	紙 $-i^{\sim w}ie^2$	寘 $-i^{\sim w}ie^3$	
精 ts-		췌 (嘴) ^3) 췌 觜 ^4)		
	齊 厜 ^1)			
(清 tsʻ-				

	平 声	上 声	去 声	入 声

(從 dz'-
心 s-

邪 z-

　　　　　佘 髓[2)]
　　　　　佘 巂瀡[2)]

佘 隨隋[bc 1) 2)]
　　××××

1) 華東韻(俗奇)　　3) 華東·三韻·奎章韻
2) 華東韻(俗佘)　　4) 類合韻

止攝B6302 三等甲開口	平 声	上 声	去 声	入 声
[止:336]	脂 $-\underset{.}{i}i^1$	旨 $-\underset{.}{i}i^2$	至 $-\underset{.}{i}i^3$	

(見 k-
溪 k'-

群 g'-

기 棄弃[abcd 2)]

기 髻耆[bd 1)]
기 鰭[d]
긔 祁[d]

1) 詩經 기 (20·14·ㅈ 耆
而艾)又지 (16·18·ㅇ
上帝耆之)

2) 類合(又)弃

止攝B6502 三等乙開口	平 声	上 声	去 声	入 声
[止:337]	脂 $-\underset{.}{i}i^1$	旨 $-\underset{.}{i}i^2$	至 $-\underset{.}{i}i^3$	

見 k-

긔 肌

긔 飢[bd]
　××××

긔 冀覬覬槩[b]
驥懀

궤 机[c]
궤 几麂[d 1)]

溪 k'-

긔 嶏

群 g'-

긔 跽

긔 器[abce]
　××××

			疑 ng-	
			ㄱㅣ 曁洎坦堅(饒) [b2) 3) 3) d4)]	
			의 劓 [bc]	
	1)華東ㄱㅣ俗ㄱㅔ	2)書經·華東ㄱㅔ 3)華東ㄱㅔ玉篇ㄱㅣ正ㄱㅔ 4)詩經·華東ㄱㅔ		

	平声	上声	去声	入声
[止:338]	脂 $-ii^1$, $-ii^1$	旨 $-ii^2$, $-ii^2$	至 $-ii^3$, $-ii^3$	
曉 x-			ᄒᆞᅵ 鼼屓(咥) ‖ 豷瘈 [2) d]	
影 ˙-			ᄋᆞᅵ 懿饐撎 [abcd 3)]	
甲 $-ii$				
曉 x-	히 屎(吘) [d 1)]			
影 ˙-	이 伊蛜 [bd]			
	이 吚㖿(㘀)			
喩 j-	이 姨夷 [d abcde]			
	이 彝寅峓恞 尼瘐陳羨 桋胰鮧侇 跠洟(侇) [bdf] [d] [c]		이 肄勖隶 [d)]	
	1) 華東注云矢曰華△ 東ㅣ		2)廣韻虛器·許位二切. 鼼·屓虛器切.豷瘈 許位切.韻鏡鼼三 等·吘四等.鼼·吘 廣韻同音 3)華東에	

자료음운표 493

止攝B6302 三等甲開口	平 声	上 声	去 声	入 声
[止:339]	脂 -ii¹	旨 -ii²	至 -ii³	
知 ȶ-	지 胝舐		지 懫疐躓頴⁵⁾ᵈ⁶⁾⁶⁾⁶⁾ 輊鷙懥筫⁷⁾ ᄐ|致ᵃᵇᶜᵈᵉᶠ⁸⁾ xxxx	
徹 ȶʰ-	ᄐ|絺ᵇᵈ¹⁾ 치 郗絺瓻			
澄 ȡ-	디 墀²⁾ 지 坻泜遲蚳³⁾ᵈᵃᵇᶜᵈ 貾			
		ᄐ|雉ᵇᶜᵈ⁴⁾ 치 澭雉(泜)	ᄐ|稚⁹⁾ 치 緻遟穉治⁴⁰⁾ᵈⁱ 坁	
定 d-			디 地ᵇᶜᵉ¹¹⁾ xxxx	
	1)書経ᄐ|詩経·華東· 三韻·奎章지 2)華東·三韻·奎章지 3)類合·論語·書経· 易経디	4)類合·書経·易経ᄐ| 詩経·華東·三韻· 奎章지	5)華東치·王篇지(俗치) 6)華東치 7)華東치·王篇지·正치 (俗치) 8)類合·千字文·論語· 書経·易経·小学ᄐ| 詩経·中庸·華東· 三韻·奎章치	9)訓蒙亦釋·類合ᄐ| 華東·三韻·奎章치 10)類合ᄐ| 11)孝経九見皆去·訓 蒙同.
[止:340]	脂 -ii¹	旨 -ii²	至 -ii³	
娘 ń-	니 尼ᵉ 니 怩跜(旎)	니 柅ᶜ	니 膩	
日 ńz-			ᅀ| 二貳樲ᵃᵇᶜᵈᵉᶠ³⁾ᵃᵇᶜᵈᵉ³⁾	
來 l-	리 梨蜊 리 黎藜犂(蟍)ᵇ¹⁾	리 履ᶜᵈ²⁾ xxxx	리 利痢ᵃᵇᶜᵈᵉᶠ⁴⁾ 리 茘涖覼ᶜᵈ (莉俐)	
	1)書経니	2)易経리(3·14·オ)又 니(1·20·ウ)	3)華東ᅀ|類合·千字文· 経書諺解·三韻·奎 章이	4)類合니喜니書経 니 5)易経니

[止:341]	脂 -ii¹	旨 -ii²	至 -ii³	
照 tś-	지 脂(枝¹⁾) 지 祇砥泜 ˟˟˟⁺△	지 旨 指砥 ᵇᵈ³⁾ᵃᵇᵈ 지 底(者)	지 至 ᵃᵇᶜᵈᵉ 지 摯贄鷙 ᵇ	
穿 tś'-	치 鴟 ᵇᵈ 치 胵。			
			·딜 痓 ⁺◦△	
神 dź'-			·시 示 ᵃᵉ ˟˟˟ 시 諡謚。	
審 ś-	시 鳲屍 ᵈ²⁾ 시 尸蓍 ᵇᶜ ᵈᵉ	시 矢屎 ᵃᵇᶜᵈ ⁴⁾ ˟˟˟		
禪 ź-		시 視 ᵃᵇᶜᵈᵉᶠ⁵⁾ 시 眡。	시 醋視眎 ·기 嗜 ᵇᵈ⁶⁾	
	¹⁾訓蒙연짓연亦作胴 脂 ²⁾訓蒙通作尸	³⁾小學디 ⁴⁾訓蒙作屎시…通 作矢集韻齒剡視切 或作屎眉屎屎通作 矢 ⁵⁾訓蒙亦作眡	⁶⁾類合(又)者기.書経 ·詩経기華東·玉篇 시俗기 三韻·奎 章시	

止攝B6502 三等乙開口	平 声	上 声	去 声	入 声
[止:342]	脂 -ïi¹	旨 -ïi²	至 -ïi³	
(莊 tṣ-				
(穿 tṣ'-				
(牀 dẓ-				
山 ṣ-	ᄉ 師獅蛳 ᵃᵇᶜᵈᶠ¹⁾ ᄉ 篩。			
	¹⁾訓蒙ᄉ짓ᄉ			

止攝B6302 三等甲開口	平 声	上 声	去 声	入 声
[止:343]	脂 $-ii^1$	旨 $-ii^2$	至 $-ii^3$	
精 $ts-$	즈 資姿 즈 咨粢齎諮 濱齋(齊越) 지 齏	즈 姊 즈 秭	즈 恣	
清 $ts'-$			츠 次佽絘	
從 $dz'-$	즈 瓷蓥 즈 茨蒺薺		즈 自	
心 $s-$	스 私	스 死	스 四 스 肆柶泗駟	
邪 $z-$		스 兕		

1) 玉篇 즈俗지
2) 訓蒙 지ㄷ(지?)
3) 訓蒙 즈석 즈
4) 訓蒙 츠ㅁ지
5) 詩経 즈(19·22·ㅈ)又지 (19·11·ㅈ)
6) 詩経·華東ㅅ) 玉篇 스正시
7) 訓蒙書式作肆

止攝B6312 三等甲閤口	平 声	上 声	去 声	入 声
[止:344]	脂 $-i^{(\omega)}i^1$	旨 $-i^{(\omega)}i^2$	至 $-i^{(\omega)}i^3$	
幫 $p-$		비 匕妣 비 比枇(妣) 피 枇	비 痹畀庇比	
滂 $p'-$			피 屁 비 糒	
	비 紕誰	비 (批)		
並 $b'-$	비 毗琵膍鈚 비 毗比槐貔 蚍枇鮍舭		비 鼻 비 比枇秕(紕庳)	

明 *m-*			口| 寐 ^{d †6)} ×××	

1)訓蒙·비 핫비 類合   2)書經·華東·三韻·奎   3)類合(又)此
  비 파비   章비   4)訓蒙(平声)
                                                          5)訓蒙·빙·키비 俗稱放
                                                            ㅣ亦作𣱷通作屄

5)類合·千字文·詩経·小
  学口 華東·王篇口
  俗口 三韻·奎章口

止攝B6512 三等乙開口	平　声	上　声	去　声	入　声
[止：345]	脂 -ĭ^(ω)i¹	旨 -ĭ^(ω)i²	至 -ĭ^(ω)i³	
幫 *p-*	비 悲 ××××	·비 鄙 ^b 비 啚痞(否) ¹⁾	비 轡 ^d 비 柲㲄閟袐 ^{bd bd} 泌鄪費(秘)	
滂 *pʻ-*	비 怌佂秠駓 ^{b bd d d} 秠 [○] 피 鈚 [○]	비 嚭秠	비 濞	
並 *bʻ-*	비 邳	비 否 ^c 비 圮 ^{b 2)}	·비 備 ^{bcd} 비 奰糒鞴鼻	
明 *m-*	口 眉湄麋 ^{d d d} 口 嵋楣徽麋 ^d 郿	口 美 ^{acd} ×××× 口 媺渼	口 媚魅彲 ^{ad 3) 4)}	

1)類合·사오나올비   3)類合口 華東·王篇口
2)類合·書経ㅂㅣ華東ㅂㅣ   俗口·現代語魅力매
  俗ㅂㅣ三韻·奎章ㅂㅣ   력
                                  4)王篇口 俗口

止攝B6332 三等甲合口	平　声	上　声	去　声	入　声
[止：346]	脂 -ĭ^ωi¹	旨 -ĭ^ωi²	至 -ĭ^ωi³	
見 *k-*		규 癸 ^{b 3)}	계 季 ^{abde 4)}	

	平 声	上 声	去 声	入 声
(溪 k'- 羣 g'- (疑 ng-	규 葵 [d 1)] 규 鄈	규 揆 [bd 2)]	계 悸 [d]	
	1)訓蒙규홧규華東 귀(俗규)	2)華東귀(俗규) 3)書経계華東귀(俗계) 玉篇규(俗계)	4)類合계규	

止攝B6532 三等乙合口	平 声	上 声	去 声	入 声
[止 : 347]	脂 $-\ddot{i}^{\omega}i^1$	旨 $-\ddot{i}^{\omega}i^2$	至 $-\ddot{i}^{\omega}i^3$	
見 k-	귀 龜 [bcde]	궤 簋 [cd4)] 궤 軌宄匭氿 [d)e5) b6) b5) d] 규 晷 [7)]	괴 媿愧騩 [bde]	
溪 k'-		규 歸	귀 喟嘳 [8)] 규 (歸) [9)]	
羣 g'-	규 逵 [d 1)] 규 馗戣夔頄 [1) 1) d 1)] 頄 [c 2)] 기 夔虁 [ba 3)]		궤 匱櫃 [10) 11)] 궤 匱貴饋餽 [bd12) bcd 10)] 匱(饋歸) [b 10) 10)]	
	1)華東귀(俗규) 2)易経귀(3·54·ㄱ)華 東귀(俗규) 3)書経·小学기華東 귀(俗기)	4)易経·詩経계華東 귀(俗계),但詩経(6· 28·ㄱ)기 5)華東귀(俗궤) 6)華東·玉篇귀(俗궤) 7)華東·玉篇궤(正 귀(俗귀)三鎮·奎 章궤)類合구	8)華東귀(華音귀1)俗 위玉篇귀(俗위) 9)華東귀(俗규) 10)華東귀(俗궤) 11)訓蒙作櫃·젯궤1 子亦作櫃匱華東 귀(俗궤) 12)華東귀(俗궤)	

止攝B 6532 (6332) 三等乙合口	平声	上声	去声	入声
[止:348]	脂 $-\ddot{\imath}^{\omega}i^1(-\acute{\imath}^{\omega}i^1)$	旨 $-\ddot{\imath}^{\omega}i^2(-\acute{\imath}^{\omega}i^2)$	至 $-\ddot{\imath}^{\omega}i^3(-\acute{\imath}^{\omega}i^3)$	
(曉 χ-				
(影 ·-				
羽 ɦ-			위 位 abcde xxxx	
	유 帷 d1)			
		유 洧鮪痏 d1)d1) 1)		
甲 $-\acute{\imath}^{\omega}i$				
曉 χ-				
(影 ·-			휴 睢 2)	
喻 j-	유 遺 bcde 1) 유 惟維雒 abce1)acde1)bi) 1)acde1) 壝唯	유 壝 +oΔ 유 唯跠	유 遺(壝) 1)	
	1)華東위(俗유)		2)華東쉬	

止攝B 6332 三等甲合口	平声	上声	去声	入声
[止:349]	脂 $-\acute{\imath}^{\omega}i^1$	旨 $-\acute{\imath}^{\omega}i^2$	至 $-\acute{\imath}^{\omega}i^3$	
知 $\hat{t}$-	츄 追 abde 1)			
(徹 $\hat{t}$-				
澄 $\hat{d}$-	츄 鎚槌(魋) 2)2) 뢰 椎 3)		튜 (槌) 8) +oΔ 츄 墜(隊) b1)9) e 10) +oΔ	
(娘 ñ-				
日 ńź-	유 緌 4) 유 蕤甤桵(桵) 5)5)			

자료음운표 499

來 l-	류 藟[6]	류 畾[cd6]	류 淚[11]	
	류 虆樏縲(累) 縲樏蘲虆[d7][6][a7][6]	류 蜼藟(蘲) [6]	류 類藟襰[bc12][6][6]	
		뤼 誄讄儡(儽)[9]		
	1) 類合·論語·書經 异詩経·中庸斉華東剤(俗斉) 2) 華東剤(俗斉) 3) 華東剤(俗斉)三韻·奎章斉玉篇(俗뢰)	6) 華東뤼(俗류) 7) 華東뤼(俗류)玉篇(俗루) 4) 華東剤(俗斉) 5) 華東뤼(俗류)	8) 此字無可徵 暫託於茲 9) 類合·書経·小学异華東剤(俗斉) 10) 集韻直類切壘或作隊	11) 類合눈를뉴華東뤼)王篇류正뤼(俗루)現代語落淚낙루 12) 類合·書経뉴華東뤼)(俗류)
止攝B 6332 (6532) 三等里合口	平 声	上 声	去 声	入 声
[止:350]	脂 $-i^{\omega}i^1$	旨 $-i^{\omega}i^2$	至 $-i^{\omega}i^3$	
照 tś-	쥬 萑[1] 쥬 騅雎[2][2] 죠 錐佳[3][4]			
穿 tś´-	쥬 推[2]××××		쥬 出[2]	
(神 dź´-				
審 ś-		슈 水[bcde7]××××		
禪 ź-	슈 誰脽[acd5]××××。			
乙 $-i^{\omega}i$				
山 ṣ-			슈 帥[c8] 슈 率	
	쇠 衰痿 최 榱[6]			
	1) 訓蒙又音桓 2) 華東剤(俗斉) 3) 類合쥬華東斉剤(俗쥬)三韻·奎章斉 4) 華東斉剤(俗斉)三韻·奎章斉	7) 訓蒙字不明華東슈(俗슈) 5) 華東슈(俗슈) 6) 三韻清母최·華東최	8) 訓蒙쟝文슈又音率領也華東슈)(俗슈)	

止攝B6332 三等甲合口	平声	上声	去声	入声
[止:351]	脂 -ĭwi¹	旨 -ĭwi²	至 -ĭwi³	
精 ts-			쥐 醉 bd5)	
	쳬 嶲¹⁾			
清 tsʻ-		쵀 趡 +△	쥐 翠 6)	
從 dzʻ-			쥐 悴 7) bcd8) 9) d10) 쥐 萃顇瘁	
心 s-	슈 睢葰 abcde) 2) 3) 슈 綏浽眭濉 bd4) 2) +△		슈 邃崇誶粋 2) 2) c2) 睟 2)	
邪 z-			슈 遂䆫穟 2) 11) d2) 슈 (篴) 슈 遂彗隧鐆 abcd2) 12)d2) 2) 璲橞遺鐆 d2) 繸(䆞墜) d2)	

1) 華東쥐(俗쳬)
2) 華東쥐(俗슈)
3) 王篇슈俗슈
4) 華東쥐(俗쳬)注云 綏主則華쥐.三韻 슈彗又安也‖유曰 母=綏.類合·千字 文·書経·詩経슈
5) 訓蒙·쥐壹쥐
6) 訓蒙·쥐礻 類合·千 字文·華東·三韻·奎 章쥐
7) 類合쥐華東쥐(俗 쥐)王篇쥐俗쥐 三韻·奎章쥐
8) 類合·書経·易経쥐 詩経쥐華東쥐(俗쥐)
9) 王篇쥐俗쥐 三韻· 奎章쥐
9) 華東쥐(俗쥐)王篇 쥐俗쥐
10) 詩経쥐華東쥐(俗쥐) 王篇쥐俗쥐
11) 訓蒙作䆞 수·△·슈
12) 華東쥐俗쥐王篇슈 俗슈

止攝B6503 三等乙開口	平声	上声	去声	入声
[止:352]	之 -ĭi¹	止 -ĭi²	志 -ĭi³	
見 k-	긔 基箕 b bcd 긔 朞萁其鎮	긔 紀己 bd abe xxxx	긔 記 bh	

	居(期棋碁)		
희	姬		

溪 kʻ-		긔 起	
	긔 欺諆攲嵠	긔 杞屺玘已	긔 亞
	傲鵝(騏)	(杞裡)	

羣 g-	긔 旗麒其錤		긔 忌惎鵋蜚
	긔 期綦其碁		
	琪騏淇碁		
	璂堪靳棋		
	(棊ㄲ)		
기	其		
기 (俟)			

| 疑 ng- | | | |
| | 의 疑嶷籬 | 의 擬儗薿㲼 | |

1) 華東·玉篇 긔俗희
　三韻·奎章긔
2) 訓蒙깃긔
3) 訓蒙긔릿긔

止攝B6503(6303)三等面開口	平　声	上　声	去　声	入　声
[止:353]	之 -ïi¹(-ïi¹)	止 -ïi²(-ïi²)	志 -ïi³(-ïi³)	
曉 χ-		희 嬉		
	희 僖熙嬉禧	희 喜(嬉)	희 憙嬉	
	囍熹嘻(饎)			
影 ·-	의 醫		의 意(㥧)	
	의 瑿	의 醷(醫)	의 饐	
	희 噫			
羽 ɦ-		의 矣		

502　한국 한자음의 연구

甲 -ịi				
喩 j-	이 餳眙頤	:이 以㠯㠯		
		㠯		
	이 怡㘣詒窋	이 㠯	이 異异食(耴)
	台眙頒		
	1) 訓蒙의 원의	4) 訓蒙本作㠯	
	2) 書経·詩経·小学희	5) 訓蒙本作㠯	
	華東의 俗희		
	3) 華東俗의 非		

[止:354]	平 声	上 声	去 声	入 声
	之 -ịi¹	止 -ịi²	志 -ịi³	
知 t̂-		치 徵	치 置	
徹 t̂ʰ-	티 癡			
	치 螭病(㿒)	치 恥	치 眙	
		지 杘		
	티 笞			
澄 d̂-				
	지 持			
	티 治	:티 痔	:티 治	
	치 (粭)	치 峙跱峙待	치 値植	
		時庤		
	1) 類合티 華東·三韻·	5) 類合·千字文·論語·	8) 類合티 書経디 (2·	
	奎章치	書経티 詩経·中庸	56·ㄱ)	
	2) 訓蒙틴티 華東·三韻	치	9) 類合티	
	·奎章치 玉篇(俗티)	6) 華東·三韻·奎章치	10) 類合티	
	3) 類合·千字文디 中	7) 類合디	11) 書経티	
	庸치			
	4) 孝経又去声티 類			
	合·千字文·論語·	티 詩経·中庸·華東		
	書経·易経及小学	·三韻·奎章치]		

[止:355]	之 -ịi¹	止 -ịi²	志 -ịi³	
娘 n̂-		:니 伱		

日 ńź-	ㅿㅣ 而栭輀 ㅇㅣ 陑聏洏鮞 聏硪	ㅿㅣ 耳(㮚) ㅇㅣ 駬(餌珥)緷	ㅿㅣ 餌珥 ㅇㅣ 呬刵	
來 l-	리 狸氂 리 氂狸氁髳 桾氄(來)	리 里裏鯉理 娌 리 悝俚(梩) ㄴㅣ 李	리 吏	

註: 1) 華東ㅅㅣ 三韻·奎章·玉篇·類合·千字文及 經書諺解이 2) 書經니 3) 書經리(!) 4) 訓蒙벼숏ㅅㅣ 集韻 忍止切 5) 書經니 6) 訓蒙이·엿ㄴㅣ 類合오앗니千字文의안니 7) 類合ㅇㅕ리니니 又관원니

[止:356]	之 -ǰi¹	止 -ǰi²	志 -ǰi³	
照 tś-	·지 之芝	·지 沚趾址 지 止洔阯芷 치 時	·지 志痣 지 誌識(第絑)	
穿 tśʻ-	·치 蚩 치 嗤媸	·치 齒	치 熾饎䊵幟 埴	
神 dź-		ㅅ 俟涘涘		
審 ś-	·시 詩	·시 始	·시 試弒(殺) ㅅ 傺	
禪 ź-	·시 時塒蒔 시 㫑鰣	·시 市 시 恃	·시 侍(閣) 시 蒔(寺)	

註: 1) 訓蒙지·츠지 2) 訓蒙(平声) 3) 類合(又)涘 4) 類合ㅅ치 去声 5) 華東지니 6) 類合치ㅅ 7) 華東ㅅㅣ 三韻心毋 人 8) 訓蒙本作寺 詩寺人 孟子

止攝B6503 三等乙開口	平 声	上 声	去 声	入 声
[止：357]	之 -ïi ¹	止 -ïi ²	志 -ïi ³	
莊 ts-	츼 輜[1)]錙[2)] 츼 菑[bcd3)]甾[b 1)]淄[1)]錙 鶅[d 1)]緇[4)]椔	ᄌᆞ 笫[c 6)]胏 :찌 滓[7)]	ᄌᆞ 胾[d 11)]剚[12)]倳[12)] :ᄉᆞ (鍕)[13)]	
初 ts'-	츼 輜 싀 颸		:ᄎᆞ 廁[14)]	
牀 dz'-	시 漦[5)]	:ᄉᆞ 士[abcdef 8)] ᄉᆞ 仕[acd]戺[9)]䏧 :시 柹(柿)	:ᄉᆞ 事[abcdef 15)]	
山 s-		:ᄉᆞ 史[abcd 10)] ᄉᆞ 使[abcdef]駛	ᄉᆞ 駛 시 使	
	1) 華東치(俗츼) 2) 華東치 3) 華東치 俗츼 4) 華東치 玉篇츼 正치 5) 華東리 注云集韵리 (廣韻俟甾切. 別有士之切. 一說曰禪母二等?)	6) 易経치 7) 類合:찌 華東·三韻·奎章ᄌᆞ 玉篇(俗:찌) 8) 訓蒙 됴ᄉᆞ:ᄉᆞ 9) 訓蒙正作柹 10) 訓蒙:ᄉᆞ ·깃:ᄉᆞ	11) 詩経·華東치 12) 華東치 13) 訓蒙:ᄉᆞ:견:ᄉᆞ 粧飾 ㅣ件 康熙正字通俗剚字 14) 訓蒙·ᄎᆞ 國音·측 類合口일츼 又 뒷간ᄎᆞ 華東·三韻·奎章치	15) 訓蒙:일:ᄉᆞ 孝経諺解 ·정:ᄉᆞㅣ 15·オ, ·정:ᄉᆞㅣ라 25·ウ ·정:ᄉᆞㅣ 10·ウ, 상:ᄉᆞ 16·ウ

止攝B6303 三等甲開口	平 声	上 声	去 声	入 声
[止：358]	之 -ïi ¹	止 -ïi ²	志 -ïi ³	
精 ts-	ᄌᆞ 孳[b]滋[b]鎡[d]𪗋 (秄)	ᄌᆞ 子[abcdef 4)]		

	平声	上声	去声	入声
	ㅈ 玆嵫孜仔	ㅈ 仔秄秄杍		
		(芓)		
		ㅈㅣ 梓		
(清 ts'-)				
從 dz'-	ㅈ 慈鷀(鶿)		ㅈ 字牸	
	ㅈ 磁玆(兹)		ㅈ 孳	
心 s-	ㅅ 思司絲蘇		ㅅ 笥	
	(䰳)			
	ㅅ 覗	ㅅ 蒠	ㅅ 伺思	
	ㅅㅣ 罳緦偲			
		ㅅㅣ 葸		
		ㅅㅣ 枲		
邪 z-	ㅅ 詞祠	ㅅ 杞姒耜	ㅅ 寺飼(食)	
	ㅅ 辝辤辭	ㅅ 似禩巳汜	ㅅ 嗣飤	

1) 訓蒙 ㅈ비로쉴ㅈ

2) 廣韻作鷀. 訓蒙鶿
   가마오디ㅈ. 鷀두
   ·루·미ㅈ別字,集韻
   鸕或作鶿 同語.

3) 廣韻作磁

4) 孝経多見皆去声矣.
   訓蒙 ㅈ

5) 類合·書経·詩経ㅈ

6) 華東시俗싀王篇(
   俗싀)

7) 訓蒙·孝経共去声矣

8) 類合ㅅ又마ᄋᆞㅣ시華
   東시

9) 訓蒙通作食

10) 訓蒙·싀又音四亦作
    飼飲以食ㅣ人也

止攝B6504 三等乙開口	平　声	上　声	去　声	入　声
[止:359]	微 -ïəi¹	尾 -ïəi²	未 -ïəi³	
見 k-	ㄱㅣ 機譏畿璣	ㄱㅣ 蟣		
	ㄱㅣ 嘰磯饑機	ㄱㅣ 幾穖	ㄱㅣ 既	
	幾鐖剞			
	(鞿耭)			
溪 k'-			ㄱㅣ 氣	
		ㄱㅣ 豈	ㄱㅣ 炁气	
羣 g'-	ㄱㅣ 祈畿			
	ㄱㅣ 頎碕圻坼			

	气 긔 幾 蟣(肌)			
疑 *ng-*	의 沂澄 [b3)]	의 顗	의 毅嶷 [be]	
	1)訓蒙作祈類合빌긔(긔?) 2)訓蒙경긧긔 3)書経긔華東·玉篇俗긔		4)訓蒙·과운·싀긔 5)華東·三韻·奎章·類合作긔	

[止:360] 微 -*ĭəĭ* [1]　　尾 -*ĭəĭ* [2]　　未 -*ĭəĭ* [3]

曉 *χ-*	희 欷 [ab d] 희 希睎鵗晞 稀俙欷(唏)	희 狶俙黺唏	희 欷唏墍懘 饎燨黺摡 (既) [e 2)] [+0△]	
影 **·-**	의 衣 [abcdef)1)] 의 依 [bcf)]	의 扆隐	의 衣 [1)]	
	1)訓蒙·옷의又去聲着ㅣ也		2)康熙又許既切音欷 饎或作旣饎客属米也	

止攝B6514
三等乙開口

	平 声	上 声	去 声	入 声

[止:361] 微 -*ĭ(ʷ)əĭ* [1]　　尾 -*ĭ(ʷ)əĭ* [2]　　未 -*ĭ(ʷ)əĭ* [3]

幫 *p-* (非 *f-*)	비 飛霏非 [cde][bcef] 비 裶騛誹(蜚) [××××][××××] 비 緋 [1)]	비 篚椥 비 匪棐蜚蜚(誹) [bcdf b][××××]	비 沸 [d] 비 帮誹 [3)] 블 癐 [+0△]	
滂 *pʻ-* (敷 *fʻ-*)	비 妃 [d] 비 霏菲斐騑 [d d] 裶	비 斐菲朏俳 [ad b] 斐	비 費 [ae]	
並 *bʻ-* (奉 *vʻ-*)	비 肥腓 [acd cd][××××] 비 淝痱(厞)	비 腓	비 翡(剕) [4)] 비 騛狒靟蜚	

	平 声	上 声	去 声	入 声
			厞痱琲 ⁵⁾	
明 m- (微 ŋ-)	미 薇 미 微澇 ²⁾	미 尾 미 亹娓	미 未味 abcdef ef	
	1)華東·三韻·奎章比 2)三韻·奎章作薇		3)華東俗패 4)廣韻作鬻 5)華東·三韻·奎章作厞	

止攝B6534 三等乙合口	平 声	上 声	去 声	入 声
[止:362]	微 -i̯ʷəi ¹	尾 -i̯ʷəi ²	未 -i̯ʷəi ³	
見 k-	귀 歸歸騙 abcde	귀 鬼 ⁶⁾	귀 貴 abce 12) 귀 (饋)	
(溪 k'-				
(羣 g'-				
疑 ng-	위 巍犩 ¹⁾		위 巍犩 d	
曉 x-	휘 暉楎 c 2) 휘 揮煇輝微 c bcd 翬褘(微煇) d 3) 4)	훼 虺卉 bd 7) bd 8) 훼 虫 7)	휘 諱 훼 卉 13)	
影 ·-	위 威蔵 abcde 5) 위 葳	위 硊褢(磈) 9) 10) 11)	위 尉慰慰畏 d bde 14) 蔚尉(威鬱) cd	
羽 ɦ-	위 幃韋闈 위 圍違湋湋 d abcde (褘)	휘 葦 d 위 韙煒暐偉 d 瑋韡媁	위 胃謂緯蝟 abcdef 15) 위 渭煟繐 휘 彙 c 16)	

1)類合외 華東·玉篇俗
외
2)訓蒙亦作輝 | 3)華東注曰杳震則위
4)千字文弎외集韻煇
或作輝煒 | 5)訓蒙外엽위
6)訓蒙귓것·귀
7)華東휘 | 8)華東희俗휘
9)華東·玉篇위俗외
10)華東俗외
11)玉篇위俗외
12)訓蒙·귀·킈·귀
13)華東俗휘
14)類合·千字文외華東
·玉篇俗휘
15)孝經五見皆去声点
16)易經·華東휘玉篇위
正휘 三韻·奎章위

［流 攝］

流攝B7100 一等 開口	平 声	上 声	去 声	入 声
［流：363］	侯 -əu¹	厚 -əu²	候 -əu³	
見 k-	子 鉤溝講篝 篝 +o△	子 垢笱 ×××	子 構觀購瞉	
		子 狗 ade bd		
	子 緱枸句軥 (勾)	子 笱耉詬枸 峋	子 遘媾姤句 怐冓(勾詬)	
			亭 雊	
溪 k'-	子 彄	子 口釦	子 寇穀簆(絇)	
	子 摳(慪芤)	子 扣叩訆	子 扣詬	
疑 ng-		亭 藕(腢)		
	亭 齵禺(腢)	子 偶耦腢(禺)	亭 偶	
	1)玉篇(俗亭)	2)玉篇(俗子) 3)類合子(去声)玉篇 (俗子)	4)書経・詩経・華東 三 韻・奎章子 5)現代中国語 kᵒou⁴ 6)華東亭	
［流：364］	侯 -əu¹	厚 -əu²	候 -əu³	
曉 x-		亭 吼		
	亭 齁		亭 蔲詬怐怐	
匣 ɣ-	亭 侯帿鍭猴 bcde d 猴喉	亭 厚後后 ××× abcde abcdef abcdf	亭 候堠	
	亭 疭餱篌	亭 郈	亭 逅后後黌	
影 ·-				
	亭 嘔歐區(摳 慪)	亭 歐毆(敺敺)		去声同) 1)類合・玉篇子華東亭 俗子三韻・奎章亭
	子 謳甌漚鷗	子 嘔	子 漚	2)華東・玉篇俗子 3)華東亭俗子三韻・ 奎章子
	1)華東(俗子) 2)華東俗音 3)玉篇亭俗子(增)	4)華東亭俗子三韻・ 奎章亭 5)訓蒙刊子亭子俗稱	浮〕又去聲久漬也 詩経子・華東・玉篇亭 俗子三韻・奎章亭 	7)華東子玉篇亭正子

[流: 365]	侯 -əu¹	厚 -əu²	候 -əu³	
端 t-	두 眰 두 兜 도 篼	두 斗蚪抖 두 阧枓阧陡	두 餖 투 鬪 투 鬪諚豿	
透 tʻ-	투 偸 투 婾 듀 鍮²⁾	두 鞻斢	투 透趋	
定 dʻ-	두 頭		두 竇荳脰餖 (痘) 두 豆窬逗酘 桓(笠讀)	
	투 骰窬(骰)³⁾ 투 投揄			

1) 書經도 王篇(俗도)
2) 訓蒙듀석(鍮鉐)두
華東듀三韻·奎章투
玉篇(正듀俗유)
3) 訓蒙俗呼饅頭通作頭

4) 華東두
5) 玉篇두正듀(華東
無 王篇=鞻)

6) 華東定母 = 餖
7) 華東俗유
8) 華東투

[流: 366]	侯 -əu¹	厚 -əu²	候 -əu³	
泥 n-	누 獳貐貐	누 (穀) 뉴 穀²⁾	누 鐪耨檽	
來 l-	루 樓甋髏摟 蔞簍 루 婁簍髏髏 慺䁖(簍)	루 㟏³⁾ 루 塿簍甋嶁	루 漏鏤瘻 루 陋僂(嶁)	

1) 詩經러 1·10·才

2) 華東·三韻·奎章누
3) 廣韻作㟏集韻㟏耕
睡謂之㟏或从禾

4) 訓蒙·루·루 類合(平!)
5) 訓蒙(平!)書經누
6) 書經누

[流:367]	侯 $-əu^1$	厚 $-əu^2$	候 $-əu^3$	
精 ts-	辛 陬掫(諏聚)¹⁾¹⁾¹⁾ 齊 緅椒	奏 走	輳 奏 奏 走(叴 騶)	
清 tsʻ-		辛 趣取	奏 朘 奏 輳湊喉蔟 楱	
從 dzʻ-	辛 鯫²⁾	辛 鯫		
心 s-	叟 涑鎪揪(餕 窶叟)³⁾	叟 叜瞍攃籔 叟 窭傁喉籔 椒(萩)	叟 嗽漱 叟 瘶欶謏(涑)¹⁰⁾	

1) 華東齊
2) 華東齊三韻·奎章 精母
3) 華東鎪
4) 詩経辛 11·25·ㅈ
5) 華東齊三韻·奎章 清母
6) 廣韻暛
7) 華東叟
8) 華東傁
9) 詩経奏 20·19·ㅂ(商頌. 烈祖毈假無言) 康熙引商頌傳総也。按中庸引詩作奏假
10) 三韻·奎章作謏

流攝B7110 一等 開口	平 声	上 声	去 声	入 声
[流:368]	侯 $-əu^1$	厚 $-əu^2$	候 $-əu^3$	
幫 p-		부 掊¹⁾		
滂 pʻ-		부 剖	부 仆踣	
並 bʻ-	부 抔 부 裒抔掊(掊)	부 部培瓿蔀		

明 m-		早 晦嗾蒶跚	무 ꝺ 翼栿 ⑧	
			무 茂戊愁裒	
		毋 ꝺ ⑦	懋瞀	
		모 母 牡某梅	모 姆 ꝺ ⑩	
		abcdej ꝺ c	+oㅿ	
		ꝺ 畝		
		+oㅿ		

	1) 華東·三韻·奎章滂	6) 華東非母
	母	7) 類合(上聲)
	5) 類合모 書經·千字文	2) 華東·三韻·奎章무	8) 訓蒙:모·깟·무 俗呼
	모 詩經·모 5·6·ㅈ又	玉篇무(俗모)	木瓜
	모 8·1·ㅈ 華東·三	3) 華東·三韻·奎章·玉	9) 類合モ丁
	韻·奎章무 王篇무	篇무	10) 小学무
	(俗모)	4) 易經·華東·三韻·奎	
		章무 王篇무(俗모)	

流攝B7501 三等乙開口	平 声	上 声	去 声	入 声
[流:369]	尤 -ïəu¹	有 -ïəu²	宥 -ïəu³	
見 k-	구 鳩鬮 ꝺ	구 九韮 abdej4) d5)	구 救厩 ad d	
	규 龜)	구 久玖灸 acde	구 灸究疚(㧱) a cde	
	규 (芃)			
溪 k̓-	구 丘虯藍 acde	구 糗		
	구 (區) +oㅿ			
群 g̓-	구 裘仇㣓毬 adj bcd	구 舅臼 d	구 柩	
	구 咎厹求頄 d +oㅿ 2)	구 咎舀 abcd	구 舊匶	
	逑球璆㐀 d 3)			
	軌脓㑌頄 d			
	紈綹錄抹 d d d			
疑 ng-	우 牛 abcd			

	1) 三韻·奎章溪母	4) 訓蒙·구 書式作玖
	2) 華東幽韻	孝経·구(去声英!)
	3) 華東구	5) 廣韻·詩経·華東·
		三韻·奎章韮

[流:370]	尤 -ïəu¹	有 -ïəu²	宥 -ïəu³	
曉 x-		후 朽 ab	후 齅(嗅)	

512 한국 한자음의 연구

	平	上	去	入
影 ·-	齂 休麳狄庥 鬃咻(庥) 憂優麀耰 瀀嗄(耰)	懮	嘼(畜)	
羽 ɦ-	疣 尤肬郵訧	右友 有	又祐 祐右 圃 宥侑(有)	

1)廣韻鬃注曰或作鬃

流攝B7301 三等甲開口	平 声	上 声	去 声	入 声
[流:371]	尤 -i̯əu¹	有 -i̯əu²	宥 -i̯əu³	
(曉 χ-) (影 ·-) 喻 j-	猶油由蚰 蝣斿游 猷悠攸蓨 泑逌尤輶 楢遊揄怮 繇庮甹(悠 楢蟉忧)	誘牖荵 酉卣卣櫌 槱羑輶(酒)	柚 狖狖鼬愁 蚰褎貁㺊	

1)書経유(3·32·ㅂ)又유(1·48·ㅂ) 4)華東·三韻·奎章作櫌 5)訓蒙유·죳·유
2)廣韻直 6)詩経유(担2·19·ㅂ 유ㅊ)
3)廣韻与

[流:372]	尤 -i̯əu¹	有 -i̯əu²	宥 -i̯əu³	
知 ʈ-	輈 啁譸倜調 (鵃)鷥	肘	晝 味噣	

微 ṭʰ-		齊 杻		
	齊 抽惆瘳妯	齊 丑	齊 畜	
澄 dʰ-	듀 晭紬篝		듀 胄宙	
	쥬 儔躊幬裯	쥬 紂	쥬 胄酎絑箱	
	绸裯黟		伷(軸紬)	
娘 ṇ-		뉴 紐鈕扭		
		뉴 狃杻(忸)	뉴 糅狃	

1) 華東·三韻·奎章쥬
2) 書經듀
3) 類合듀(듀?)·千字文 듀
4) 書經듀
5) 書經·易經듀 華東·三韻·奎章쥬
6) 類合듀 華東·三韻·奎章쥬
7) 類合듀
8) 詩經쥬(6·6·ㅎ)又듀(15·1·ㅎ)
9) 類合쥬 玉篇(裕丕)
10) 類合듀 華東·三韻·奎章쥬
11) 書經듀 玉篇(裕奇)
12) 類合듀
13) 詩經누(4·17·ㅈ)
14) 詩經듀(6·3·ㅈ)又듀(9·26·ㅎ)
15) 類合·千字文·論語·書經·易經듀 詩經·華東·三韻·奎章쥬
16) 類合듀 華東·三韻·奎章쥬
17) 類合·千字文 듀 華東·三韻·奎章쥬
18) 書經·小学 듀
19) 華東듀 → ńźi̯əu³

流:373	尤 -i̯əu¹	有 -i̯əu²	宥 -i̯əu³	
日 ńź-*	슈 柔			
	유 柔鍒眣蹂鞣璪脜揉(蕘)	유 蹂揉輮	유 輮蹂(揉揉糅肉)	
來 l-	류 鷚流榴旒(琉)	류 柳罶	류 溜餾瘤	
	류 劉留駵聊沠飂飅瘤鎏瑠瀏鎦梳硫遛鏐(罶)	류 懰颲瀏鄝荓(桺菲漻)	류 雷窌留瘤蓼珋塯(遛)	
*) 華東듀 三韻·奎章 經書諺解·類合유	1) 書經누 2) 訓蒙·석文듀 類合·석누듀 3) 訓蒙류 릿류	4) 華東·三韻·奎章作揉		

514 한국 한자음의 연구

流: 374	尤 -i̯ə̯u¹	有 -i̯ə̯u²	宥 -i̯ə̯u³	
照 tś-	쥬 周州洲舟 / 쟈 輖週賙			
		쥬 箒 / 쥬 帚	즁 主祝 / 즁 呪	
穿 tś'-	쥬 犨 / 졔	쥬 醜 / 졔 醜	쥬 殠 / 졔 臭	
(神 dź-)				
審 ś-	슈 收	슈 首手守 / 슈 瞽	슈 狩獸 / 슈 守首收	
禪 ź-	슈 讎酬 / 슈 歜酬訓讎	슈 受壽 / 슈 綬(授)	슈 售 / 슈 授壽綬(謥)	

1) 千字文쥬 書経쥬 1.13 才 (但 1.55 才 青州쥬라, 1.56 才 徐州쥬라)
2) 華東쥬 玉篇쥬 正쥬
3) 易経슈 (4.5 才)
4) 訓蒙又文슈
5) 玉篇슈 正쥬 (華東無敽, 魏쥬 玉篇敽 =魏)
6) 玉篇 (俗쥬)
7) 詩経쥬
8) 孝経·訓蒙쥬 類合·易経·詩経쥬 華東·三韻·奎章·玉篇쥬 玉篇 (俗쥬)
9) 書経슈 1.16 才 又슈 1.20 才
10) 類合 (去声)
11) 華東·三韻·奎章 주
12) 類合·書経·詩経·中庸쥬 華東·三韻·奎章쥬 玉篇 (俗쥬)

流攝B7501 三等乙開口	平声	上声	去声	入声
流: 375	尤 -i̯ə̯u¹	有 -i̯ə̯u²	宥 -i̯ə̯u³	
莊 tṣ-	쥬 緅	쥬 搊	쥬 縐 / 즁 皺縐 / 즁 (褟)	
	쥬 鄒鄒騶菆椒(聚)			

初 *tṣʻ-*				
	亠 篘		亠 篷蓬 [12]	
	亠 搊			
牀 *dẓʻ-*				
	亠 愁 [c][3]		亠 驟慫 [d][13][14]	
山 *ṣ-*	亠 搜薂螋(溲) [b][d][3]	亠 (溲) [5]	亠 瘦	
	亠 按餿颼廈 [6]	亠 浚(酸浚) [7]	亠 瘦	
	獀膄酸(廈)			
	獀鱐嫂浚			

1) 三韻·奎章全
2) 詩經齊 11·25才
3) 類合·易経·華東亠三韻·奎章全玉篇亠正全 現代語 哀愁:애수,憂愁:우수
4) 廣韻螋
5) 華東酸
6) 華東獀
7) 華東鎪
8) 華東螋
9) 訓蒙오:좀수 又上聲 水調粉麵廣韻三韻浚
10) 訓蒙(平声)易経·華東齊三韻·奎章全
11) 訓蒙(共平声)
12) 華東亠
13) 類合·詩経亠 華東齊
14) 華東수

流攝B7301 三等甲開口	平 声	上 声	去 声	入 声
[流:376]	尤 *-iəi*¹	有 *-iəi*²	宥 *-iəi*³	
精 *ts-*		酒 [abcdf]		
	齊 啾揫湫(楸)			
			亽 僦 [4]	
清 *tsʻ-*	齊 秋輶鞧鰍 [bdef]			
	鶖鰍楸(愀) [d]			
	齊 緧萩簉趢			
	(糗楸鮂)			
從 *dzʻ-*	齊 酋遒蝤 [d][bd][d]		齊 驚	
			齊 就僦 [abcdf][5]	
心 *s-*	亽 修(饈) [bdf](2)		亽 繡(銹) [bd](5)	
	亽 脩羞 [bcde][bc]	亽 滫(誘)	亽 秀琇宿(綉) [d]	
邪 *z-*			亽 岫袖	

슈 囟[b][3] 齐 泗		슈 (㺊褒)	
1)集韻雝由切 2)訓蒙·쳐·뿐슈通作 羞 3)華東·三韻·奎章슈		4)華東·三韻·奎章齐 玉篇(俗쥐) 5)類合·論語·書経 易経·詩経·小学 쥐	6)集韻鎬息救切或 作銹鏥

流攝 B7511 三等乙開口 [流:377]	平 声 尤 -ïəu¹	上 声 有 -ïəu²	去 声 宥 -ïəu³	入 声
幫 p- (非 f)	부 不絉鴀 부 不絉鴀	부 [cd] 缶[abcd] 缹否殕 (鶬)[c十ㅂ] 부 不(甀)[ㅎ]	부[abcde] 富[××××] 부 輻(不)	
滂 pʻ- (敷 fʻ)		부 副[d] 부 仆覆[e]		
並 bʻ- (奉 vʻ)	부 茉蜉(桴)[d d ㄹ] 十ㅂ 부 浮桴柸罘[ab 十 a d] ×××× 罘涪棓	부 負阜[bcd d] 부 婦蝜[bcdef] 부 蟲萯僨(頒)[a]	부 復伏覆複[a]	
明 m-	무 謀牟侔鍪[abcdf d 2)3) 4)] 蝥侔蛑(荦)[d 3)] 모 眸矛鍪蟊[7)8) 9) 10)]			

1)訓蒙俗作椊
2)類合·論語·書経 易経·詩経·小学모 華東·玉篇俗모
3)詩経모華東·玉篇 俗모
4)華東俗모
5)華東·玉篇俗모

11)無可微,暫託於兹
6)書経모
7)華東·玉篇俗모 三韻·奎章모
8)書経·詩経모華東 玉篇모俗모三韻 奎章모

9)華東모俗모三韻· 奎章모
10)類合모華東·玉篇 모俗모三韻·奎章 모

流攝B7302 三等甲開口	平 声	上 声	去 声	入 声
[流:378]	幽 -i̯ĕu¹	黝 -i̯ĕu²	幼 -i̯ĕu³	
見 k-	규 樛弓(樛)^{d 1)}	규 糾赳(糺)^{dʲ d}		
(溪 k‘-				
羣 g‘-	규 虯觩糾蟉 (虬)^{d 2)}	듀 蟉³⁾		
曉 x-	휴 烋^d			
影 ·-	유 幽呦(嚠)^{bcd d}	유 黝怮蚴眑(岰)^d	유 幼^{b²}	
	1)廣韻弓注曰今作斗 同 2)華東尤韻	3)華東규		

流攝B7312 三等甲開口	平 声	上 声	去 声	入 声
[流:379]	幽 -i̯ĕu¹	黝 -i̯ĕu²	幼 -i̯ĕu³	
幫 p-	퓨 彪¹⁾			
(滂 p‘-				
並 b‘-	퓨 淲^{d 2)}			
明 m-	무 繆^{d 3)}		무 謬繆^{e 4) 5)}	
	1)華東·玉篇퓨俗표 2)詩経·三韻·奎章作 淲 廣韻注曰亦作 滮 3)詩経규華東무俗규		4)中庸규華東·玉篇 무俗류 5)類合규華東무俗 류	

遇攝B5100 一等開口	平 声	上 声	去 声	入 声
遇:380	模 -o¹	姥 -o²	暮 -o³	
見 k̈-	고 孤姑辜蛄 沽箛(姑)³⁾ _{+0+姑}	고 古股罟蠱 羖羘牯賈	고 顧雇錮	
		고 鼓瞽	고 故	
	고 㧶菰呱酤 軱筻鴣柧 鍕籞罛軱	고 詁估鹽鈷 詁(鼓)	고 顧酤痼固 鯝涸(姻)詁	
溪 k̈-	고 枯	고 苦	고 袴庫胯	
	고 刳	고 箁	고 絝	
疑 ng-	오 吾齬螐梧	오 五伍	오 麌捂	
	오 吳浯珸郚 鋙	오 午旿仵(迕)	오 誤悞忤迕 遻晤悟遻 (鼯梧)	
			:어 啎	
*葉東見·溪 子疑宇	1)訓蒙亦作舅 2)訓蒙通作酤 3)康熙玉篇故吳切 音姑 4)玉篇고正子	5)類合(去声) 6)訓蒙通作羖 7)訓蒙(平声) 8)訓蒙書式作伍	9)訓蒙又與雇同 10)訓蒙고又音:과 11)訓蒙고又音:과(声호不明) 12)訓蒙고又音庫 13)訓蒙(平声)	14)類合(平声) 15)訓蒙:어(:어)葉東 三韻·奎章 오
遇:381	模 -o¹	姥 -o²	暮 -o³	
曉 χ-	호 呼	:호 虎琥㜺		
	호 嘑滹戲謼 臚幠誮滹	호 滸(許)	호 謼㜺(呼)	
匣 γ-	호 壺狐瑚湖 瑚猢糊弧 乎瓠䪽(嘝) 葫	:호 戶岵簵	:호 䎞	

	호 胡鶘醐葫 (狐蝴)	호 扈怙鄂祜 旿岵雇鷓 滬	호 護弧嫿護 互濩沍鞾 罟(涸嫭檴)
		고 楛酤	
影 ·-*	오 鳥洿枵蔦 오 鳴洿圬於 惡(汗)	오 鷗鳥鄔瑪	오 惡 오 汙諤(瑟)

| * 華東曉·匣
후影于 | 1) 華東·王篇俗무
2) 訓蒙호병호
3) 訓蒙산호호
4) 訓蒙·콜호·康熙篇
海音胡衚衚街也
5) 現代中国語 hu²
6) 訓蒙亦作圬 | 7) 訓蒙호·빧호 다·珀
호·빧빅
8) 書経·詩経호華東
후三韻漢母
9) 華東후 三韻見母 | 10) 類合弴去聲
11) 王篇호正후(俗고) |

遇:382	模 -o¹	姥 -o²	暮 -o³	
端 t-	도 都 도 闍	도 覩睹 도 睹堵		
			두 蠹 두 斁 투 妬妬	
透 t'-		토 土 토 (吐) 도 稌	토 菟兔吐 토 鵵	
定 d'-	도 徒屠途圖 도 瘏塗酴駼 涂茶薯菟 金(徐跿屠)		도 鍍度 도 渡	
		두 肚 두 杜廏莊土		

| * 華東·두=
奎章도·투=
=奎章도 | 1) 類合(又)塗
2) 華東투 | 3) 詩経두(8·7·ウ)
4) 詩経두(19·11·オ) | 5) 詩経·토훃토
也又音鐸量也孝
経諺解中·례도 25
·オ·례되 22·オ·례도 9·オ·범도 3·ウ | |

[遇:383]	模 -o¹	姥 -o²	暮 -o³	
泥 n-*	上 奴	上 努		
	上 笯駑帑孥 笯	上 怒笯努	上 笯怒	
來 l-*	呂 蘆顱髗艫 臚鸕艣壚 (甗)壚	呂 樐滷盧	呂 路露鷺 ××××××	
			呂 輅	
	呂 盧鑪壚籚 壚矑爐瀘 旅矑鑪	呂 魯掳卤(樐) 艣論墟)	呂 潞璐路輅簵	
		上 艣		
			리 賂	

[遇:384]	模 -o¹	姥 -o²	暮 -o³	
精 ts-*	조 租	조 祖		
	조 箱	조 俎組		
			주 作	
清 tsʻ-*			츠 醋	
	추 麤麄㹳(粗)		조 厝	
			조 措錯(酢)	
從 dzʻ-*			조 柞	
	조 俎組	조 粗	조 胙阼飵	
心 s-*	소 蘇穌(櫯)		소 訴嗉塑	

	소 蘇酥[2](甦)		:소 素[acde] 소 塑[d]泝遡[d]傃 塐(溹愫)	
* 華東 주=奎章조 추=奎章추 수=奎章소	1) 今音조 粗製 조제 2) 玉篇소 正수 3) 集韻孫租切	4) 類合(平) 6) 華東추	5) 訓蒙조:초 類合초조 又실조、三韻·奎章 조華東추 現代語 초 醋酸 초산	
遇攝B5110 一等 開口	平 声	上 声	去 声	入 声
[遇:385-1]	模 -o[1]	姥 -o[2]	暮 -o[3]	
幫 p-	부 誧 :포 晡[1] 포 逋[bc 2)]餔[1]	:보 補[df 5)]圃[6] 보 譜[5]	:포 布[bdε 9)] 포 圃[d 10)]佈[9]抪[9]	
滂 p'-	포 稗鯆痡誧[bd 3)] :푸 鋪[4]	:보 浦[d 7)] 보 普[c 5)]溥[de 8)]	포 怖[9]誧(鋪)[9] :푸 鋪[4]	
	1) 華東부今音포 2) 類合보 書経보 3·17·オ 華東부 易経포 今音포(逋逃포도) 3) 書経보詩経·華東부 玉篇포正부 4) 訓蒙역푸俗呼 |舍 又군푸曰冷 |--- 又平聲設也、華東푸 類合·三韻·奎章포	5) 華東부 6) 華東푸 三韻·奎章 포今音포(圃田포전) 7) 類合보華東푸 詩経·三韻·奎章포今音포(浦邊포변、浦村포촌等) 8) 類合·華東부詩経 보 17·16·ウ 又부 13·1·ウ 中庸보 三韻·奎章 보 玉篇보正부	9) 華東푸 10) 類合보	
[遇:385-2]	模 -o[1]	姥 -o[2]	暮 -o[3]	
並 b'-	보 菩[1]	:부 簿 :부 部 부 (蔀)	:보 步[b 1)]蔀[8](捗)[10] :보 捕[9] 보 駂[1]荹[1] :부 (埠)[11]	

	平声			去声	
	포	蒲蒲(葡) [de2)3)]		포	(酺)[12]
				포	哺[13]
	포	酺匍[2)d2)]		포	餔(補)[14]
明 m-	모	模(蓂)[4)5)]	모	姥[4)]	모	墓[4)]
	모	橅模嫫謨[4)]膜(蓫摹糢)[4)]	모	莽鉧(姆)[4)]	모	慕募慔(莫)[4)d]
					모	墓[bd14)]

1) 華東早
2) 華東早
3) 華東早今音포
4) 華東早
5) 訓蒙무不又俗呼
   子康熙字彙莫胡切
   音模
6) 華東무玉篇포正무
7) 華東무玉篇(俗呼)
8) 訓蒙靶등·개비俗呼
   撤帶(cf. 靴등·개차)
   廣韻靶注曰靴較盛
   箭室 華東무
9) 類合·千字文보華東
   早三韻·奎章포今
   音포(捕盗포도·捕
   吏포리等)
10) 集韻蒲故切
11) 訓蒙저베무·津頭
    互市處俗呼ㅣ頭
12) 華東早三韻·奎章
    보今音포
13) 類合보華東무今
    音포
14) 類合·書経·詩経
    모華東무
    康熙正字通·同步舶
    船埠頭·通雅·埠頭
    水瀕也·又籠貨物
    積販商泊之所

遇攝 B5501 三等乙開口 [遇:386]	平声 魚 -ịo¹		上声 語 -ịo²		去声 御 -ịo³		入声
見 k-	거	居車[abcdef abcde1)]	거	舉[adef]	거	鋸踞[9)]
	거	裾椐裾琚鶋椐	거	莒[4)]欅弆柜	거	據倨裾鐻(椐懼居)[cd d]
			게	莒[d5)]		
溪 kʻ-	거	袪[d]				
	거	墟陆胠墟(袪呿)	거	去麮(胠)[2)]	거	厺去[abcdef]××××
羣 gʻ-	거	渠蕖鶏(轈)[bd 3)]	거	距炬苣藆[bd]		
	거	璩磲藻醵腒蕖鐻	거	巨拒柜粗虞鉅駏詎岠(鉅簴)[b]	거	遽勮詎醵
疑 ng-	어	魚漁[bcde]	어	語圄[adef 7)]	어	御馭語[abcdf b10)7)]××××

어 歔	어 籞圉敔齬 ᵃᶜᵈ 鋙衙(㠉吾) ᵇᵈ⁸⁾ ᵇ		

1) 訓蒙俗又音차
2) 華東·王篇거俗허
3) 無可徵, 暫託於玆

4) 王篇(俗게)
5) 詩經·華東·三韻·奎章거 王篇(俗게)
6) 訓蒙기ᄒ
7) 訓蒙論難曰 l 去聲

9) 十字文鉅
10) 類合(上聲!)

告也
8) 書經에

遇攝B 5501 (5301) 三等�…開口	平　聲	上　聲	去　聲	入　聲
[遇：387]	魚 $-io^1(-io^1)$	語 $-io^2(-io^2)$	御 $-io^3(-io^3)$	
曉 x-	허 虛驢歔噓 魖(㖒) ᵇᶜᵈᶠ ⁱ	허 許 ᵇᵈ		
影 ··	어 扵 ᵃᶜᵈᵉᶠ 어 扵淤(㕰)		어 飫 ᵈ ⁵⁾ 어 瘀淤棜(飫) ᵈ	
甲 $-io$ 喻 j-	여 輿與予舉 ᶜᵗ ᵃᵉᵗ ᵃᵇᵈᵉᶠ ᵈ ²⁾ 여 余璵餘㵨 ᵃ ᵈᵃ ᵇᵈᵉᶠ 璵鵒畬歟 ᶜᵈ 舁妤仔(舉 與) 예 礜 ³⁾	여 與予 ᵇᶜᵈ⁴⁾	:여 預予 ²⁾ 여 豫預礜輿 ᵇᶜᵈᵉᶠ ⁷⁾ 礜籅與澦 (澦枦㡐) :예 礜 ᵇᶜᵈᵉ ³⁾	

1) 類合히
2) 類合나어ᄒ 書経여
(但 1·29· ㄱ)訓蒙
나여 又去聲給也
3) 訓蒙예 美稱也名 l
又平聲稱之也. 類
合기릴예 書経·易
経·千字文에 易経又

4) 十字文어ᄒ

여(1·22·ㄱ) 詩経·中庸
華東·三韻·奎章
王篇여(平·去同) 王
篇(俗예)

5) 訓蒙이ᄒ 十字文飯
6) 類合·千字文·書経·
易経·詩経·中庸여
華東·三韻·奎章여
王篇여(俗예)
7) 類合예王篇(俗예)
8) 王篇예

遇攝B 5301 三等甲開口	平　聲	上　聲	去　聲	入　聲
[遇：388]	魚 $-io^1$	語 $-io^2$	御 $-io^3$	
知 ṭ-	뎌 瀦 ¹⁾ 져 豬濐 ᵇ ²⁾ 뎨 猪 ³⁾	져 貯褚(紵) ³⁾	:뎌 著 ᵈᵉ ¹¹⁾	

徹 ʈʻ-	져 攄 [4]		쳐 絮
	뎌 欈攡 [5] [3]	:뎌 楮 [1]	
		져 褚	
澄 ɖʻ-	뎌 除儲 [bcd6] [1]	뎌 苧杼 [1] [d9]	:뎌 筯 [12]
	져 躇除著滁	져 佇竚紵苧	져 箸除(著) [+]
	屠	宁(杼)	

1) 類合뎌華東·三韻· 奎章져
2) 類合(又)猪뎌書経 斉 1·56·ㅎ (禹貢·大 野既豬·=㙛)
3) 華東·三韻·奎章져
4) 類合티뎌(터?)華東 ·玉篇俗터

5) 類合디ㄷ
9) 詩経·華東·三韻· 奎章져
10) 書経뎌

8) 類合뎌去声 詩経· 中庸·華東·三韻·奎 章져
11) 類合뎌去声 詩経· 中庸·華東·三韻·奎 章져
12) 類合(又)箸뎌華東 三韻·奎章져

5) 廣韻樗詩経·華東 三韻·奎章져
7) 類合·書経·易経뎌 詩経·華東·三韻· 奎章져

7) 玉篇(俗제)] 今音제 (除去제거, 除給제 古 東除승제)

	魚 -ịo[1]	語 -ịo[2]	御 -ịo[3]
娘 ń-		:녀 女 [bcdj]	
	녀 袽帤孥(挐) [c1]		녀 女
		여 𢂂 [4]	
日 ńʐ-	:여 如 洳 [abcdej]	:셔 汝 [bdj]	
	여 駕袽(如絮)	여 茹 [a] [+o]	여 洳 [d] 𣶒 [cd]
來 l-	려 閭廬驢 [b2] [cd3]	려 膂旅侶 [abcde5]	려 鑢(慮) [bdj6] [d]
	려 臚蘆櫚藘	려 呂旅祣稆	려 慮(鑢㦜録)
	蘭澗(廬)	梠(梠)	

* 華東여類合 ·千字文·三韻 ·奎章·経書 諺解여

1) 易経여
2) 類合려 書経너
3) 類合녀
4) 華東여三韻·奎章녀
5) 書経녀
6) 書経녀

	魚 -ịo[1]	語 -ịo[2]	御 -ịo[3]
照 tś-	져 諸 [abcdej] [1]	:져 渚 [d]	
		:져 陼薯	
		:쟈 煮 [5]	:쟈 蔗 [7]
穿 tśʻ-		:쳐 處 [acdj]	

자료음운표 525

	平声	上声	去声	入声
		쳐 (処) / 져 杵	쳐 處	
神 dź-		셔 抒 / 셔 紓(d)		
審 ś-	셔 書鴶(2)(3) / 셔 舒紓(絟)	셔 暑鼠黍蠎(d bcd bd6)+ㅇ / 셔 癙(d)	셔 恕庶(ae bcdef)	
禪 ź-		셔 墅 / 셔 挑	셔 署薯曙	
		져 (蜍) / 어 蜍(4)		

1) 孝経諺解中(11.ㅈ)제후[諸侯] 類合·千字文·書経·易経·小学제 論語·中庸져 詩経제(2·21·ㅅ)又져(2·2·ㅈ)·華東·三韻·奎章
2) 類合·셔져
3) 訓蒙作鴶
5) 廣韻襄訓蒙[又]不明 類合[又]襄쟈 華東쟈俗쟈 非三韻·奎章져·玉篇俗쟈
6) 千字文 字不明
7) 華東·三韻·奎章져
4) 華東어注曰集韻유 毛篇져正·유三韻·奎章져

遇攝B5501 三等乙開口	平声	上声	去声	入声
[遇:391]	魚 -ïo¹	語 -ïo²	御 -ïo³	
莊 tṣ-	져 菹(d)+ / 조 (菹)	조 阻俎(bd 5) d 5)	조 詛(bd 11)	
初 tṣʽ-	초 初(bcd 2)	츠 礎(2) / 츠 楚齟齼齼(d·2) 2)	츠 楚+ㅇ	
牀 dẓ-	셔 鋤(3) / 조 鉏耡(4)(5)	조 齟鉏[岨詛 (1) 褚](3)(5)+ㅇㅅ	조 助(bdf 5) / 조 耡(12)	

526 한국 한자음의 연구

山 s-	소 梳疏	소 所所	소 踈	
	소 疏練踈醿	소 精踈		
	疋(疎)			
	華東頭注曰此韻東音之从丁聲等字洪韻統韻皆入虞而不在此故从虞釋官而俗音皆讀山觀者詳之	1)小学·華東·三韻·奎章져 2)華東주(俗초) 3)類合(又)鉏서華東주(俗초)王篇조俗서三韻·奎章조 4)華東주俗서(俗조) 5)華東주(俗조)	6)華東주(俗조)王篇조正주 9)王篇조俗져詛古字 10)華東셔 6)華東수(俗소) 7)類合소통소又(上声)상소소華東수(俗소)	11)類合·書經져華東주俗져詩経조(12·17·才) 12)王篇조俗서 13)訓蒙本平聲踈字華東수(俗소)	

遇攝B5301 三等甲開口	平 声	上 声	去 声	入 声
[遇:392]	魚 -io[1]	語 -io[2]	御 -io[3]	
精 ts-	져 蛆 져 且苴		져 怚沮	
		져 苴		
清 ts'-	져 疽沮嗚 져 岨砠趄苴 狙(雎)		쳐 覰(狙)	
從 dz'-	쥬 (徐)	져 咀沮趄(且)		
心 s-	셔 苴誩湑蝑(糈)	셔 諝胥醑湑	셔 絮	
邪 z-	셔 徐(芧)	셔 序漵嶼(芧) 셔 敍緒歟與 醹(澳)		
	1)康熙字彙才余切聚平声	2)類合수셔 져를 3)類合(平声!)	4)類合져를 5)書経셔(詛1·9·ウ셔)	6)詩経셔(15·4·才)又셔(5·9·ウ)

遇攝B5502 三等乙開口	平声	上声	去声	入声
遇:393	虞 -ǐu¹	虞 -ǐu²	遇 -ǐu³	

見 k-	구 駒 구 拘柀跔棋 疴(瞿) 규 斁	구 矩踽枸橘 蒟棋(拒)	구 句 구 屨絇瞿(韉)	
溪 kʻ-	구 驅軀摳 구 區毆嶇	구 齲 우 踽	구 驅	
羣 g-	구 衢臞癯蠅 구 劬軥戵朐 鴝鸜句瞿 絇戵	구 窶(寠)	구 具 구 懼(瞿颶)	
疑 ng-	우 愚 우 虞娛堣嵎 髃禺隅齵	우 虞俁 오 噓	우 遇寓禺	

1)華東구三韻·奎章구 2)廣韻昫 3)類合·詩経오玉篇우俗오今音오(娛樂오락)集韻又五故切 4)華東·玉篇俗우 5)王篇구俗우 6)詩経오 18·39·オ 7)華東루(華音류)玉篇구正루

| 遇:394 | 虞 -ǐu¹ | 虞 -ǐu² | 遇 -ǐu³ | |

| 曉 x- | 후 許吁欨盱
姁盱(芋煦)
呴 | 후 詡嘑姁珝
煦照(昫許) | 후 昫煦呴(酗) | 酗 |
| 影 ʾ- | 우 紆迂(洿) | 우 傴(嫗嘔) | 우 饇 | |

羽 ɦ-	우	^{abcdef}玉盂	우	^{bcd bcd bd}羽雨芋	우	芋¹³⁾	
	우	邘雩竽玗 杅釪迂	우	禹寓璃鄅 ××× ¹¹⁾ (傴)	우	雨羽	

1) 詩経우華東·玉篇俗
우
2) 華東俗우
3) 玉篇우俗우
4) 詩経우 11·7·ㅈ
5) 玉篇우俗우
6) 類合우
7) 玉篇(俗우)

8) 華東俗우玉篇俗우
9) 詩経우 16·3·ㅈ
10) 詩経우 6·9·ㅎ又우 9·
3·ㅎ 玉篇우俗우三韻
·奎章우

11) 華東우(華音우)
12) 華東우俗우三韻·奎
章우
13) 訓蒙우··俗作우

遇攝 B5302 三等甲開口	平 声	上 声	去 声	入 声
[遇:395]	虞 $-iu^1$	虞 $-iu^2$	遇 $-iu^3$	
喩 j-	유 ^{d 1)}揄諛 유 ^{bf acd2)}逾踰窬臾 梗腴隃覦 闉腧歈愉 窳揄揄揄 ^d 俁輸蝓萸 ^{cd3)}渝媮(愉鈺)^{4) 5)}	유 ^{ad}庾窳 ^{ad}俣愈 瘐窳梗斞 (瘐窳臾)	유 ^{d 1)}諭 유 ^{bcej}裕論喩籲 (瘉) ^{a b}	
	1) 訓蒙·유·集韻兪戌切 諭也	2) 類合(又)逾 3) 華東·玉篇俗유	4) 華東유 5) 華東·玉篇유俗유	
[遇:396]	虞 $-iu^1$	虞 $-iu^2$	遇 $-iu^3$	
知 ţ-	듀 ^{cd1)}株蛛 쥬 ^{ab3)}誅邾絑 ××××	듀 拄 ⁶⁾ 쥬 柱 쥬 黗	쥬 銍駐 ⁹⁾ 쥬 註軴 ⁷⁾	
徹 ţ‘-	츄 貙			
澄 ḑ-	듀 廚幮 ^{4) 5)} 쥬 蠋赿裯 ^d +ㅈ	듀 柱 ^{b 8)}	쥬 住(柱) ¹⁰⁾	
日 nẑ-	슈 儒	슈 乳	슈 孺 ^{bd}	

	유 濡薷懦嚅 繻薷	유 㰥醹	유 (乳)
來 l-	루 蔞 루 僂鏤蔞廔 膢	루 縷褸 루 僂嶁	루 屢
*華東슈三 韻·奎章· 玉篇·類合 유 經書諺 解유	1) 類合·易経슈詩経 華東·三韻·奎章슈 2) 類合슈華東·三韻· 奎章슈 3) 類合·千字文·論語· 書経슈 4) 類合슈華東·三韻· 奎章슈 5) 華東·三韻·奎章슈	1) 類合슈華東·三韻·奎 章슈 2) 華東슈 3) 類合슈書経슈華東· 三韻·奎章슈	1) 華東·주 2) 類合슈 3) 書経누

遇:397	虞 -iu^1	虞 -iu^2	遇 -iu^3	
照 tś-	쥬 朱珠 쥬 侏銖	쥬 主 쥬 宔枓 쥬 砫 쥬 麈	쥬 鮭 쥬 注鑄 쥬 疰騆註炷 澍霔鮭	
穿 tś'-	츄 樞 츄 姝			
(神 dź'-)				
審 ś-	슈 轀		슈 戌轄	
禪 ź-	슈 殊銖洙荣 殳投	슈 豎竪樹榿	슈 樹	
	1) 華東·詩経(2·26·ナ) 슈		2) 華東슈 3) 類合(平声) 4) 三韻·奎章禪母	

遇攝B5502 三等乙開口	平声	上声	去声	入声
[遇:398]	虞 -ịu¹	麌 -ịu²	遇 -ịu³	
(莊 ts-				
初 tsʻ-	芻 芻ᵈ			
牀 dzʻ-	芻 雛 芻 趨。			
山 ʂ-		수 數籔	수 楝數ᵇᶜᶠ	
	令 毹ᵈ⁺ᵒ			
1) cf. ịu¹				

遇攝B5302 三等甲開口	平声	上声	去声	入声
[遇:399]	虞 -iu¹	麌 -iu²	遇 -iu³	
精 ts-			주 足	
	齐 諏娵ᵈ	齐 取ᵃᵇᶜᵈᵉ²⁾		
清 tsʻ-			齐 趣(取)	
	齐 趨趍ᵈ		剤 冣ᵖ⁴⁾	
從 dzʻ-		齐 聚ᶜ³⁾	齐 聚	
心 s-	令 鬚			
	令 須嬃頊繍ᵈ⁾ 須需			

	1) 玉篇(俗유)	2) 孝経諺解·済|ㅎ고 6·才, :済|ㅎᄂ니 6·才 類合·論語·書経·易経·詩経又中庸 済| 千字文 済|ᄒ 華東·三韻·奎章斉 3) 類合·千字文·易経済|	4) 訓蒙作娵 類合·書経済| 華東·三韻·奎章斉	

遇攝B5512 三等乙開口	平声	上声	去声	入声
[遇:400]	虞 -i̯u¹	麌 -i̯u²	遇 -i̯u³	
幫 p- (非 f-)	부 跗膚[bcd]夫[1)]柎 부 趺鈇[e]玞鳺(砆)	부 斧[cd]俯 부 府[b] 부 頫腑 보 簠[2)] 보 甫[d 2)]黼[bd 2)]莆[2)]俌[2)] 父[2)] 포 脯[d 3)]	부 賦[abd] 부 傅[bdf] 부 付[b](報)	
滂 p'- (敷 f'-)	부 麩郛俘稃 莩筟 부 敷[bf]孚[bcd]鄜罦 泭桴(専枹)	부 弣[bd]拊[4)] 무 撫[b 5)]	부 赴訃仆 보 簠	
並 b'- (奉 v'-)	부 芙符鳧[d] 부 扶[d]苻蚨夫	부 腐釜[ad] 부 父[abcdef 6)] 부 滏駁㕮䮚 보 輔[bcd 7)]	부 駙[11)]鮒[c 12)] 부 附[cd]袝賻胕(腑)	

明 *m-*		abcdef b bd		abcde abdf b8) 9)		ab	
(微 *m-*?)	무	無 誣 巫	무	武 舞 廡 鵡	무	務 霧	
	무	毋 膴 憮 荍	무	儛 嫵 憮 斌	무	婺 鶩(瞀)	
		无 罵(柰凸)		砥 鮪 鴟 膴			
				斌 鞣			
			모	侮			
			모	冃			

1) 孝經諺解中·매위[
大夫] 24·ㅈ, 卿·매우
5·ㅈ

2) 華東:무
3) 訓蒙:보·욱:포
4) 華東·詩經·書經 무
(康熙左傳宣十二年. 拊
而勉之.通作撫)
5) 類合·書經·華東 무
三韻·奎章:부
6) 孝經二十七見皆去(但
2·ㅅ父·毋·冃)訓蒙
去
7) 類合·書經·易經·
詩經·三韻·奎章皆
보 華東·부
8) 訓蒙(平声)
9) 訓蒙 잇·吴:무亦作鴟
10) 華東ハ三 무

11) 訓蒙:부·맛·부
12) 訓蒙·부·어·부

용어 찾아보기

■ 저자 약력

고노 로쿠로(河野六郎)

동경제국대학 언어학과에서 오구라 신페이(小倉進平)의 지도를 받아 언어학을 전공했다. 대학 졸업 후 경성제국대학 조수와 조교수를 역임했으며 일본에서는 동경교육대학(현 쓰쿠바대학) 교수를 지냈다. 주로 한국어와 중국어에 대해 연구했는데 특히 한국어 음운사 방면에서 중요 업적을 많이 냈다. 『朝鮮方言學試攷-'鋏語考'』, 『朝鮮漢字音の研究』를 비롯한 다수의 논저가 있다.

■ 역주자 약력

이진호(李珍昊)

서울대학교 국어국문학과에서 문학사, 문학석사, 문학박사 학위를 받았다. 전공은 국어 음운론이며 현재 전남대학교 국어국문학과 교수로 재직 중이다. 저서로는 『국어 음운론 강의』, 『통시적 음운 변화의 공시적 기술』, 『국어 음운 교육 변천사』, 『한국어 방언 연구』(역), 『小倉進平과 국어 음운론』(공역), 『『언어』의 구축-小倉進平과 식민지 조선』(공역)이 있다.

한국 한자음의 연구

초판 인쇄 2010년 8월 03일 | 초판 발행 2010년 8월 13일
지은이 河野六郎
역주자 李珍昊
펴낸이 이대현 | 편집 박선주
펴낸곳 도서출판 역락 | 등록 제303-2002-000014호(등록일 1999년 4월 19일)
주소 서울시 서초구 반포 4동 577-25 문창빌딩 2층
전화 02-3409-2058(영업부), 2060(편집부) | 팩시밀리 02-3409-2059
전자우편 youkrack@hanmail.net
ISBN 978-89-5556-840-0 93710

정가 38,000원
▪ 잘못된 책은 교환해 드립니다.